Jesús G. Maestro
La escena imaginaria

AF060112

Jesús G. Maestro

La escena imaginaria
Poética del teatro
de Miguel de Cervantes

Iberoamericana · Vervuert · 2000

Die Deutsche Bibliothek – CIP – Einheitsaufnahme

González Maestro, Jesús
La escena imaginaria: Poética del teatro de Miguel de Cervantes/
Jesús G. Maestro / - Madrid: Iberoamericana; Frankfurt am Main:
Vervuert, 2000
ISBN 84-95107-51-1 (Iberoamericana)
ISBN 3-89354-116-0 (Vervuert)
Dep. Legal: M. 2.999-2000

© Iberoamericana, Madrid 2000
© Vervuert, Frankfurt am Main 2000
Reservados todos los derechos
Impreso en España por: Imprenta FARESO, S. A.
Diseño: Cruz Larrañeta
Impreso en papel ecológico, blanqueado sin cloro

ÍNDICE

Prefacio 11

I. Introducción
   Perspectivas de estudio del teatro cervantino 15
1.1. La teoría de la literatura y la interpretación del teatro cervantino 17
1.2. El teatro de Cervantes y el canon literario 22
1.3. Aristóteles, Cervantes y Lope: el *Arte nuevo*. De la poética especulativa a la poética experimental 55
1.4. Poética de la transducción teatral 95

II. La tragedia
    Hacia una poética moderna de la experiencia trágica: la Numancia ... 119
2.1. El concepto de tragedia en la tradición dramática occidental .. 121
2.2. De la experiencia trágica a la existencia trágica 137
2.3. Hacia una tragedia moderna. La poética de lo trágico en la *Numancia* 155

III. Los entremeses
     Poética del diálogo en el teatro breve cervantino 199
3.1. De la *commedia dell'arte* al entremés 201
3.2. El entremés como género literario y como forma de espectáculo 205
3.3. Diálogo, entremés y drama moderno 213
3.4. Diálogo y expresión dialógica en los entremeses cervantinos .. 216

IV. Las comedias
    Límites y posibilidades de la poética experimental cervantina 257
4.1. Los límites de la creación literaria cervantina 259
4.2. El teatro experimental de Cervantes entre la *lógica* de la poética clásica y los *códigos* de la comedia nueva 262
4.3. Tentativas de renovación teatral en la poética de la comedia cervantina 279

V. Coda 361
5.1. Conclusión 363
5.2. Bibliografía 371

A Olga Gugliotta, αθάνατον σπέρμα
siguiendo las huellas de los pasos más queridos

A lu labbro curallino,
palummè, va zompa e vola;
ncoppa a'chillo te consola,
a maje cchiù non te partì.
Ma si vede che s'addorme,
e te vene lo tantillo,
tu l'azzecca no vasillo
e pe me n'auto porzì...

CANCIÓN POPULAR NAPOLITANA

PREFACIO

El desarrollo de las ciencias humanas ha puesto de manifiesto, a lo largo del siglo XX, cómo la teoría poética se ha servido, sólo en época muy reciente, del análisis experimental. Desde la Grecia clásica hasta la llegada del Romanticismo la Poética ha servido con frecuencia a imperativos y exigencias doctrinales, y no lograba, salvo en muy pocas ocasiones, siempre excepcionales, ser considerada al margen de una sistematización conforme a reglas preexistentes. Este fenómeno ha sido causa, con frecuencia, de que en las interpretaciones canónicas de los hechos literarios difícilmente se percibiera, fuera del contexto reglamentario que exigía el cumplimiento de la preceptiva, el valor funcional de formas literarias renovadoras, capaces de instituir una nueva verdad estética, al margen de una doctrina secular o de un modelo canónico vigente.

El teatro de Miguel de Cervantes apenas fue considerado como un discurso de interés literario hasta bien entrado el siglo XIX. Había sido objeto de menciones, más o menos desafortunadas, en el ámbito de la erudición, mas no en el terreno específicamente literario, y aún menos en el genuinamente dramático o espectacular. Aún hoy día, a tan poco tiempo del siglo XXI, algunas de sus comedias siguen llevando, con una autenticidad que ha retado el paso de los siglos, el título de 1615: "nunca representadas". Miguel de Cervantes ha entrado en el último canon de la literatura occidental, elaborado a lo largo de la Edad Contemporánea, exclusivamente como novelista. Hasta décadas recientes, interpretaciones seculares, cuyos orígenes se remontan a los días del autor, habían negado sus valores para la escena, pues bien se nos dijo, con palabras que han perdurado sin examen atento durante demasiado tiempo, que de su "prosa se podía esperar mucho, pero que del verso, nada..."

En muchas de las piezas teatrales de Miguel de Cervantes, desde su tragedia hasta las comedias más experimentales, subyacen, de modo más o menos intenso y explícito, cualidades formal y funcionalmente determinantes de la dramaturgia de la Edad Contemporánea. Mucho se ha discutido acerca de las fuentes de la teoría literaria cervantina, y aún más acaso sobre la influencia de la poética clásica en sus textos, así como sobre sus diferentes reacciones o etapas frente a la estética de la comedia nueva de Lope, etc. Con toda su importancia, no han sido estas cuestiones las que más nos han ocupado en las páginas que siguen; no hemos tratado de investigar tanto sobre la influencia de la poética clásica en Cervantes, pues otros autores lo han hecho de forma difícilmente superable por el momento, como de explicar la teoría literaria del teatro cervantino, es decir, de la poética que puede construirse a partir de la lectura e interpretación de sus obras dramáticas, de la poética que subyace formal y funcionalmente en el análisis empírico de sus textos teatrales.

Se descubre desde esta perspectiva un Cervantes dramaturgo más alejado de Aristóteles que el propio Lope de Vega, cuyo *Arte nuevo* debe más al Estagirita que la mayor parte de las páginas cervantinas, y cuya "comedia nueva" está, en muchos de sus planteamientos, más cerca de los griegos del siglo IV antes de Cristo que del mismísimo Francesco Robortello, y por supuesto mucho más cerca de este preceptista del siglo XV que de nuestro tiempo y nuestras posibilidades existenciales.

A veces se ha reprochado a Cervantes el hecho de no haber seguido el modelo de Rojas en la *Celestina*, con objeto de superar el canon dramático establecido por los preceptistas del Renacimiento en su dogmática e imperfecta lectura –*transducción*, deberíamos decir– de la Poética de Aristóteles. Si Cervantes no se atiene firmemente al modelo de la *Celestina* es porque su poética, es decir, la teoría literaria del teatro cervantino, sin ser absolutamente la de Aristóteles, tampoco es exactamente la de Rojas. El teatro de Cervantes expresa verosímilmente la complejidad y la autenticidad de la vida real, atenta a la existencia humana en momentos decisivos de su evolución, tal como era posible una percepción de este tipo desde la experiencia histórica de los siglos XVI y XVII. Su obra dramática requirió en ese proceso de expresión estética el desarrollo de un formato propio, y la elaboración de una poética genuina, sin duda nunca fielmente declarada, ni objetivamente explicada, por su autor, en ninguna parte de su obra. No obstante, sin duda es posible reconstruir esa poética del teatro cervantino a partir de la lectura de su discurso literario, con objeto de interpretarla no como el resultado de la influencia de teorías literarias anteriores, algo que tampoco puede rechazarse, sino como la "eclosión", silenciada desde su origen e ignorada durante épocas, de una poética que, a pesar de su silencio en el canon, y a pesar de no habérsele reconocido relaciones formales directas con la literatura europea posterior, está de hecho formal y funcionalmente presente en una parte esencial de la poética dramática de la Edad Contemporánea.

Debo agradecer muy sinceramente la ayuda que he recibido de mi amigo y colega el profesor Fernando Romo Feito, en la revisión final del texto, así como en el contraste de muchas de las ideas consideradas en él, agradecimiento que con gran satisfacción hago extensivo a los profesores Jean Canavaggio, Heinz-Peter Endress, Tadeusz Kowzan, Felipe B. Pedraza, José María Pozuelo, Carlos Romero y Eduardo Urbina (el orden, se observará, es meramente alfabético).

En la Universidad de Vigo, hoy, que es un Martes de Carnaval.
16 de febrero de 1999.

JESÚS G. MAESTRO

Desde el siglo XVII la historia del teatro ha sido inseparable de la teoría crítica. Para demoler una vieja teoría o demostrar una nueva se han escrito muchas de las más famosas piezas de teatro modernas. Ninguna otra forma literaria ha soportado tantos conflictos de definición y propósitos.

G. STEINER, *La muerte de la tragedia* (1961/1991: 37)

No hay que hacer más averiguaciones. O, quizás, sólo estas preguntas: ¿Qué habría sido del teatro español si la línea iniciada por Rojas con *La Celestina* la hubiese continuado Cervantes? ¿Fue genialmente perturbador Lope?

A. MARSILLACH, *Nuestro Cervantes* (1992: 202)

I. Introducción
Perspectivas de estudio del teatro cervantino

1.1. La teoría de la literatura y la interpretación del teatro cervantino

Durante siglos el conocimiento de la literatura no fue un conocimiento necesario al ser humano. En nuestros días, sin embargo, el estudio del discurso literario se encuentra con frecuencia determinado por el conocimiento de la ciencia y sus posibilidades de interpretación metodológica. No debemos olvidar que la poética nace con objeto de explicar las posibilidades de construcción de una acción imaginaria. La fábula era el lugar primigenio del que emanaba lo poético, y la literatura, palabra desconocida para los griegos[1], en su intento de designar las artes que mimetizaban la naturaleza mediante el lenguaje, estaba comprometida originariamente con la producción (*poiésis*) de un discurso destinado a imitar (mímesis) una fábula o acción humana (*mythos*). Se configuraba así un discurso imaginario y utópico, fuente de la expresión literaria, que frente a los impulsos de la retórica, disciplina orientada a los ejercicios de persuasión, basados en la lógica de la dialéctica y de los *topica*, se apoya en la poética, es decir, en la teoría de la literatura, como forma principal de explicación de una realidad esencialmente imaginaria.

A lo largo de la historia de las teorías literarias se han sucedido diferentes paradigmas metodológicos de investigación: las poéticas miméticas, de base aristotélica, vigentes prácticamente hasta el siglo XVIII; las teorías literarias elaboradas en torno al concepto de "autor", que experimentan en la época romántica su principal desarrollo, para evolucionar posteriormente hacia una historiografía positivista del hecho literario; las poéticas morfológicas y funcionales, que se ocupaban básicamente del análisis de las formas, determinadas por su valor funcional en el texto literario; las teorías de la recepción, que consideran al lector como la base interpretativa más segura en el conocimiento de la literatura; la influen-

---

[1] Recuérdese el fragmento de la *Poética*, de interpretación tan discutida por exegetas modernos como E. Lobel, R. Kassel o el propio V. García Yebra –F. Ueberweg llegó a suprimirlo en su edición del texto en 1870–, en que Aristóteles advierte que "el arte que imita sólo con el lenguaje, en prosa o en verso, y, en este caso, con versos diferentes combinados entre sí o con un solo género de ellos, carece de nombre hasta ahora. No podríamos, en efecto, aplicar un término común a los mimos de Sofrón y de Jenarco y a los diálogos socráticos, ni a la imitación que pudiera hacerse en trímetros o en versos elegíacos u otros semejantes. Sólo que la gente, asociando al verso la condición de poeta, a unos llama poetas elegíacos y a otros poetas épicos, dándoles el nombre de poetas no por la imitación, sino en común por el verso" (Aristóteles, *Poética*, I, 1447a 28 - 1447b 16. Seguimos la trad. esp. de V. García Yebra, en la edición trilingüe que citamos en la bibliografía final del libro).

cia actual de los postestructuralismos, la semiología, la deconstrucción, los movimientos neohistoricistas, feministas, culturalistas, etc., han introducido nuevos puntos de vista en la percepción e interpretación del fenómeno literario, a la vez que han hecho desembocar los estudios sobre teoría de la literatura en una especie de reflujo del que por el momento no somos capaces de salir, y en medio del cual tampoco podemos identificar, al contrario de lo que sucedía hace algunos años, un método de estudio o una línea de investigación singularmente sobresaliente y mayoritariamente aceptada.

El objeto y la práctica de los estudios literarios se han desplazado a lo largo del último siglo de la interpretación aislada de textos particulares (crítica literaria), y del análisis interno y formalista de la obra como totalidad discursiva (estructuralismo), a la consideración empírica, en contextos más o menos amplios o particulares, de los diferentes procesos semióticos en que se articula y sustantiva la pragmática de la comunicación literaria (postestructuralismos). La semiología, al menos en su tradición angloamericana, encabezada por Ch. S. Peirce, y que puede remontarse al pensamiento de J. Locke, se enfrenta directamente con el problema del conocimiento, y considera que los signos constituyen el medio más adecuado para tomar contacto cognoscitivo con la realidad. En el ámbito del teatro, quizás mejor que en ningún otro género, la semiología puede renovar satisfactoriamente muchas de sus posibilidades metodológicas y de interpretación[2]. El concepto de transducción teatral, como trataremos de demostrar, resulta en este contexto singularmente relevante.

A lo largo de las siguientes páginas trataremos de reflexionar acerca del teatro de Miguel de Cervantes, desde el punto de vista de la poética o teoría de la literatura, con objeto de demostrar que en la tragedia, los entremeses y las comedias del autor del *Quijote* se encuentran germinalmente las cualidades esenciales que la poética del teatro moderno ha identificado en las principales formas y categorías dramáticas de la Edad Contemporánea. Pese a haber pasado casi completamente desapercibido en el ámbito de la creación dramática, e igualmente, desde su nacimiento hasta casi la segunda mitad del siglo XX, en el terreno de la poética y de la investigación literaria, la dramaturgia cervantina constituye, en el tránsito de los siglos XVI y XVII, un testimonio literario único, determinado por la modernidad, que adquiere en su discurso el tratamiento formal y funcional del diálogo, el sujeto y la fábula, es decir, del lenguaje, los personajes y la acción.

---

[2] Sobre los antecedentes de la semiótica o semiología en su relación con el teatro, puede consultarse el trabajo de T. Kowzan (1990), cuyo título –"La semiología del teatro: ¿veintitrés siglos o veintidós años?"– resulta por sí mismo suficientemente expresivo.

En la dramaturgia de Cervantes, como quizá también en el resto de su obra literaria, todo es simultáneamente logro y experimento. Es cierto que Cervantes se apoya con frecuencia en la preceptiva clásica, cuyos imperativos teóricos cita con relativa frecuencia, y siempre desde un conocimiento solvente. Sin embargo, como parece demostrar la lectura de su producción literaria, el autor del *Quijote* persiste sin adherirse firme, definitivamente, a los rigores del clasicismo poético. ¿Cabe suponer en cierta lógica que en algunos casos Cervantes se haya servido de la teoría poética clasicista como de un "arma arrojadiza" contra la estética de la comedia lopesca –cuyo éxito no favoreció el desarrollo de la propuesta dramática cervantina–, y no tanto por el hecho de que el autor de la novela moderna comulgara plenamente con los postulados y los ideales de la poética antigua, derivada del aristotelismo y su interpretación renacentista? Semejante hecho puede resultar ciertamente discutible, sobre todo a partir de una lectura atenta a la praxis poética de la obra literaria cervantina.

Frente a los deseos de libertad que rezuma toda su creación literaria, no nos parece demasiado verosímil la idea de un Cervantes defensor de imperativos estéticos que en nombre de la Antigüedad, y de una visión tradicionalista de la calidad del arte, limiten el ejercicio de una creación humana que, como la literatura, está presidida por la libertad. Sorprenden quizá, en este sentido, las declaraciones que Cervantes pone en boca del canónigo, en el capítulo 48 de la primera parte del *Quijote*, a propósito de la creación de una figura censora de las comedias, por más que esta censura se proponga "inteligente y discreta", y atienda a propósitos artísticos y de educación popular, así como a la prevención de ofensas y desórdenes.

> Y todos estos inconvenientes cesarían, y aun otros muchos más que no digo, con que hubiese en la corte una persona inteligente y discreta que examinase todas las comedias antes que se representasen (no sólo aquellas que se hiciesen en la corte, sino todas las que se quisiesen representar en España), sin la cual aprobación, sello y firma ninguna justicia en su lugar dejase representar comedia alguna, y desta manera los comediantes tendrían cuidado de enviar las comedias a la corte, y con seguridad podrían representallas, y aquellos que las componen mirarían con más cuidado y estudio lo que hacían, temerosos de haber de pasar sus obras por el riguroso examen de quien lo entiende; y desta manera se harían buenas comedias y se conseguiría felicísimamente lo que en ellas se pretende: así el entretenimiento del pueblo como la opinión de los ingenios de España, el interés y seguridad de los recitantes, y el ahorro del cuidado de castigallos[3].

---

[3] Cfr. M. de Cervantes (*Quijote*, 1605, I: 48), en ed. de F. Rico (1998, I: 556).

Conviene a este respecto recordar las palabras de A. Sánchez, quien, al referirse a las consideraciones del canónigo reconoce que, sobre la "inaudita proposición de establecer en la Corte un inspector oficial, 'persona inteligente y discreta' para examinar las comedias de toda España y dictaminar si se pueden representar o no", y "frente a la libertad de creación artística, soberanamente encarnada en el propio Cervantes", el lector "se imagina una previa censura de carácter estético-estructural, frente o junto a las ya existentes de carácter moral, político y religioso (tres conceptos en íntima fusión, más que consorcio, en el siglo de Don Quijote)" (A. Sánchez, 1992: 18)[4]. ¿Acaso Cervantes, en su liberalismo, echa de menos una autoridad que le permita limitar la expansión de un teatro como el de Lope de Vega? ¿Quizás acude al valor de la poética aristotélica y horaciana en busca de esa potestad? Cervantes no subordina la praxis de su creación literaria a los imperativos del arte antiguo, exigencia que sí deseó, con afán defraudado, para la comedia lopesca. La teoría literaria antigua es revitalizada desde el clasicismo del siglo XVI por una interpretación sin duda rigurosa e imperfecta, que desde la Italia del quinientos se exporta a toda la cultura occidental, a la que la literatura cervantina no siempre se atiene, y cuyos errores de percepción apenas se observan hasta la poética de G. E. Lessing[5], a punto de sobrepasar históricamente la experiencia de la Ilustración europea.

Por su parte, la dramaturgia de Lope de Vega constituiría una poderosa, y en cierto modo violenta, reforma el canon clásico, imperante en el teatro de los siglos XVI y XVII, al formular justificadamente en el *Arte nuevo de hazer comedias en este tiempo* (1609) una poética dramática de cuya esencial originalidad el Fénix tratará de apropiarse. Lope reforma así el modo de percibir e interpretar la poética clásica a la hora de escribir teatro; no introduce cambios esenciales, ni elabora un arte diferente en términos absolutos al aristotélico; bien lo supo expresar Cervantes en *El rufián dichoso*, II, 1: vs. 1231-1232), cuando advierte que "añadir a lo inventado / no es dificultad notable". Cervantes sabía muy bien que Lope "reforma-

---

[4] Sobre la censura de las comedias propuesta por el canónigo existe una interesante bibliografía cervantina. Vid. a este respecto las páginas de A. Castro (1925/1987: 46-67), St. Gilman (1970, 1989) y B.W. Ife (1985), así como las anotaciones de E. Riley (1962/1971: 179-182), quien subraya ideas semejantes en Huarte de San Juan y en el Pinciano. R. Schevill y A. Bonilla señalan en su edición del Quijote que la censura de las comedias a la que alude el canónigo puede encontrar ciertos ecos en algunos de los discursos de la *República* de Platón.
[5] Cfr. especialmente G.E. Lessing (1766), *Laokoon, oder über die Grenzender Mahlerey und Poesie... mit beyläufigen Erläuterungen verschiedener Punkte der Alten Kunstgeschichte*, Berlin, C. F. Voss; trad. esp. de E. Barjau: *Laocoonte o sobre las fronteras de la poesía y la pintura*, Madrid, Editora Nacional, 1977; y también su *Hamburgische Dramaturgie* (1767-1768), trad. it., introd. y notas de P. Chiarini: *Dramaturgia d'Amburgo*, Roma, Bulzoni, 1975.

ba" el modo de comprender la poética antigua, sólidamente codificada, y estaba seguro de que no creaba un paradigma artístico nuevo, de proporciones estéticas absolutamente renovadoras. Su *Arte nuevo* simplemente ofrecía una reformulación de la preceptiva clásica para hacer asequible a los gustos del público de su tiempo un nuevo concepto de lo cómico, como género literario y como forma de espectáculo. A los ojos de Cervantes, Lope "añadía", mas no inventaba.

El de Cervantes sí es un teatro que justifica en muchos casos experiencias registradas, en una percepción intensamente comprobada y sentida de la complejidad de la vida real. Como ha señalado a este respecto A. Sánchez, el Cervantes dramaturgo se encuentra caracterizado por "su original empeño en nadar contra la corriente, enfrentarse con ideas y prejuicios generalmente admitidos: burlarse de la división conflictiva entre cristianos viejos y nuevos (nada cristiana en el fondo), no admitir la venganza sangrienta de la honra conyugal, o bucear en la psicología humana más allá de los tópicos rutinarios. En fin, Cervantes se propuso enaltecer y elevar la dignidad del teatro español, tanto en los moldes estilísticos como en el contenido ético personal y social. Si no llegó a conseguirlo plenamente, debemos agradecerle la nobleza del impulso, y el reiterado esfuerzo por cumplir su designio" (A. Sánchez, 1992: 29-30).

1.2. El teatro de Cervantes y el canon literario

> *—¿Y en la música incluyes discursos o no?*
> *—Por mi parte sí.*
> *—Ahora bien, hay dos clases de discurso, uno verdadero y otro falso [...]. Primeramente parece que debemos supervisar a los forjadores de mitos, y admitirlos cuando estén bien hechos y rechazarlos en caso contrario. Y persuadiremos a las ayas y a las madres a que cuenten a los niños los mitos que hemos admitido, y con éstos modelaremos sus almas mucho más que sus cuerpos con las manos.*
>
> PLATÓN, *República* (377c).

La etimología nos dice que la palabra *canon* procede del vocablo griego *kanon*, cuyo sentido era el de vara o caña recta de madera, que servía como instrumento de medición o regla; en un sentido figurado, este vocablo pasa a designar la ley moral o norma de conducta, de modo que llega a implicar en su campo semántico valores afines a los de una norma ética, antes que estética. Por lo que sabemos, se atribuye a los filólogos de Alejandría[1], y en especial a Aristófanes de Bizancio, en el siglo III antes de

---

[1] "Grammarians working in the Library in Alexandria in the third century B.C. began the process of establishing a *canon*, or "standard of measure", of the best authors in each of the poetic genres. Canons of prose writers were later added, confined to what were regarded as the three genres of literary prose: oratory, historiography, and philosophy. These canons then determined the texts read in schools and the classic models for literary imitation. According to later tradition the canon of the ten Attic orators, that is, the ten best examples of orators writing in Athens in the late fifth and in the fourth century B. C., included Antiphon, Lysias, Andocides, Isocrates, Isaeus, Demosthenes, Aeschines, Lycurgus, Hyperides, and Dinarchus. Their works were thought to provide the best models of the Attic dialect in Greek as well as a variety of styles appropriate for different subjects. Cicero and Dionysius of Halicarnassus do not seem to have know this canon but regarded certain orators –especially Lysias, Isocrates, Demosthenes, and Hyperides– as more worthy of study and imitation than others. Caecilius of Calacte in the late first century B. C. wrote *On the Character of the Ten Orators*, now lost, which may be the origin of the later canon. The canon first appears clearly in *Lives of the Ten Orators*, preserved among the works of Plutarch but written by an unknow author, perhaps in the second century after Christ" (G.A Kennedy, 1994: 64).

Cristo, la elaboración de una lista o repertorio de autores y obras literarias que, por sus calidades y valores, se consideraron modélicas, y dignas de imitación, en el uso del lenguaje, así como por el modo de expresión de lo que hoy conocemos como literatura[2].

En el discurso religioso, la palabra *canon* comienza a relacionarse con el proceso de selección de las Sagradas Escrituras a partir del siglo III, por las entonces corrientes dominantes del catolicismo, que logran imponer su repertorio de textos canónicos, la *Biblia*, en el concilio Hiponense del año 393, cerrando de este modo el largo debate iniciado por el judaísmo del siglo VII a. C. acerca de la autoridad y relevancia normativa de sus escritos testamentarios[3]. En este contexto, prácticamente hasta el siglo XVIII, el uso del término *canon* se mantiene restringido al ámbito de los textos religiosos.

Durante la Ilustración europea, concretamente en 1768, a partir de la obra de D. Ruhnken, *Historia de la Filología Clásica desde los comienzos hasta la época helenística*, el concepto de *canon* es utilizado, parece que por vez primera en el ámbito de la literatura y del comentario de textos, con el sentido de "lista de autores selectos de un género literario", autores que por sus cualidades en el uso del lenguaje son dignos de estudio (D. Ruhnken, 1768/1981: 370). De este modo, en la Edad Contemporánea, el sentido del término aparecerá delimitado por dos concepciones básicas: de un lado, la norma o regla, es decir, el modelo de referencia literario; de otro lado, el repertorio de autores, o autoridades, dignas de estudio y comentario[4].

---

[2] Parece que Aristófanes de Bizancio habría propuesto una lista de los autores más destacados en los géneros literarios clásicos. Entre los poetas líricos señalaba a Píndaro, Baquílides, Safo, Anacreonte, Estesícoro, Simónides, Ibico, Alceo y Alcmán; entre los tragediógrafos destacaba a Esquilo, Sófocles y Eurípides; entre los comediógrafos a Eupolio, Cratino y Aristófanes, etc.; cfr. a este respecto los trabajos de C. García Gual (1996, 1996a).

[3] Cfr., a este respecto, entre otros, los trabajos de H. Fr. von Campenhausen (1997), C. Theobald (1990) y A. Piñero y J. Peláez (1995). "La palabra *canon* [...] desde el siglo IV d. C. se empleó con el significado de catálogo o lista de escritos sagrados, cuya validez era aceptada en la Iglesia [...]. Muchos factores y muy diversos pudieron influir en la formación del canon neotestamentario: el paso de la primera a la segunda generación de cristianos, una vez desaparecida la generación de los apóstoles, el agotamiento de la tradición oral que bebía directamente de las fuentes apostólicas; el uso de los escritos cristianos en la liturgia; las necesidades de la catequesis y de la apologética y, por último, la imposibilidad de establecer la teología cristiana sobre la base única del Antiguo Testamento" (A. Piñero y J. Peláez, 1995: 81 y 84).

[4] Conviene recordar una vez más, siguiendo a C. García Gual (1996: 5), que este sentido del vocablo *canon*, asumido por la crítica y la filología modernas, es resultado del uso catacrésico que le confiere D. Ruhnken a fines del siglo XVIII, pues nunca el *kanon* fue utilizado, ni en el griego clásico, ni en la tradición antigua –donde, asociado esencialmente al ámbito de la ética, siempre había conservado el significado de regla o modelo–, con el sentido actual de conjunto selecto de autores y obras. Acaso antes que Ruhnken la tradición bíblica favoreció este uso desviado del término *kanon*.

En líneas generales, puede apreciarse una etapa de formación del canon literario, en la Antigüedad helenística, al amparo de la labor filológica de Alejandría, que en cierto modo habría mantenido un desarrollo paralelo al experimentado por los estudios clasicistas sobre poética y literatura prácticamente hasta el siglo XVIII europeo. Por su parte, la estética del romanticismo representa un momento histórico de enorme relevancia en la revisión del canon clásico, que con posterioridad a la *querelle des anciens et des modernes* logra justificar el valor del arte moderno –y el nombre de sus autores–, frente a los ideales y los modelos del arte antiguo[5].

En nuestros días el concepto de canon vuelve de nuevo a resultar recurrente, y no precisamente en el discurso religioso, jurídico o filosófico, sino sobre todo en el ámbito de la literatura[6]. Hay, pues, razones para pensar que la flexibilidad del discurso literario, no sometido a las ortodo-

---

[5] Autores como H. U. Gumbrecht (1988) consideran en este sentido que el final de la Ilustración europea tiene como consecuencia la disolución crítica de una de las más sólidas y arraigadas interpretaciones del canon clásico, que, discutido por el pensamiento romántico, resurge a finales del siglo XIX fuertemente amparado por el desarrollo de determinadas instituciones académicas: "A principios del siglo diecinueve, cuando el canon estético de la Ilustración fue *reducido a cenizas* por las llamas del entusiasmo por los nuevos modos de experiencia estética [...], surgió *como un ave fénix* una nueva actitud hacia muchos de los textos y obras de arte del pasado que consideramos "clásicos", una actitud que desde entonces se ha institucionalizado" (H. U. Gumbrecht, 1988/1998: 62-63).

[6] Nos referimos aquí exclusivamente al debate actual sobre el canon, que se ha planteado esencialmente en relación con el canon literario –"como si de la literatura dependiera precisamente esa contestada identidad occidental" (E. Sullà, 1998: 23)–, y no al eclesiástico, cuyo proceso de formación y composición se remite a los orígenes de la era cristiana. Conviene recordar, a este respecto, las siguientes palabras de F. Kermode a propósito del canon bíblico: "La iglesia ha sido propensa a la escisión precisamente por los temas que estoy considerando: la autoridad, la jerarquía, el canon, la iniciación y las lecturas diferentes [...]. En varios momentos la institución, para proteger su texto, le confirió las virtudes de la apostolicidad, la infabilidad, la inagotabilidad y la inspiración. Claro que costó siglos de investigación y disputas eruditas definir los puntos en que se creía que el texto poseía todas estas cualidades; el canon no se cerró por fin, incluso para los católicos romanos, hasta el Concilio de Trento, en 1546, cuando se les concedió igual autoridad a todas sus partes. La tradición luterana todavía se opone a esta doctrina. Entre los teólogos protestantes se observa actualmente una tendencia a abrir de nuevo el canon y quizá a admitir el Evangelio de santo Tomás, descubierto en Nag Hammadi en 1945" (F. Kermode, 1979/1998: 96-98). En esta línea se sitúan la mayor parte de las interpretaciones actuales sobre la configuración del canon bíblico; frente a este tipo de formulaciones canónicas, resultado de elaboraciones dogmáticas que pretenden la inmutabilidad de sus disposiciones, "un canon literario es algo bien distinto, y su ejemplaridad tiene poco que ver con ese aura legal que impregna el repertorio de cánones religiosos [...]. La selección se hace por un criterio estético y no moral o político [...]. En todo caso, la flexibilidad del canon literario –sujeto a las variaciones del gusto y la crítica según las épocas– frente a la rigidez del canon eclesiástico es algo manifiesto y obvio" (C. García Gual, 1996: 5 y 7).

xias de la fe, ni fundamentado sobre la legislación positiva o los imperativos de la lógica científica, y su supuesta autonomía estética, hacen de la creación literaria, y de sus posibles interpretaciones, un mensaje muy vulnerable a la acción de los discursos revisionistas y deconstructivistas, de signo ético, social o político. La literatura, y sus interpretaciones, constituyen quizá la última forma de discurso asediable, cuya deconstrucción se pretende y se justifica. De nada sirve proclamar la independencia estética del arte y la autonomía ficcional de sus valores: se ha negado la inocencia de la estética, y se ha denunciado el compromiso y la alianza de la literatura con poderes seculares, opresores de minorías y negadores de identidades particulares.

Los últimos años han abierto de este modo una nueva etapa en el debate sobre el canon literario, que por supuesto no se plantea con las mismas pretensiones que en el siglo XIX. No sabemos hasta qué punto tiene sentido hoy día enfrentar las interpretaciones que se proponen en esta revisión del canon con la obra de clásicos consagrados como Shakespeare, Cervantes o Lope; no fue así como los románticos europeos esgrimieron el mérito específico de su *Arte nuevo* frente a los modelos de la Antigüedad más temprana. Indudablemente, nos parece un error inútil convertir a los clásicos en arma arrojadiza en el contexto del debate actual sobre el canon, como si los autores del pasado constituyeran una realidad cultural definitiva, homogénea y cerrada sobre sí misma, frente a los ojos miopes de cualquier lector moderno. En realidad el lector no deconstructivista tiene a veces la impresión de que determinados sectores de la crítica post-moderna proponen interpretaciones que, antes de interesarse por las obras, la vida o la recepción, de Shakespeare o Cervantes, por ejemplo, lo único que parecen pretender es la disputa de una posible supremacía histórica que la tradición occidental ha podido reconocer en estos clásicos de la Edad Moderna. Lo cierto es que en la reflexión actual sobre el canon literario hay más debate y airada disputa sobre las posibilidades de interpretación de los autores reconocidos en la tradición cultural de Occidente, que sobre la aparición posible de nuevos nombres, cuya obra hubiera de nacer con la obligación de legitimar ante el lector (post)moderno la supremacía de tal o cual grupo social o ideológico.

La noción de canon literario, tal como se ha desarrollado a lo largo de la historia de Occidente, y tal como ha de plantearse para un debate científico, exige hoy día un conocimiento que requiere el concurso de al menos cuatro disciplinas: la historia de la literatura, la teoría de la literatura, la denominada "literatura comparada" y la hermenéutica.

Como hemos dicho, el canon designaba, genuinamente, un conjunto de obras valiosas, dignas de ser estudiadas y comentadas. Nada, en principio, más inocente y pedagógico. Sin embargo, como modelo institucionalizado de arte, considerado como un discurso único y sobresaliente, que se toma no sólo como referencia en el estudio y conocimiento de los textos, sino también como ejemplo para la elaboración de futuras obras artísticas, el canon constituye un sistema en el que se objetivan principios reguladores del arte, algo que en cierto modo puede desembocar con frecuencia en imperativos preceptistas. El canon se convierte de este modo en un sistema literario cuyo valor normativo se encuentra determinado por la percepción, interpretación y transmisión de sus formas, y de sus propios recursos de interpretación sobre los autores y textos que, seleccionados según determinados criterios, lo constituyen como tal.

Todo canon insiste en una percepción de la realidad que expresa determinadas condiciones de orden, formación y desarrollo de valores; en algunos casos, tales condiciones de percepción tienden a reproducir modelos más o menos ideales de Belleza, Unidad, Bondad o Verdad –por seguir las categorías propuestas por Q. Skinner (1985)–, a veces de un modo extremo, y en otros casos en condiciones simplemente irreales. Una interpretación canónica *idealiza* inevitablemente la realidad que interpreta. Desde este punto de vista, el canon se construye siempre mediante el ejercicio hermenéutico de una interpretación sensiblemente idealista, pues se trata de un sistema, naturalmente normativo, determinado por la recepción de una comunidad de individuos, a través del cual será posible examinar nuevas obras y autores. Todo canon es, sin duda, un instrumento de interpretación, y en cualquier momento puede convertirse en un instrumento de percepción institucionalmente manipulable, tanto por sus defensores como por sus detractores (F. Kermode, 1979). No seamos ingenuos: toda interpretación de la literatura depende del uso (político, social, económico, feminista, culturalista...) que queramos hacer del discurso literario, el cual, en la medida en que es ficcional, estético, autónomo, etc. –y por ello supuestamente más "inocente" y más "independiente" que otros tipos de discurso, como el religioso, el jurídico o el científico–, resulta hoy día más flexible y más débil[7], y por tanto más vul-

---

[7] Es evidente en nuestros días que el desarrollo institucional de las interpretaciones sobre el conocimiento de las obras literarias es mucho más abierto y flexible que el mostrado por la teología católica sobre los textos de las Sagradas Escrituras. F. Kermode ha insistido a este respecto en el escaso poder de la Universidad como institución cultural en la consolidación de un canon literario, y ha advertido que el *alma mater* "tiene complejas relaciones con otras instituciones. En la medida en que tiene, de modo innegable, un aspecto político, penetra en el mundo del poder, pero por sí misma, añadiremos, es poco el poder que tiene, si entendemos por tal el poder para atar y desatar, para imponer la conformidad y anatemizar la desviación. La institución de que estamos hablando es, comparada con otras, bastante débil [...]. Los cánones cambian, especialmente en una institución débil [...]. Claro está que en una institución que carece de credos formales y que no tiene ningún derecho a castigar a los legos, no debemos buscar nada parecido al rigor eclesiástico representado por Trento" (F. Kermode, 1979/1998: 92, 94 y 103).

nerable y fácil de manipular por cualquier tendencia que, ajena a la literatura, pretenda comprometerlo.

Lo que tiende a discutirse hoy día no es propiamente el sentido clásico del Canon Occidental, como repertorio de autores modélicos u obras ejemplares y autorizadas, sino más bien el modelo normativo de interpretación que se ha elaborado a lo largo de los últimos siglos para explicar y justificar ese canon tradicional, así como el modo de considerar y examinar a los autores supuestamente comprendidos en él. Planteado de este modo, el debate sobre el canon se sitúa en el ámbito de una teoría de la recepción, fuertemente ideologizada, que se desarrolla al margen de la Poética, especialmente al margen de lo que la teoría literaria de la Antigüedad entendía por *canon* en su sentido más genuino, y con frecuencia también al margen de lo que podríamos denominar "literatura comparada". Con frecuencia se tiene la impresión de que en medio del debate canónico se presta una atención muy pobre a las posibilidades que en estos momentos podría ofrecer una hermenéutica del discurso literario; la crítica tiende a centrarse en la legitimidad de teorías deconstructivistas que exigen una revisión global de la noción de literatura, en algunos casos desde presupuestos esencialmente no literarios, que, en suma, por más que su interés resulte muy destacado en el ámbito de las minorías dominantes, de la antropología y la sociología culturales, o de los poderes económicos en el desarrollo histórico de la Modernidad, resultan discutidas, desde el punto de vista de sus resultados, por lo que se refiere al conocimiento del hecho literario en sí y sus circunstancias estéticas propiamente dichas.

Hemos de advertir que, pese a la manifiesta crisis de la literariedad, y al agotamiento inevitable de las concepciones formalistas de los estudios literarios, no consideramos que sea posible prescindir de los atributos de la estética a la hora de examinar el discurso literario. Está claro que la idea del arte como principio trascendente y valor universal, por encima de autores, disciplinas e ideologías, hoy día no puede sostenerse con los mismos argumentos que hace décadas; sin embargo, no creemos posible que del discurso literario puedan sustraerse absolutamente las cualidades estéticas que lo diferencian de otras formas de discurso. La pretensión de deconstruir completamente el concepto de literatura y de anular de este modo el valor de lo literario en los textos convencionalmente considerados como tales, nos parece una intención aberrante. Si el rasgo "literario / no literario" deja de ser pertinente, ¿qué sentido tiene el trabajo que hacemos? ¿Para qué servirían entonces los estudios filológicos y humanísticos? ¿Acaso queremos seguir "jugando" con el, ya de por sí, discutido papel que los estados y sociedades modernas atribuyen a los estudios de Humanidades? Las cualidades artísticas constituyen un atributo esencial en la ontología del discurso literario, si concebimos la literatura como una creación humana libre, que utiliza signos del sistema lingüístico, a los que se añade un valor estético, cuyo discurso adquiere un estatuto ficcional, y se inscribe en un proceso de comunicación de naturaleza pragmática y social. La supresión de los valores estéticos del discurso literario recuerda, en cierto modo, el esfuerzo inútil, llevado a cabo por los defensores del atomismo lógico, a principios del siglo XX, para suprimir en los lenguajes naturales los valores expresivos o subjetivos, con el fin de mejorar las condiciones del conocimiento objetivo, y convertir de este modo el lenguaje estándar en un lenguaje pretendidamente científico y neutro, como el del cálculo matemático, la formulación química o la lógica cuántica.

Todo esto nos lleva a advertir que el recurrente debate sobre el canon se está convirtiendo en nuestros días en un debate sobre la legitimidad de un supuesto canon clásico –considerado como algo uniforme, homogéneo, monológico–, y sobre la interpretación tradicional de la literatura de Occidente, tal como históricamente se nos ha enseñado y comunicado en las aulas universitarias. Este debate no parece desembocar por el momento en el descubrimiento o reconocimiento de nuevos autores, sino más bien en la insistencia o en el hallazgo de nuevas interpretaciones y lecturas de los autores ya señalados en la tradición occidental. ¿Acaso después de todo este polémico discurso sobre el canon literario no vamos a descubrir nuevos nombres y nuevas obras, sino sólo nuevas interpretaciones? ¿Va a quedar reducido este debate a la experiencia de una mera tentativa de deconstrucción de un canon clásico, previamente construido *ad hoc* como una realidad monolítica y cerrada, con objeto de justificar posteriormente su crisis y deconstrucción? Acaso en estos momentos no disponemos aún de las condiciones interpretativas necesarias, ni de la perspectiva histórica adecuada, para dar una respuesta solvente a este interrogante. Conviene, con todo, concederse un tiempo.

No obstante, es posible interrogarse sobre lo que ha podido ser causa esencial de esta crisis en el denominado canon clásico, ¿la falta actual de autores maestros, la pérdida de interés por las obras hasta hoy consideradas como ejemplares, o acaso la posibilidad de discutir, desde nuevos y originales presupuestos vindicativos, determinadas interpretaciones tradicionales sobre la literatura y sus posibilidades de conocimiento? En otras palabras, ¿de dónde proceden, precisamente ahora, los impulsos que han motivado la revisión y la discusión del canon tradicional: de los autores, que siempre han estado y han de estar ahí; de los textos literarios, ampliamente comentados por la posteridad; o de las posibilidades de nuevas interpretaciones, merced a movimientos deconstructivistas, que tratan de ocupar hoy por hoy el centro de atención en el estudio de las Humanidades, para justificar de este modo determinadas formas de conducta y pensamiento rechazados históricamente por la civilización europea? Cabe preguntarse, una vez más, ¿qué es lo canónico: el autor, la obra literaria, o simplemente el modo de interpretarlos? ¿Acaso se quiere presentar como inevitable la institucionalización, bajo la forma de un canon, de todos estos elementos (autores, obras, interpretaciones...), para hacer asequible, sólo de este modo, el conocimiento de la literatura? Un canon literario no puede ser un monopolio de interpretación literaria. En todo caso, el debate está servido, y no faltan opiniones para casi todos los gustos.

La poética del siglo XX, en el desarrollo de sus posibilidades de interpretación literaria, ha otorgado una primacía muy poderosa al aspecto fenomenológico de la experiencia del lector, y ha confirmado su evolución hacia una libertad amplísima en las actividades de recepción, que en muchos casos han contribuido a incrementar la presencia de elementos intermediarios, mediadores o transductores de la interpretación, en ciertos contextos a través de discursos completamente aberrantes y acientíficos, e incluso en nombre de una falsa renovación de las formas interpretativas (creación de lenguajes cada vez más complejos e incomprensibles –y por tanto inútiles a la mayoría de sus posibles usuarios–, uso de métodos filológicos y humanísticos para el análisis de hechos completamente triviales, comentario de textos pseudoliterarios...), con un inevitable deterioro sobre los logros y la finalidad del conocimiento de la literatura.

Se observa desde este punto de vista la intromisión de un sujeto que *transduce*, es decir, de un sujeto que formula una interpretación destinada intencionalmente a actuar sobre interpretaciones precedentes, a deconstruirlas incluso, con objeto de hacer valer sus propios modelos de percepción y sus propios valores ideológicos. No es casualidad que la época de las teorías formalistas se haya consumado intensamente, dando paso a las poéticas de la recepción, y éstas a su vez hayan experimentado el mismo proceso de agotamiento, desembocando en lo que podríamos denominar la época de las teorías de la mediación, intermediación y postprocesamiento del sentido de los textos literarios, es decir, la época de las poéticas de la *transducción* (J. G. Maestro, 1994). El sentido del discurso no estaría determinado por sus formas estéticas, ni tan siquiera por la experiencia del tal o cual lector real o modélico, sino por la interpretación del *mediador*, es decir, del *transductor*, del sujeto o agente encargado de transmitir –y transformar según sus propias competencias e intereses, o los del grupo ideológico al que preste sus servicios– la interpretación de los textos ante una determinada comunidad, a través de la docencia en sus diferentes niveles, de la investigación institucional o académica, del discurso periodístico o televisivo, de la producción cinematográfica o teatral, del espectáculo social, político o ideológico, etc., o de cualquier otra forma de interacción pública.

En todo caso, cualquier debate sobre el discurso que interpreta y asegura la vigencia de obras artísticas, hasta ese momento consideradas clásicas y fundamentales en el desarrollo de una determinada cultura, hace pensar inevitablemente en una pérdida o disolución de referentes literarios y culturales. Como ha recordado muy recientemente C. García Gual (1996: 5), "el mismo concepto de clásico se vio sujeto a fuertes conmociones en tiempos de penuria intelectual". Parece que una crisis así exige examen atento, a la vez que justifica una reconstrucción de los modos de percepción del discurso literario, y hace urgente una reflexión sobre algo que pocas veces se ha planteado seriamente en los últimos tiempos: la finalidad de la literatura, la orientación teleológica de la investigación literaria y las consecuencias prácticas de su conocimiento.

Tampoco podemos olvidar que el debate sobre el canon, en su forma más polémica, ha surgido en los Estados Unidos, donde el desarrollo de las teorías deconstructivistas ha alcanzado un desarrollo y unas consecuencias muy superiores a las que existen en las universidades europeas, y donde la convivencia y amalgama entre las diversas minorías proporciona una experiencia académica y social que, en la misma medida, no ha llegado aún a Europa, por lo que el viejo continente no parece estar todavía en condiciones de comprender empíricamente lo que esta situación significa en la realidad social, política y cultural de América del Norte[8].

Es innegable que las interpretaciones actuales sobre el canon van asociadas con frecuencia a las teorías deconstructivistas; se sigue a Foucault, a Lacan, a Derrida... Las reflexiones sobre la literatura pronto se adentran de este modo en el ámbito del deconstructivismo y de los estudios culturales, al desplazarse hacia una particular "concepción del sujeto como organizador y productor de sentido de la experiencia vivida", e integrarse en "el desafío planteado a los modelos del pensamiento occidental por los movimientos de liberación de los últimos cuarenta años" (W. Godzich, 1998: 304). Desde exigencias de este tipo se ha conseguido plantear

---

[8] Así lo advierten diferentes estudiosos: "En el marco universitario estadounidense, por ejemplo, la polémica actual sobre el canon 'tradicional' y las exigencias de apertura del mismo están vinculadas a las presiones ejercidas por grupos étnicos y sociales, que buscan mayor representatividad en su formación" (L. Schwartz, 1996: 9). "La polémica del multiculturalismo, asociada también a la proliferación de estudios sobre minorías étnicas o sexuales o nacionales en las propias universidades, cuyos departamentos de Literatura Comparada se han hecho eco de forma creciente sobre lo que ha recibido el calificativo de *cultural studies*, uno de cuyos resultados es el predicado de un nuevo equilibrio de fuerzas en la administración del poder en tales departamentos. Asociada inevitablemente a tal reequilibrio, de naturaleza polémica y en muchas zonas crispada, hay también una justificación epistemológica: el necesario reequilibrio pasa por el cuestionamiento del canon estético tradicional de la cultura anglosajona burguesa y el postulado de nuevos cánones estéticos al correlato que sigue sobre lo 'políticamente correcto': los que representan a tales minorías, hasta ahora desplazadas social y culturalmente" (J. M. Pozuelo, 1996: 3).

un debate sobre el canon literario que, sin proponer especialmente nuevos autores, frente a los reconocidos en la cultura occidental, discute ante todo el modo tradicional de interpretar los ya existentes. Paralelamente, desde la denominada "crisis de la literariedad", se transita con demasiada frecuencia por terrenos próximos a lo que podríamos llamar *Kleinliteratur* (literatura trivial) o subliteratura (G. Reyes, 1989)[9], para desembocar en algunos casos en lo que autores como J. F. Revel (1988)[10] no han dudado en calificar directamente de "conocimiento inútil"[11].

[9] "Los conceptos que están en crisis son, algunos, venerables pilares de los estudios literarios. La literariedad, por ejemplo, noción de los formalistas rusos aceptada con entusiasmo por los estructuralistas europeos y por el *New Criticism* norteamericano (se desconocía entonces la poderosa crítica de otro ruso, Bajtín, a los formalistas), es una noción sin vigencia alguna, pues ya no se acepta, como he señalado más arriba, que la literatura sea lingüísticamente autónoma. La tradición literaria, con sus subdivisiones en períodos, épocas, géneros, corrientes, y sus discriminaciones estéticas, es un edificio que amenaza derrumbarse, atacado desde muy diversos ángulos: están en entredicho los valores culturales que sostienen todo el edificio, los estudiantes de literatura se niegan a aceptar los criterios con que se seleccionan las obras maestras enseñadas en la universidad, hay interés por la *Trivialliteratur* y por la literatura *light*..." (G. Reyes, 1989: 22).
[10] "En nuestro siglo se encuentran a la vez más conocimientos y más hombres que conocen esos conocimientos. En otras palabras, el conocimiento ha progresado, y aparentemente ha sido seguido en su progreso por la información, que es su diseminación entre el público [...]. ¿Podría ser que la misma abundancia de conocimientos asequibles y de informaciones disponibles excitara el deseo de esconderlos más bien que de utilizarlos? ¿Podría ser que el acceso a la verdad desencadenara más resentimiento que satisfacción, la sensación de un peligro más que la de un poder? [...]. Las sociedades abiertas, para utilizar el adjetivo de Henri Bergson y de Karl Popper, son a la vez la causa y el efecto de la libertad de informar y de informarse. Sin embargo, los que recogen la información parecen tener como preocupación dominante el falsificarla, y los que la reciben la de eludirla. Se invoca sin cesar en esas sociedades un deber de informar y un derecho a la información. Pero los profesionales se muestran tan solícitos en traicionar ese deber como sus clientes tan desinteresados en gozar de ese derecho [...]. Que nuestras opiniones, aunque sean desinteresadas, proceden de influencias diversas, entre las cuales el conocimiento del sujeto figura demasiado a menudo en último lugar, detrás de las creencias, el ambiente cultural, el azar, las apariencias, las pasiones, los prejuicios, el deseo de ver cómo la realidad se amolda a nuestros prejuicios y la pereza de espíritu, no es nada nuevo, desde el tiempo en que Platón nos enseñó la diferencia entre la opinión y la ciencia [...]. La tendencia a reivindicar la diversidad, la particularidad y la "identidad" culturales, como se acostumbra ahora a decir, ha prevalecido, desde mediados del siglo XX, sobre la aceptación de criterios universales de civilización, aunque sean vagos [...]. No parece, pues, el momento adecuado para hablar de una civilización común, cuando la humanidad se lanza de nuevo deliberadamente hacia la fragmentación, glorifica la incomprensión recíproca y voluntaria de las culturas [...]. Hoy, como antaño, el enemigo del hombre está dentro de él. Pero ya no es el mismo: antaño era la ignorancia, hoy es la mentira" (J. F. Revel, 1988/1989: 9-21).
[11] W. Godzich ha apuntado algunas de las posibles consecuencias de este tipo de trayectorias: "Los estudiantes americanos, se señaló, no poseen la destreza lingüística necesaria para desenvolverse bien en sus estudios, y deben recibir una formación adicional en las universidades para poder trabajar satisfactoriamente en su campo, ya se trate de estudios

Diversos críticos que en un momento dado han terciado en esta polémica han concluido en muchos casos con una retirada del debate, o con una declaración de distancias, cuya reticencia habla por sí sola. Así, por ejemplo, F. Kermode advierte, a propósito de los movimientos deconstructivistas, que "acompaña a estas manifestaciones cierto fervor ideológico e indudablemente alteran la configuración de los intereses interpretativos institucionales. Es más, confiesan ser subversivas. Alternan los límites del objeto de estudio, proponen nuevas visiones de la historia, las instituciones y el sentido. Este no es el lugar adecuado para entablar una discusión sobre la validez de tal nueva doctrina" (F. Kermode, 1979/1998: 108). Otros autores, como J.M. Pozuelo, no han ocultado en cierto modo su satisfacción al contemplar con cierta distancia la artificialidad que subyace en esta polémica sobre el canon literario: "Creo un fenómeno saludable que en la cultura española se viera esta polémica con cierta distancia y cautela por su aire artificial y, en cierta medida, ajeno a nosotros" (J. M. Pozuelo, 1996: 3).

Autores como H. Bloom (1994) han sido sin duda más explícitos, y radicales, al denunciar el uso social e ideológico de los estudios literarios, y reafirmar uno de los postulados esenciales de la estética kantiana: la absoluta ausencia de finalidad en el arte, su declarada inutilidad social: "La originalidad se convierte en el equivalente literario de términos como empresa individual, confianza en uno mismo y competencia, que no alegran los corazones de feministas, afrocentristas, marxistas, neohistoricistas inspirados por Foucault o deconstructivistas; de todos aquellos, en suma, que he descrito como miembros de la Escuela del Resentimiento [...]. Desde Píndaro hasta el presente, el escritor que lucha por la canonicidad puede luchar por una clase social, tal como hizo Píndaro por los aristócratas, pero, primordialmente, todo escritor ambicioso sale a la arena sólo en su propio nombre, y frecuentemente traiciona o reniega de su clase a fin de perseguir sus propios intereses, que se centran completamente en la *individuación* [...]. El estudio de la literatura, por mucho que alguien lo dirija, no salvará a nadie, no más de lo que mejorará la sociedad [...]. Estamos destruyendo todos los criterios intelectuales y estéticos de las humanidades y las ciencias sociales en hombre de la justicia social" (H. Bloom, 1994/1996: 30 y 37).

Canonizar es normalizar, y hablar de canon literario es confiar a una norma (institucionalizable) la percepción y la interpretación de los

---

de economía, ingeniería, medicina, derecho, ciencias sociales, o de las áreas de humanidades del currículum universitario [...]. Se nos ha dicho, dentro y fuera de las universidades, que hay una crisis de la cultura de la escritura que se extiende por todo el mundo, que los estudiantes no saben ni leer ni escribir, que ya no comprenden lo que leen, y que el mercado mira a nuestros licenciados con disgusto, o por lo menos con aprensión" (W. Godzich, 1998: 12 y 62).

hechos literarios. Un discurso canónico es, en suma, un discurso normativo, desde el momento en que un canon literario monopoliza, en un sentido amplio, el conocimiento de la literatura. Dudamos sobre si lo que hoy día se pretende desde un canon, o desde su reconversión en otro canon, es el conocimiento de la literatura o la normalización o normativización de ese conocimiento, es decir, la oficialización de una interpretación. Quebradas y extintas las viejas poéticas y preceptivas literarias, los grandes paradigmas, que en otras épocas fueron centro de airadas disputas acerca del quehacer literario, da la impresión de que el concepto de *canon*, tal como hoy día se debate, representa para algunos lectores o grupos de lectores la única posibilidad de elaborar o revitalizar una preceptiva literaria a la altura de nuestra época, desde la cual llevar a cabo la configuración normativa de un modelo de arte, más o menos ortodoxo e ideal, que permita exaltar o condenar todo discurso literario que no tenga en consideración la norma propugnada. Nos parece muy difícil que un canon, es decir, un (macro)horizonte de expectativas, un sistema de normas objetivado, tal como lo definiría la poética de la recepción, pueda instituir, en una etapa histórica como la nuestra, las postrimerías de la Edad Contemporánea, tan disgregada y fragmentada por múltiples hechos, una preceptiva duradera, sobre todo cuando las características dominantes en la teoría literaria de los últimos años han sido precisamente la expansión y la diversidad. La época de los preceptos en el arte hace tiempo que ha pasado, y no dejaría de ser irónico que fueran movimientos deconstructivistas quienes la restablecieran de nuevo, bien conscientemente, bien involuntariamente, pues, si bien por un lado no está del todo claro que ésa sea su principal pretensión, nada nos asegura, por otra parte, que en cierto modo no estén disponiendo, sin advertirlo, causas y motivaciones adecuadas para su consecución[12].

Toda norma, como todo discurso, es relativa. He aquí otra de las condiciones inevitables del canon, especialmente de cualquier canon codificado con posterioridad al Romanticismo europeo, la relatividad de sus principios y fundamentos estéticos[13]. Muchos son los autores y las obras señalados, pero no en todos ellos se reconoce el mismo alcance ni la

---

[12] "Cuando hay tanta ira, resulta difícil hablar de canon sin tener que dar la razón a unos y a otros alternativamente, pues canonicistas y anticanonicistas, Harold Bloom y los que él llama "resentidos", coinciden en lo fundamental: en querer imponer su gusto, su tradición, su tendencia, su necesidad o su manera de ver el mundo como El canon. Tampoco sirve de mucho sustituir la lista de Bloom por la contraria, aunque quien la sostenga nos resulte más simpático o afín ideológicamente" (J. M. Pozuelo, 1996: 3).
[13] "Todo canon parece tener una limitación histórica y un valor temporal" (C. García Gual, 1996: 5). "No hay canon, sino cánones diversos, sistemas que se complementan, sustituyen, suplantan. Mejor, sistemas y valores que se han constituido, se han sustituido, se han suplantado" (J. M. Pozuelo, 1996: 4).

misma intensidad en su relevancia, lo que equivale a afirmar que el canon es *mutable*, y por tanto ningún canon constituye en sí mismo un discurso absoluta o definitivamente canónico, ni en su normativa, ni en su interpretación, ni en sus posibilidades literarias de revisión teórica, comparativa o hermenéutica. Aún no estamos en condiciones de juzgar lo que dará de sí el actual debate sobre el canon literario, pero sí es posible una advertencia: la obra de Cervantes se puede "deconstruir" con interpretaciones mejores o peores, pero lo que ya no es posible es su "sustitución" por otra obra idéntica o equivalente –el análisis literario no admite conmutaciones de este tipo–, a menos que renunciemos al concepto de literatura vigente en la tradición occidental desde la *Poética* de Aristóteles. Sólo entonces algo así sería posible, pero desde ese momento nuestro trabajo ya no guardaría apenas relación con la investigación literaria, sino con una especie de transacción o comunicación ideológica.

El discurso crítico de la Modernidad sitúa a Cervantes en el paradigma de la poética mimética, de fundamento aristotélico, e identifica en su obra literaria una contribución canónica, que limita al ámbito de la novela moderna, y cuyas características y propiedades quedarían objetivadas en la escritura del *Quijote*. Paralelamente, el mismo discurso crítico ha querido ver en la poética de Lope de Vega una distancia frente a la de Aristóteles, cuando hoy día difícilmente podría demostrarse algo así, pues acaso Lope sea aún más aristotélico que el propio Cervantes, a quien debemos muchos de los logros de la estética literaria moderna: como creador de personajes que superan las figuras prototípicas que gobernarán el teatro de la comedia nueva; como introductor del discurso polifónico en la literatura moderna, frente a las exigencias del decoro, al que tan fácilmente se atiene Lope; o como escritor de entremeses y relatos breves, en que la forma de conducta del personaje actúa movida por impulsos personales que confieren prioridad al sujeto, frente a la expresión de la voluntad de un orden moral trascendente al individuo, que justificaría funcionalmente en la fábula la inmutabilidad de determinamos ideales estamentales, entre los que cabe mencionar la honra como legitimidad social del individuo, el papel justiciero del rey absolutista, o el ideal especulativo y autoritario de un Dios contrarreformista.

En consecuencia, a Cervantes se le atribuye la conformación de un canon narrativo, el de la novela moderna, mientras que a Lope de Vega se le asigna otro de orden teatral, cual es la configuración de la "comedia nueva", lo que ha tenido como consecuencia restar, o incluso negar durante decenios, la relevancia de Cervantes como dramaturgo[14], y supo-

---

[14] De la mismísima época de Cervantes datan, como él mismo nos declara en su prólogo de 1615 a las comedias y entremeses, los juicios que niegan la calidad estética en su teatro: "En esta sazón me dijo un librero que él me las comprara si un autor de título no le

ner, paralelamente, que la conformación de la comedia española del siglo XVII fue una labor ejecutada única y exclusivamente por Lope de Vega. Como sabemos, en los últimos años, ambas ideas han sido revisadas y discutidas por diferentes estudiosos, entre los que es posible mencionar a J. Canavaggio (1977), en el caso del teatro cervantino, y a J. Oleza (1995), entre otros investigadores de la Universidad de Valencia, en lo referente

hubiera dicho que de mi prosa se podía esperar mucho, pero que del verso, nada; y, si va a decir la verdad, cierto que me dio pesadumbre el oírlo..." (Cervantes, "Prólogo al lector", *Ocho comedias y ocho entremeses...*, 1615, ed. de F. Sevilla y A. Rey, 1997, XIII: 17). El canon literario del siglo XVIII mantendrá ante el teatro de Cervantes, como revelan, entre otros, los juicios de L. Fernández de Moratín y A. Lista, la misma idea de negatividad y rechazo: "Así halló el teatro Miguel de Cervantes, el cual, bien lejos de contribuir a mejorarle, como pudiera haberlo hecho, sólo atendió a buscar en él los socorros que necesitaba su habitual pobreza, escribiendo como los demás, y olvidando lo que sabía para acomodarse al gusto de vulgo y merecer su aplauso" (L. Fernández de Moratín, 1944: 163); "¡Cuánto más agradable sería para mí el análisis de esta obra inmortal [el *Quijote*], que el triste espectáculo de un Cervantes confundido entre los Cuevas, Alonsos de la Vega y Virués, y acaso inferior a ellos!... Cumpliré, pues, mi deber, aunque con repugnancia y brevedad" (A. Lista, 1836: 116). Desafortunadamente, a lo largo del siglo XIX se mantienen las mismas impresiones negativas hacia el teatro cervantino, que sigue apartado de toda consideración canónica, prácticamente hasta la obra erudita de M. Menéndez Pelayo. En el siglo XIX tiene lugar el descubrimiento de nuevos textos y la rehabilitación de autores que hoy consideramos decisivos; se produce así una recomposición del canon de la literatura española, integrando figuras y obras que los autores de la Ilustración habían desestimado o rechazado. Se redescubre con interés el teatro de Lope, y el de Calderón, a cuya observación filosófica contribuyen los románticos alemanes desde su dominio cultural, mientras que Cervantes, sin embargo, sólo destaca canónicamente como novelista, y su teatro sigue sin interesar, pese a la rehabilitación, no siempre exclusivamente erudita, que experimentan diversos autores del Siglo de Oro, y pese a la publicación y exégesis de numerosos textos de épocas anteriores, merced a la labor que comienza a practicarse con cierta intensidad desde el Romanticismo europeo: "Editar textos desconocidos o explicar los conocidos por su relación con la sociedad de su tiempo fue el propósito de los más exigentes aficionados a las cosas literarias de los años románticos, en correspondencia con la transformación del horizonte de expectativas artísticas en que se iba instalando la sociedad contemporánea [...]. Pero las exhumaciones de textos medievales y de la Edad de Oro que esmaltan la historia bibliográfica del pasado siglo, salvo muy contadas excepciones, no respondieron a un programa sistemático de investigación [...] de los textos antiguos, muchas veces leídos estrambóticamente, cuando no eran el resultado de falsificaciones deliberadas (piénsese en las varias atribuciones a Cervantes de textos que nunca pudo escribir, como es el caso de célebre *Buscapié* urdido por Adolfo de Castro)" (L. Romero Tobar, 1996: 15). Autores como A. Sánchez (1992: 12) han calificado esta postergación del teatro cervantino como una "injusta eliminación decretada por los llamados a encasillar artificiosamente los valores literarios del momento"; lo cierto es que esta eliminación ha perdurado prácticamente hasta bien entrado el último tercio del siglo XX, e incluso hoy día –en la víspera del año 2000– podríamos afirmar que el discurso crítico contemporáneo no parece haber justificado aún, con la suficiencia necesaria, la inclusión de Cervantes en el canon de los dramaturgos del Siglo de Oro español. Todavía no se ha estudiado, ni se ha insistido lo suficiente, en las referencias decisivas que del teatro cervantino se hayan presentes en la dramaturgia de la Edad Contemporánea.

al papel de Lope en la génesis de la comedia barroca. ¿Es posible dar un paso más en la incorporación de Miguel de Cervantes a una revisión crítica del canon dramático del Siglo de Oro?[15] Tratemos de justificar este propósito.

En el momento en que Cervantes escribe su obra literaria, la influencia aristotélica no sólo es inevitable, es inderogable, merced a la interpretación preceptiva, es decir, dogmática, que imperativamente plantean los tratadistas italianos del quinientos. En lo que se refiere a la Poética, hay, pues, un canon vigente, el de la mímesis aristotélica, como principio generador del arte, sistematizada al modo especulativo del saber humanístico y filológico de los exegetas modernos del Estagirita, exégesis más renacentista que moderna de la poética antigua, a la que habrá de adecuarse la creación literaria posterior al menos a 1498, con la traducción latina de Giorgio Valla[16], a partir de la cual se desarrollan los célebres comentarios de Minturno, Escalígero, Castelvetro y especialmente Robortello, quien en 1548 escribe el primer texto teórico sobre la comedia construido exclusivamente sobre presupuestos aristotélicos, la *Explicación de todo lo que concierne al artificio de la comedia*.

Si en el ámbito de la novela, género configurado al margen del linaje de la poética antigua, Cervantes halla elementos que le permiten configurar un horizonte de expectativas completamente nuevo, no sucederá lo mismo en el terreno de la dramaturgia, donde sus tentativas experimentales no encontrarán el triunfo del teatro lopista, al carecer en primer lugar del éxito de público, así como de las condiciones necesarias para adquirirlo, y en segundo lugar, de las capacidades para codificar en el género de la comedia las características de una forma estética original, el *Arte nuevo*, que la historia literaria posterior convertirá en una lectura canónica.

---

[15] La sistematización del canon literario del Siglo de Oro, tal como se configura a lo largo del siglo XIX, adscribe a Cervantes a la configuración canónica de la novela moderna, a la vez que le niega todo valor como dramaturgo: "No pocos géneros literarios áureos resultaron marginados en los cánones del XIX, mientras que otros, más afines a las ideas estéticas del realismo, pasaron a ocupar una posición central: los diversos modelos de ficción en prosa, por ejemplo, que se fueron desarrollando desde el siglo XVI y que Cervantes recreó y entretejió en su summa novelística. Cervantes se convirtió, así, en autor fundamental de los cánones de la literatura del siglo XVII y su *Quijote*, en la *obra maestra* de un conjunto de obras, no siempre consideradas canónicas" (L. Schwartz, 1996: 10).

[16] No conviene olvidar que, con anterioridad a la traducción de G. Valla de la *Poética* de Aristóteles, el marqués de Santillana, en su "Carta a doña Violante de Prades" (*Comedieta de Ponza*), datada en 1443 ó 1444, según los códices conservados, se refiere a los géneros dramáticos, en el marco de la teoría de los tres estilos de la latinidad, y así advierte, antes de delimitar cada uno de ellos, que "los poetas fallaron tres maneras de nonbres a aquellas cosas de que fablaron, es a saber: tragedia, sátira e comedia" (I. López de Mendoza, 1988: 436).

Como trataremos de demostrar a lo largo de este libro, la obra de Cervantes nace en los límites de una interpretación canónica de la Poética de la Antigüedad, cuya expresión genuina es la teoría aristotélica de la mímesis, de la que el mismo Cervantes se aleja en el ámbito de la creación literaria, especialmente en la novela, más aún de lo que demuestra el propio Lope de Vega en la configuración poética del *Arte nuevo* y en la realización estética de sus numerosas comedias. Paralelamente, en el terreno de la escritura literaria, Cervantes practica en el teatro una forma dramática experimental, que no llega a ser reconocida en la tradición histórica como expresión canónica, si exceptuamos acaso los entremeses, a causa de su contraste permanente con la comedia lopesca, en la que sí se ha identificado el canon dramático de Siglo de Oro español. Entre la interpretación canónica de la *Poética* de Aristóteles, y la lectura no menos canónica del teatro de Lope de Vega, se ha situado tradicionalmente la obra de Cervantes, limitando con frecuencia su singular contribución a la génesis de la novela moderna, y olvidando excesivamente que su teatro constituye la dramatización de una forma experimental de hacer comedias, mucho más relevante y necesaria para la comprensión de la literatura de lo que hasta el momento se había creído.

Desde esta perspectiva, pensemos sumariamente en la influencia y recepción posteriores del teatro cervantino, considerando el doble ámbito de la creación de la literatura dramática (intertextualidad) y también el terreno de su repercusión en los escenarios (representación o puesta en escena).

En 1992, A. Marsillach, con motivo del estreno en Sevilla, bajo su dirección, de *La gran sultana*, supo expresar de forma completa, y con palabras muy precisas, la fortuna del teatro cervantino: "No tuvo suerte don Miguel en el teatro. En realidad, no la sigue teniendo. Se le reconocen sus *Entremeses*, su *Numancia*, en ocasiones su *Pedro de Urdemalas...* Poco más"[17]. En la misma línea se sitúan las observaciones de investigadores más recientes; entre otros, M. Muñoz Carabantes (1992: 141) reconoce que "no ha sido frecuente asociar el nombre de Cervantes a la producción teatral española del Siglo de Oro", y J. Canavaggio (1992: 37) insiste en que el teatro de Cervantes apenas fue representado hasta nuestros días, "una vez cerrado un largo paréntesis de tres siglos de silencio".

---

[17] "Allá por el año 1979 –prosigue A. Marsillach (1992: 201)–, los programadores del recientemente creado Centro Dramático Nacional –Eduardo Haro Tecglen, Ricardo Doménech, Francisco Nieva y yo mismo– decidimos representar *Los baños de Argel*, decisión que, inteligentemente, respetaron los nuevos directores del Teatro María Guerrero que nos sucedieron: Nuria Espert, José Luis Gómez y Ramón Tamayo. Y no recuerdo yo que, desde entonces, se hayan emprendido otras aventuras con el deseo de adentrarse en el ignorado –y, a veces, despreciado– teatro cervantino".

En efecto, así ha sido, prácticamente hasta el siglo XX[18], en que la experiencia derivada de su recepción e interpretación modernas ha hecho posible observar el teatro cervantino al margen de las consideraciones canónicas de la comedia lopesca, y de los estudios de historiografía positivista, de corte decimonónico, de modo que, desde una nueva perspectiva histórica y teórica, se examina la dramaturgia de Cervantes como constitutiva de un teatro experimental (J. Canavaggio, 1977) digno de la mayor atención.

La *Numancia* es una de las obras teatrales cervantinas de la que quizás se han hecho más refundiciones y adaptaciones. Su especial disposición ante el sentido de las circunstancias políticas más variadas ha favorecido tradicionalmente la puesta en escena de esta tragedia[19]. R. Alberti había estrenado en diciembre de 1937, en el Teatro de la Zarzuela de Madrid, una versión de la tragedia adaptada a la situación bélica del momento (Z. I. Plavskin, 1993): añade al texto original un prólogo en verso en el que intervienen Macus y Buco, personajes de las antiguas farsas romanas, cuyo diálogo subraya el estado deplorable de las tropas de Escipión[20]. También en 1937, Jean-Louis Barrault monta en París una versión francesa de la obra. Años después, en 1948, en la España de la posguerra mundial, F. Sánchez-Castañer realiza una adaptación de la *Numancia* que fue representada en el teatro romano de Sagunto. En cierto modo, se establece una similitud entre el cerco de la ciudad sitiada y el aislamiento internacional de la España franquista superviviente de la II Guerra Mun-

---

[18] Al margen de los singulares méritos reconocidos en el teatro cervantino por el Romanticismo alemán, a través de la obra de Goethe, los Schlegel, Schiller y Schopenhauer, la dramaturgia de Cervantes apenas alcanza en el siglo XIX un reconocimiento y atención suficientes. Por su parte, el período anterior, representado por la experiencia del racionalismo y la Ilustración en la interpretación poética, no había sido demasiado comprensivo con el arte dramático del autor del *Quijote*: "La crítica negativa del teatro cervantino –escribe A. Sánchez (1992: 12)– alcanza su más alto grado de acidez en el siglo XVIII, bajo los dictados de la normativa neoclásica, de raíces en Boileau. Blas Antonio Nasarre, Agustín Montiano y Luyando, incluso Leandro Fernández de Moratín, son los nombres españoles más señalados en esta línea. Los dos primeros llegaron a ver en la comedia cervantina, con desaforada exégesis, como una parodia consciente de la de Lope con la idea de poner de relieve sus defectos y disparates".

[19] No se dispone de datos exactos acerca del estreno de la *Numancia*, probablemente escrita en torno a 1585 según J. Canavaggio (1977), ni de la acogida dispensada por el público del momento. Las primeras noticias que tenemos proceden del propio Cervantes, de su prólogo de 1615 a las *Ocho comedias y ocho entremeses*, al que nos referiremos más adelante.

[20] En 1943 R. Alberti estrena en Montevideo una versión de la *Numancia*, sensiblemente modernizada, que interpreta la compañía de Margarita Xirgu. Presenta un prólogo modificado, en el que en lugar de Macus y Buco intervienen Lisístrata y Cleónice, quienes parodian la escena del juramento de las mujeres en la comedia de Aristófanes.

[21] El propio F. Sánchez-Castañer comenta así la disposición de los espacios dramáticos, que situaba al público en el lugar que le correspondería al escenario en el teatro antiguo:

dial[21]. La representación de la tragedia se mantiene hasta nuestros días[22], y en cada puesta en escena se observa con frecuencia una estrecha relación entre el planteamiento de los hechos trágicos de la obra, tal como se conciben en el texto original, y la proyección de los mismos sobre determinadas referencias, más o menos dramáticas, del momento presente en que se sitúa el público espectador, como sucede con la escenificación propuesta por M. Canseco en 1998, frente a la cual el receptor percibe los hechos en relación con problemas identificables con el nacionalismo emergente en los estados modernos, la reivindicación de culturas anteriores a la romanización, la percepción feminista del heroísmo masculino, o el enfoque culturalista o neohistoricista de determinados hechos sociales[23].

De los entremeses cervantinos cabe decir que, en su mayoría, también fueron representados con la llegada del siglo XX, y en muchos casos por

"Se invirtió la primitiva disposición del teatro. Desaparecida casi en su totalidad la antigua *scena* y abierta, lo que de ella queda, al horizonte antiteatral del moderno Sagunto, se colocaron en la dicha *scena* los espectadores, y, en cambio, los restos de la sala y el graderío, en su estado de destrozo actual, y el antiguo castillo con la torre, al fondo, sirvieron como colosal y apropiado escenario natural de una ciudad arruinada por largo asedio. Tan original y amplio escenario permitió la coexistencia de dos escenas, la de los romanos y la de los numantinos, y esta última con cinco planos, en una extensión total que llegó a medir 57 metros de ancho, 133 de profundidad y 59 de alto" (F. Sánchez Castañer, 1976: 7-8). No hay que olvidar que en la España de posguerra, todos los rasgos característicos de la representación del teatro clásico remitían ante todo al valor político e ideológico, así como a la pulcritud literaria de la adaptación, a la grandeza escenográfica y a la brevedad en el número de representaciones.

[22] Así, en 1952 se representa la *Numancia* en el Festival de Sarlat y en Burdeos, en la versión de Jean Lagénie, bajo su dirección escénica, y en colaboración con Raymond Paquet. En los años 1953 y 1955 vuelve de nuevo a representarse esta versión en la capital francesa. En 1956 la compañía Lope de Vega estrena en Alcalá de Henares, al aire libre, una refundición de la tragedia llevada a cabo por Nicolás González Ruiz. Un año después, en 1957, se publica en París la adaptación de la *Numancia* elaborada por Robert Marrast y André Reybaz, estrenada en Rouen en 1958. En 1961 se representa en Mérida, en adaptación de J. M. Pemán y F. Sánchez-Castañer, y bajo la dirección de José Tamayo, una versión muy libre de la tragedia, y con importantes modificaciones del texto original. En el verano de 1965, la *Numancia* se representa en el Festival de Aviñón, en una nueva versión, no publicada, de Jean Cau, con la participación de Jean-Louis Barrault y la compañía parisina del *Théâtre de France*. Durante la temporada teatral de 1966-1967, Miguel Narros presenta un montaje de la *Numancia* en el Teatro Español de Madrid, con música de Carmelo Bernaola, que vuelve a representarse durante la temporada 1972-1973, en el Teatro Griego de Montjuich, en Barcelona. Hasta la escenificación de M. Canseco en 1998, comentaristas como M. Muñoz Carabantes (1992) sólo señalan la representación de Luis Balaguer en 1980, en el Teatro Romano de Málaga, en el marco del XXII Festival de Teatro Grecolatino.

[23] Sobre la puesta en escena de la *Numancia* llevada a cabo por M. Canseco, vid. la documentación que aporta en su trabajo titulado "Una lectura escénica de *La Numancia* de Cervantes", presentado en las XXI Jornadas de Teatro Clásico de Almagro, actualmente en prensa.

grupos universitarios y compañías semiprofesionales de teatro. Entre los escenificados con mayor frecuencia figuran *La cueva de Salamanca, El retablo de las maravillas, El viejo celoso* y *La guarda cuidadosa*, seguidos de *La elección de los alcaldes de Daganzo*, y en menor medida, con menos representaciones, *El vizcaíno fingido* y *El rufián viudo*.

Quizá hayan sido los entremeses, a los que J. Huerta Calvo (1997) ha dedicado tan valiosa atención en los últimos años, las piezas dramáticas de Cervantes que, además de haber sido más representadas en los escenarios, al menos hasta la última década, han sido las que más han influido, del conjunto de la producción teatral cervantina, en los dramaturgos —y en la literatura dramática— del siglo XX. Durante la II República, Alejandro Casona incluye en el repertorio del grupo teatral que dirige, en las Misiones Pedagógicas, algunos de los entremeses de Cervantes. Acaso esto explique la afición de Casona al género entremesil, y la composición de obras como las que recoge en el *Retablo jovial* (*Sancho Panza en la Ínsula, Farsa del cornudo apaleado, Entremés del mancebo que casó con mujer brava*). Lo mismo podría decirse de F. García Lorca, quien dirige, en colaboración con Eduardo Ugarte, el grupo de teatro *La Barraca*, que también representó varios entremeses de Cervantes. En varias obras de Lorca, sobre todo las que se refieren al denominado "teatro de marionetas" o teatro de farsa (*El retablillo de don Cristóbal, Amor de don Perlimplín con Belisa en su jardín, La zapatera prodigiosa*), encontramos rasgos entremesiles.

Rafael Dieste, dentro de un teatro que algunos considerarían de propaganda, durante la Guerra Civil, en clara inspiración cervantina, compone un *Nuevo retablo de las maravillas* (1937), sólo visible para aquellos que "no estén tocados de marxismo, sindicalismo, anarquismo y demás plagas". Bertolt Brecht escribió una colección de piezas breves, tituladas *Piezas en un acto*, de clara inspiración cervantina (J. Canavaggio, 1981). Sobre un motivo semejante, Manuel Altolaguirre compone una obra titulada *El filtro de las maravillas*, según indicación de Margarita Smerdou Altolaguirre. Del mismo modo, Lauro Olmo escribe un *Retablo de las maravillas y ¡olé!* (1967), pieza perteneciente a *El cuarto poder* (C. Oliva, 1974), y el dramaturgo francés Jacques Prévert hizo en este siglo una versión del *Retablo de las maravillas* de Cervantes (E. Ramos de Castro, 1972; F. Torres Monreal, 1978). Jean Paul Sartre se basa en 1951 en *El rufián viudo*, una de las comedias menos consideradas durante mucho tiempo por el cervantismo tradicional, para la composición del drama *Le diable et le bon Dieu*, estrenado en el teatro Antoine de París. José María Rodríguez Méndez ofrece una recreación de los personajes cervantinos en su obra *Literatura española*, estrenada recientemente bajo el título de *Puesto el pie en el estribo...*, en la que el personaje de Cervantes, viejo, próximo a la muerte, dialoga con algunos de los personajes de sus entremeses. La lista sin duda puede ampliarse.

Desde el punto de vista de la representación teatral, el comienzo de la década de los 90 supuso en España, por vez primera desde hacía algo más cincuenta años, que los entremeses dejaran de ser las únicas piezas dramáticas representadas del teatro de Cervantes. Desde las temporadas teatrales de 1978 y 1980 comienzan a producirse cambios importantes en torno a la representación de obras teatrales de los Siglos de Oro, dado el estado de postración a que habían quedado reducidas durante las últimas décadas. Son los años en que se crea el Centro Dramático Nacional, cobra realidad la idea de organizar en Almagro un festival internacional dedicado exclusivamente al teatro clásico, y se desemboca, pocos años después, en 1985, en la constitución de una Compañía Nacional de Teatro Clásico.

Entre otros, estos hechos hicieron posible, a finales del siglo XX, el descubrimiento de las comedias cervantinas en la experiencia de la representación, ante un público singularmente interesado por la tolerancia, la ironía y la actualidad del Cervantes dramaturgo. La más escenificada de sus comedias parece haber sido hasta el momento *Pedro de Urdemalas*[24], seguida de *El rufián dichoso*, *Los baños de Argel* y *La gran sultana*. Piezas como *El trato de Argel*, *La casa de los celos*, *El laberinto de amor* y *La Entretenida*, no cuentan con representaciones completas documentadas.

Como el resto de las comedias cervantinas, *Pedro de Urdemalas* no ha sido representada prácticamente hasta el siglo XX. El cervantismo de principios de siglo la consideraba una obra imperfecta y mal hecha, debido a su expresión fragmentaria y episódica, que la investigación positivista del momento no supo entender. Corresponde a J. Canavaggio (1977) el mérito de interpretar estos procedimientos, característicos del teatro cervantino, como un planteamiento experimental, en el que el polifacetismo del de Urdemalas, por un lado, y el montaje efectista, por otro, configuran una forma de teatro muy diferente a la postulada entonces por la comedia nueva de corte lopista. Cervantes sitúa al personaje dramático en un campo de dispersión de formas y funciones (rústicos, gitanos, cortesanos, monarcas, farsantes, rufianes...), en el que los estereotipos de la comedia nueva no encuentran su lugar definitivo, rígidamente codificado; paralelamente, la multiplicidad de lenguajes y registros, como tendremos ocasión de comprobar, queda bien patente, y el uso polifónico del lenguaje desplaza cualquier tentativa de implantar una regulación de la palabra desde presupuestos estamentales o de alcurnia, tal como sería

---

[24] "De entre las obras 'mayores' (aquellas en las que Cervantes puso un mayor mimo y en las que es posible hallar una mayor variación con respecto al canon dramático barroco), sólo *Pedro de Urdemalas* ha conseguido un nivel de difusión que pudiera considerarse aceptable" (M. Muñoz Carabantes, 1992: 142).

deseable desde la lógica del decoro, en conformidad con las exposiciones de la poética clásica, y según se manifiesta en la comedia nueva.

En los años 1953 y 1956 se representa en Checoslovaquia una adaptación de *Pedro de Urdemalas* (*Lizák Pedro*) realizada por Jan F. y Olga Fischer. El estreno tuvo lugar en Olomouc, en 1953, y las representaciones se prolongaron durante 1954 y 1956 en Ostrava y Praga, al parecer con éxito, pese a mostrar una imagen de España de "charanga y pandereta", según los documentos apuntados por R. Marrast (1957: 151).

Años después, en la temporada teatral 1968-1969, tiene lugar en Barcelona y Madrid un montaje de *Pedro de Urdemalas*, en adaptación de Enrique Ortenbach, con Carlos Lemos en el papel principal, que, a juicio de J. Monleón, respondía "al deseo de llevar a la escena del mundo de la imaginación y la vida de los antihéroes. Lo cual, en el contexto de las representaciones de los clásicos generalmente ofrecidas y de sus connotaciones políticas, era tanto como quebrar una iconografía altisonante para introducir de lleno una corriente amarga y vital de realismo. El desasosiego moral de hoy, especialmente en sus sectores más jóvenes, se reconocía en *Pedro de Urdemalas* antes que en tantos dramas heroicos" (J. Monleón, 1981: 39)[25].

Investigadores como J. Casalduero (1951) y F. Ynduráin (1962) consideraron el tratamiento de la figura de Urdemalas como el de un personaje convencional y literaturizado, cuyas aventuras con Belica respondían a una expresión lúdica e imaginaria. Para otros autores, como R. Marrast (1957) y S. Zimic (1992), esta comedia cervantina refleja el desengaño y desprestigio de las clases sociales, tanto en la política como en la moral, interpretación con la que se incorporan, junto a J. Monleón, a una corriente de críticos que ven en esta pieza un "realismo amargo" como nota dominante. Por su lado, J. Canavaggio (1977) se distancia de esta lectura, diríamos "pesimista", en favor de una valoración lúdica y crítica, en la que el folclore, la polifonía del lenguaje y variedad de personajes, especialmente en lo que se refiere al de Urdemalas, constituyen una comedia cuya aportación primordial es la expresión del triunfo de las apariencias, en la posibilidad constante de modificar nuestro ser en el transcurso de nuestra existencia. Subrayando de este modo la actualidad de la obra, Canavaggio concluye en que "un hombre de teatro que viniera a prescindir de las interpretaciones circunstanciales que se hicieron de *Pedro de Urdemalas*, valorando en cambio esta relación problemática del ser y del mundo, esta interrogación que sigue siendo nuestra, llegaría, sin duda

---

[25] Por su parte, A. Sánchez, en su *Pervivencia del teatro de Cervantes* (Madrid, 1980, pág. 22), anotaba al respecto de este montaje: "Una tarea de motivos cervantinos en torno al eje central de Pedro de Urdemalas, con retazos de algún entremés e incluso de una de las *Novelas Ejemplares*: concretamente, de *La elección de los alcaldes de Daganzo* y de *La gitanilla*".

alguna, a infundir nueva vida a la más fascinante de las comedias cervantinas" (J. Canavaggio, 1992: 63-64).

Por su parte, *Los baños de Argel* fue durante mucho tiempo una comedia que sólo interesó a los especialistas cervantinos. Cotarelo Valledor, Schevill y Bonilla..., leyeron a principios de siglo en *Los baños* una evocación verosímil y costumbrista del cautiverio argelino. En sus estudios sobre el teatro cervantino, J. Casalduero (1951) superó esta limitada interpretación de la comedia y propuso una lectura más atenta al contexto histórico del autor, en la que se observaba un análisis de la relación del individuo del siglo XVII con la realidad religiosa que lo trascendía, como una de las características específicas del proceso histórico del hombre barroco. J. Canavaggio, a su vez, ha tratado de trascender la lectura de Casalduero, y de superar el contexto religioso y contrarreformista de la obra para apuntar hacia más amplios acontecimientos sociales no considerados hasta el presente, como la labor caritativa de las Órdenes redentoras de cautivos, la decepción ante el escaso interés de la España de Felipe II por los numerosos cautivos cristianos en Argel, o el cambio de la política imperial española en el Mediterráneo.

En 1978, un año después de la aparición en Francia de la monografía de Canavaggio sobre el teatro cervantino, la compañía teatral de Francisco Nieva pone en escena al público español una versión de *Los baños de Argel* que constituye una reelaboración muy libre del texto original, pues introduce una amplia reescritura del mismo, con la que pone a disposición del espectador una obra que hasta el momento había estado limitada prácticamente al interés de los eruditos. F. Nieva (1981) ofreció una puesta en escena orientada al público del siglo XX, al situar la acción en un contexto dramático superior e irreductible a la verosimilitud del cautiverio, mediante elementos en los que se amalgama la festividad renacentista, el melodrama romántico y el simbolismo *kitsch* [26].

M. Muñoz Carabantes (1992: 188), desde la perspectiva histórica que supuso la recuperación del teatro cervantino en el siglo XX, insiste en que

---

[26] Sobre la puesta en escena de F. Nieva, J. Canavaggio comenta lo siguiente: "Al cotejar el original cervantino con el montaje al que ha dado lugar, se echa de ver en seguida la honda transformación operada por Nieva. Este no se ha contentado con sustituir las tres jornadas primitivas por una sucesión de 11 cuadros introductorios por un prólogo: ha suprimido varios episodios como las dos burlas de Tristán al judío y la patética muerte de Francisquito; ha enriquecido el cruce de amores entre amos y esclavos con secuencias tomadas de *El trato de Argel;* por fin, a la hora del desenlace, ha imaginado una peripecia inédita en la que intervienen Halima y el propio Agi Morato. De esta forma, el *happy end* de la comedia se convierte en un final cargado de dramatismo que, sin llegar a comprometer la feliz reunión de los amantes, pone de relieve la ambigua conducta de una Zahara más bien fría y calculadora, al estilo de la Zoraida que nos descubre Ruy de Viedma en la novela del cautivo" (J. Canavaggio, 1992: 41).

esta versión[27] de F. Nieva sobre *Los baños de Argel* "reveló la existencia de un intento artístico serio, consecuente con unos principios estéticos meditados, que desembocaron en un auténtico trabajo de investigación dramatúrgica, interpretativa y plástica [...]. Entendidos, pues, y ante todo, como un triunfo personal de Francisco Nieva, *Los baños de Argel* de la temporada 1979-1980 pueden ser vistos hoy día como el montaje teatral que daba paso a una nueva época en la comprensión y escenificación de nuestros clásicos. Paradójicamente, fue la última gran obra cervantina puesta en escena hasta nuestros días" (M. Muñoz Carabantes, 1992: 188 y 190).

El 6 de setiembre de 1992, la Compañía nacional de Teatro Clásico estrenaba, en el Teatro Lope de Vega de Sevilla, *La gran sultana*, en un montaje dirigido por Adolfo Marsillach, sobre la adaptación de Luis Alberto de Cuenca. En la temporada teatral 1992-1993, el mismo montaje fue representado en el Teatro de la Comedia, sede de la Compañía. El éxito de la comedia cervantina fue rotundo. F. Lázaro Carreter le dedicó el siguiente comentario:

> La técnica escenográfica moderna está en condiciones de procurar a *La gran sultana* el colorido y la brillantez que no eran posibles hace casi cuatro siglos, y de suplir así su debilidad argumental. Adolfo Marsillach, con la habitual y eficaz colaboración de Carlos Cytrynowski, ha aprovechado bien los medios instrumentales y económicos de que dispone, para dar a su función relieve visual, sorpresa y vivacidad, que la conducen a un éxito indiscutible [...]. La Compañía brega con entusiasmo. Manuel Navarro encarna gallardo, imperioso, tierno y soberanamente alhajado al Gran Turco, Silvia Marsó, aun sin hacer buenas migas con el verso, presta su encanto y belleza a la Sultana, más convincente como tal que como cristiana. Pero el papel central es, sin duda, el de Madrigal, que asume con autoridad y seguro recitado Héctor Colomé. Dice muy bien el bello epílogo que cierra la función. Y muy acertado José Lifante en el sinuoso y tonto Cadí, así como De Grandy y Racionero en los desventurados eunucos. La Compañía Nacional se ha apuntado un buen éxito. Y aplaudo fuerte[28].

---

[27] A. Sánchez aduce un dato de interés, en relación con prácticas semejantes a las llevadas a cabo por Nieva en el montaje de esta comedia cervantina, al introducir en *Los baños...*, episodios de *Los tratos...*: "Es obligado añadir que un precedente romántico –aunque posiblemente ignorado– de la tarea realizada por Nieva al ensamblar libremente comedias cervantinas de cautivos con la historia del capitán Ruy Pérez de Viedma del *Quijote* (I, 40-41), versión narrativa de los mismos sucesos, es el de Cristóbal Kuffner, que todavía sumó detalles biográficos del Manco de Lepanto a su comedia *Cervantes in Algier*, estrenada con aplauso en Viena el 28 de enero de 1819" (A. Sánchez, 1992: 28).

[28] Cfr. F. Lázaro Carreter, "*La gran sultana*", en *Blanco y Negro*, 18 de octubre de 1992, y reproducido en *Cervantes y el teatro, Cuadernos de Teatro Clásico*, 7, 1992, págs. 230-231.

La calidad del teatro cervantino se sitúa, en suma, en una tesitura comparable a la de sus contemporáneos; cabe responder, pues, afirmativamente, a las palabras de A. Sánchez: "¿Contiene el teatro de Cervantes virtudes propias para seguir interesando al público actual? Sin recurrir a la firma gloriosa del autor de *Don Quijote*, ¿podrían sus comedias atraer la atención, no solamente del lector instruido sino del espectador ingenuo? Por supuesto, la respuesta debe ser afirmativa, previa a una selección inteligente, igualmente necesaria en lo que se refiere a los reputados como grandes dramaturgos del teatro clásico español" (A. Sánchez, 1992: 26-27).

En el desarrollo histórico de la expresión teatral de Occidente es posible identificar varios sistemas, formas y modelos teatrales que, según diversas interpretaciones, podrían considerarse canónicos. A continuación, con objeto de observar sus referencias respecto al teatro de Cervantes, y sin ánimo alguno de canonizar *ex cathedra* por nuestra parte, nos referiremos a tres grandes momentos o paradigmas teatrales de Occidente, cuyos temas, espacios y modos de representación han servido con frecuencia de modelos de creación, influencia e interpretación a dramaturgos y espectadores de diferentes épocas y culturas. Cada uno de estos paradigmas es resultado de una determinada posición epistemológica, histórica y crítica que lo justifica, y de la que se derivan a su vez importantes conexiones con conceptos tan fundamentales como los de persona, diálogo, tiempo o espacio, los cuales llevan implícitos con frecuencia nuevos modos de reflexión sobre la acción humana, así como sobre sus cambios y objetivos, sus causas y relaciones. Identificaremos aquí, en consecuencia, al menos tres grandes paradigmas teatrales en la historia de Occidente, que relacionamos con el teatro griego clásico, el teatro español del Siglo de Oro y el teatro isabelino inglés, y la renovación del teatro europeo en el siglo XX.

Tal como ha reconocido W. V. Harris (1991) en sus trabajos sobre las funciones del canon literario, cada uno de estos paradigmas teatrales –podrían señalarse más (*commedia dell'arte*, teatro clásico francés...), pero aquí sólo nos limitaremos a estos tres– cumplen ampliamente los requisitos señalados para constituirse en canon, ya que han proporcionado modelos ideales de inspiración y referencia a numerosos autores, han asegurado la transmisión y la herencia de los sistemas de pensamiento implicados en sus circunstancias sociales, han creado marcos de referencia comunes, han hecho posible el intercambio de influencias entre escritores y público de épocas muy diversas, han legitimado numerosas teorías literarias que han querido ver en estas formulaciones dramáticas la expresión o confirmación de determinados valores y formas de conocimiento, y han ofrecido, en suma, un conjunto decisivo y plural de reflexiones sobre la perspectiva y el contexto históricos originarios de tales obras, determinantes para su comprensión.

1. El teatro griego clásico plantea sus reflexiones en torno a una concepción esencialista del sujeto, como personaje desprovisto de condiciones vitales inmediatas. Sus planteamientos encuentran apoyo en el ámbito de una filosofía de las esencias, cuyo centro de referencia lo constituye un sujeto desde el que se ofrece una visión esencial del hombre, a quien el destino induce a un enfrentamiento con una realidad trascendente e invulnerable representada por los dioses. El marco epistemológico lo justifica aquí una filosofía "realista" –desde el momento en que confiere un valor o existencia real a las esencias e ideas metafísicas–, apoyada en el dogmatismo, y pretensora de valores objetivos y exteriores, desde los que se admite que los seres y objetos existen en sí y por sí, con independencia de sujetos humanos cuya intersubjetividad permita determinar su sentido.

El marco epistemológico en que se mueve la teoría de Aristóteles se fundamenta en una filosofía objetivista, dogmática, realista, en el sentido que acabamos de apuntar; parte del *corpus* que constituyen las obras del teatro griego, en las que distingue seis elementos principales (fábula, caracteres, elocución, pensamiento, música y espectáculo), que organiza en función de leyes estructurales –determinadas por la fábula o acción de los personajes (*mythos*), a la que se subordina el resto de los elementos– y funcionales –como ordenación teleológica del conjunto hacia una finalidad catártica–; y formula finalmente una interpretación en el marco de una realidad idealizada homológicamente, al pretender un modelo ideal de imitación de la realidad mediante el lenguaje.

El teatro expresa en Grecia una dimensión fundamentalmente religiosa y ritual, desde la que se trata de institucionalizar y esclarecer un modo de relación del ser humano con una fuerza que le sobrepasa, como realidad trascendente a sus posibilidades de acción, responsabilidad y culpabilidad. Un poeta como Octavio Paz ha expresado con admirable claridad esta idea de síntesis religiosa, estética y discursiva, que domina en la escena del teatro griego.

> La tragedia griega es una pregunta sobre los fundamentos mismos del ser: ¿el Destino es santo?, ¿el hombre es culpable?, ¿cuál es el sentido de la palabra justicia? Estas interrogaciones no poseían un carácter retórico, pues se referían a los supuestos mismos de la sociedad griega y ponían en tela de juicio todo el sistema de valores en que se edificaba la *polis*. Ni Calderón ni Shakespeare se hicieron nunca preguntas parecidas, preguntas acaso sin respuesta [...]. La tragedia es una vasta meditación sobre el sacrilegio y un examen de su valor ambiguo: salva y condena, condena y salva [...]. Sólo en la libertad puede nacer un arte cuyo tema único es el sacrilegio, como en la tragedia, o la salud política, como en la comedia aristofanesca. La ausencia de un dogma eclesiástico y de una clerecía guardiana de las verdades tradicionales, por una parte, y el clima de la democracia ateniense, por la otra, explican la soberana

libertad que los poetas se tomaron con el mito heroico [...]. La libertad de la tragedia no rehuye la fatalidad sino que se prueba en ella (O. Paz, 1956/1993: 206).

Respecto a los temas, espacios y modos de representación hay que advertir que el espacio escénico griego no es urbano, sino que se desarrolla de espaldas a la ciudad, y dispone un ámbito en U (G. A. Breyer, 1968)[29]; paralelamente, la presencia del coro, de función emotiva más que discursiva, puede entenderse como una mediación entre el público y los espectadores, y como un reparto de las funciones principales, que no recaen exclusivamente sobre el actor, como sucederá posteriormente en los teatros romanos y a la italiana; en consecuencia, el teatro griego desarrolla un modelo canónico de tragedia como género literario y como forma espectacular, al que la tradición exegética de la *Poética* de Aristóteles dará un sentido normativo, sólo discutido aparentemente por la creación teatral del siglo XVII y poco después, de manera decisiva, por las teorías literarias derivadas de la filosofía idealista del siglo XVIII.

La filosofía del ser, de la abstracción y de la generalización, es sustituida progresivamente por una filosofía del existir, de lo particular, del hombre y sus pasiones, que trata de servir de respaldo al nuevo teatro, es decir, por una especulación filosófica centrada en el Yo y en las conductas individuales, no en los esquemas. La cultura europea posterior al Renacimiento dispone el nacimiento de un teatro que discute, desde el punto de vista creativo, la valoración normativa que la tradición había hecho de la *Poética* de Aristóteles: tal es lo que sucede con el teatro español del Siglo de Oro y con el teatro isabelino inglés. La contribución cervantina a una revisión de la concepción abstracta de la persona, como marco de referencias que hace posible la construcción eminentemente *funcional* del personaje dramático, tal como se deriva de la poética aristotélica, y como se practica en la comedia lopesca, es una cuestión que aún no ha sido considerada suficientemente, como trataremos de demostrar, especialmente en el caso de la tragedia *Numancia*.

2. Frente a las fuentes de inspiración del teatro inglés, la crónica nacional y el drama histórico, el teatro español se apoya más bien en la tradición épica de su literatura y en la teología[30]. Para Shakespeare y sus

---

[29] La interpretación psicoanalítica considera que la disposición circular del espacio teatral funciona como signo icónico de la reflexión del ser humano, que se vuelve hacia su interior y se centra en los problemas más radicales y esenciales de la humanidad. La posterior evolución del espacio escénico estaría justificada por el paso de la fe a la razón, de la creencia al discurso, del rito al juego.

[30] "El tema central de nuestra poesía dramática es el destino del alma; en esto radica su grandeza y lo que la hace comparable a la tragedia griega. Sólo que para Esquilo o Eurípi-

contemporáneos la unidad europea era todavía una realidad, lo que les inducía a disponer de las influencias y tradiciones españolas, danesas, italianas, etc., como propias. Tras el apogeo del Renacimiento en Europa, teatros nacionales como el español y el isabelino inglés disponen, en el planteamiento de sus acciones, causas y relaciones (*fábula, peripecia, metabolé*), el paso de un personaje trascendente, como sujeto de acciones esenciales, a un personaje individualizado en sus modos de conducta, en sus posibilidades de discurso y en sus formas de expresión pasional (sentimientos, emociones, etc.)[31]. Se produce de este modo, en lo que se refiere a la creación teatral, un tránsito del sujeto trascendente al sujeto individual, cuyo marco de referencias se sitúa epistemológicamente en el ámbito de una filosofía de la vivencia, que encontrará en el idealismo alemán, especialmente en la obra de J. G. Fichte, su más amplia justificación. La idea de persona, a partir de la cual se conforma y elabora en toda época un determinado concepto de personaje teatral, experimenta cambios decisivos, y deja de ser un sujeto trascendente, comprometido con un destino que determina inexorablemente sus impulsos, para convertirse en un sujeto individual, de inquietudes concretas y emociones particulares, cuyo desarrollo vivencial se convierte por sí mismo en objeto causal de acciones y reflexiones[32].

des se trata de un problema que no tenía más respuesta que aquella que el poeta lograse darle, mientras que nuestros dramaturgos se sirven de un dogma que no admite enmienda [...]. La verdadera libertad se ejerce sometiéndonos a Dios. Esta negación es también una afirmación y se parece al "Sí" con que Edipo y Antígona contestan al Destino. Hay, sin embargo, una diferencia capital: la libertad de los héroes españoles consiste en decirle "No" a la naturaleza humana; la afirmación del Destino, en cambio, es también una afirmación del ser trágico del hombre" (O. Paz, 1956/1993: 211).

[31] "El lugar que ocupan Dios y el libre albedrío en el teatro español, la libertad y el Destino en el griego, lo tiene en el inglés la naturaleza humana. Mas el carácter sagrado de la naturaleza no proviene de Dios ni de la legalidad cósmica, sino de ser una fuerza que se ha rebelado contra esos antiguos poderes. Tamerlán, Macbeth, Fausto y el mismo Hamlet pertenecen a una raza blasfema, que no tiene más ley que sus pasiones y deseos. Y esa ley es terrible porque es la de una naturaleza que ha abandonado a Dios y se ha consagrado y ungido a sí misma. Los isabelinos acaban de descubrir al hombre. La marea de sus pasiones arroja a Dios de la escena [...]. El universo de Shakespeare es el de las pasiones en rebelión" (O. Paz, 1956/1993: 213 y 216).

[32] El teatro nacional español plantea cuestiones de vida, y, sobre todo, de convivencia entre los seres humanos, y de discurso, especialmente en los dramas tirsiano y calderoniano, sobre las relaciones del hombre con los dioses o con las ideas de justicia, responsabilidad, derecho, instituciones, etc. El teatro isabelino tiende a centrarse antes que en las acciones (peripecias), en los sentimientos o pasiones que tales acciones suscitan en el ser humano; como ha escrito a este respecto K. Jaspers, "Shakespeare aparece, en cambio, en un escenario mundano. Una sociedad ufana se reconoce en sus figuras elevadas. La naturaleza humana se descubre en las posibilidades y peligros del hombre, en su grandeza y su pequeñez, en su humanidad y perversidad, en su nobleza y vulgaridad, en su júbilo por la

El espacio de los teatros inglés[33] y español[34] responde a un ámbito en U, y se caracteriza por un dinamismo que dispone de varios lugares escénicos en los que puede actuarse en simultaneidad, con proscenio, escena

dicha de vivir y su horror a la alteración y destrucción misteriosas, en su amor, entrega y franqueza, en su odio, su estrechez y su ceguera. En resumidas cuentas: en el enigma de su misión y el descalabro final al que está abocada la realización de su ser sobre un fondo de ordenamientos legítimos y el perceptible e imperturbable antagonismo del bien y el mal" (K. Jaspers, 1948/1995: 47).

[33] "Su forma, redonda o poligonal, recuerda exteriormente la de los circos. Tales edificios sirven también para otra clase de exhibiciones: danzantes, funámbulos y combates de fieras. El patio circular está rodeado por tres pisos de galerías de madera, cubiertas de paja o de tejas, sostenidas por columnas de madera torneada, pintadas de vivos colores. La escena, elevada a la altura de un hombre, avanza sobre el suelo del patio, de manera que los espectadores la rodean por tres lados. Al fondo se abren dos puertas, y encima de ellas hay un balcón; en él se representan ciertas escenas, se alojan los músicos y excepcionalmente se instalan los espectadores distinguidos. Un tejado sostenido por dos columnas laterales cubre el escenario. Encima de él se eleva un templete en que ondea la bandera con el emblema del teatro –la Rosa, el Globo, el Cisne o la Esperanza–; desde allí suenan las trompetas que anuncian el comienzo del espectáculo. Una tapicería tendida sobre las columnas del sobradillo divide el estrado. Se dispone así de cuatro escenarios: el proscenio, delante de la tapicería móvil; detrás de ella está la tapicería propiamente dicha; luego la pieza del fondo, cuyas dos puertas se abren para dar vista a la tienda de Imógenes o a la tumba de Julieta; finalmente, está el balcón donde Hamlet persigue al espectro, o desde el que desciende Romeo. En conjunto, el principio teatral sigue siendo igual al de los primitivos misterios, con la salvedad de que la significación de cada uno de estos cuatro lugares cambia en el curso de la representación" (G. Baty y R. Chavance, 1932/1993: 120-121).

[34] J. J. Allen (1986: 18) señala una serie de elementos análogos en la configuración espacial de ambos edificios teatrales, el corral de comedias y el escenario isabelino: 1) Un tablado que se proyecta hacia un patio al aire libre, con un espacio para la representación (de 20 a 30 pies de ancho en los corrales y de 18,5 a 20 en los teatros ingleses); 2) Representaciones durante el día, sin luz artificial ni telón de boca; 3) Escenario de ámbito en U, es decir, un escenario rodeado de espectadores por tres de sus lados, con mosqueteros de pie delante del tablado, de una altura aproximada entre 5 y 5,5 pies; 4) Al fondo del escenario se sitúa una cortina o una pared simulada, que cubre el vestuario de los actores, y dispone tres entradas al escenario, de las cuales la del medio es el lugar de las "apariencias" en el corral de comedias, y el "discovery space" en el teatro isabelino; y 5) Ambos teatros comparten la presencia de una o dos galerías situadas encima del escenario para uso de espacios escenográficos, lúdicos, patentes... (balcones, murallas, rejas...) Postula este autor un estudio comparativo entre el edificio teatral del drama isabelino y el de la comedia española del siglo XVII, y sostiene que "el diseño de los teatros ingleses y de los corrales españoles es fundamentalmente el mismo". Según J.J. Allen, "la forma general de teatros como *The Globe* y *The Swan* –poligonal tirando a redonda– despista y esconde, en realidad, un sorprendente parecido en los demás aspectos. Esta particularidad arquitectónica no es, sin embargo, un rasgo esencial de los teatros ingleses, como se ve en el caso de *The Red Lion*, el primero de todos, y en el del primer *Fortune*, rectangulares los dos, cuyos constructores tal vez se vieron limitados, como en el caso de los corrales españoles, por edificios existentes que rodeaban el sitio de la edificación o por las dimensiones del terreno disponible [...]. El contrato para *The Fortune* especifica que era cuadrado por dentro y por fuera. El cuadrado medía 80 pies por fuera y 55 por dentro. Tenía galerías en la planta baja (12 pies de altura) y en dos piezas

y retroscena; la multiplicidad de espacios escénicos, en diferentes niveles y ámbitos de profundidad, se adentra incluso en áreas destinadas a la expectación o contemplación por parte del público. La multivalencia espacial de estos teatros remite icónicamente a una pluralidad ideológica y una concepción abierta de la conducta humana, al menos en el teatro inglés, y es desplazado en toda Europa, desde fines del siglo XVII, por el teatro a la italiana, que impone un ámbito escénico de enfrentamiento (T), con un escenario único de medio cajón, que sigue el modelo del Teatro Olímpico de Vicenza, y de los teatros Farnesio y Sabionetta.

En el teatro isabelino, por ejemplo, la acción no parece plantearse en torno a la responsabilidad propia, sino que adopta una dimensión social (en *Hamlet*, los protagonistas no son Claudio o Gertrudis, los autores del asesinato, sino alguien que no ha tenido nada que ver con los hechos, y que ha de resolverlos). La idea de responsabilidad se ha desplazado del individuo a la sociedad, del sujeto que gobierna el conjunto social (y es responsable de su estabilidad frente a los dioses) al propio grupo social que ha de gobernarse a sí mismo (autoconciencia social, pluralidad, liberalismo...), y delega en uno de sus miembros posibilidades concretas de actuación, que pueden entenderse como hechos de reacción, no de acción. Estamos en la tragedia del hombre que recorta su libertad al estar sometido a las leyes de una sociedad que él no ha organizado[35].

Por su parte, el teatro del clasicismo francés, en pleno siglo XVII europeo, es ante todo el resultado y la expresión de una influencia creadora, la de las formas, los personajes y la poética de la literatura antigua, determinados funcionalmente por los impulsos y las convicciones del *grand siècle français*[36]. Con frecuencia los investigadores comparatistas se han

---

superiores (11 y 9 de altura, respectivamente). El escenario medía 43 pies de ancho y se proyectaba hasta la mitad del patio (27,5 pies)" (J. J. Allen, 1983: 16-17).

[35] El teatro griego presenta personajes trágicos que actúan con objeto de justificar y descubrir el modo de institucionalizar la venganza, para despersonalizarla y convertirla así en justicia; por su parte, el teatro inglés se refiere a otros problemas planteados también en ese mismo terreno de oposición entre el individuo y la sociedad. El hombre moderno ha creado una forma de sociedad en la que existen unas normas que permiten la convivencia, pero limitan la libertad: Hamlet se ve obligado a asumir formas de conducta que repugnan a su naturaleza y que, de no llevarlas a cabo, menoscaban su honor; esta tensión entre la naturaleza y la sociedad resulta desastrosa para el individuo, porque la sociedad persiste en sus imperativos como si se tratara de una realidad trascendente, lo mismo que el poder sobre el que se articula, que desemboca en efectos destructores para el individuo. Los temas del teatro inglés se centran generalmente en el sujeto individual como sujeto de sentimientos, ambiciones, obligaciones, dudas, etc., que entran en conflicto, con afán siempre defraudado, con el poder de las normas sociales establecidas.

[36] "El teatro francés no transforma una materia épica nacional, ni se vuelve sobre una teología o una filosofía para ponerla a prueba en la acción dramática. No examina los fundamentos en que se apoya la sociedad francesa, ni se remonta a sus orígenes épicos ni es

preguntado sobre qué literaturas extranjeras se ha manifestado la influencia del teatro de P. Corneille y J. Racine, y tales carencias han tratado de explicarse a partir de determinadas condiciones necesarias para su comprensión, apenas vigentes fuera de la cultura, la política y la sociedad francesas del siglo XVII. El orden que había de regir esta forma de vida, tal como la concibiera Richelieu y la conformara Mazarino, requería que el arte contribuyera de algún modo a su imitación, en la más tradicional afinidad racionalista con la lógica de la poética clásica. G. Steiner, en su colección de ensayos sobre *La muerte de la tragedia* (1961), ha escrito a propósito de la pobreza de influencias del teatro clásico francés en la posteridad unas palabras que conviene recuperar íntegramente.

> Considerando el poderío y la variedad de sus obras [de Corneille y Racine], su alcance tan limitado me sigue pareciendo algo sorprendente. Pero en parte la respuesta a esto debe encontrarse, pienso, en las limitaciones del ideal neoclásico. La acción total de una tragedia neoclásica se da dentro del lenguaje. Los elementos escénicos están reducidos a la más escueta necesidad. Pero son precisamente los elementos sensoriales del teatro los que mejor se trasladan, pues corresponde al idioma universal de la vista y el cuerpo, y no a una determinada lengua nacional. Cuando la palabra tiene que comunicar el efecto perseguido en su totalidad hacen falta milagros de traducción o, mejor, de recreación. En el caso de los clásicos franceses no se los ha visto (G. Steiner, 1961/1991: 86).

3. En tercer lugar, el teatro europeo del siglo XX introduce transformaciones decisivas de contenido y forma que hacen pensar en la configuración de un nuevo paradigma en el desarrollo histórico de los temas, formas y modos dramáticos. A comienzos del siglo XX el teatro europeo experimenta un decisivo proceso de renovación frente a los modelos tradicionales y decimonónicos en que había desembocado el teatro a la italiana, adoptado en toda Europa desde el siglo XVIII, y que desde la centuria siguiente apenas ofrecía un teatro de sala "decentemente amueblada", pobremente aburguesado y meramente conversacional[37].

---

una defensa o una crítica de los principios que alimentan a Francia. Es verdad que la actitud de Corneille y Molière, frente a las obras y los temas españoles e italianos, no fue distinta de la de los isabelinos, pero el modelo grecolatino termina por sustituir a la más libre e inmediata tradición europea. La imagen de la unidad europea es reemplazada por la figura abstracta de una Grecia ideal. Así pues, se trata de un clasicismo externo: el teatro francés no reproduce la evolución de la tragedia griega –recreación de un héroe épico y libre meditación sobre una teología nacional– sino que la escoge como un modelo estético. Las leyes que rigen las tragedias de Racine son primordialmente leyes estéticas: el teatro es un espacio ideal en donde se mueven, conforme a un ritmo determinado, los personajes" (O. Paz, 1956/1993: 215).

[37] Este tipo de teatro se mantiene prácticamente hasta los comienzos del siglo XX: a finales del XIX empiezan a hacer crisis los modelos tradicionales; se suceden cambios decisivos

Entre las causas principales de la renovación teatral del siglo XX pueden señalarse las siguientes[38]:

a) *Valoración de los sistemas de signos no lingüísticos*: la luz eléctrica, que permite la iluminación controlada y selectiva de la sala; la presencia semántica de los objetos del escenario, que no sólo tienen un valor óntico, como signos de ser, sino que también adquieren un valor semántico, como objetos que están y significan; el desarrollo de los signos kinésicos, proxémicos y acústicos (movimiento, gestos, maquillaje, peinado, música...), frente a la expresión lingüística y paralingüística a que se había reducido el teatro de fines del siglo XIX; y la superación, transformación o abandono del escenario decimonónico del teatro italiano, de decorados construidos mediante bambalinas y bastidores.

b) *Oposición al texto dramático*, elaborado por el autor, en favor de las teorías que privilegian la puesta en escena y la actividad o interpretación creativa del director de escena (*Dramaturg*) (A. Artaud, 1936).

c) *Nueva concepción del Yo*. Un concepto de persona ha servido en casi todas las épocas de marco de referencia a un concepto de personaje. A comienzos del siglo XX surgen nuevas teorías sobre la construcción e interpretación del personaje dramático, que son en muchos casos reflejo de diferentes concepciones del Yo, esgrimidas por la sociología, el psicoanálisis, la lingüística, la epistemología, etc. Diferentes autores han discutido a este respecto la validez del personaje como unidad de sentido y de estructura en la configuración de la obra dramática. Tres corrientes niegan la existencia del personaje como unidad estable en el teatro, apoyándose en presupuestos de tipo lingüístico, social y psicológico[39].

---

en formas esenciales de la vida contemporánea, y el modelo decimonónico de persona que servía de marco general para interpretar las referencias escénicas desaparece; es el momento en el que irrumpen en el escenario nuevos sistemas de signos, como la luz, la valoración semántica de los objetos, las formas de comunicación no verbal, la concepción expresionista, el absurdo, etc.; la filosofía que explica como telón de fondo referencial ese modo de creación tomará como objeto central de sus especulaciones el fenómeno en sí.

[38] En otro lugar nos hemos ocupado de estas cuestiones con mayor amplitud (J. G. Maestro, 1998a: 17 ss).

[39] A) Lingüísticos: El lenguaje que utiliza el teatro moderno presenta un personaje cuya entidad como ser resulta con frecuencia confusa y diluida. El concepto tradicional de personaje no permite explicar la nueva configuración que éste adquiere en el teatro del siglo XX, teatro que "puede prescindir totalmente del personaje" (F. Rastier, 1974), creación arbitraria de la crítica tradicional, en favor de la acción, que es lo verdaderamente importante de la representación teatral. B) Sociológicos: El personaje se concibe como un depósito de mixtificaciones que, derivadas de la crítica tradicional y aburguesada, resulta necesario desacralizar y desmitificar (A. Ubersfeld, 1978; F. Rossi-Landi, 1972 y E. Garroni, 1968). C) Psicológicos: El desarrollo del psicoanálisis (S. Freud, K. G. Jung...) ha señalado la existencia de ámbitos desconocidos en el inconsciente humano, lo que permite discutir y rechazar el concepto tradicional de personaje, fundamentado en la noción, igualmente tradicional, racio-

Suelen identificarse habitualmente tres corrientes principales de renovación dramática en el siglo XX, que responden a motivaciones a) psicológicas y filosóficas, b) sociológicas, y c) comunicativas y de recepción.

A) *Motivaciones psicológicas y filosóficas*: Niegan el principio según el cual los signos exteriores reflejan la realidad interior, por lo que buscan en otros ámbitos la expresión de esta realidad. En este grupo podrían incluirse obras del teatro psicológico (Pirandello, O'Neill, Lenormand...); surrealista, como expresión plenamente sensorial de la imagen onírica (Jarry, Apollinaire, Lorca...); y existencial, desde el que se concibe la persona "in fieri", de modo que el personaje es un ir haciéndose en el tiempo, a través del que se pone de manifiesto la personalidad del Yo (Unamuno; Sartre, Camus...).

B) *Motivaciones sociológicas*: Obedecen a procedencias muy diversas, en su mayoría de índole social (cambios culturales, acontecimientos históricos, protesta ante la situación política y social, etc.). Dentro de estas motivaciones podrían incluirse obras de teatro expresionista (Strindberg, Wedekind...), de realismo socialista (Piscator, Brecht), de evasión (A. Casona, P. Claudel...), del absurdo (E. Ionesco, S. Beckett...).

C) *Motivaciones comunicativas y de recepción*: El teatro se concibe como un proceso de comunicación en el que interesa la respuesta del público y la manifestación de alguna de sus actitudes, y no sólo la expresión del autor o del director. Es el caso, por ejemplo, del denominado "Teatro cruel", y "Teatro pánico", de orientación afín a las corrientes que privilegian la representación frente al texto, y que exige la participación del público, al que puede "agredir" ocasionalmente a través de efectos acústicos, luminosos o incluso físicos (F. Arrabal, Jodorowski, Topor...) También podríamos incluir en este grupo al llamado "Teatro americano", que comprende manifestaciones dramáticas surgidas en Estados Unidos a mediados de siglo, y desarrolladas al margen del teatro de Broadway (*Theatre off Brodway*): "Living Theatre", "Bread and Puppet Theatre", "Teatro Campesino", etc.

La pluralidad de tales motivaciones tiene como marco de referencia filosófico el relativismo epistemológico, que ha determinado en el siglo XX el desarrollo de las teorías sobre el conocimiento humano, tras el que subyace un concepto de persona como realidad disociada en varias facetas, segmentada y discutida en su unidad, y desposeída de referencias estables, capaces de proporcionarle seguridad en el conocimiento y en el desarrollo de su existencia. El ser humano se configura como una unidad fragmentada, que se contempla sometida inevitablemente a una sufrida y constante escisión.

---

nalista, cartesiana y unívoca, de "persona", desmantelada por los presupuestos científicos de la psicología moderna.

Conferir sentido de unidad en el pensamiento del sujeto a la experiencia del mundo exterior era uno de los deseos primordiales de la epistemología romántica; lograr un estatuto de unidad en la conciencia del individuo al caos que se sabe es el mundo exterior era el proyecto teórico inicial de los idealistas. *Der Mensch ist absolut Eins...*, el hombre es una absoluta unidad, diría J. G. Fichte, al advertir que si la realidad le niega o le oculta sus conocimientos esenciales, el hombre es libre, por los actos de su pensamiento y su conducta, para reconstruir idealmente, en virtud de la competencia y posibilidades de su propio pensamiento, la unidad deseada del mundo exterior[40].

El siglo XX ha discutido, desde todos los ordenes sociales, culturales y epistemológicos, la posibilidad de alcanzar y sostener en la concepción del *Yo* tales criterios de unidad. El teatro contemporáneo ha negado la unidad de la persona y ha discutido su posible conocimiento, ha presentado a personajes no definidos, y ha tratado de expresarse de este modo contra la seguridad del teatro realista decimonónico, que creaba personajes de una sola pieza, a los que adaptaba al conjunto apenas problemático en un esquema causal igualmente estable[41].

---

[40] La idea que discute la posibilidad de conferir un sentido unitario a la experiencia del sujeto a lo largo de su vivencia temporal encuentra ciertos antecedentes en los románticos alemanes, especialmente en el pensamiento nietzscheano. Por su parte, F. Schlegel (1794-1795), en su trabajo *Sobre el estudio de la poesía griega*, se refiere a la pérdida de legitimidad del arte moderno, debida a la ausencia de una norma definida: "Cuando se le compara con el arte antiguo, el arte moderno se revela efectivamente como un producto de la disgregación, como un organismo informe incapaz de procurarse una finalidad y una definición" (cit. en F. Vercellone, 1990: 18). A propósito de "la experiencia de pérdida de mundo en el romanticismo", F. Vercellone (1990: 34) declara que, "desde el punto de vista nietzscheano [...] la obra de arte, la tragedia clásica, ya no es capaz de suministrar un horizonte unitario dentro del cual se consolide una cultura en el sentido noble, no degradado del término. La paralización del universo trágico, el resquebrajamiento de la obra y del mundo a la que ésta presentaba sus significados, conduce a una especie de difuso esteticismo".

[41] En sus *Sei personaggi in cerca d'autore* (1921), L. Pirandello ofrece a este respecto un ejemplo sumamente revelador, al poner en boca de "El Padre" la siguiente declaración: "Il dramma per me è tutto qui, signore: nella coscienza che ho, che ciascuno di noi –veda– si crede "uno" ma non è vero: è "tanti", signore, "tanti", secondo tutte le possibilità d'essere che sono in noi: "uno" con questo, "uno" con quello –diversissimi! E con l'illusione, intanto, díesser sempre "uno per tutti" e sempre "quest'uno" che si crediamo, in ogni nostro atto. Non è vero! Non è vero!" (Milano, Mondadori, 1984). Trad. esp. de I. Grande y M. Bosch: "Para mí, todo el drama está en mi convencimiento de que cada uno de nosotros cree ser siempre el mismo. Y somos uno distinto con cada persona. Nos hacemos la ilusión de ser siempre el que creemos ser. Nos equivocamos" (cfr. *Obras completas (Teatro)*, Barcelona, Plaza y Janés, 1965, pág. 40). Una enumeración de las sutilezas escondidas bajo las aparentemente simples relaciones entre los autores reales y los "yoes" que crean cuando escriben puede verse en P. Cruttwell (1959-1960), "Makers and Persons", *Hudson Review*, 12 (487-507)".

1.3. Aristóteles, Cervantes y Lope: el *Arte nuevo*. De la poética especulativa a la poética experimental

> *Pues los poetas, al componer,*
> *se pliegan al deseo de los espectadores...*
>
> Aristóteles, *Poética* (1453a 34).

1.3.1. Introducción

El *Arte nuevo* de Lope de Vega constituye el compendio, muy sintetizado, de una estética que, referida a una literatura dramática intensamente determinada por su dimensión espectacular, no destruye ni supera la esencia de los planteamientos teóricos del aristotelismo, vigentes hasta la Ilustración europea, sino que simplemente viene a discutir, y rechazar al cabo, la interpretación que los clasicistas del Renacimiento italiano hicieron de la *Poética* de Aristóteles[1]. Y lo hace desde la justificación de una práctica literaria concreta, el teatro, cuyo proceso comunicativo –esto es, la *experiencia* del arte de la comedia nueva, desde la que Lope escribe– exige una relación inmediata con el público, y una verificación constante de sus procedimientos estéticos, que pone de manifiesto la irrelevancia del arte antiguo ante las inquietudes del público de la Edad Moderna.

Lope no discute ni desplaza los paradigmas esenciales de la poética y de la estética aristotélicas, cuyos conceptos básicos de *fábula*, *sujeto* y *decoro* asume abiertamente, ni mucho menos crea una *preceptiva* alternativa a la de Aristóteles, sino que simplemente demuestra con la composición y representación de obras dramáticas concretas la imposibilidad de dogmatizar sobre el hecho artístico, así como la posibilidad paralela de concebir el arte como un discurso abierto a nuevas transformaciones y posibilida-

---

[1] Cfr. las palabras del propio Lope en su "Prólogo" a la *Parte XVI* (1921), y también el prólogo dialogado que figura en la *Parte XIX* (1623), de la edición de sus comedias, donde remite a "una poética invisible que se ha de sacar agora de los libros vulgares". Anota a este respecto R. Menéndez Pidal (1935/1989: 113) que Lope "manifiesta así, entre bromas y veras, la rebeldía de las literaturas vivas contra la insostenible tiranía de las culturas muertas, contra la única poética visible entonces, la de Aristóteles y Horacio, mil veces comentada sin atención al gran fenómeno de la vida moderna". Entre los defensores del aristotelismo de Lope en el *Arte nuevo* figuran, entre otros, L. C. Pérez y F. Sánchez Escribano (1961), I. P. Rothberg (1963), R. Froldi (1962/1968: 161-178) y L. López Grigera (1998).

des de expresión, derogando de este modo la percepción del *arte antiguo* como un modelo de arte canónico inmutable, insuperable y eterno.

Lope actuó como un "reformador" *sui generis* de la literatura dramática de su tiempo, que supuestamente nacía consagrada a cumplir y acatar la teoría poética del Aristóteles de los preceptistas. Pese a todo el carácter revolucionario que quiera atribuírsele, Lope crea una literatura teatral que ni formal ni funcionalmente sobresale jamás de los límites teóricos del pensamiento y la poética antiguos, de la misma manera que, a su modo, los exegetas renacentistas de Aristóteles, al proclamarse intérpretes ortodoxos del Estagirita, e instituirse en los "santos padres" del clasicismo moderno, tampoco superaron en ningún momento los presupuestos teóricos y metodológicos de la Antigüedad que estudiaban.

No por casualidad la labor de los "clásicos" europeos del siglo XVI desembocó con frecuencia en el anquilosamiento y artificio de muchos de los valores a los que se consagraron –basta pensar en la socrática Francia del siglo XVIII–, dado el agotamiento, en su evolución hacia la Modernidad, de casi todos sus planteamientos epistemológicos, de modo que la experiencia "neoclásica" de la Ilustración europea acabó de conducir, de forma mucho más precipitada, a la quiebra de todos los dogmas, entre ellos los poéticos, sobre la base de una teoría del conocimiento enteramente original y auténticamente revolucionaria, en favor de la expansión de un pensamiento idealista y liberal, e introductora, en suma, de un nuevo concepto de *acción*, de *persona* y de *lenguaje*, prácticamente dominante hasta nuestros días. Cuando surge la literatura romántica todas sus formas y todos sus contenidos están sobradamente justificados, el camino del *Arte nuevo* estaba más que trazado, y su legitimidad también. El discurso lopista no fue, pues, ni pretendió serlo, la obra kantiana[2].

A lo largo de las siguientes páginas trataremos de justificar estas argumentaciones, sobre la idea de que la preceptiva lopesca se desarrolla dentro de los paradigmas epistemológicos de la poética de Aristóteles, y

---

[2] "No pidamos, por lo demás, al *Arte nuevo* lo extemporáneo o lo improcedente. Que su erudición no sea casi otra cosa que trasunto de Robortello o de Donato: Farinelli nota bien que lo mismo los ingleses, los franceses o los alemanes se servían sólo de los teóricos italianos. Que no se afana Lope, como luego Corneille, por penetrar los pasajes difíciles de la *Poética* de Aristóteles; ¿y para qué lo había de hacer? Corneille, aunque bastante levantisco por ideas españolas, era un súbdito de Aristóteles, mientras Lope fundaba un Estado libre, y es bien de estimar que nos ahorre una tristeza semejante a la de ver al gran poeta francés obligado a escarbar en Aristóteles la aprobación de lo que su propia conciencia artística aprobaba. Que no tiene el brío de un manifiesto revolucionario como el Prefacio del *Cromwell*: Víctor Hugo reñía una batalla triunfal, pues la victoria romántica estaba ya obtenida en Alemania y en Inglaterra, mientras que Lope no era posible soñase derribar de un primer golpe las aras del clasicismo, que no podrán caer sino dos siglos después; gracias si al lado de ellas se atrevía a erigir modestamente otras" (R. Menéndez Pidal, 1935/1989: 105).

simultáneamente, se articula como interpretación alternativa a la exégesis aristotélica de los preceptistas italianos del quinientos. Frente a estos últimos, que se apoyaban en modelos de interpretación filológicos y humanísticos esencialmente especulativos, Lope avalará su poética desde los fundamentos del empirismo de un *Arte nuevo*, es decir, desde los resultados satisfactorios de una práctica teatral que instituye y justifica como normativos, para el arte dramático –y desde ese momento también para el canon estético–, los gustos de un público característico de la Edad Moderna.

La importancia del empirismo, como cualidad esencial de la Modernidad, nos parece de enorme relevancia a la hora de interpretar las contribuciones de Lope a la evolución histórica de la estética del teatro en el canon occidental. La poética aristotélica, basada en el concepto de la mímesis o imitación de la naturaleza, y justificada desde el punto de vista de la teoría del conocimiento en el realismo (el objeto existe realmente en sí mismo), no será superada hasta la experiencia estética y epistemológica de la Ilustración y el Romanticismo europeos. En ese período histórico la poética mimética de Aristóteles hace crisis, y resulta sustituida por los planteamientos epistemológicos y estéticos derivados del pensamiento idealista, que confieren al sujeto, al *yo* del poeta, el papel dominante en los procesos de creación artística. De este modo, la vivencia personal del sujeto, es decir, la *experiencia* y la *subjetividad*, se convierten en las principales facultades de percepción e interpretación de la realidad, así como en las principales fuentes de generación estética y de sentido creador.

La poética mimética, esencialmente especulativa, da lugar a una poética que reconoce en las cualidades del sujeto, en su genialidad, las únicas posibilidades de creación e interpretación artísticas, configurando de este modo una *poética de la experiencia* del sujeto (R. Langbaum, 1957), basada en una percepción empírica de lo real, que se encuentra determinada por la experiencia subjetiva de cada individuo, frente a la ya superada poética de la imitación de la naturaleza, cuyos fundamentos resultaban completamente insostenibles para los modernos racionalistas y empiristas de la Ilustración europea. Sin embargo, el paso de la poética especulativa, de corte mimético y aristotélico, hacia una poética de la experiencia, no se produce sin transiciones, al menos en el ámbito de la literatura dramática. El teatro de Lope de Vega, así como la interpretación poética contenida en su *Arte nuevo*, constituyen una tentativa que trata de reformar el canon dramático para hacerlo asequible a los "gustos" del público de su tiempo, lo que equivale a decir, a los "intereses" del público de la Edad Moderna.

Desde este punto de vista, creemos que la producción artística de Lope, así como sus escritos preceptistas, constituyen en su conjunto una *poética experimental* –como también a su modo Cervantes ensayó en el teatro, aunque con mucha menos trascendencia, sus propias tentativas de reforma (J. Canavaggio, 1977)–, que sin sobrepasar los paradigmas epistemológicos del pensamiento aristotélico, es decir, del pensamiento de la Antigüedad, origina, desde una experiencia estética que conduce al éxito, una reforma sin precedentes del canon dramático, cuyas consecuencias habrán de repercutir indudablemente en todas las manifestaciones del arte posterior a los comienzos del siglo XVII europeo. Si se admite que el teatro de Cervantes constituye un ensayo experimental de poética dramática, que no llegó a prosperar precisamente por el éxito de la comedia lopesca, y que si este último, Lope de Vega, representa la consolidación de una *poética experimental* que desemboca en la canonización de un *Arte nuevo*, ha de admitirse igualmente que el teatro shakespeariano no permance al margen de esta evolución hacia la estética moderna, al aportar contribuciones tan esenciales como las que han dado lugar a la denominada *poética de la experiencia*, auténtica antesala de los fundamentos estéticos de la Ilustración y el Romanticismo (R. Langbaum, 1957).

Nos referiremos, pues, a la preceptiva lopesca como a una poética *experimental* y *reformista*, desde el momento en que su discurso pretende, por un lado, una *reforma*, no de las ideas de Aristóteles, sino de las concepciones ortodoxas que alcanzaron las teorías aristotélicas al ser sistematizadas por los preceptistas italianos del quinientos, y consigue, por otro lado, el éxito de una *experiencia* teatral, de una práctica teatral, que, contraria a la estética entonces vigente, el propio Lope contribuye decisivamente a codificar y normalizar[3], hasta constituir un nuevo canon dra-

---

[3] Diversos autores consideran hoy día que la génesis de la comedia barroca debe analizarse desde la perspectiva dialéctica de una "lucha por la hegemonía de prácticas escénicas divergentes" (J. Oleza, 1981: 10; 1995), en la que estarían implicadas concepciones, valores, ideologías y tendencias, muy diferentes entre sí. Autores como J. Canavaggio (1995) han discutido el papel primordial que la crítica ha venido atribuyendo a Lope de Vega como fundador indiscutible de la "comedia nueva" barroca, como si se tratara de un creador *ex nihilo*, que nada debiera a sus predecesores. Esta es la tesis de R. Froldi (1962), cuyos orígenes se remontan a la crítica romántica, de ascendencia alemana, motivada por una doble reacción, contra el excesivo interés mostrado hacia el teatro calderoniano, desde 1650 hasta 1750 aproximadamente, y contra la estética europea del barroco, a la que se enfrentan los postulados del Neoclasicismo y la Ilustración. J. Canavaggio reflexiona sobre aquellos aspectos que han contribuido a conformar la imagen de Lope de Vega como el creador exclusivo de la "comedia nueva", pues parte de la hipótesis –y cita los versos 45-46 del *Arte nuevo* ("escribo por el arte que inventaron / los que el vulgar aplauso pretendieron")– de que, a la altura de 1605, Lope se considera simplemente "un mero continuador de la empresa iniciada por otros [...]. En otros términos, no da a entender en el *Arte nuevo* que la comedia nueva nació con Lope, sino que alcanzó con él, más bien, su plena madurez" (J. Canavaggio, 1995: 246-247). Según Canavaggio, entre los hechos que han contribuido a convertir a Lope de Vega en el creador supuestamente único de la comedia barroca deben señalarse, en primer lugar, su éxito cierto como poeta dramático; en segundo lugar, la radicalización

mático en el que se integra el público de su tiempo, en el que se objetivan los intereses de buena parte de la política de un período determinante de la Edad Moderna, y en el que se expresan formalmente las características y cualidades de un modelo de arte abierto hacia el futuro, cuyas referencias resultarán inderogables para la estética romántica.

1.3.2. *Aristóteles y Lope. La poética especulativa*

La *Poética* de Aristóteles se nos ha conservado como el primero de los tratados sobre teoría de la literatura. Compuesta en la Grecia del siglo IV antes de Cristo, la *Poética* ha determinado el desarrollo posterior de toda investigación sobre la literatura como objeto de conocimiento[4]. El mundo epistemológico en que se mueve la teoría de Aristóteles se fundamenta en una filosofía objetivista o realista; su teoría literaria parte del *factum* de las obras del teatro griego, y se orienta hacia una *poética idealista*, pues sigue un ideal de belleza y perfección, de modo que, sobre los textos de la tragedia, Aristóteles formula una interpretación en el marco de una realidad idealizada homológicamente. No hay que olvidar que desde Aristóteles se cuenta con una Poética de la tragedia, pero sólo desde F. Schelling se cuenta con una Filosofía de lo trágico[5]. La tragedia era para

---

de la polémica en torno a las controversias sobre la "comedia nueva" frente a la estética antigua, lo que convierte a Lope en uno de los principales representantes de la nueva estética, como reconocen muchos de los preceptistas dramáticos del momento, como Ricardo de Turia, Guillén de Castro o Alfonso Sánchez (F. Sánchez y A. Porqueras, 1965: 176, 203 y 212; M. Vitse, 1988); en tercer lugar, el hecho de que el propio Lope, en obras de sus últimos años, se atribuye la autoridad y la originalidad de determinadas innovaciones formales y funcionales de la comedia; así, en la *Epístola a don Diego Hurtado de Mendoza*, escribe: "Yo las saqué de sus principios viles, / engendrando en España más poetas / que hay en los aires átomos sutiles". Y en la *Egloga a Claudio*, leemos: "Débenme a mí de su principio el arte, / si bien en los preceptos diferencio / rigores de Terencio, / y no negando parte / a los grandes ingenios, tres o cuatro, / que vieron las infancias del teatro"; y finalmente, en el hecho de que los discípulos de Lope, desde momentos inmediatamente posteriores a su muerte, en obras como *Idea de la comedia de Castilla* (1635), de José Pellicer de Tovar, o *Fama póstuma* (1636), de Lope Pérez de Montalbán, identifican la figura del Fénix con la génesis poética de la "comedia nueva", al atribuirle la creación y configuración de las principales características de la comedia barroca.

[4] "La poética moderna se deriva esencialmente de Aristóteles y su historia constituye la de la influencia de su obra, habiéndose verificado esta historia en forma de adopción, desarrollo y sistematización, así como de malentendidos y de crítica" (P. Szondi, 1956/1994: 175).

[5] F. Schiller considera que en lo trágico se da una pugna entre la libertad subjetiva y la necesidad objetiva. Es posible distinguir dos etapas en el pensamiento filosófico de Schelling sobre lo trágico. La primera etapa estaría representada por sus *Briefe über Dogmatismus und Kritizismus* [*Cartas filosóficas acerca del dogmatismo y el criticismo*], escritas en 1795, y en

Aristóteles un *objeto* de conocimiento –no una *idea* sobre la que especular o filosofar–, delimitado entre otros por dos principios fundamentales: la *mímesis* como origen del arte y la *catarsis* como su efecto. La interpretación aristotélica que se propone para el análisis de la obra dramática se basa en leyes de dos tipos: a) *estructurales*, cuyo centro es el *mythos*, fábula, acción o estructuración de los hechos, a la que se subordina el resto de los elementos de la obra; y b) *funcionales*, ordenación teleológica de los elementos hacia una finalidad catártica, que provoca, en la experiencia del espectador que contempla el hecho trágico, la amalgama de los sentimientos de piedad y horror.

De este modo, la acción o *fábula* se convierte, desde la teoría literaria del Renacimiento italiano, en el núcleo central y fundamental de toda obra clásica, configurándose de este modo la *unidad de acción*, en torno a la cual han de estructurarse los restantes elementos. Prácticamente hasta el siglo XVIII, con la aparición del pensamiento idealista, la literatura se interpreta como una expresión de la experiencia externa del sujeto, representada en la fábula o acción, como conjunto de hechos narrados o vividos. En efecto, el propio Aristóteles había considerado a la *fábula* como la principal de las partes cualitativas de la tragedia. Como categoría esencial y necesaria, según los plateamientos lógicos y funcionales de causalidad y verosimilitud que describe Aristóteles en su *Poética* (6, 1450a 15, 1450a22-23, 1450a 29-32, 1450a 38), la fábula es la más importante de todas las partes de la obra, y a ella se subordinan los demás elementos (caracteres[6], pensamiento[7], elocución[8], música y espectáculo[9]).

Para Aristóteles, como para el Lope del *Arte nuevo*, la fábula es parte formal y funcionalmente esencial en la obra teatral, desde el punto de vista de los presupuestos lógicos, formales y causales en que se basa la

---

las que se confrontan las doctrinas de Spinoza y Kant; la segunda etapa está constituida por sus *Vorlesungen über die Philosophie der Kunst* (1856-1861), lecciones impartidas en 1802-1803, y en las que sigue concibiendo lo trágico como un fenómeno dialéctico.

[6] La configuración de los caracteres se subordina siempre a la fábula o acción dramática (*Poética* 6, 1450a 16-22), lo que revela la concepción (reducción) aristotélica del personaje como actuante.

[7] Se refiere Aristóteles al pensamiento expresado o representado por los sujetos que actúan (*Poética* 6, 1450a 6-7; 1450b 6).

[8] Expresión locutiva del personaje, mediante palabras en prosa o en verso (*Poética* 6, 1450a 13-16).

[9] La música y el espectáculo representan en el pensamiento aristotélico las partes no verbales de la tragedia, dentro de la cual desempeñan un papel de "aderezos" o elementos secundarios. Se observa que Aristóteles privilegia claramente el texto frente a la dimensión espectacular del teatro; incluso en su concepción de lo trágico, claramente noética, estima que todo aparato externo, como accesorio que es, en exceso, podría perturbar al espectador la comprensión de la tragedia, a la que concibe discursivamente como proceso de conocimiento y como purgación de las pasiones, a través de una experiencia racional y catártica.

exposición, desarrollo y desenlace del drama; la fábula está determinada por la *mímesis*, o imitación de la naturaleza, como principio generador del arte, y por la *catharsis*, como fin generador de la tragedia, en el caso de Aristóteles, o por la conservación y confirmación de un determinado *orden moral y social*, en el caso de Lope de Vega, orden moral que remite al concepto de monarquía absoluta tal como se configura en el siglo XVII español (J. A. Maravall, 1975). Paralelamente, tanto Aristóteles como Lope establecen que en torno a la fábula se han de disponer estructuralmente los demás elementos de la obra dramática, al constituir una realidad orgánica determinada por la unidad lógica, la coherencia formal y la interrelación causal o necesaria de sus distintas partes, la elocución, el pensamiento y los caracteres[10].

Uno de los objetivos principales de Lope en sus comedias es la suspensión del ánimo del espectador hasta el desenlace final de la obra. Lope no habla, pues, de *katharsis*, sino de "suspensión de ánimo", de modo que la orientación teleológica del drama no es la purgación o superación de determinadas pasiones o estados de ánimo, de implicaciones más o menos intensamente religiosas, sino simplemente la expectativa lúdica de una acción cuyo desenlace confirma teleológicamente un orden moral:

> [...] porque en sabiendo el vulgo el fin que tiene,
> buelve el rostro a la puerta, y las espaldas
> al que esperó tres horas cara a cara:
> que no ay más que saber que en lo que para. [vs. 236-239]
>
> En el acto primero ponga el caso,
> en el segundo enlaze los sucessos,
> de suerte que hasta el medio del tercero
> apenas juzgue nadie en lo que para. [vs. 298-301]

---

[10] Los conceptos estructurales que maneja Aristóteles proceden del pensamiento platónico, desde el que se había observado la trabazón sintáctica que dispone la sucesión entre principios, medios y fines; igualmente, antecedentes de estos presupuestos se hayan en el concepto estético de *simmetrya*, propuesto por la filosofía pitagórica para la interpretación global e interrelativa de una totalidad. Aristóteles percibe e interpreta la estructuración de la fábula desde los criterios de unidad, totalidad y magnitud. De este modo, la fábula es *completa* (*teleia*) si es llevada a su término o fin –fin establecido por el propio poeta– de modo consecuente, mediante el desarrollo causal y verosímil de los acontecimientos. La fábula es *entera* (*holos*) cuando la estructuración de los hechos dispone de principio, medio y fin (7, 1450b 26-27). La disposición de los hechos de la fábula no es sólo sucesiva, sino también causal; esta disposición no procede sólo de una ordenación previa, sino que es resultado de la composición poética, entendida como un proceso de *mímesis* activa e integradora. Finalmente, la fábula ha de ser una y única (8, 1451a 15-37), y por esta razón ha de ser imitación de una acción única, completa y entera, criterios relacionados entre sí por una exigencia mutua, ya que la unidad requiere la integración de lo uno en lo múltiple, y la totalidad (completa y entera) diferencia y establece la unidad en la magnitud del conjunto.

Desde este punto de vista, y aquí hallamos la conexión aristotélica, el drama debe introducir episodios que simulen desenlaces equívocos, de modo que el espectador resulte sorprendido por la evolución de los hechos, hasta hallar soluciones inesperadas.

> Engañe siempre el gusto, y donde vea
> que se dexa entender alguna cosa,
> dé muy lexos de aquello que promete. [vs. 302-304]

Consciente de ello o no, Lope se sirve con frecuencia en su poética y praxis teatrales del concepto de *peripecia*, tal como fue formulado por Aristóteles, al designar la experiencia de un cambio en la acción desarrollado en sentido contrario al que espera el espectador según las expectativas creadas, y que siempre ha de producirse, según Aristóteles –y así lo practica Lope–, de un modo causal y lógico, es decir, necesario o inevitable, y a la vez verosímil (*Poética*, 11, 1452a 22-29).

Aristóteles sólo estableció en la *Poética* la unidad de acción, no las de tiempo y lugar, que fueron sistematizadas como preceptivas por los tratadistas del Renacimiento y el Neoclasicismo. Aristóteles había justificado la conveniencia de la unidad de acción en la lógica funcional de la causalidad y la verosimilitud del desarrollo de los episodios[11], integrados coherentemente en una totalidad, y no de una forma azarosa o meramente sucesiva, "pues nada impide que algunos sucesos sean tales que se ajusten a lo verosímil y a lo posible, que es el sentido en que los trata el poeta" (9, 1451b 30-33).

Paralelamente, sabemos que Aristóteles no estableció la unidad de tiempo tal como la han configurado preceptivamente los tratadistas y comentaristas del clasicismo. Aristóteles únicamente señala, al comparar la tragedia y la epopeya, que esta última está limitada en el tiempo, y suele tener una extensión mayor, mientras que la tragedia procura reducir su acción a una revolución solar, o excederla mínimamente (5, 1449b 12-14). Aristóteles, al igual que hará Lope en el *Arte nuevo*, se limita a constatar la concentración de la acción dramática en un tiempo determinado, como una de las características particulares de la composición dramática, como un fenómeno habitual que se deriva de la concepción estructural de la fábula y su orientación teleológica hacia el efecto (lúdico o catártico) que se pretende provocar en el espectador[12].

---

[11] "Es preciso, por tanto, que, así como en las demás artes imitativas una sola imitación es imitación de un solo objeto, así también la fábula, puesto que es imitación de una acción, lo sea de una sola y entera, y que las partes de los acontecimientos se ordenen de tal suerte que, si se traspone o suprime una parte, se altere y disloque el todo; pues aquello cuya presencia o ausencia no significa nada, no es parte alguna del todo" (Aristóteles, *Poética*, 8, 1451a 30-37).

[12] Esta observación aristotélica, que no tiene carácter preceptivo, sirvió de referencia a los tratadistas del Renacimiento para formular la unidad de tiempo en veinticuatro horas.

De este modo, pese a su implicación en las formas barrocas, la *praxis* de Lope, y también su teoría dramática, está muy próxima a la poética de Aristóteles: la tragedia concenta la acción en una vuelta de sol, y procura no sobrepasar el período de un día[13].

> No ay que advertir que passe en el periodo
> de un sol, aunque es consejo de Aristóteles [...]
> Passe en el menos tiempo que ser pueda... [vs. 188-193]

Sin embargo, como en casi todos los preceptos de la poética clásica, Lope admite grandes flexibilidades en la unidad de tiempo, y sugiere que ante grandes intervalos temporales, éstos se sitúen entre dos actos:

> ... si no es cuando el poeta escriva historia
> en que ayan de passar algunos años,
> que éstos podrá poner en las distancias
> de los dos actos... [vs. 194-197]

Lo mismo podríamos decir en cuanto al espacio. Lope niega los rigores de la unidad de lugar, codificada no por Aristóteles, sino por sus comentaristas, quienes apoyándose en un pasaje del capítulo veinticuatro de la *Poética*, creyeron justificada su formulación[14]. Aristóteles se refiere una vez más a las diferencias entre la tragedia y la epopeya, y advierte simplemente que "la epopeya tiene, en cuanto al aumento de su extensión, una peculiaridad importante, porque en la tragedia no es posible imitar varias partes de la acción como desarrollándose al mismo tiempo,

---

Agnolo Segni es el primero en hablar preceptivamente de la unidad de tiempo, en 1549; le siguen Escalígero, Robortello y Maggi, quienes basan la unidad de tiempo en una exigencia de verosimilitud, referida a la aproximación, lo más estrecha posible, entre el tiempo de la acción desarrollada en el drama y el tiempo real de la representación teatral.

[13] Como señala F. Pedraza (1994, II: 372), y confirma A. Carreño (1998: 1031), Lope se identifica más con el espíritu de la *Poética* aristotélica que con la letra de la preceptiva de Robortello, a quien llega incluso a contradecir, desde el momento en que el comentarista italiano exige que la acción dramática transcurra necesariamente en el término de un día (*intra unius Solis periodum*), y el autor del *Arte nuevo* transcribe, con mayor tolerancia, que "passe en el menos tiempo que ser pueda...".

[14] Hoy se admite como probable, por parte de la mayoría de los comentaristas de la *Poética*, que Aristóteles no menciona la unidad de lugar al considerar que tales indicaciones se encuentran implícitas en las condiciones materiales de representación del teatro de su época, en el que se dispone de una única escena, con decorado fijo, donde han de desarrollarse, de forma verosímil, todos los acontecimientos. En 1550 Maggi establece la unidad de lugar en una ciudad y sus alrededores. En 1570, Castelvetro prescribe la unión inseparable de las denominadas tres unidades de lugar, tiempo y acción. Cfr. a este respecto el estudio introductorio de M. J. Vega Ramos (1997: 15-82) sobre "La formación de la teoría de la comedia" en su edición de la *Explicatio eorum omnium...*, de F. Robortello (1548).

sino tan sólo la parte que los actores representan en la escena" (24, 1459b 24-26).

En lo que se refiere al concepto de sujeto y a la construcción del personaje teatral, la preceptiva y la comedia lopescas siguen íntegramente los paradigmas de la poética aristotélica y de la epistemología antigua. Aristóteles había considerado el *carácter* como el modo de ser de un personaje, es decir, aquello que determina la conducta de un personaje para actuar de un modo u otro[15].

De las propiedades que Aristóteles atribuye a los caracteres Lope asume, conscientemente o no, desde la práctica de la comedia nueva, y a lo que parece a través de la lectura de los comentarios de Donato y Robortello, dos propiedades que han de determinar la construcción del personaje teatral de la comedia española del siglo XVII: la lógica del *decoro*[16], que delimitará formalmente al personaje, situándolo en un determinado contexto lingüístico, social y moral, y la lógica de la *acción*[17], que lo determinará funcionalmente, al reducir el personaje a un sujeto de acciones, es decir, a un *actuante*.

Como tratamos de demostrar, el *Arte nuevo* de Lope no sobrepasa en absoluto los límites esenciales del pensamiento y de la poética aristotélicos, configurados y sistematizados para la percepción e interpretación de un mundo antiguo. Los versos 305-306 del *Arte nuevo* expresan y confirman con claridad manifiesta la identidad que el arte antiguo establecía entre el fondo y la forma de una obra estética: "Acomode los versos con prudencia / a los sujetos de que va tratando".

1.3.3. *Cervantes y Lope. Hacia una poética experimental*

El teatro español de los Siglos de Oro, acaso también la sistematización de determinadas formas de teatro breve desarrolladas en la España de la Edad Moderna, empieza con Cervantes.

---

[15] "Llamo aquí fábula a la composición de los hechos, y caracteres, a aquello según lo cual decimos que los que actúan son tales o cuales [...]. Carácter es aquello que manifiesta la decisión, es decir, qué cosas, en las situaciones en que no está claro, uno prefiere o evita" (Aristóteles, *Poética*, 6, 1450a 4-6 y 8-10).

[16] Aristóteles, al referirse en su *Poética* a los caracteres, señalaba, como veremos por extenso más adelante, cuatro cualidades, relativas a la bondad o virtud moral, la adecuación, la semejanza y la consecuencia. En cierto modo, todas estas cualidades tratan de contribuir, desde presupuestos lógicos, a la configuración del personaje desde el punto de vista de la coherencia y la armonía en sus modos de presentación, de actuación y de expresión, con objeto de alcanzar lo que los latinos llamarían *decorum* o *aptum*.

[17] Los caracteres deben presentarse subordinados a la fábula, es decir, a la disposición de los hechos más apropiada para producir el efecto catártico. Queda así formulada una

El teatro de Cervantes, considerado por J. Canavaggio (1977) como un teatro experimental, ensaya tentativas renovadoras que no encontraron ni el apoyo del público de su tiempo, ni la prosperidad que los seguidores del teatro lopista profesaron al Fénix de la comedia nueva. Cervantes y Lope se distancian formal y funcionalmente en sus concepciones de renovación teatral y en su experiencia de la práctica dramática. A este respecto, J. Canavaggio escribe:

> Il serait tout aussi absurde de ne voir en lui qu'un précurseur de la *comedia nueva* ou une discipline aigrie de son créateur. L'examen attentif des comédies qui composent le recueil de 1615 montre, au contraire, qu'il a moins entrepris d'assimiler la formule mise au point par Lope de Vega, que d'en éprouver l'efficacité et d'en cerner les insuffisances. Cette relation critique –comparable à celle qui lie les *ocho entremeses* à l'intermède pré-cervantin– n'est pas, à notre avis, l'indice d'un simple ressentiment: elle correspond à la recherche d'un langage accordé, si possible, aux préférences d'un public, mais dont l'auteur du *Don Quichotte* a toujours voulu préserver le caractère spécifique. Témoin d'un moment décisif de l'histoire du théâtre occidental, Cervantès nous permet d'en mesurer l'exacte portée [...]. Du moins sa pratique dramatique constitue-t-elle, au-delà de ses intentions explicites, le révélateur des ambitions et des limites de la nouvelle comédie (J. Canavaggio, 1977: 448-449).

Apuntemos sumariamente algunas de las características de la poética teatral cervantina, y detengámonos después en determinadas propiedades de sus obras dramáticas (experimentación, verosimilitud, predominio del texto frente a la representación...), para concluir finalmente con una reflexión acerca de la actitud de Cervantes ante la estética de la comedia nueva, y sus principales diferencias frente a la poética dramática codificada por Lope en el *Arte nuevo*[18].

En capítulos importantes de la obra literaria de Cervantes se encuentran consideraciones determinantes sobre una poética del drama[19], carac-

---

reducción, devaluación o subordinación, del personaje a la acción, del sujeto a la fábula: "Y los personajes son tales o cuales según el carácter; pero, según las acciones, felices o lo contrario. Así, pues, no actúan para imitar los caracteres, sino que revisten los caracteres a causa de las acciones. De suerte que los hechos y la fábula son el fin de la tragedia, y el fin es lo principal en todo" (Aristóteles, *Poética*, 6, 1450a 19-24).

[18] En otro lugar nos hemos ocupado más ampliamente de los aspectos que aquí apuntamos. Cfr., en este sentido, J.G. Maestro, "Aristóteles, Cervantes y Lope: sobre la poética del primer Lope", II Congreso Internacional Lope de Vega, *El primer Lope*, Bellaterra y Barcelona, Universidad Autónoma de Barcelona, 5-7 de noviembre de 1998, en prensa, de aparición en *Anuario Lope de Vega*, núm. 4, año 1999.

[19] Entre los principales textos cervantinos sobre poética del teatro deben mencionarse esencialmente los siguientes: a) *Quijote* (I, 48), en *El Ingenioso Hidalgo Don Quijote de la Mancha*, de M. de Cervantes, en A. Rey y F. Sevilla (eds.), Madrid, Alianza, 1996, I, 48, págs. 586-

terizada por su afinidad con la preceptiva clasicista[20] y sus explícitos reproches frente a la estética teatral de sus contemporáneos, en un primer momento (*Quijote*, I, 48), y por su evolución, más adelante, hacia tendencias próximas a la comedia nueva de Lope (*El rufián dichoso*, II, 1209-1312).

> Los tiempos mudan las cosas
> y perfeccionan las artes,
> y añadir a lo inventado
> no es dificultad notable.
> Buena fui pasados tiempos,
> y en estos, si los mirares,
> no soy mala, aunque desdigo
> de aquellos preceptos graves
> que me dieron y dejaron
> en sus obras admirables
> Séneca, Terencio y Plauto,
> y otros griegos que tú sabes.
> He dejado parte dellos,
> y he también guardado parte,
> porque lo quiere así el uso,
> que no se sujeta al arte. [vs. 1229-1244]

En estos versos que encabezan la jornada II de *El rufián dichoso*, en los que dialogan la Comedia y la Curiosidad, Cervantes parece admitir la idea de que la innovación teatral es legítima, en la medida en que la alteración de los preceptos clásicos resulta justificada por razones estéticas que salvaguardan la calidad de la obra: "los tiempos mudan las cosas / y perfeccionan las artes..." Esta alusión al paso del tiempo volvemos a encontrarla en el "Prólogo al lector" de las *Ocho comedias...*, donde Cervantes declara: "algunos años ha que volví yo a mi antigua ociosidad, y, pensando que aún duraban los siglos donde corrían mis alabanzas, volví a componer algunas comedias, pero no hallé pájaros en los nidos de antaño; quiero decir que no hallé autor que me las pidiese, puesto que sabían

---

591; y también en F. Rico (ed.), Barcelona, Crítica, 1998, I, 48, págs. 551-559, así como las anotaciones correspondientes en el volumen complementario, en el tomo II, págs. 405-408; b) *El rufián dichoso* (II, 1209-1312), en F. Sevilla Arrollo y A. Rey Hazas (1996), edición, introducción y notas de las *Obras completas* de Miguel de Cervantes, Madrid, Alianza, vol. 14, págs. 203-207; y c) "Prólogo al lector" de las *Ocho comedias y ocho entremeses* (1615), en F. Sevilla Arrollo y A. Rey Hazas (eds.) (1996), edición, introducción y notas de las *Obras completas* de Miguel de Cervantes, Madrid, Alianza, vol. 13, págs 13-14.

[20] "Todas sus declaraciones sobre el particular lo definen como un tratadista de corte clásico, de remota raigambre aristotélica, pero abiertamente proclive a la innovación experimental" (F. Sevilla, 1997: 31).

que las tenía [...], y dije entre mí: "O yo me he mudado en otro, o los tiempos se han mejorado mucho'". Parece, pues, aceptable, reconocer que Cervantes ha perdido de vista la evolución teatral de sus contemporáneos, pues su vuelta a la composición de comedias, siguiendo una estética distinta de la comedia nueva, si bien experimental a su modo, no le permite satisfacer plenamente el gusto del público contemporáneo. De esta forma, Cervantes parece aceptar con resignación, podríamos decir, el cambio de los tiempos, así como la superación de la estética clásica, de la que él gustaba sin duda, por los nuevos modelos lopescos, "porque —como él mismo reconoce— lo quiere así el uso / que no se sujeta al arte".

Sin embargo, desde el punto de vista de la creación literaria, Cervantes escribe un conjunto de obras dramáticas que, frente a los usos escénicos instaurados por Lope de Vega, ha sido considerado, desde los trabajos de J. Canavaggio, como una auténtica tentativa de teatro experimental[21]. Ahora bien, ¿en qué consiste propiamente esta tentativa experimental? ¿Cómo se manifiesta formalmente en el escenario de la comedia cervantina? Tratemos de justificar algunas respuestas posibles.

En lo referente a la composición y dramaturgia, los "aristotelistas", defensores de la interpretación renacentista de la *Poética* de Aristóteles, y hacia quienes Cervantes profesa inicialmente claras simpatías, en buena medida escribían obras dramáticas para ser leídas, o en todo caso recitadas, en ambientes universitarios o academicistas, antes que para ser representadas, y desde luego no precisamente delante del "vulgo". En nuestros días tiende a admitirse que, frente al teatro de Lope de Vega, Cervantes parece dar primacía a la literatura frente al espectáculo, al texto frente a la representación, escribiendo un teatro que, si por un lado es capaz de expresar la complejidad de la vida real, por otro lado no ofrece al público el dinamismo, la agilidad o el virtuosismo escénico que caracteriza los dramas de Lope. Desde este punto de vista, A. de la Granja (1995: 236) considera de suma relevancia la atención a las personas y medios que intervienen en la puesta en escena, y advierte que "el éxito o fracaso del teatro cervantino hay que analizarlo dentro de su contexto social y bajo tres coordenadas —el montaje, los representantes, el público— fundamentales"[22].

---

[21] "Un théâtre à naître: un théâtre que notre temps est prêt à investir de ses doutes, de ses angoisses, peut-être aussi de ses raisons de croire et d'espérer" (J. Canavaggio, 1977: 450).

[22] "Debo insistir en ello: fue el elemento espectacular el que mantuvo en pie, en sus orígenes, el teatro de Cervantes. Pasada la "moda", pierde vigencia; pero vuelve a revalorizarse diez o doce años más tarde, hacia 1615, cuando resurge el gusto del público por el 'aparato' escénico, momento —por cierto— en que el ufano manco de Lepanto aprovecha para dar un golpe largo tiempo contenido: la impresión de sus comedias" (A. de la Granja, 1995: 252).

Como ha señalado E.H. Friedman (1981: 170), se observa claramente una divergencia entre la teoría literaria cervantina y su creación dramática: "Cervantes wrote his ten full-length plays during a period marked by renewed interest in dramatic theory and often by divergence between theory and practice". La interpretación aristotélica de los tratadistas del *cinquecento* italiano, especulativa, filológica, humanística, compite tempranamente con la tendencia que empuja, en diferentes dominios culturales de la Edad Moderna, hacia la nacionalización del teatro, así como hacia su conversión en un espectáculo en el que se expresan y objetivan los gustos e intereses del público contemporáneo. El teatro de Cervantes no logra en su momento satisfacer el gusto del público del momento, ni los intereses morales y socio-políticos de la España de su tiempo, que no se identifican tan plenamente en el teatro cervantino como sí en la comedia lopesca, y en definitiva nos deja un conjunto de obras dramáticas, dentro del cual los entremeses ocupan un lugar preeminente, que no se enmarca en el desarrollo de la poética experimental simbolizada por la dramaturgia de Lope de Vega, cuyo *Arte nuevo* acabará convirtiéndose en uno de los cánones dramáticos de la Edad Moderna europea[23].

---

[23] Como hemos indicado anteriormente, existe una serie de autores que, en relación con el proceso de conformación de la "comedia nueva", no identifican exclusivamente en Lope de Vega la figura fundamental de su constitución; estos autores, no demasiado afines a la estética lopesca, son, como ha señalado J. Canavaggio (1995), Juan Rufo, Agustín de Rojas y Miguel de Cervantes. Juan Rufo, en sus *Alabanzas de la comedia* (1596), se cuida de citar a Lope de Vega, del que no ofrece referencias, y tiende a atribuir la génesis de la comedia barroca a una colectividad de poetas, en muchos casos anónimos, que, con la ayuda de empresarios y comediantes, habrían hecho posible la perfección del arte del espectáculo hasta el logro de la comedia tal y como se configura en el siglo XVII. Agustín de Rojas, en su *Loa de la comedia* (1602), menciona inicialmente a Encina y a Rueda, para aludir más adelante a Cueva, Cervantes, Artieda, Argensola y Virués. En la trayectoria que atribuye a la evolución de las formas de la comedia, apunta hacia un extensión de repertorio ("comedias de amores", "de figuras", "de tragedia", "de apariencias y tramoyas..."), e insiste en una mayor complicación de la escenografía, así como en una serie de transformaciones que afectan a la estructura externa de las obras y a la codificación de los personajes. Cervantes, en la "Dedicatoria al conde de Lemos" y en el "Prólogo al lector", en *Ocho comedias y ocho entremeses, nunca representados* (1615), reconoce la preeminencia de Lope, pero exactamente sus palabras insisten en que "avasalló y puso debajo de su jurisdicción a todos los farsantes". Estos tres escritores tienen en común un enfoque acerca de la génesis de la comedia barroca como el resultado, no de una ruptura, sino de la culminación de un proceso que lleva a la perfección una determinada forma de teatro. A esta concepción evolutiva de las características de la "comedia nueva", que parecen defender, entre otros, Cotarelo, Martinenche, Rennert, Merimée, Schevill y Crawford, J. Canavaggio, etc., se oponen las tesis del profesor R. Froldi (1962). J. Canavaggio enuncia del modo siguiente su conclusión acerca de la génesis de la comedia barroca española, desde el punto de vista de la reflexión poética de Rufo, Rojas y Cervantes: "Prescindiendo del rencor de un poeta cargado de años y amargado por el éxito de un rival más joven y más afortunado, vemos cómo Cervantes coincide finalmente con Rojas y, en menor grado, con Rufo, en una misma visión de lo que solemos

F. Sevilla (1986, 1997), en sus estudios sobre las obras dramáticas de Cervantes, considera que, en medio de una gran variedad y diversidad de realizaciones literarias, las ideas de poética cervantina que guardan mayor uniformidad, al menos a lo largo de la producción literaria de su autor, son las que tratan de demostrar su preocupación por la calidad artística de la literatura, por las tentativas de renovación experimental de la preceptiva clásica, y por los excesos a que se sometía el formato tradicional de la comedia como género literario y como forma de espectáculo. En esta misma línea, diferentes autores (M. A. Buchanan, 1938; A. Valbuena Prat, 1969; R. Ruiz Ramón, 1967; M. García Martín, 1980; L. F. Díaz Larios, 1988, etc.) han hablado de *experimentación* y *pluriformismo* como rasgos característicos del teatro cervantino[24], y han señalado algunas de las constantes que definen la práctica teatral de Cervantes, al referirse a un enfoque novelesco de los hechos, autobiografismo, distanciamiento de la figura del gracioso, estatismo en la acción, exceso de detalle en las acotaciones, etc. Otros autores como A. Castro, E. Riley, F. Sevilla o S. Zimic, han insistido en la estrecha relación, existente en la práctica teatral cervantina, entre vida y literatura, presidida siempre por una exigencia de verosimilitud[25]. Es, pues, el de Cervantes, un teatro que trata de expresar desde los principios de la verosimilitud[26] la complejidad de la vida real.

---

llamar el nacimiento de la comedia barroca. Este nacimiento se les aparece, ante todo, no como el triunfo, más o menos repentino, de un *Arte nuevo*, sino como el punto conclusivo de una progresiva transformación de las condiciones de producción, representación y difusión de un repertorio cada vez más amplio y diversificado. En este proceso, según ellos, no cabe duda de que Lope ha desempeñado un importante papel; pero no como inventor de una nueva fórmula, sino como destacado colaborador de una empresa colectiva en la que acaba por ocupar un lugar preeminente" (J. Canavaggio, 1995: 255).

[24] "La dramática de Cervantes es, a la vez, tanto un exponente del teatro renacentista aprendido en su viaje a Italia, como, en bella fusión, un exponente del "teatro-documento" (toda la gama de temas de cautivos) dotado de un sentido nacional. Y, en su segunda época, un aprovechamiento de la técnica y versificación de Lope, sin perder por eso su personalísima interpretación" (A. Valbuena Prat, 1969: 11).

[25] Para Cervantes "el arte y la vida deben mantener una relación de mutua dependencia, de recíprocos estímulos vivificantes" (S. Zimic, 1992: 21).

[26] "Las historias fingidas tanto tienen de buenas y de deleitables cuanto se llegan a la verdad o la semejanza della, y las verdaderas tanto son mejores cuanto son más verdaderas" (*Quijote*, I, 62) y "todas estas cosas no podrá hacer el que huyere de la verisimilitud y de la imitación, en quien consiste la perfección de lo que se escribe" (*Quijote*, I, 47). La fuente principal sobre las teorías acerca de lo verosímil en el arte se sitúan genuinamente en el pensamiento poético de Aristóteles: "Se debe preferir lo imposible verosímil a lo posible increíble. Y los argumentos no deben componerse de partes irracionales, sino que, o no deben en absoluto tener nada irracional, o, de lo contrario, ha de estar fuera de la fábula, como el desconocer Edipo las circunstancias de la muerte de Layo" (Aristóteles, *Poética*, 1460a 26-29).

No es casualidad que la *fábula* del teatro cervantino revele, en palabras de A. Valbuena Prat (1969: 24) "una verdad de experiencia", interpretación que reconoce en la concepción teatral de Cervantes la existencia de un discurso capaz de expresar la complejidad real de la vida española del siglo XVII, en los términos de su más fiel verosimilitud, en medio de la cual el personaje dramático remite a una concepción vivencial, diríamos que en cierto modo *existencial*, del ser humano, a diferencia del enfoque esencialista de la tragedia griega, o de la expresión lúdica e idealizadora de la comedia lopista. Cervantes es uno de los primeros dramaturgos que introduce en la *fábula* del drama el *empirismo* de la vivencia individual, confiriendo al personaje dramático el carácter prototípico de formas de *existencia* genuinamente humanas.

En cierto modo Cervantes se adapta a la fórmula de la comedia nueva en los cambios de espacio, en la falta de atención de la unidad de tiempo, y en la tendencia a eludir el relato de los hechos en favor de su representación, dando de este modo prioridad a la fábula sobre el sujeto. Sin embargo, Cervantes no acepta algunos de sus personajes esenciales, como la figura del gracioso tal como es codificada por Lope de Vega en su comedia, si bien admite el personaje cómico, como el sacristán en *Los baños...*, Madrigal en *La gran sultana*, Buitrago en *El gallardo español*, etc. Citemos, a este respecto, las valiosas palabras del profesor Alberto Sánchez:

> Si Cervantes aceptó el esquema estructural de los tres actos y prescindió de las artificiosas unidades dramáticas, sobre todo las de lugar y tiempo, y quiso acercarse a los esquemas polimétricos de la comedia nueva lopesca, no es menos cierto que se manifestó plenamente original en los argumentos, la planificación de las situaciones y la caracterización de los personajes. Evitó los desenlaces tópicos; suprimió la venganza del honor y dio un sentido humano nada convencional a los "casos de honra"; incluso matizó con rasgos individuales los tipos genéricos impuestos por la escena de su tiempo. Su actitud es como una aceptación con reservas y conciencia crítica (A. Sánchez, 1992: 20).

"Aceptación con reservas y conciencia crítica", he aquí una de las expresiones más precisas acerca de la actitud de Cervantes frente a la propuesta dramática de Lope de Vega. Si hubiéramos de sintetizar las principales características de la poética experimental cervantina, precisamente allí donde se distancia formal y funcionalmente de la poética lopesca, señalaríamos las siguientes categorías, relativas al tratamiento que en la comedia adquiere el *decoro*, la *fábula*, el *orden moral*, el *personaje* y la *experiencia subjetiva* del individuo.

En primer lugar, se observa en el teatro de Cervantes, frente a la comedia nueva de Lope de Vega, un uso deliberadamente irónico, y formalmente irregular en cuanto a la expresión del personaje, del concepto del *decoro*, que cede con frecuencia su lugar a la expresión, en el seno de la obra dramática, de un discurso *polifónico*. Son frecuentes los personajes que poseen una condición y un linaje que contrasta con su indumentaria y aspecto exterior, a través del disfraz y otros procedimientos, y en quienes se manifiesta una expresión verbal que no se corresponde con su situación social y moral, como es el caso de Anastasio, o las jóvenes Julia y Porcia, en *El laberinto de amor*. Lo mismo podría decirse de personajes de corte nihilista, como Salec o Nacor, en *La gran sultana* o *El gallardo español*, que adoptan formas de conducta completamente impropias de su linaje y condición social. Discutir el principio del decoro no es confirmar los preceptos del clasicismo aristotélico, sino más bien distanciarse de ellos, y en el caso de Cervantes significa incluso proponer irónicamente determinadas formas experimentales de renovación, centradas en los signos de expresión del personaje teatral, y próximas al discurso polifónico, cuyo manejo llevaba ensayado virtuosamente desde su obra novelística. El tratamiento irónico que experimenta el principio del decoro en el teatro cervantino puede remitir, en última instancia, a la expresión de las dificultades que experimenta el sujeto, sometido a ese proceso de integración en el lenguaje y en el orden moral que se pretendían inmutables y modélicos, dentro del mundo social y político de la España del siglo XVII.

En segundo lugar, el teatro de Cervantes se debate entre la prioridad que en unos casos concede al *sujeto*, como personaje refrendado por un determinado concepto de persona, que trata de superar las dificultades impuestas por una realidad trascendente al individuo, y la relevancia que en otros casos otorga a la *fábula*, como conjunto de acontecimientos orientados teleológicamente a cumplir una finalidad o desenlace no siempre acorde con los imperativos políticos de su tiempo, y desde luego muy distante, como sucede en *La entretenida* o *Pedro de Urdemalas*, de los finales característicos de la comedia nueva de Lope. En la medida en que Cervantes dota a sus personajes de un valor *formalmente* superior al de la acción que *funcionalmente* desempeñan, tal como sucede en algunos entremeses, nuestro autor se aleja de la poética clásica, que afirmaba la prioridad de la fábula ante todos los elementos del drama, e igualmente se distanciará de Lope de Vega, quien volverá a recuperar esta preeminencia de la fábula en su *Arte nuevo*. Es cierto que el personaje cervantino no alcanza la profundidad del shakespeariano, pues aún no experimenta subjetivamente lo que ejecuta formalmente, pero los hechos que *vive* están tomados con la mayor verosimilitud de la complejidad de la vida real, por lo que en buena medida constituyen una *vivencia* que, en todo caso, puede admitir una lectura más *psico-lógica* que la ofrecida por los personajes de Esquilo, Séneca o Lope.

En tercer lugar, Cervantes no construye sus personajes, como en efecto sí hará Lope, siguiendo la más genuina tradición teatral del mundo antiguo, tal como es señalado desde la *Poética* de Aristóteles, como el resultado actancial de la voluntad de un orden moral trascendente y presuntamente inmutable. En el teatro de Cervantes, los hechos no siempre se justifican por relación a un orden moral superior al individuo; si el personaje tradicional ejecutaba sus acciones e interpretaba sus resultados por relación a un orden metafísico, que trataba de confirmar a cada paso, en sus ideales de Justicia, Amor, Dios, Honor, Bondad, Belleza, etc., el personaje cervantino discute con frecuencia la estabilidad de las formas (en el gobierno de los municipios, en los lances de honor –pensemos en la conducta de Anastasio frente a Dagoberto en *El laberinto...*–, en las relaciones iglesia y estado, en las desigualdades matrimoniales, etc.) No se discute la idea de Dios, aunque el papel del monarca en el absolutismo seiscentista, y la existencia de la honra como legitimidad social del individuo ya nos hacen pensar en un tratamiento mucho menos serio; desde luego, sí se sugiere con frecuencia que el ser humano es suficiente por sí mismo para autogobernarse, de modo que su conducta puede explicarse mediante formas de acción cuya lógica se justifique por sí misma, como tratan de demostrar Don Quijote, el licenciado Vidriera, Pedro de Urdemalas, o el propio Chanfalla con su retablo de las maravillas... La disolución de las utopías renacentistas está servida.

En cuarto lugar, en el teatro cervantino se observa una manifiesta resistencia a la reducción del personaje teatral a un arquetipo lógico de formas de conducta, tal como sucede de forma casi sistemática en las mejores creaciones del teatro lopesco (dama, galán, rey, gracioso, etc.) Los graciosos de Cervantes no son graciosos "ortodoxos" (pensemos en el Buitrago de *El gallardo español*, o en el sacristán de *Los baños...*); los reyes pueden faltar al decoro, y pretender amores adúlteros y pseudo-incestuosos con una gitana como Belica, en *Pedro de Urdemalas*; los galanes y las damas no siempre acaban en el altar matrimonial, como es el caso de *La entretenida*; y la figura lopesca del padre o galán protector resulta completamente atenuada o anulada, cuando no suplantada por la del viejo débil y enfermizo, como el Vozmediano que acompaña a Margarita en *El gallardo español*. En este conjunto, la *commedia dell'arte* italiana ofrece una concepción paródica de prototipos sociales, del mismo modo que los entremeses, especialmente los cervantinos, insisten en la expresión lúdica y crítica de tales prototipos sociales; por su parte, la comedia nueva de Lope expresa en el personaje teatral una categoría social y moral determinada formalmente por el decoro de su condición estamental, muy de acuerdo con los imperativos y la lógica de la poética aristotélica, frente a lo que sucede en el teatro de Cervantes, donde el personaje dramático se convierte en una categoría experimental de amplios arquetipos humanos, cuyas formas de conducta tratan de discutir y renovar el concepto mismo de personaje dramático existente en el entonces teatro contemporáneo.

En quinto lugar, por último, el teatro cervantino se caracteriza, probablemente por el peso de la poética aristotélica, y a causa de las influencias del teatro lopista, que con todas sus novedades confirmaba esta tendencia, por la negación de la experiencia subjetiva en la construcción del personaje dramático. Por más que Cervantes haya insistido, en el "Prólogo al lector" de las *Ocho comedias...*, en presentarse como "el primero que representase las imaginaciones y los pensamientos escondidos del alma, sacando figuras morales al teatro...", y tanto A. Valbuena Prat (1969) como E. Riley (1971) hayan afinado la interpretación de estas palabras, lo cierto es que el teatro europeo hubo de esperar a los personajes de Shakespeare, como acaso el español a los de Calderón, para hallar en el discurso del sujeto dramático del siglo XVII características propias de una *poética de la experiencia* (R. Langbaum, 1957), que permitieran reconocer homológicamente en el personaje teatral una experiencia subjetiva.

1.3.4. *Lope y el* Arte nuevo: *el triunfo de una poética experimental*

Consideramos de especial interés las palabras de M. Menéndez Pelayo, en su *Historia de las ideas estéticas en España* (1883), en el momento en que advierte en la poética de Lope la intención de "dar al arte un carácter histórico y relativo y negar el fundamento superior y racional de la legislación poética"[27].

Desde la Antigüedad, y hasta bien entrado el siglo XVII, el término *arte* designaba, frente al concepto de naturaleza, y aún en los siglos XVI y XVII, el artificio del que se servía el poeta para imitar la naturaleza perfeccionándola: para la mentalidad de Lope y sus seguidores, el concepto aristotélico de "arte", configurado por los tratadistas italianos, representaba formalmente un conjunto de preceptos tradicionales, inútiles en su mayoría, que se consideraban insuperables e inmutables por las autoridades academicistas del momento, y a los que todo escritor debía someterse, pues se estimaban como sistemas canónicos de producción estética. Señala R. Menéndez Pidal que desde comienzos del siglo XVII, y en la medida en que el "*Arte nuevo*" se impone como una forma estética de calidades reconocidas, la palabra "arte" experimenta cambios semánticos de interés, especialmente entre los defensores del nuevo teatro, pues, "de significar ante todo el conjunto de antiguos preceptos envejecidos, ha

---

[27] *Apud* J. F. Montesinos (1951/1989: 150).

pasado a expresar con preferencia los preceptos en general, las normas vivas y mudables a que necesariamente deberá sujetarse toda producción literaria" (R. Menéndez Pidal, 1935/1989: 119).

El *Arte nuevo* está inspirado, según Menéndez Pidal, por ideas naturalistas: "El *Arte nuevo* [...] es la expresión irónica y firme de los principios artísticos concebidos por Lope en su primera juventud, bajo el influjo de las vagas ideas *neoplatónicas* del Romancero, y esos principios le guiaron toda su vida en larga navegación contra el viento y marea del preceptismo *neoaristotélico*" (R. Menéndez Pidal, 1935/1989: 106). Se trataría, en suma, de un discurso que concibe el *arte* como una realidad inferior a la realidad *natural*, pues, para Lope, la poesía dramática moderna[28] debe concebirse al margen del antiguo arte preceptivo: "que los que miran en guardar el arte, / nunca del natural alcanza parte". Desde una perspectiva crítica mas actual que la pidaliana, E. Riley (1962/1971: 34-52) se ha ocupado detenedamente del "arte y las reglas" a propósito de la creación literaria en el Siglo de Oro, y ha concluido en que todos los autores de aquella época "identificaban el arte, en mayor o menor medida, con las *reglas*". En relación a Cervantes y a Lope insiste en observaciones que conviene recuperar íntegramente.

> Sabido es que Lope de Vega, siendo, entre los grandes escritores, el que más se acercó a la situación de un romanticismo desenfrenado, y aunque profesaba que el genio natural estaba por encima de las reglas del arte, era incapaz de prescindir de ellas en su sistema. Lope, crítico bien informado y competente, era mucho más pedante que Cervantes: una ojeada al prólogo de su *Jerusa-*

---

[28] R. Menéndez Pidal ha establecido en sus estudios sobre la poética de Lope una estrecha relación entre la lírica romance medieval y los orígenes del teatro moderno, y ha insistido de forma muy especial en la importancia de la tradición lírica del romancero, y su vinculación con el concepto neoplatónico que el Renacimiento europeo esgrimió de la naturaleza frente al arte, ante la formación de algunas de las características poéticas del teatro de la Edad Moderna: "No se sabe bien todavía lo que el romancero representa en el renacimiento español; esta herencia medieval, quizá lo mejor del caudal hereditario, estas pequeñas alhajas y dijes familiares en que estaban vinculados los recuerdos más nobles de los antepasados, se montaron de nuevo, se restauraron según el espíritu, y su grácil y virginal poesía sirvió siempre de norte a la estética naturalista. La relación externa del Romancero con el drama, la inspiración heroica, pastoril, morisca que le prestó, son bien patentes, pero fue más honda su influencia guiando los primeros pasos del teatro por el camino de *lo natural*. El hecho decisivo fue este de nacer Lope a la vida dramática afiliado a la escuela de los poetas romancistas, acogido a ideas platónicas sobre la *Naturaleza*; nació, pues, en sino contrario a los tratadistas del teatro, que vivían aferrados a los preceptos del *Arte* sacados de la poética aristotélica; y así el conflicto doctrinal en que se desarrolla la actividad del dramaturgo español, en oposición a las doctrinas corrientes, viene a ser un confuso eco de la eterna disidencia de Platón y de Aristóteles. Frente a dos caminos abiertos por el renacimiento, Lope deja a un lado el propio del teatro antiguo como vía muerta, para seguir el otro, camino de vida para un nuevo drama" (R. Menéndez Pidal, 1935/1989: 94-95).

lén conquistada es suficiente para demostrárnoslo. Identificaba implícitamente el arte y las reglas al admitir repetidas veces que las comedias españolas "no guardaban el arte". En más de una ocasión rindió tributo a las autoridades antiguas, cuyos preceptos había encerrado "con seis llaves" [...] Cervantes tenía ciertamente inclinaciones preceptistas, pero es igualmente cierto que los preceptos clásicos que él subrayaba eran en realidad principios artísticos importantes y permanentes [...]. A veces su genio crítico parece deleitarse sacando a relucir las limitaciones y contradicciones de las reglas. Mas para él, como para todos, arte quería decir reglas (E. Riley, 1962/1971: 38-39).

Al comienzo del *Arte nuevo*, dentro del apartado de la *captatio benevolentiæ*, Lope adelanta y sintetiza algunas nociones básicas del *Arte nuevo* a las que conviene referirse inmediatamente, como son el concepto de "vulgo", el teatro de apariencias, la no pertinencia de los preceptos clásicos, el criterio del *gusto* como norma poética del *Arte nuevo*...

> Verdad es que yo he escrito algunas vezes
> siguiendo el arte que conocen pocos;
> mas luego que salir por otra parte
> veo los monstruos de apariencias[29] llenos,
> adonde acude el vulgo y las mugeres,
> que este triste exercicio canonizan,
> a aquel hábito bárbaro me buelvo;
> y cuando he de escrivir una comedia,
> encierro los preceptos con seis llaves;
> saco a Terencio y Plauto de mi estudio,
> para que no me den vozes, que süele
> dar gritos la verdad en libros mudos,
> y escrivo por el arte que inventaron
> los que el vulgar aplauso pretendieron;
> porque, como las paga el vulgo, es justo
> hablarle en necio para darle gusto[30]. [vs. 33-48]

[29] Alusión a las comedias de gran aparato técnico, basadas esencialmente en la escenografía y la tramoya, llamadas en su tiempo de "apariencias". "Lope escribió la mayor parte de sus obras para un corral de comedias, prácticamente desnudo, donde la palabra y la interpretación lo eran todo. La revolución escénica del Barroco (con la incorporación de escenografía, luz y máquinas) lo cogió cuando ya estaba plenamente formado. Sus protestas contra estas innovaciones que encandilaban a los espíritus simples (el vulgo y las mujeres) se repitieron en otros muchos textos" (F. Pedraza, 1994: II, 358).

[30] "Este celebrado verso es una mezcla de ironía y calculada ambigüedad. Obviamente, Lope no creía 'hablar en necio' [...]. El texto encierra la conflictiva relación con el público que le da de comer, que lo eleva a la gloria y que al mismo tiempo condiciona su creación [...]. A pesar de estas protestas teóricas, en su práctica cotidiana, Lope se pliega gustoso a las exigencias de ese público ávido de novedades y aventuras, cuyas preferencias ha configurado en parte él mismo con su obra" (F. Pedraza, 1994: II, 358).

La idea de la comedia, tal como la entiende Lope de Vega, resulta ampliamente preludiada en estos versos, y completada más adelante, en los endecasílabos 153-156, respecto a los cuales F. Pedraza (1994: 370), en sus comentarios al *Arte nuevo*, formula una delimitación del concepto lopesco de comedia nueva que compartimos absolutamente: "Lope quiere exponer los fundamentos de un teatro intermedio entre las farsas populares y las comedias y tragedias de los clasicistas. Ese drama ennoblecido, depurado de vulgaridades y libre de rígidos preceptos, es la comedia española. Esta afirmación la presenta de forma calculadamente ambigua para que no sea rechazada por los elementos más recalcitrantes de su público":

que, dorando el error del vulgo, quiero
deziros de qué modo las querría,
ya que seguir el arte no hay remedio,
en estos dos estremos dando un medio. [vs. 153-156]

Así concebida, la comedia nueva puede entenderse como el resultado de una concepción poética en la que los paradigmas fundamentales del aristotelismo, es decir, del pensamiento antiguo, que en el terreno de la estética y de la poética sistematiza el neoclasicismo del Renacimiento italiano, siguen plenamente vigentes en la uniformidad de sus presupuestos más fundamentales: *fábula, sujeto* y *decoro*, es decir, el dominio de lo monológico en todo acto de construcción, percepción e interpretación de acciones, personajes o formas de discurso lingüístico.

A partir de este marco de referencias, trataremos de examinar, desde el punto de vista de la teoría de la literatura y de la práctica teatral de la comedia nueva, el tratamiento que adquieren en el teatro de Lope de Vega las categorías relativas a los conceptos de *decoro, fábula y sujeto, orden moral, personaje y arquetipo actancial,* y *experiencia subjetiva del personaje dramático*, criterios que hemos considerado determinantes en la evolución de la *poética mimética*, de fundamento especulativo, configurada por Aristóteles y sistematizada por los humanistas del Renacimiento, hacia la *poética de la experiencia*, de naturaleza esencialmente experimental, desarrollada germinalmente desde la literatura dramática del siglo XVII, de modo más o menos acusado, por autores como Lope, Cervantes y Shakespeare, y justificada epistemológicamente desde el pensamiento idealista de la Ilustración y el Romanticismo.

1. *Lenguaje y decoro*: el discurso del personaje lopesco es completamente monológico, y está determinado esencialmente por su linaje, reflejo de su condición estamental[31]. El *Arte nuevo* de Lope parece moverse

---

[31] Cfr. el siguiente texto de la *Arcadia* lopesca (V, 421), apuntado por F. Pedraza (1994: II, 380): "No conviene al seglar ni al religioso / hablar de una manera lo que sabe, / como al plebeyo al hombre poderoso, / ni como humilde al que es persona grave".

entre dos polos distantes, en lo que al uso del lenguaje se refiere, al reconocer, por un lado, una función de naturalidad y libertad, en la que se identifique el habla popular, próxima a la tradición romancista y naturalista, y al determinar, por otro lado, una limitación, desde la que exige cumplir con los rigores del decoro, y situar a cada personaje en un contexto lingüístico jerárquicamente instituido y formalmente inalterable. Así, por una parte, hallamos "que el cómico lenguaje / sea puro, claro, fácil, y aun añade / que se tome del uso de la gente" (vs. 258-260), mientras que, por otra parte, el decoro exige la expresión formal que ha de reflejar, según circunstancias y personajes, la limitación de determinadas formas de conducta.

> Si hablare el rey, imite cuando pueda
> la gravedad real; si el viejo hablare,
> procure una modestia sentenciosa;
> descriva los amantes con afectos
> que muevan con estremo a quien escucha;
> los soliloquios pinte de manera
> que se transforme todo el recitante,
> y con mudarse a sí, mude al oyente.
> Pregúntese y respóndase a sí mismo;
> y si formare quexas, siempre guarde
> el devido decoro a las mugeres.
> Las damas no desdigan de su nombre;
> y si mudaren trage, sea de modo
> que pueda perdonarse, porque suele
> el disfraz varonil agradar mucho. [vs. 269-283]

Formal y funcionalmente, Lope de Vega confirma, desde la práctica de la comedia nueva, los cánones que la poética aristotélica y el pensamiento de la Antigüedad exigen al *discurso* del sujeto en el drama de la Edad Moderna. Como hemos indicado, la valoración que hace Aristóteles del concepto del decoro está determinada por las referencias platónicas recogidas en el *Gorgias* (503e). A partir de la elaboración de Platón, Aristóteles maneja fundamentalmente dos ideas, de tipo estructural y teleológico respectivamente. En primer lugar, Aristóteles habla de la necesaria *analogía* o "proporción" de los elementos que componen la expresión del discurso y su *dispositio*; en segundo lugar, se basa en la idea de finalidad, como integración de los elementos retóricos en un todo, cuyo desarrollo ha de alcanzar la expresión adecuada de todas sus propiedades formales y referenciales (*prâgma*, *êthos* y *páthos*)[32].

---

[32] El tratamiento del decoro determina esencialmente la adecuación y coordinación de los elementos de la fábula. En la parte de la *Poética* correspondiente a los "consejos a los

2. *Fábula y sujeto*: el sujeto dramático queda reducido a un actuante, que desempeña en la fábula, a la que está sometido desde la lógica de la causalidad y la verosimilitud, un papel meramente funcional. Para Lope, el drama no admite episodios secundarios, como la novela o la epopeya ("... que sólo este sujeto / tenga una acción, mirando que la fábula / de ninguna manera sea episódica"), por lo que propugna, como Aristóteles, una estructuración funcional de los hechos, de modo que la *fábula* se construya como una acción única y dominante[33].

Como apuntan J. de José Prades (1971), F. Pedraza (1994: 360) y A. Carreño (1998: 548 ss), en sus anotaciones al *Arte nuevo*, desde el verso 146 de su opúsculo, Lope resume, traduce y comenta con gran literalidad la *Explicatio* aristotélica y la *Paraphrasis* horaciana de F. Robortello, ambas editadas en Basilea, en un mismo volumen, en 1555. Uno de los primeros conceptos mencionados en estos versos es el que alude a la *fábula*, tal como la delimita Aristóteles en su *Poética* desde el punto de vista de la interpretación clasicista, que Lope parece asumir, bajo la teoría de la imitación de la naturaleza (poética mimética), conforme a unas leyes estructurales, en torno a una acción principal (fábula), y a unas leyes teleológicas, orientando los hechos hacia un final que confirme un determinado orden moral y social (absolutismo monárquico).

> Ya tiene la comedia verdadera
> su fin propuesto, como todo género
> de poeta o poesis, y ésta ha sido
> imitar las acciones de los hombres
> y pintar de aquel siglo las costumbres. [vs. 49-52]

jóvenes", Aristóteles vuelve sobre el concepto de la adecuación, insistiendo en este caso en sus relaciones con la elocución retórica, y siempre al servicio estructural y compositivo de la acción (*fábula*): "Es preciso estructurar las fábulas y perfeccionarlas con la elocución poniéndolas ante los propios ojos lo más vivamente posible; pues así, viéndolas con la mayor claridad, como si presenciara directamente los hechos, el poeta podrá hallar lo apropiado, y de ningún modo dejará de advertir las contradicciones" (Aristóteles, *Poética*, 17, 1455a 22-27). Del mismo modo, en su *Retórica* (1408a 10-36), Aristóteles se refiere con el término de "adecuación" (*tò prépon [prépousa léxis]*) al concepto que los romanos denominarán *decorum* o *aptum*, y que constituye una de las nociones básicas de toda su obra, así como de la historia de la retórica en general: "La expresión será adecuada siempre que exprese las pasiones y los caracteres y guarde analogía con los hechos establecidos".

[33] En relación con los versos 181-187 del *Arte nuevo*, en que Lope alude a la fábula única y sin episodios, como una de las características esenciales de la comedia nueva, cfr. las siguientes palabras de F. Pedraza: "Las discusiones que se han suscitado no tratan de estos versos, sino sobre un aspecto que Lope no aborda aquí: la acción secundaria. Tal y como aparece en sus mejores comedias, la segunda trama se integra armónicamente en el todo y constituye un barroco juego de contrapunto; es un desarrollo en otra clave de la acción central" (F. Pedraza, 1994: II, 58).

Más adelante, el propio Lope, al referirse a la unidad de acción, en cuyo cumplimiento insiste con convicción rigurosa –siguiendo a Aristóteles a través de Robortello (1548)–, ofrece una formulación completamente *mereológica* de los hechos y episodios que, como partes de una totalidad, la fábula, deben estar en la comedia debidamente organizados, para confirmar con su disposición la comprensión y desarrollo de una única acción principal. No hay que olvidar, una vez más, que la poética mimética de Aristóteles, sus paradigmas fundamentales, sus conceptos básicos, se formulan desde la base de una concepción mereológica de la obra de arte, como una estructurada totalidad en la que todas sus partes están estrechamente relacionadas entre sí, a la vez que cada una de ellas también lo está por sí misma con el todo del que forma parte esencial.

> Adviértase que sólo este sujeto[34]
> tenga una acción, mirando que la fábula
> de ninguna manera sea episódica;
> quiero dezir, inserta de otras cosas
> que del primero intento se desvíen;
> ni que della se pueda quitar miembro
> que del contexto no derribe el todo. [vs. 181-187]

Lope, como Aristóteles, piensa que el drama debe ser imitación de una acción única, "completa y entera, de cierta magnitud" (Aristóteles, *Poética*, 7, 1450b 24-25), cuyos hechos o episodios han de estar estructurados entre sí desde presupuestos funcionales de verosimilitud y causalidad[35] (*Poética*, 8, 1451a 30-37; 9, 1452a 2; 9, 1452a 23; 1459a 17-30; 24, 1460a 26-29).

3. *Orden moral*: Un orden moral trascendente al sujeto, basado en una metafísica cuyos principales exponentes son las ideas de Dios, Monarca y Honor, determina absolutamente toda forma de conducta individual en un seno social que se pretende uniforme y estable. Bien sabemos que el teatro de Lope responde con eficacia a estos imperativos y exigencias. La poética de la Antigüedad, así como su literatura, especialmente la hebrea, mucho más que la helénica, había brindado al conservadurismo de la Edad Moderna un instrumental muy adecuado a la perpetuación de un orden moral fundamentado íntegramente en una concepción metafísica de la naturaleza. En este sentido, Lope está mucho más próximo a Aristóteles

---

[34] Se entiende, en este contexto, por *sujeto*, o *sugeto*, "la materia, assunto o tema de lo que se habla o escribe" (*Diccionario de Autoridades*).
[35] "Y también resulta claro por lo expuesto que no corresponde al poeta decir lo que ha sucedido, sino lo que podría suceder, esto es, lo posible según la verosimilitud o la necesidad" (Aristóteles, *Poética*, 9, 1451a 37-39).

que Cervantes, cuyos entremeses y comedias parodian vivamente muchas de las cualidades del orden moral y político propio del siglo XVII español. En el *Arte nuevo* Lope recomienda precisamente el tratamiento de aquellos temas que atañen a la honra y a la virtud del sujeto, y razona su argumentación en que son los que mejor pueden conmover y atraer la atención del público, sin duda muy condicionado, acomplejado y ensoberbecido, desde comienzos del siglo XVI, por los problemas sociales del honor y la limpieza de sangre.

> Los casos de la honra son mejores
> porque mueven con fuerça a toda gente,
> con ellos las acciones virtuosas:
> que la virtud es dondequiera amada. [vs. 27-30]

La fábula lopesca sigue, pues, desde un punto de vista funcional, los imperativos lógicos de causalidad y verosimilitud recomendados por la tradición del pensamiento aristotélico, dentro del cual Lope de Vega escribe la mayor parte de su teatro. Sin embargo, a estas características aristotélicas han de añadirse otras, genuinamente lopescas, entre las que figura la ordenación del interés de la trama con arreglo a determinadas condiciones de orden social y moral, desde las que será posible justificar como consecuentes y necesarias ciertas formas de conducta individual, plenamente identificadas con el absolutismo político y el contrarreformismo religioso del siglo XVII.

4. *Personaje y arquetipo*: El teatro de Lope presenta al personaje como una categoría determinada formalmente por el decoro de su situación estamental. Tal como venimos indicando, el desarrollo del pensamiento y la poética aristotélicos impone en el discurso de Occidente una forma lógica en la concepción de la *causalidad* y *verosimilitud* de las acciones (fábula) y personajes (sujeto) a los que hace referencia mimética el discurso literario. Lope, siempre en los límites del paradigma poético y epistemológico elaborado por Aristóteles, acata como un precepto la preferencia de lo imposible verosímil a lo posible increíble[36], y los versos del *Arte nuevo* no ofrecen dudas a este respecto:

---

[36] Así lo hace constar Aristóteles, como hemos indicado anteriormente, en su *Poética* (1460a 26-29): "Se debe preferir lo imposible verosímil a lo posible increíble. Y los argumentos no deben componerse de partes irracionales, sino que, o no deben en absoluto tener nada irracional, o, de lo contrario, ha de estar fuera de la fábula, como el desconocer Edipo las circunstancias de la muerte de Layo". Lope propondrá el mismo ejemplo que aduce Aristóteles: "Y de ninguna suerte la figura / se contradiga en lo que tiene dicho; / quiero dezir, se olvide, como en Sófocles / se reprehende no acordarse Edipo / del aver muerto por su mano a layo" (vs. 289-293). Sobre la preocupación de Lope por la verosimilitud, vid. J. José de Prades (1971: 180-181).

> Guárdese de impossibles, porque es máxima
> que sólo ha de imitar lo verisímil. [vs. 284-285]

Desde este punto de vista, el principal problema con el que puede encontrarse Lope es el de amalgamar, en la construcción del personaje dramático, que queda reducido a un arquetipo actancial o funcional de formas de conducta, cualidades procedentes de las formas trágica y cómica. Desde la tradición aristotélica, los géneros estaban bien separados: de Italia a España, toda obra que mezclara lo festivo y lo grave, lo noble y lo plebeyo, era condenada por los tratadistas. Lope defendió esta amalgama en dos argumentos: el modelo de arte que resulta de la mezcla de lo trágico y lo cómico está más próximo a la naturaleza que trata de imitar, y cuenta con el gusto y la aprobación del público.

Un rasgo esencial y emblemático del *Arte nuevo* es, como sabemos, la mezcla o amalgama de las cualidades de la tragedia y de la comedia, de las dos tradiciones dramáticas más antiguas, muy diferenciadas en su génesis, en su evolución y en su codificación formal y espectacular. Cabe preguntarse por qué se produce esta amalgama, ¿cuáles son sus motivaciones: personajes, fábula, tiempos, espacios, diálogos...? ¿Para qué se pretende, y sobre todo, cómo se consigue? ¿De qué procedimientos se sirve el dramaturgo, qué recursos clásicos sacrifica y qué motivos del *nuevo arte* declara esenciales? ¿Cuáles son, en suma, sus causalidades y consecuencias, y cuáles las condiciones –sociales y formales– que los han hecho posibles?

La mezcla de personajes y elementos trágicos y cómicos tiene, sin duda, una causalidad y unas consecuencias. Pese a reiterados intentos, y con alguna excepción que confirma la regla, la tragedia al estilo clásico no prospera en la España de los Siglos de Oro. El teatro de la Edad Moderna deja de percibirse como un rito religioso, de efectos catárticos sobre el público y la comunidad social, y de consecuencias fundamentales para la metafísica de los pueblos. Las responsabilidades y compromisos adyacentes a la tragedia dejan igualmente de percibirse, y el público aplaude en Lope la gracia y la expresión lúdicas de la representación cómica. ¿Asistimos a una disolución, o a una asimilación, en la evolución hacia la modernidad, del discurso trágico en formas próximas a la tradición cómica? Paralelamente, las barreras estamentales se borran desde el punto de vista de la coexistencia actancial o funcional entre personajes, pero no desde los presupuestos de su relación social, que persiste inalterable, con todas las exigencias formales de decoro y jerarquía.

El nuevo teatro lopesco no admite, en la medida en que se constituye como arte, la rigidez formal y funcional que, a modo de estética absolutista, el clasicismo del Renacimiento europeo había atribuido a la poética aristotélica. Si los villanos pueden convertirse en héroes trágicos, y los reyes y poderosos pueden ser objeto de burlas propias de la farsa o el entremés; si una acción cómica puede estar penetrada por el dolor y la muerte de alguno de sus protagonistas, y si en última instancia cualquier personaje amalgama en su propia existencia poética cualidades paradigmáticas que expresan detalles propios de una existencia real y plural (soldado, galán, dama, rey, celestina, judío, vizcaíno, sacristán, villano...), entonces, ¿cuál es el significado dramático de la experiencia trágica en la nueva comedia? ¿Dónde están las implicaciones o inferencias metafísicas, características de lo trágico, en la *comedia nueva*? ¿En una determinada idea política del poder monárquino, o de una jerarquía social igualmente absolutista? ¿Dónde hallar, pues, la causalidad de la mezcla de lo trágico y lo cómico? ¿En la consecuención de un valor final absoluto, religioso o político, en la subsistencia de un determinado orden moral trascendente, o en la satisfacción de un deleite meramente lúdico que dé aliento a la expresión teatral?

Consideramos, desde este punto de vista, que la amalgama de lo trágico y de lo cómico en el teatro lopista puede entenderse, junto con las comedias y entremeses cervantinos, y junto con la tragedia shakespeariana, como una de las tres expresiones, formales y funcionales, que adquiere históricamente en el teatro la evolución del concepto de *sujeto*, como personaje de *cualidades esenciales*, característico del teatro antiguo, y así justificado por la Poética de la Antigüedad desde su formulación aristotélica, hacia su configuración en la Edad Moderna como personaje de *cualidades existenciales*, germen de la experiencia subjetiva que las poéticas ilustrada y romántica tratarán de explicar y justificar. Se objetiva así uno de los pasos de la poética mimética y especulativa a una poética de la experiencia, basada en las posibilidades de interpretación subjetiva del ser. En este proceso que conduce a la *existencialización* del personaje teatral, Lope contribuye con la amalgama dramática de las experiencias trágica y cómica en la constitución y desarrollo actancial del personaje; Cervantes, con la introducción en el discurso dramático del discurso polifónico, así como con la inmersión en la acción o fábula del incipiente personaje nihilista; y Shakespeare, con la creación de complejos personajes capaces de expresar en un monólogo dramático, por vez primera en la historia del teatro europeo, su propia experiencia y percepción subjetiva de la acción dramática (fábula), en la que participan como protagonistas privilegiados.

5. *Negación de la experiencia subjetiva en las formas del lenguaje dramático.* De las diferentes formas de lenguaje existentes en el discurso dramático –soliloquio, monólogo, diálogo y aparte–, la comedia nueva, tal como la concibe Lope de Vega, no dispone que ninguna de ellas sirva de expresión a la experiencia subjetiva del personaje teatral. Desde este punto de vista, la dramaturgia de Lope confirma, en el dominio del teatro español

del siglo XVII, una de las características más representativas de la poética de la Antigüedad, consistente en reducir las funciones del personaje teatral a una sola y única, cual es la expresión de una *acción exterior* al sujeto, utilizando para ello todos los sistemas de signos, verbales y no verbales, que pueden adquirir sentido en el texto y en la representación teatrales.

La poética de Aristóteles está en la base de este planteamiento, que concibe al personaje como una expresión actancial y funcional de los hechos que protagoniza (fábula); su aceptación e implantación por parte de Lope en los cánones de la comedia nueva supuso, frente al teatro cervantino, una limitación a la hora de representar "las imaginaciones y los pensamientos escondidos del alma..."[37]. Como hemos indicado, Cervantes se habría atribuido el mérito de ser el primero en utilizar figuras morales para expresar los pensamientos íntimos de los personajes dramáticos, y como señala al respecto A. Valbuena Prat, "en esto sí que fue original, y extraordinariamente precursor [...]. Nada tiene que ver con esto la tradición medieval y posmedieval de sus tan distintas figuras morales, que es la que habría de perdurar, y no la cervantina, en las abstracciones corporeizadas de los Autos. Aunque la forma literaria sea más bien premiosa y pobre, Cervantes intuye algo muy importante, y se convierte en precursor de un teatro que tardaría siglos en madurar" (A. Valbuena Prat, 1969: 14-15). Sin embargo, aunque el experimentalismo de la poética y el drama cervantinos nos hagan pensar ocasionalmente en el autor del *Quijote* como en un precursor del soliloquio dramático moderno, lo cierto es que sólo con la obra de Shakespeare es posible identificar en el monólogo del personaje teatral cualidades existenciales que permiten identificar en el sujeto del drama una experiencia subjetiva individual (R. Langbaum, 1957).

Poco nos dice Lope en el *Arte nuevo*, de acuerdo con su calidad de dramaturgo experimentado, de las posibilidades y usos sobre las formas del lenguaje dramático, salvo si exceptuamos la relación funcional que establece entre formas métricas y situaciones dramáticas, en lo que se refiere a la caracterización actancial del personaje teatral. Recordemos sus palabras sobre el soliloquio dramático, donde puede apreciarse una insistencia en lo que hoy llamaríamos signos exteriores del actor (mímica, kinésica, proxémica), con objeto de actuar sensorialmente sobre las impresiones inmediatas de los espectadores. El ejercicio dialéctico que debía protagonizar el personaje, mediante el disurso de pregunta y respuesta a sí mismo, remite, más que a una expresión autodialógica de su propia conciencia, o de su propia experiencia subjetiva, a un discurso referencial,

---

[37] Cfr. M. de Cervantes (1615), "Prólogo al lector" de *Ocho comedias y ocho entremeses*, en F. Sevilla y A. Rey (eds.), *Obras completas*, Madrid, Alianza, 1997, vol. 13, pág. 14

informativo en muchos casos del desarrollo de la fábula, cuya comicidad y tensión dramáticas requieren del personaje "transformaciones constantes" a los ojos del oyente.

> ... los soliloquios pinte de manera
> que se transforme todo el recitante
> y con mudarse a sí, mude al oyente.
> Pregúntese y respóndase a sí mismo [vs. 274-277]

Con excepciones relevantes, es frecuente en el diálogo dramático de la comedia nueva que el personaje actúe con la conciencia que requiere la comicidad del juego verbal, la dialéctica de la expresión lúdica y, en todo momento, la claridad externa de cada uno de los procesos comunicativos, orientados casi siempre hacia un interlocutor exterior al propio sujeto emisor: el personaje dramático de la comedia lopesca apenas habla para sí mismo. Este tipo de diálogo había sido recurso característico de los pasos de Rueda, y resultó asimilado en los entremeses y comedias cervantinos, si bien en estos últimos alternando con formas de lenguaje teatral algo más complejas y heterogéneas. En el teatro español de los Siglos de Oro, desde antes de Lope y hasta Calderón, las formas del lenguaje dramático no actúan como signos de referentes internos del sujeto, y no parecen relacionarse íntimamente con la conciencia del hablante, ni remiten, en consecuencia, a la experiencia subjetiva del personaje que actúa como sujeto del discurso dramático.

> El engañar con la verdad es cosa
> que ha parecido bien [...].
> Siempre el hablar equívoco ha tenido,
> y aquella incertiumbre anfibológica,
> gran lugar en el vulgo, porque piensa
> que él sólo entiende lo que el otro dize. [vs. 319-326]

En relación con el diálogo dramático, Lope justifica en el *Arte nuevo* el uso del lenguaje con doble valor referencial, es decir, la expresión del discurso equívoco, tan frecuente en el teatro breve de Rueda y Cervantes. La mayor parte de los historiadores del teatro clásico español consideran que el lenguaje que engaña con la verdad y el discurso equívoco son dos aspectos de un mismo recurso dramático (C. Samoná, 1965; J. José Prades, 1971; J. M. Rozas, 1976; F. Pedraza, 1994: II, 65). Este recurso es muy frecuente en toda la literatura española de los Siglos de Oro, y precisamente en el teatro, en pasos, entremeses y comedias, adquiere su relevancia más importante, pues había contado con un dilatado tratamiento por toda una tradición de dramaturgos anteriores a Lope de Vega.

Resulta fácilmente observable comprobar cómo casi todas las formas y elementos de la comedia nueva están funcionalmente orientados a actuar sobre la exterioridad del público receptor, antes que sobre la intimidad o la conciencia interior del sujeto. La sensorialidad del sujeto prima sobre la subjetividad del personaje, como una condición específica de los procesos de creación, comunicación e interpretación del lenguaje en la comedia nueva. La comedia de Lope es genuinamente teatro popular, y trata de actuar sensorial y emocionalmente sobre su público, con objeto de mantener el ánimo atento. No estamos, pues, ante una forma de teatro destinada a reflexionar sobre las posibilidades de la conciencia individual, ni sobre las distintas formas de expresión de la conciencia subjetiva o empírica de cada invividuo.

... los soliloquios pinte de manera
que se transforme todo el recitante,
y con mudarse a sí, mude al oyente. [vs. 274-276]

No es un teatro de demostraciones o innovaciones actanciales, ni tan siquiera de reacciones, sino simplemente de *acciones*. En consecuencia, las diferentes formas de lenguaje dramático, especialmente el soliloquio, no serán expresión de interioridad del personaje, sino más bien declaraciones, apelaciones y referentes de una exterioridad moral y social, en la que pretendidamente ha de fundamentarse toda forma legítima de conducta humana (fábula).

La preceptiva métrica[38] que enuncia Lope en su *Arte nuevo* es precisa y sintética; basada esencialmente en la experiencia y la intuición del dramaturgo, en ningún momento encontramos recomendaciones que identifiquen formas métricas favorables a la expresión de la experiencia subjetiva del personaje teatral. Las formas dramáticas son relevantes en la medida en que contribuyen a crear ante el espectador efectos dinámicos, funcionales o actanciales, y en todo caso siempre intensamente sensoriales.

En efecto, "las décimas son buenas para quexas" (v. 307); "el soneto está bien en los que aguardan" (v. 308), y se recomienda en los soliloquios, en la medida en que constituyen una transición más o menos breve y dinámica entre escenas[39]; el romance es el verso natural para las relaciones; los tercetos suelen usarse para subrayar la importancia de los inter-

---

[38] Sobre métrica y versificación en la comedia nueva, vid., entre otros, el trabajo de D. Marín, *Uso y función de la versificación dramática en Lope de Vega* (Estudios de Hispanófila, 2, Valencia, 1962), y desde una perspectiva más general, cfr. V. G. Williamsen (1978).
[39] J. F. Montesinos (1951/1989: 159-160) ha querido ver en los sonetos de las comedias de Lope reflejos de ortodoxia petrarquista y garcilasiana, en los que el personaje actúa preguntándose y respondiéndose a sí mismo, al modo de la poesía de Petrarca, al expresar las crisis morales como una especie de psicomaquia personal.

locutores, de los asuntos tratados, o de las circunstancias de la acción. Hay una larga tradición en el uso del terceto para asuntos de importancia, especialmente en lo referente a las epístolas morales. El uso del terceto en la comedia introduce un ritmo pausado, que confiere al discurso un desarrollo formalmente adecuado a la expresión de temas trascendentes. Y las redondillas –"...para las [cosas] de amor, las redondillas" (v. 312)–, de cinco versos, es decir, las que actualmente se denominan quintillas, pues en el siglo XVII el término redondilla tenía un sentido muy amplio, y efectivamente eran muy usadas en las comedias para los diálogos amorosos. Se observará, en suma, que no señala Lope formas métricas adecuadas a los que piensan, reflexionan, o simplemente dudan; no identifica el Fénix formas dramáticas destinadas a dar expresión objetiva a los procesos de pensamiento, o a formas discursivas en que se manifieste, en alguno de sus resultados o consecuencias, la experiencia individual o subjetiva del personaje teatral.

En suma, no se reconocen funcionalmente formas literarias destinadas a expresar el documento o discurso verbal en que se objetivan las consecuencias o efectos de la experiencia subjetiva del individuo. Y estas formas no se identifican porque, simplemente, en el teatro lopesco no existen personajes que actúen como sujetos existenciales de experiencias o vivencias subjetivas. La única experiencia subjetiva reconocida literariamente en Lope, en sus *Soliloquios* (1612 y 1626)[40], está vinculada a la experiencia religiosa de orden católico contrarreformista (G. Serés, 1995), y ésta, en su desarrollo, sigue los cánones impuestos por una preceptiva bien diferente, la tridentina, mucho más rígida y poderosa que cualesquiera otras, genuinamente atentas al hecho literario.

1.3.5. *El valor del empirismo*

La observación y la experiencia dramáticas confirman al Lope de 1609 que el gusto del público ha der ser la norma dominante. El *Arte nuevo* de Lope constituye el primer tratado sobre una poética de la comedia que está basado en el empirismo y la observación de las formas dramáticas de tradición cómica. En la verificación de cada una de estas experiencias dramáticas, el público, con sus gustos e intereses, ocupa un lugar decisivo. Por todo ello Lope considera que el éxito del arte está en razón de su

---

[40] Cfr. *Cuatro soliloquios de Lope de Vega Carpio. Llanto y lágrimas que hizo arrodillado delante un crucifijo pidiendo a Dios perdón de sus pecados después de haber recibido el hábito de la Tercera Orden de Penitencia del seráfico Francisco*, Francisco Abarca de Angulo, Valladolid, 1612. Cfr. también a este respecto los diálogos y soliloquios de la *Dorotea* (Madrid, Cátedra, 1980; ed. de J. M. Blecua).

destinatario mayoritario, el *vulgo*, como conjunto de receptores no influidos por la poética tradicional, cuyo *gusto* determina la configuración del nuevo arte dramático[41].
Antes que J. F. Montesinos (1951) y E. Orozco (1978), R. Menéndez Pidal (1935/1989: 104) había insistido en la importancia y relación de estos conceptos: "Las dos palabras consonantes *gusto* y *justo* se buscan, riñendo y reconciliándose, con atracción invencible, hasta el final". Lope "ha descubierto –escribe J. F. Montesinos (1951/1989: 152-154)– que el poeta cómico se debe a su público, el que sea, bárbaro o no bárbaro. El teatro se justifica por el público que lo alienta. Esto está dicho en el *Arte nuevo* con la claridad deseable [...], pues es el supuesto más revolucionario, según creemos, del escrito de Lope [...]. Su público le impide a Lope hacerse ilusiones"[42].
A conclusiones semejantes llegan autores como H. J. Neuschäfer (1973) o J. M. Díez Borque (1992), en sus trabajos sobre el concepto de "vulgo", tal como parece utilizarlo Lope de Vega en el *Arte nuevo*. Díez Borque parte de dos ideas básicas, en relación con el público de la comedia nueva. En primer lugar, insiste en una idea que no puede olvidarse en este contexto, y es que el teatro de la modernidad "supone [...] dar un peso decisivo a la venalidad, al producto que se compra y se vende; y [...] a la postre, Lope parece justificar en parte su teatro precisamente por esta venalidad". En segundo lugar, se insiste en "la idea de este teatro como teatro de la modernidad [...], en que el gusto se convierte en lo justo, marca, afianza y da sentido a la comedia nueva, y eso es un paso revolucionario evidentemente" (J. M. Díez Borque, 1992/1996: 37).
La vinculación entre "gusto" y "modernidad", a través de la comedia, no es nueva, ni exclusiva de este período, pues se trata de una cualidad esencial del género cómico de todos los tiempos, y no sólo de la Edad Moderna, o del siglo XVII español. Desde la Antigüedad lo cómico está orientado a causar risa y placer en el público; no es, pues, la satisfacción del "gusto" a través de lo cómico una característica exclusiva de la

---

[41] En su creación dramática, y en su poética sobre la comedia nueva, Lope contribuye de un modo decisivo, probablemente sin precedentes en la historia del teatro, a codificar en la literatura dramática el gusto del público de su tiempo, hasta el punto de darle forma objetiva en la configuración de un *Arte nuevo* que instituye en sí mismo un de los cánones dramáticos característicos de la Edad Moderna europea. Como señala a este respecto J. Huerta Calvo (1995: 45), "tal preocupación por las necesidades estéticas del público me parece no tener parangón en la historia del teatro".

[42] Frente a lo que sucederá con el público del teatro del clasicismo francés, genuinamente aristocrático, "en España, como siempre, el pueblo sobrepuja a la nobleza y le impone sus gustos. A los corrales acude todo el mundo: nobleza, clase media y plebe. El arte de Lope o de cualquiera de sus secuaces consigue, cuando lo consigue, dar a aquella masa heteróclita una auténtica unanimidad popular" (J. F. Montesinos, 1951/1989: 155).

modernidad. Cómico es, en su sentido más elemental, aquello que provoca la risa del espectador; lo trágico, por su parte, vincula la vida a una determinada idea de trascendencia o responsabilidad, en relación con una metafísica, una religión, un orden moral, un concepto de libertad, etc. Lo que sí nos parece completamente original y revolucionario en Lope es el hecho de haber instituido en "norma literaria" el "gusto popular" –como han señalado Pidal, Montesinos, Orozco, Borque...–, y además, muy especialmente, algo en lo que a nuestro modo de ver apenas se ha insistido, como es el hecho de que el *Arte nuevo* de Lope es probablemente el primer discurso que se nos ha conservado, en la historia de la Poética Occidental, que, teniendo en cuenta al receptor de un modo hasta entonces inédito, más ampliamente se ha ocupado de las posibilidades de construir una preceptiva o poética basada en la observación empírica de las formas dramáticas de tradición cómica, hasta entonces prácticamente excluidas, junto con su posible público receptor, del canon de la poética, de la dramática y de la literatura.

Desde finales del siglo XVI, la teoría literaria, derivada de la interpretación renacentista de Aristóteles, comienza a delimitar, y en algunos casos a "importunar", la creación teatral de determinados dramaturgos, como fue el caso de Lope en España. De modo muy semejante, en la Inglaterra de 1605, apenas cuatro años antes de la publicación del *Arte nuevo*, Ben Jonson escribe una tragedia erudita, *Sejanus*, muy próxima a los modelos de la retórica senequista y la sátira romana, en la que, consciente de defender ciertas libertades estéticas frente a los cánones del clasicismo imperante, trata de justificar esta falta de observación de las leyes del arte arguyendo la necesidad de satisfacer los intereses del público.

> Si se objeta que lo que publico no es un auténtico poema con las leyes estrictas de tiempo, lo reconozco; como tampoco lo es por faltarle un coro propiamente dicho, cuya norma y cuyo espíritu no son tales ni tan difíciles como cuantos he visto desde los antiguos; no, ni siquiera los que han aceptado normas más necesarias han llegado a alcanzarlo. Pero no es necesario, ni casi posible en estos tiempos nuestros [...], conservar la antigua majestad y el esplendor de los poemas dramáticos *para darle gusto al vulgo*[43].

---

[43] Cursiva –y traducción– nuestras (*apud* G. Steiner, 1961: 32). "Siete años después, en el prefacio a *The White Devil* (El demonio blanco), John Webster hacía la misma apología. Concedía que no había producido un "auténtico poema dramático", significando con esto una obra en estricto acuerdo con los preceptos aristotélicos. Pero agregaba con confiada ironía que la falta era del público [...]. Estas declaraciones proceden de la gran división de ideales que modeló la historia del teatro europeo desde fines del siglo XVI hasta casi los días de Ibsen. La concepción neoclásica de la tragedia tenía de su parte el precedente antiguo, la fuerza del ejemplo senequino y una vigorosa teoría crítica. La fuerza del ideal popular y

La observación empírica de la tradición de las formas cómicas, y la atención a los gustos del público e intereses sociales de la Edad Moderna, fueron condiciones esenciales para Lope en el desarrollo de una poética experimental, que desembocara en la génesis de la comedia nueva y su reformadora poética del drama. Era una idea repetida en la época por los diferentes autores la necesidad de adaptarse a los gustos del *vulgo* a la hora de escribir comedias que pretendieran el éxito de público. Es cierto, sin embargo, que en este contexto social nadie mejor que Lope codifica en la comedia el gusto de ese público llamado, la más de las veces, *vulgo*. Quizá sólo pueda darse el nombre de Dryden, en la literatura inglesa de la segunda mitad del siglo XVII, como ejemplo comparable a Lope en lo referente a la creación dramática y a la percepción crítica del fenómeno teatral. En escritos como *Essay of Dramatic Poesy* (1668), o el prefacio a *Troilus and Cressida* (1679), J. Dryden elabora una teoría del teatro en la que trata de armonizar los ideales de la Edad Antigua con los de la época isabelina, justificando de este modo su propia dramaturgia ante el público de su tiempo.

Cabe también preguntarse si en los gustos de esa pluralidad de receptores, que tan ampliamente ha estudiado J. M. Díez Borque (1980), no se encontraría igualmente estimulado el gusto de buena parte de los dramaturgos y autores de este tipo de comedias, entre ellos el propio Lope –primer destinatario de las suyas–, y de los seguidores del *Arte nuevo*[44]. ¿No se sentía Lope un primer autor convencido de su nuevo arte? ¿Acaso no triunfa en el teatro español el gusto popular, frente a lo que sucederá en Italia o Francia, con el refinamiento aristocrático? ¿No se sirve Lope de la constante repetición de esta idea, que atribuye al "vulgo" la potestad de imponer con su gusto el éxito o fracaso de las comedias, con objeto de eludir responsabilidades propias ante quienes pudieran reprocharle el "encierro los preceptos con seis llaves"? Demasiado "vulgo" en el público de los siglos XVI y XVII –y de todos los tiempos–, para gustar él sólo de la comedia nueva, sin que se admita el inte-

---

romántico del teatro procedía de su representación efectiva por los dramaturgos isabelinos y del hecho liso y llano del éxito teatral. El público general se interesaba más en lo sabroso y variado del teatro shakespeariano que en la noble forma del *auténtico poema dramático* " (G. Steiner, 1961/1991: 20-21). Es lástima grande que comparatistas de la literatura tan prestigiosos como George Steiner no recuerden, en sus páginas sobre el teatro europeo de los siglos XVI y XVII, el valor de la obra de Lope de Vega. En su libro de 1961 sobre *The Death of Tragedy*, Steiner no cita a Lope de Vega ni una sola vez.

[44] Entre otros autores, F. Pedraza ha insistido, en sus detalladas anotaciones al *Arte nuevo*, en que "Lope se pliega gustoso a las exigencias de ese público ávido de novedades y aventuras, cuyas preferencias ha configurado en parte él mismo con su obra" (F. Pedraza, 1994: II, 358). Vid. también, sobre el mismo tema, el trabajo de F. Lázaro Carreter (1987) sobre el público del teatro de Lope y el personaje del gracioso.

rés de otros grupos sociales por las nuevas formas del arte dramático codificadas por Lope[45]. El concepto de "vulgo" que, a nuestro juicio, esgrime Lope en la mayor parte de su *Arte nuevo*, puede remitir simplemente al público que, bien en unos casos, por ignorancia o falta de interés, ni entiende de preceptos ni gusta del arte antiguo, bien en otros, movido por un interés frente a la innovación, gusta por igual de la antigua poética y de las comedias del *Arte nuevo*[46]. Lope sabe que al público le gustan más las acciones que los versos, es decir, la *fábula* que la *lexis*: el vulgo "celebra lo que no entiende / no más de por las acciones" (Lope de Vega, *La noche de San Juan*, 146). En todo caso, en el contexto de la época, el concepto de *vulgo* parece ser con frecuencia el referente de una palabra usada, raras veces intencionalmente, con toda precisión. A este respecto, E. Riley ha formulado una de las observaciones más pertinentes.

> El vulgo constituía la víctima propiciatoria adecuada, cuya estupidez y malicia podían ser atacadas por cualquier autor cuando éste se daba cuenta de que no era, o no podía ser, apreciado. Estos ataques no eran algo ofensivo para el lector, desde el momento en que cada individuo podía pensar que estaba por encima de la multitud. Se trataba de una conveniencia que ofrecía diversos aspectos, de una abstracción de proporciones casi alegóricas que tenía, sin embargo, una base real. Las alusiones al vulgo están normalmente tan llenas de desprecio que uno se sorprende al descubrir que, con mucha frecuencia, el vulgo iba a ver representar las mismas obras teatrales y leía los mismos libros que los discretos. De hecho, aunque sus niveles eran muy dis-

---

[45] "Lope no hace su palinodia, no renuncia a su teatro, simplemente siente la necesidad de explicar por el vulgo determinados elementos integrantes de su comedia, poniéndose así a salvo como escritor culto [...]. El gusto, como decía al comienzo, hace justo lo que a los ojos de los preceptistas era injusto [...]. El público es muchos públicos y la comedia es una articulación de niveles distintos, de planos distintos de atención que van dirigidos a los distintos receptores. Los dramaturgos –y para mí esto es un concepto clave para entender en bloque el teatro del siglo XVII– eran conscientes de esta pluralidad de receptores. Bien sabido es que la comedia se concibe entonces como una estructura jerárquica de niveles; no hay un vulgo receptor único" (J. M. Díez Borque, 1992/1996: 42-45). Además de los trabajos de los autores citados, en relación con el concepto de "vulgo" aplicado al "público" de la comedia auriseculará, cfr., entre otros, los estudios de O. H. Green (1957), W. Bahner (1958) y A. Porqueras Mayo (1967).

[46] En este sendido, las siguientes citas y palabras de J. M. Díez Borque nos parecen sumamente esclarecedoras: "A veces, Lope emplea vulgo, como observa Porqueras Mayo, que recoge también ejemplos de Tirso, Guillén, Alarcón..., etc., en el sentido de masa indiscriminada, gente común, con un evidente tono peyorativo y que se ajusta, en su alcance, a la primera definición que da el *Diccionario de Autoridades*: "el común de la gente popular o la plebe" (J. M. Díez Borque, 1992/1996: 49). Como sabemos, desdenes y reproches contra el "vulgo" eran recurso frecuente en las preceptivas de la época, especialmente dramáticas, y también en escritos como prólogos y dedicatorias.

tintos, el público del escritor estaba formado por unos y otros reunidos (E. Riley, 1962/1971: 175).

El teatro de Lope de Vega atiende cuidadosamente a la observación del *gusto* del público y a su reconocimiento como instrumento de cualificación estética de la obra de arte, todo lo cual supone considerar como preeminente el estado de ánimo del *sujeto* sobre cualquier otra forma o expresión de realidad trascendente al individuo. Lo vemos reiterado en los versos del *Arte nuevo*, y con frecuencia también en varias secuencias de las obras dramáticas de Lope[47]. Así, por ejemplo, en el prólogo de *El castigo sin venganza*, leemos: "Señor lector, esta tragedia lea por mía, advirtiendo que está escrita al estilo español, no por la antigüedad y severidad latina; huyendo de las sombras, nuncios y coros, *porque el gusto puede mudar los preceptos*, como el uso los trajes y el tiempo las costumbres"[48].

Desde este punto de vista, sería posible reconocer en el teatro de Lope una contribución al proceso de existencialización del sujeto en el teatro moderno, a partir de un concepto de personaje que toma como marco de referencia arquetipos, actuales en el siglo XVII, de personas reales, algo que de ningún modo podía ofrecerse desde el marco de la poética clásica y el teatro de la Antigüedad, pues, "mientras para los preceptistas del teatro –diremos con palabras de R. Menéndez Pidal (1935/1989: 124)– el alma humana sólo era una poética dentro de un cuerpo esculpido por la antigüedad en la mitología o en la historia clásica, Lope da categoría dramática al hombre actual, a todo lo que los hombres de entonces pensaban y sentían[49]. El teatro inglés acompañaba al español, al mismo tiempo, en la dramatización de su propia vida, inspirándose, como el español, en la propia historia, en las propias leyendas, en las modernas ficciones novelescas, pero Lope se sumerge en la vida circundante más aún que sus coetáneos ingleses".

Lope no adopta en sus razonamientos el tono del teórico del drama, sino del empírico del arte de la teatralización, y de sus excelentes relaciones con el público. Lope se apoya en su experiencia como dramaturgo.

---

[47] A este respecto, y en relación con el concepto del "gusto" del "vulgo", R. Menéndez Pidal ha señalado que Lope supo captar en sus comedias y en su poética lo que el filólogo español denominó "el temperamento de los pueblos modernos", para añadir que "la injusticia de lo justo, la validez de lo que la preceptiva tiene por irrazonable, la vemos sentida no sólo en España, sino en los otros pueblos" (R. Menéndez Pidal, 1935/1989: 122).

[48] Cursiva nuestra.

[49] Coincidiendo con el espíritu general del discurso de R. Menéndez Pidal, cualquier lector de hoy convendrá fácilmente en limitar el alcance liberal de una declaración que afirma que el teatro de Lope de Vega expresaba "todo lo que los hombres de entonces pensaban y sentían..."

No hay que olvidar que la sobrevaloración del *empirismo*, frente a los sistemas de pensamiento meramente especulativos, es una de las condiciones de las edades Moderna y Contemporánea. Toda la producción de Lope se basa en un empirismo constante muy bien contrastado[50].

> ... es pedir parecer a mi esperiencia,
> no al arte...

La Edad Moderna concede al concepto de *experiencia* y a sus posibilidades de desarrollo un valor hasta entonces inédito. Son varios los momentos en que a lo largo de su trayectoria Lope apela al valor de la experiencia a la hora de hablar de la comedia nueva y de reflexionar sobre el fenómeno teatral en sí. En el *Arte nuevo* leemos:

> y que dezir cómo serán agora [las comedias]
> contra el antiguo [arte], y que en razón se funda[51],
> es pedir parecer a mi esperiencia,
> no al arte, porque el arte verdad dize,
> que el ignorante vulgo contradize. [vs. 136-140]

Sólo a partir de los movimientos culturales que representaron la Ilustración y el Romanticismo europeos, el valor de la *experiencia* en el arte alcanzará la consideración que modernamente se le atribuye, al originar una auténtica teoría de la literatura y del lenguaje, de la ficción y de la vivencia, una *poesía de la experiencia* (R. Langbaum, 1957), basada precisamente en la verificación empírica de los principios estéticos.

La poética de Lope de Vega representa la primera reflexión experimental sobre el arte dramático en la Edad Moderna. El Aristóteles de los preceptistas y tratadistas del Renacimiento es el resultado de la canonización de una concepción lógica, funcional y causal del arte antiguo, elaborada desde el punto de vista de una teoría del conocimiento referida

---

[50] Como recuerda A. Carreño (1998: 554) en sus anotaciones a la edición del texto lopesco, en relación con estos versos (138-139), "el término *arte* alude al '*Arte nuevo*'. Lope contrapone el arte antiguo fundado en la razón frente al 'nuevo' para diferenciar a ambos. Su experiencia vale más que la mera definición". Es obvio que, en contextos como éste, Lope sitúa el valor de la experiencia del sujeto por encima de la autoridad y la razón de la poética tradicional.

[51] Alude aquí Lope al paradigma de la poética antigua, basada en la percepción de un mundo antiguo, y fundamentada en la razón aristotélica. "Juana de José Prades [...] mantiene que la oración 'que en razón se funda' se refiere al *Arte nuevo*. Confesamos no entender su razonamiento. El sentido nos parece clarísimo: 'solicitar que diga cómo son ahora las comedias contra el arte antiguo, que está fundado en la razón, es pedir parecer a mi experiencia, no al arte...'" (F. Pedraza, 1994: II, 366). J. de José Prades mantiene la propuesta de A. Morel Fatio (1901).

exclusivamente a la percepción y explicación de un mundo estético inexistente fuera de una Antigüedad que entonces contaba ya con algo más de dos mil años. El teatro de Lope, sin sobrepasar los límites de la poética aristotélica, aunque discutiendo y rechazando la exégesis especulativa de los preceptistas del quinientos, representa la primera experiencia dramática en la historia del drama occidental en que se permite a un público no educado al amparo del arte noble y oficial, es decir, de la poética aristotélica –históricamente reconocida y sistematizada–, a un público "vulgar", diríamos, el acceso al teatro como espectáculo civil y urbano, al margen de toda implicación genuinamente ritual, religiosa o catártica, junto a otro tipo de público que sin duda se ha formado en una tradición culta, de modo que ambos coexisten en los corrales de comedias sin hacer conscientes, al menos durante el tiempo que dura la representación, sus propias diferencias sociales o culturales[52]. Del mismo modo que el latín, desde la incipiente *Commedia* de Dante, había cedido mucho de su terreno a las lenguas vernáculas o vulgares, el público de la Edad Moderna, el "vulgo", como gusta decir el propio Lope, impone sus preferencias en los modelos de arte dramático, determinando de este modo su éxito o fracaso, y limitando en todo caso las posibilidades de expresión de la estética

---

[52] "La afición al teatro ha aumentado extraordinariamente. Los espectadores de los corrales de comedia son todavía en gran parte un *vulgacho* de escuderos, oficiales, muchachos y mujeres, que maltratan deslenguadamente a las Musas, si no se les habla *en necio*, como antes; pero además entre ellos hay 'ociosos marquesotes', hidalgos ricos, de engomados bigotes y daga sobre el pecho, mal criados, pero bastante leídos para escribir sonetos y 'hablar por alambique'; hay barbudos licenciados, que entienden a medias 'los versos más sonoros, más limados, / altas imitaciones y concetos', hay también hasta algún sabio cuyo aplauso es lo que más codicia el poeta. Este conjunto ya no puede llamarse 'el vulgo'; ha ganado en categoría. Así cuando en 1624 extiende Lope sus ideas acerca del teatro a otro género nuevo, a la novela, le asigna por fin el dar 'contento y gusto *al pueblo*', no al vulgo" (R. Menéndez Pidal, 1935/1989: 114-115). F. Pedraza llega aún más lejos, al suponer que buena parte del público culto de las comedias de Lope se encontraría también presente en los sitiales de la Academia de Madrid, para la que Lope redacta el texto del *Arte nuevo* en 1609: "Lo más probable es que en la Academia de Madrid los partidarios del nuevo arte fueran mayoría y que entre ellos estuviera el mecenas de turno. Estos brindaron a Lope un púlpito privilegiado desde el que predicar a los tibios y a los recalcitrantes, que también los habría. Con la masa del público jadeándole, amparado por el señor de la casa y escudándose en la obediencia debida, sí se lanza a la arena a lidiar el difícil toro del aristotelismo" (F. Pedraza, 1994: 47). En este sentido, A. Carreño (1998: 545) aporta datos de interés: "En cuanto a la Academia de Madrid a la que Lope dirige su *Arte nuevo*, hay que destacar la abundancia en la época de reuniones literarias que adoptan diversos nombres tales como la Academia Imitatoria, la Academia del Conde de Saldaña, la Academia Salvaje y la Academia Peregrina, entre otras. Pero ha sido difícil identificar la Academia de Madrid que desarrolló sus actividades durante los años de 1604 a 1608. Parece que se reunía por el año de 1607 en casa de don Félix Arias Girón, el amigo de Lope".

clásica y humanística, ennoblecida por la tradición culta, pero que no cuenta con la simpatía de las masas. Lope es un reformador, desde el empirismo del teatro, de la percepción e interpretación de la poética aristotélica, del mismo modo que los tratadistas del Renacimiento italiano también lo fueron, aunque desde una perspectiva meramente especulativa y doctrinal, y con un interés específicamente preceptista[53]. El *Arte nuevo* de Lope constituye una interpretación "reformista" del Aristóteles de aquellos preceptistas; es, diríamos en cierto modo, la interpretación "barroca" de la *Poética* aristotélica, del mismo modo que la lectura y sistematización que llevaron a cabo los comentaristas italianos constituyó la interpretación "clasicista" que el Humanismo contribuyó a canonizar. El fundamento de la interpretación lopista es el empirismo, avalado por el pueblo y sus gustos sobre el teatro; la lectura y codificación de los comentaristas italianos es de fundamento doctrinal y especulativo, y viene confirmada por la interpretación filológica del Renacimiento y la Edad Moderna. El teatro de Lope constituye, pues, una demostración de cómo fue posible, reformando los cánones de los preceptistas aristotélicos, y sin sobrepasar sin embargo los paradigmas básicos del pensamiento del propio Aristóteles, la creación de un drama en el que se identifican y objetivan, desde una perspectiva característica de la España imperial y contrarreformista, el *gusto* y las *intereses* de las gentes de la Edad Moderna.

---

[53] "Lope, perdido el respeto al Aristóteles de los comentaristas, no se desvela sobre las páginas de las poéticas al uso, sino que quiere crear la nueva poética, desentrañándola afanosamente del gran libro invisible que la sensibilidad moderna le pone delante de los ojos" (R. Menéndez Pidal, 1935/1989: 116).

1.4. Poética de la transducción teatral

El término *transducción* es el étimo culto en romance del vocablo latino *transductio, transductionis*, el mismo que da lugar en lengua vulgar a la palabra "traducción". El concepto latino es composición del prefijo *trans*, preposición que expresaba la idea de mediación (a través de...), y del verbo *ducere*, con el sentido de guiar, conducir: el resultado es claro, al designar una operación de conducción (*transmisión*) de algo (*objeto*) a través de (*trans*) un medio que, por el hecho de relacionarse con el objeto durante su transmisión, provoca en el mismo ciertas transformaciones. He aquí las dos operaciones claves de la transducción: transmisión (de sentido) y transformación (del sentido que se transmite).

A mediados del siglo XX el término "transducción" es utilizado por vez primera en el ámbito de las ciencias naturales, concretamente en el ámbito de la bioquímica, donde designa la transmisión de material genético de una bacteria a otra a través de un bacteriófago. Para la transducción genética es necesario que un pequeño fragmento del cromosoma bacteriano se incorpore a la partícula de fago, la cual, cuando infecta a una nueva célula, le inyecta no sólo su propia dotación genética, sino también material genético del primitivo huésped. El fenómeno fue descubierto en 1952 por los genetistas N. D. Zinder y J. Lederberg, premios Nobel de Medicina merced a este descubrimiento. En 1986 L. Dolezel se sirve del concepto de transducción en su artículo "Semiotics of Literary Communication", reproducido con cambios sustanciales en su libro *Occidental Poetics. Tradition and Progress* (1990: 185-219), para designar los procesos de transmisión dinámica (intertextualidad, transferencia intercultural, recepción crítica, parodia, tradición, readaptaciones...) de que pueden ser objeto las obras literarias.

Las posibilidades que ofrece la semiología de la literatura dramática en el estudio de lo que podría considerarse en principio una teoría literaria de la (inter)mediación o, de forma más precisa, *poética de la transducción literaria*, es una cuestión de la que llevamos ocupándonos desde 1994, con la publicación de una monografía sobre la transducción en el discurso lírico, a la que han seguido otros trabajos referidos al ámbito de la novela y del drama. Es precisamente en el teatro, desde una concepción semiótica de la cultura, donde la transducción, en la doble dimensión literaria y espectacular, se convierte en uno de los principales mecanismos de conocimiento de los procesos de *transmisión* y *transformación* del sentido estético.

Desde una concepción pragmática de la literatura, atenta a la obra y sus circunstancias, parece posible determinar, verificar y objetivar, las "voluntades subyacentes" al texto (C. Segre, 1985), es decir, las declaraciones posteriores del lenguaje literario ante cada uno de los sujetos que lo interpretan y de los contextos en que se produce el ejercicio hermenéutico, los efectos que provoca o que podrá estimular en cada acto de encuentro y de lectura. El análisis de la transducción literaria y espectacular permite objetivar, o en todo caso clarificar, en la obra teatral, el alcance y la intensidad de cada una de las aproximaciones que en la investigación científica experimenta el sujeto frente al objeto de conocimiento, en ese tránsito que supone –y que suponemos ilimitado– cada uno de los pasos, encuentros, interacciones, lecturas, representaciones, procesos cognoscitivos..., que determinan nuestro acercamiento a la realidad teatral y literaria.

Con anterioridad, y sin exclusión de otros modelos posibles y sin duda existentes, nos hemos referido a tres grandes paradigmas característicos en la expresión dramática de Occidente (el teatro griego, los teatros español e isabelino inglés, y el proceso de renovación teatral desarrollado a principios del siglo XX), que han servido con frecuencia de canon y modelo de transducción a otras tendencias de expresión dramática elaboradas en países y culturas diferentes. A continuación, con objeto de ofrecer unas condiciones teóricas adecuadas a la interpretación de la poética y del teatro cervantinos, nos referiremos a la denominada *poética de la transducción*, cuyos fundamentos trataremos de describir a partir del esquema básico de la comunicación humana, insistiendo en la importancia que en él adquiere la función del *intermediario*, como agente transformador (o transductor) del *sentido* en la transmisión del mensaje. Por último, trataremos de ejemplificar las diversas posibilidades de transducción que pueden manifestarse en el discurso dramático, a partir de dos procedimientos principales, que actúan sobre el Texto Literario, en el ámbito de la *intertextualidad*, y sobre el Texto Espectacular, al manifestarse de forma sucesiva a lo largo de diferentes adaptaciones y readaptaciones de una misma obra teatral, y que pueden considerarse desde el principio lógico de *discrecionalidad* (J. G. Maestro, 1994), como fenómeno característico de la transmisión y comprensión de los objetos culturales.

1.4.1. *Transducción y teoría del conocimiento*

El proceso semiósico de transducción puede definirse, y así lo hemos indicado con anterioridad, por la presencia de las siguientes propiedades comunicativas:
1. Exige la presencia y el uso de signos.

2. Se establece sobre la relación comunicativa o interactiva de dos o más sujetos.

3. Siempre es posterior a un proceso semiósico de interpretación, sobre el cual se lleva a cabo la transducción, con objeto de actuar sobre las condiciones, contexto y posibilidades de recepción de una interpretación preexistente a la transducción, que se configura de este modo como la "segunda interpretación", es decir, la interpretación elaborada formalmente para actuar semántica o funcionalmente sobre una interpretación preexistente, cuyas condiciones de percepción y recepción de sentido conviene modificar.

4. Designa un hecho de interacción semiótica dado en todo discurso, merced a una operación de *feed-back* por la que un receptor intermediario transmite a otros receptores la transformación del sentido de un signo que este último ha manipulado previamente (emisor → mensaje → *intermediario* → receptor).

5. El fenómeno de la transducción puede producirse en cualquier tipo de mensaje verbal, sea artístico u ordinario, como hecho de interacción semiótica. No obstante, su verificación en discursos literarios, que por sus propiedades entrópicas y connotativas no se limitan al "circuito cerrado" de la comunicación cotidiana, resulta especialmente fructífera, merced a la transmisión dinámica y continua de que son objeto las obras literarias (tradición, recepción crítica, formas de transtextualidad, transferencia intercultural, adaptación literaria, modos de transducción, etc.), como condición necesaria para su preservación y existencia como objetos estéticos.

El proceso semiósico de transducción exige al menos la presencia de tres actuantes (emisor, intermediario y receptor del signo), cuya actividad principal ha de centrarse en la *transmisión* y *transformación*, a cargo del intermediario, del *sentido* del signo creado por el emisor, con objeto de actuar sobre el modo y las posibilidades de comprensión del receptor. El resultado de semejante operación, que comprende extensionalmente todas las posibilidades y registros de la pragmática de la comunicación literaria, no es otro que la manipulación del sentido, así como de las condiciones, modos y posibilidades de su interpretación.

En el teatro, especialmente por su dimensión espectacular, la importancia de la transducción como proceso de creación, transmisión y transformación de sentidos es amplísima y prácticamente incontrolable. La presencia del director de escena, como ejecutante y (re)creador intermediario del texto espectacular, diseñado virtualmente por el autor en el texto literario del discurso dramático, constituye la realidad más visible y apreciable de la transducción como actividad y proceso exigido explícitamente por la pragmática de la comunicación dramática.

El director de escena está obligado a *transducir* el texto autorial en representación espectacular, es decir, que debe, porque así lo exige el teatro como género literario y como forma espectacular, convertir en realidad referencial, en signos de objeto, en expresión visible y representada, lo que en principio es todo eso pero sólo en su dimensión virtual, como lenguaje verbal sin expresión acústica, y como forma literaria sin realidad espectacular.

Identificar la posición epistemológica que está detrás de cada uno de los procesos semiósicos de creación de sentido puede constituir, sin duda, una labor de especial interés que aquí apenas podemos esbozar. A propósito de la creación de la tragedia a cargo de los griegos se ha dicho que el hombre se expresa porque sabe que tiene que morir (E. Nicol, 1957: 34). Desde los mismos griegos la epistemología ha planteado sobre el lenguaje múltiples problemas del conocimiento humano, y ha convertido al sistema lingüístico en un *medio* de acceso a ese conocimiento. Dado que el objeto en sí es inasequible al conocimiento, el lenguaje "se convierte en el instrumento espiritual fundamental por el que pasamos del mundo de las meras sensaciones al mundo de la intuición y la representación" (E. Cassirer, 1923-1929/1971-1976: 29). En varios de sus diálogos (*Eutidemo*, *Teeteto* y *Sofista*), Platón se ha servido del lenguaje como pretexto para establecer su propia epistemología, desde la que discute la validez y posibilidades del lenguaje como instrumento y método de conocimiento, especialmente, como se sugiere en el *Teeteto*, cuando es un sólo sujeto (expresión) quien lo utiliza[1].

Desde el interés de la *mayéutica socrática* por fundamentar la búsqueda de la verdad en la práctica dialógica, es decir, en el concurso de varias subjetividades que se interrogan y responden mutuamente acerca de temas diversos, surge la valoración del diálogo y los procesos interactivos como formas plenas de la comunicación lingüística y de los procesos de conocimiento, cuyas condiciones de comprobación resultan abiertamente mejoradas. "Sospecho –dice Sócrates en el diálogo platónico– que cuando la mente piensa, está hablando consigo misma, formulando preguntas y contestándolas, y diciendo que sí o que no" (Platón, *Teeteto*, 198e).

Desde este punto de vista, los criterios de verificación de validez científica manejados en el ámbito de las ciencias humanas se amplían desde

---

[1] Paralelamente, Sócrates descalifica en el *Crátilo* el lenguaje como medio para acceder al conocimiento de la realidad, mediante el rechazo de dos teorías que pretenden, cada una a su modo, hacer del lenguaje el método más adecuado de conocimiento, reafirmándose finalmente en los valores de una filosofía "realista" –los universales son reales–, que discute epistemológicamente las posibilidades formales del lenguaje: "No es a partir de los nombres, sino que hay que reconocer y buscar los seres en sí mismos más que a partir de los nombres" (Platón, *Crátilo*, 439b-c). Se pretende incluso concluir en una declaración definitiva de escepticismo o relativismo epistemológico, próximo a los conceptos que sirven de base a la transducción: "Pero es razonable sostener que ni siquiera existe el conocimiento".

los principios de *correspondencia* (una proposición es correcta y válida si se corresponde con los hechos empíricos que pretende describir) y *compatibilidad* (una proposición ha de demostrar que es coherente en relación con aquellas teorías vigentes que se consideran correctas convencionalmente) hacia el denominado principio de *consenso* (D. Fokkema, 1989/1993: 383), según el cual una proposición se considera científicamente válida en virtud de su recepción en el seno de la comunidad científica[2].

Paralelamente, el desconcierto y la fragmentación que experimenta el sujeto en la modernidad (principio de discrecionalidad), y así lo revelan las principales obras dramáticas de renovación teatral en el siglo XX, es una de las condiciones básicas desde las que se exige la recuperación del diálogo como medio posible –y con frecuencia discutido– de relación con la alteridad. El ser humano pretende en la modernidad recuperar la concepción unitaria de su vivencia a través de una relación intersubjetiva apoyada en el diálogo.

Finalmente, ¿cómo explicar la inflación de interpretaciones que actualmente nos rodea? Podría afirmarse que el hombre transduce, es decir, transforma y transmite interpretaciones preexistentes, porque no es capaz de nuevas interpretaciones; diríamos, incluso, que interpreta al sentirse incapaz de logros artísticos satisfactorios, y que la merma de su capacidad de creación puede explicarse desde una incapacidad para recuperarse eficazmente de la disgregación del canon deseado, al haber perdido la seguridad que proporciona una determinada finalidad humana del arte y una teoría establemente normativa.

El nihilismo no está lejos de ser un producto de la subjetividad trascendental, tal como la entiende el idealismo alemán, al advertir que la realidad en sí no existe, pues queda reducida a una pluralidad de sentidos, apariencias y formas que lo fenoménico suscita en el sujeto, de modo tan intenso y relativo que nada existe de forma estable y segura. Si para P. Feyerabend (1974) la evolución de la investigación científica es esencialmente irracional y anárquica, y semejante "anarquismo epistemológico" ha conducido a la definición de algunos de los paradigmas estéticos de la modernidad, no es menos cierto que los límites de la relatividad

---

[2] Semejante criterio admite al menos una triple articulación, según tres modos de verificación, que adquieren entre sí relaciones integradoras: a) *Verificación intersubjetiva*: permite que el proceso –y resultado– de la investigación científica rebase los límites de la convicción personal; b) *Verificación interdisciplinaria*: dispone que los resultados supuestamente científicos de una investigación puedan ser contrastados en contextos metodológicos y epistemológicos más amplios; c) *Verificación intercultural*: extiende a otros dominios culturales aquellos resultados de la investigación que pretenden alcanzar las condiciones de validez universal características de toda hipótesis científica.

pueden hacerse si no visibles, al menos objetivables, desde el momento en que la observación de los hechos, que tienen lugar en la verificación de la realidad (empirismo), puede encontrar confirmaciones objetivas, siempre a través de la mediación de teorías e hipótesis preconcebidas, mediante la especulación, lógica o racional, que tiene lugar en la verificación del discurso (racionalismo).

"No hay hechos, sólo hay interpretaciones", declaraba F. Nietzsche (1873/1960, III, 903) a fines del siglo pasado, y pocas veces como hoy estas palabras pueden hallar tanta aplicación en la realidad. Uno de los objetivos fundamentales de la epistemología moderna es determinar la calidad e intensidad de las sucesivas interpretaciones, es decir, transducciones, por las que discurre todo proceso (semiósico) de conocimiento. En definitiva, el discurrir científico del conocimiento no es más que un despliegue de procesos semiósicos (con frecuencia de expresión, interpretación y transducción) en los que se ha tratado de minimizar la polivalencia semántica, en favor de una denotación científica constantemente pretendida e inevitablemente mudable, y transformada permanentemente en cada acto y ejercicio de lectura, debido al transcurso del tiempo y a la mediación de las competencias y las modalidades de la percepción humana.

La verificación científica de toda teoría ha de realizarse en función de hechos, que a su vez son interpretados por la misma teoría en virtud de la cual tales hechos resultan funcionalmente identificados. Toda práctica discursiva, todo uso del lenguaje, limita (y amplía) nuestra concepción de la realidad, así como nuestras posibilidades y modos de interpretación y conocimiento. En el ámbito de la epistemología, una teoría de la transducción sólo puede pretender objetivar el alcance y la intensidad de cada una de estas posibilidades de interpretación del sentido; la transducción actúa (opera) como instrumento (medio) de verificación, es decir, como procedimiento que actualiza y objetiva un conjunto de condiciones de comprobación para un saber más exacto.

1.4.2. *Poética y transducción*

Uno de los objetivos fundamentales del pensamiento de R. Jakobson consistió en describir las propiedades lingüísticas del discurso literario en relación directa con el concepto de literariedad, y elaborar de este modo una poética literaria centrada en el mensaje, cuyo marco de referencia había de ser el análisis de las formas determinadas por su valor funcional en el texto.

Desde presupuestos estructuralistas, y también formalistas y funcionales, Jakobson propone en 1958, a partir de la lingüística de K. Bühler

(1934), y tomando como referencia el modelo básico de la comunicación humana, sus bien conocidas funciones del lenguaje, entre las que sobresale, por particulares propiedades de recurrencia, ambigüedad, polivalencia semántica, etc., la función poética.

Autor, obra y lector constituyen, en efecto, los tres elementos del esquema semiótico básico, en el que se apoyan y articulan las diferentes relaciones que puede adquirir el texto literario en los diferentes procesos de su comunicación. Sin embargo, en el teatro, el proceso de comunicación y recepción se complica de forma particularmente interesante, debido a su dimensión espectacular, que exige la presencia de un director de escena y de unos actores, es decir, la existencia de unos "ejecutantes intermedios". La observación de este fenómeno en la realidad parece exigir la introducción, en el esquema semiótico básico, de un agente o factor de mediación en que se objetive funcionalmente la labor del director de escena y los actores:

emisor → mensaje → *intermediario* → receptor

En el discurso dramático, el esquema comunicativo quedaría articulado del modo siguiente:

1. Dramaturgo
2. *Texto Literario*
3. Director de escena y actores
4. *Texto Espectacular*
5. Público

Desde este punto de vista podría admitirse, al menos para el discurso dramático, concebido como una relación solidaria entre Texto Literario y Texto Espectacular, la transformación del modelo global de comunicación lingüística propuesto por Jakobson[3], al introducir un *sujeto intermediario* que forma parte del proceso mismo de la comunicación, y que repercute en su desarrollo de forma determinante, pues dispone funcionalmente de medios fundamentales para su difusión, y actúa en el curso del proceso comunicativo bajo sus propias competencias y modalidades sobre los modos y posibilidades de comprensión del público receptor.

---

[3] Al igual que sucede en el modelo de R. Jakobson, el esquema de M. Bense y E. Walther apenas presta atención a las posibilidades de mediación que puede actualizar el receptor en la comunicación de cualquier tipo de mensaje. Se ofrece allí, una vez más, una visión estática del proceso comunicativo.

a) Factores de la comunicación:

    emisor → mensaje   → *intermediario* → receptor
                 contexto
                 contacto
                 código

b) Funciones de la comunicación:

    emotiva → poética   → *transductora* → apelativa
                 referencial
                 fática
                 metalingüística

El sujeto intermediario o transductor adquiere forma objetiva desde el momento en que su actuación *sobre* el mensaje y *durante* el proceso de comunicación pueden condicionar las posibilidades de recepción por parte del público. Una teoría de la literatura destinada al estudio de las acciones que, sobre las formas, sentidos o referentes literarios, realice el sujeto transductor, debe dar cuenta, desde una poética de los intermediarios, es decir, una *poética de la transducción*, del alcance y la intensidad de tales transformaciones en el proceso de transmisión del discurso literario, así como de los sujetos que en ellos intervienen, de sus competencias y modalidades en el momento de ejecutar la comunicación, y de sus funciones dominantes en el transcurso de la misma.

La decisiva valoración pragmática –y no sólo en el ámbito referencial– que han pretendido los postestructuralismos en la interpretación del contexto interactivo de los fenómenos culturales (ciencia empírica, teoría de los polisistemas, actos de habla, estética de la recepción, crítica feminista, etc.) ha resultado determinante para tratar de objetivar las funciones que puede adquirir el intermediario en los procesos generales de la comunicación humana, no sólo teatral o literaria.

Resulta difícil admitir en nuestros días que en el esquema básico de la comunicación humana exista siempre un transductor o ejecutante intermedio, y que en lugar de hablar de "emisor → mensaje → receptor" haya que hacerlo de "emisor → mensaje → *intermediario* → receptor". En primer lugar porque cabe preguntarse ¿quién ha actuado primero, el intermediario o el receptor? En segundo lugar, difícilmente podríamos admitir que, salvo en el caso del teatro, en el segundo de los esquemas propuestos, que incorpora la presencia del intermediario, no sea posible reconocer al menos dos momentos o díadas, si seguimos a C. Segre (1985), en la constitución del proceso de comunicación: emisor → mensaje / mensaje → receptor (o intermediario).

Sea como fuere, es un hecho observable en la realidad, y verificable en el discurso que el teatro exige, como género literario y como forma espectacular, la presencia de un ejecutante intermediario o transductor, que es el director de escena, y no es menos cierto, por otra parte, a menos que defendamos la existencia de lecturas absolutamente ingenuas, lo cual parece hoy día muy discutible, que ningún acto de recepción está exento de factores y realidades que, motivadas por algún sujeto humano, lo hayan mediatizado previamente. Cualquier editor del *Quijote* (fijación del texto, formato del volumen, traducciones posibles, ilustraciones, erratas, etc.) ha mediatizado nuestra lectura del *Quijote*. Es posible que en toda comunicación humana existan siempre dos actos distintos y sucesivos (emisor → mensaje / mensaje → receptor), en todo caso este fenómeno habrá de ser objeto de verificación, y entonces sí resultaría fácil admitir que la segunda de estas díadas se subsume frente a la primera, porque el transductor existe siempre que existe comunicación a través de algún *medio* –y la escritura y el lenguaje son los más recurrentes–, y porque el transductor no desplaza formalmente al emisor, sino que lo único que hace es actuar sobre el *modo* de comunicar lo que éste ha formulado (formalizado) previamente. El transductor no toca las formas, sólo *transforma* el sentido al *transmitir* el mensaje.

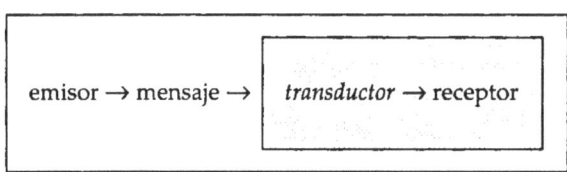

El poder normativo de los códigos literarios sobre los signos literarios es mucho más limitado que el de otros códigos, como el jurídico, por ejemplo, o mismamente el lingüístico. Desde el momento en que alguien escribe un mensaje, este signo entra en un proceso de semiosis que resulta virtualmente ilimitado, y en el que la fuente, autor o emisor, ha perdido todo el control, que pasa a ser gestionado por el intermediario o transmisor; si existe comunicación no es tanto gracias al lector, que representa una meta, como límite teórico del proceso, sino a los agentes transmisores de la comunicación, es decir, los lectores en acción, intermediarios o transductores, auténticos actuantes del proceso comunicativo, cuya acción no es sólo verificable en el discurso, sino observable en la realidad. Todo lo que se transmite se transforma por el hecho mismo de ser transmitido, y el alcance y densidad de esta transformación es algo que exige ser explicado.

A lo largo de la historia de la teoría de la literatura resulta posible identificar al menos cuatro grandes paradigmas en la investigación literaria, que salvo en el caso aristotélico se corresponden con los elementos del esquema semiótico básico: 1) la poética aristotélica o mimética, 2) las poéticas en torno al autor, 3) las poéticas formales y funcionales, y 4) las poéticas de la recepción. A estos cambios paradigmáticos de la investigación teórica y literaria podría incorporarse en nuestros días el estudio de lo que pudiéramos denominar la poética de los intermediarios o *poética de la transducción*.

1. La *poética mimética* nace con el pensamiento aristotélico, y se fundamenta sobre el postulado del proceso de imitación (mímesis) como principio generador del arte; prevalece de forma más o menos latente a lo largo de las edades Antigua y Media, y es objeto de profundas sistematizaciones a lo largo de la Edad Moderna, especialmente desde la obra de los tratadistas del Renacimiento italiano, quienes a través de sus comentarios a la *Poética* consolidan los presupuestos metodológicos y epistemológicos de la teoría de la mímesis, como principio explicativo del arte, entendido como *imitación* de la naturaleza, que no como creación de sentidos a través de formas sensibles.

2. Las *poéticas de autor* encuentran su nacimiento y justificación en la filosofía alemana de fines del siglo XVIII, y adquieren su principal desarrollo a lo largo del siglo XIX. El pensamiento del idealismo alemán, especialmente la obra de I. Kant y J. G. Fichte, representa el nacimiento y desarrollo de una nueva concepción de la poética, que desplaza los presupuestos de la teoría aristotélica de la imitación, y encuentra en la ideología estética del Romanticismo europeo su manifestación más importante. Los nuevos fundamentos epistemológicos, apoyados en las facultades del sujeto y las posibilidades de su pensamiento idealista, disponen la concepción de la obra literaria como un proceso de creación de sentidos, por parte de su autor, a través de formas sensibles. En consecuencia, la labor literaria se concibe como una labor de creación –creación humana libre–, en la que intervienen factores psicológicos e individuales, y no como una copia elaborada mecánicamente (mímesis) a partir de un modelo natural, al que se le confiere una existencia ontológica fuera del pensamiento humano (realismo).

3. La *poética morfológica* se interesa por las formas, determinadas por su valor funcional en el texto, y reconocidas a partir de las diferentes variantes literarias; como hemos sugerido con anterioridad, éste es un método que pretende objetividad en sus logros, y deriva hacia rasgos y propiedades identificables en el discurso, en una amalgama de positivismo e idealismo. Las ideas estéticas del idealismo contemporáneo, que se apartan del presupuesto de la identidad entre Belleza, Bondad, Unidad, o Verdad, en las que se fundamentaba la poética mimética, se centran en el hombre como creador y en la obra como proceso de creación.

4. La *poética de la recepción*. Desde una perspectiva lingüística y semiótica, la teoría de la recepción pretende un análisis formal que revele la potencia semántica de un texto artístico, es decir, los sentidos que la

estructura de un discurso literario permite o autoriza desde el punto de vista de la competencia de sus lectores. Se trata, en suma, de establecer los límites de la entropía o potencia semántica de un texto, con objeto de evitar lecturas impresionistas, metafísicas, ideológicas, etc., que no resulten contrastables científicamente. El acto de recepción de la obra literaria constituye una operación de *interpretación experimental*, que responde a determinados mecanismos psicológicos, sociales, fenomenológicos, estructuralistas, históricos, etc., que conviene determinar exhaustivamente, y que con frecuencia adquieren expresión formal a través de las sucesivas manifestaciones que experimenta el texto literario en su acontecer histórico, una vez que ha salido de manos de su autor y es depositario de múltiples lecturas, interpretaciones y relaciones transtextuales. La poética de la recepción, como modo de conocimiento de la obra literaria, se impone desde el último tercio del siglo XX.

5. *La poética de la transducción*. Bajo esta denominación nos referimos a los diferentes estudios de teoría de la literatura ocupados en el análisis de aquellos factores que actúan como elementos intermediarios en el conocimiento y análisis de las obras literarias. Es el caso de las fuentes, traducciones, teorías críticas y metodológicas, ecdótica, intérpretes y actores, análisis filológicos y fijaciones textuales, etc., cuya intervención mediatiza siempre la comprensión de aquellas realidades que pretenden comunicar.

Difícilmente ha sido posible al ser humano acceder en estado puro a una realidad que no fuera su propio pensamiento. Todo lo que hace el hombre significa, y todo lo que significa es objeto de mediación, bien para mejorar sus posibilidades de conocimiento y transmisión, bien para deteriorarlas o confundirlas. Las diferentes corrientes metodológicas ocupadas en el estudio de la acción de los intermediarios, en los procesos de creación y transformación del sentido que se producen en nuestra sociedad (teoría de los polisistemas, ciencia empírica de la literatura, control de los medios de opinión en sociología, etc.), encuentran un fundamento común en el análisis de las operaciones de transmisión y transformación del sentido, en que se fundamenta el proceso semiósico de transducción.

El concepto de transducción, tal como lo entendemos, podría encontrar ciertas afinidades con nociones procedentes de autores y escuelas anteriores, y así sucede con conceptos tales como translingüística (M. Bajtín), anamorfosis (R. Barthes), intertextualidad e hipertextualidad (G. Genette), "discurso secundario" e interpretación creativa (G. Steiner), procesos psíquicos de transferencia (K. G. Jung), etc., que sobrepasan con frecuencia los límites propios de la teoría de la literatura para adentrarse en ámbitos próximos a la hermenéutica y la epistemología, cuando no al psicoanálisis, como conjunto de reflexiones sobre el modo y posibilidades de adquirir y verificar un conocimiento científico acerca de los fenómenos culturales.

Tal es lo que sucede, por ejemplo, cuando C. Segre (1985: 664 ss.), parafraseando a M. Bajtín, advierte que "cada obra está escrita transparentando todas aquellas que la precedieron, el trabajo de un texto es parte del trabajo colectivo de todos los textos. A propósito de esto, se habla de intertextualidad o, en un sentido muy próximo, de estructuras que se implican. La derivación o inversión, que es derivación con signo cambiado, entre un texto y otro, es una fenomenología que los formalistas han estudiado ampliamente. Las fórmulas más exhaustivas se deben a Bajtín quien, a propósito de intertextualidad, adoptó los términos dialogismo y polifonía. Un texto no sólo es siempre generado por otros —en distinta medida—, sino que es, sobre todo, una polifonía de lenguajes diversos, propios de ambientes, estrados y profesiones igualmente diferentes entre sí.

Como operación que permite dar forma objetiva a interpretaciones propias, sucesivas y distantes, de fenómenos culturales idénticos, el proceso semiósico de transducción constituye un procedimiento generador, transmisor y transformador, de sistemas culturales cuya pluralidad e interdependencia resulta resaltada. Se trata en definitiva de un mecanismo que permite describir cada uno de los procesos de "derivación o inversión" (intertextualidad) en que se fundamenta y dinamiza una concepción semiótica de la cultura, desde la cual no sólo se admite que el ser humano reproduce la comunicación por medio de la comunicación, sino que es también capaz de transformar en cada transmisión, intencional o involuntariamente, el sentido de sus comunicados.

La semiótica que estudia la comunicación de sistemas culturales admite que toda posibilidad de transformación es producida por una adquisición que la motiva. Un sistema es capaz de evolución mediante determinadas alteraciones cuando se cumplen dos condiciones fundamentales (N. Luhmann, 1991): a) determinados problemas internos se agravan hasta el punto de resolverse mediante modificaciones estructurales (transformación orgánica; concepción organicista o mereológica); b) en virtud de su disposición a la interacción con otros sistemas que estimulen su dimensión pragmática y social (transmisión contextual; concepción semiótica o pragmática).

El modelo evolutivo de la transducción es, desde este punto de vista, *funcional* (transformación) e *interactivo* (transmisión). La transducción es una operación que produce y reproduce el sistema mismo que la motiva; gestiona y soporta un sistema semiótico en evolución, el lenguaje, y genera interpretaciones que, debido a la evolución semántica (organicismo) y a la interacción pragmática (semiosis), reaccionan y se suceden mediante una serie de contrastes y modificaciones.

La transducción ratifica que el lenguaje hace posible la identidad en la diferencia, permite identificar constantes y regularidades en la diversidad, y dispone la toma de conciencia, en la unidad del sujeto, de la pluralidad y fragmentación de su experiencia. El lenguaje no favorece la identidad (ni el consenso), que es algo pretendido por el sujeto frente a la alteridad y el caos que se deriva de la realidad fenoménica. Si admitimos convencionalmente que el uso del lenguaje es la normalización (intersubjetiva) de la diferencia (empírica), resultará fácil aceptar que la transducción, como proceso semiósico, puede contribuir a la verificación virtual de tales límites normativos, en las relaciones de identidad y diferencia que estimulan los fenómenos culturales en los procesos de interpretación de sentido.

U. Eco (1991: 6) ha recordado recientemente que el pensamiento de los seres humanos funciona a partir de juicios de identidad y semejanza. Entre las condiciones que hacen posible la transducción como proceso interpretativo en el ámbito de las ciencias humanas cabe mencionar, en primer lugar, el principio semiológico y filosófico de polivalencia y perspectiva, según el cual toda realidad, desde un determinado punto de vista, adquiere (o puede adquirir) relaciones de identidad, semejanza o contigüidad con otra realidad cualquiera.

A esta generalizada posibilidad de transducción cabe añadir otras condiciones, que atañen específicamente al lenguaje y al discurso literario. Se admite, de este modo, que el texto es un universo orgánico, semánticamente abierto y formalmente estable, que descubre al lector infinitas conexiones de forma y de sentido; que el lenguaje no permite designar los objetos, la realidad, bajo un solo sentido, porque el lenguaje no transmite significados unívocos, únicos, preexistentes o inalterables; que la existencia del lenguaje y del discurso demuestra que aquello de lo que se puede hablar, lo que se puede formalizar verbalmente, no es sino el resultado de la coincidencia de lo diferente, el resultado de la búsqueda de fenómenos regulares y constantes en la diversidad; que el lenguaje habla en lugar del autor, y que refleja, en suma, el desajuste entre el pensamiento y la realidad: el ser humano, el *Dasein*, el ser-ahí, significa ser consciente de que no es posible identificar en ningún lugar de la experiencia humana un Significado Trascendental.

1.4.3. *Posibilidades de transducción en el discurso dramático*

Entre los rasgos esenciales del teatro como género literario pueden señalarse, además de su estatuto ficcional como discurso literario, la polivalencia del signo dramático, el uso especial que el diálogo adquiere en el teatro, como forma específica de expresión, y la relación solidaria entre Texto Literario y Texto Espectacular, así como las propiedades pragmáticas del drama frente a otras formas y modos de expresión literaria, que exigen la presencia explícita de un ejecutante intermedio (transductor), entre el autor y su público.

Algunas artes, entre las que se encuentran la música y el teatro, pueden clasificarse o identificarse por la presencia de un intermediario o ejecutante, que es a la vez el modo de transmisión. En 1970, T. Kowzan recordaba unas palabras de H. Gouhier desde las que trataba de llamar la atención sobre la importancia que adquiere en la representación teatral la función de los intermediarios:

> Las criaturas del escenario existen con dos condiciones: la primera es, por supuesto, la metamorfosis del actor, que deja de ser Pitoëff Jean-Louis Barrault para transformarse en Hamlet; la segunda condición es el testimonio de esos testigos, los espectadores, que van a proporcionar una forma de objetividad a esta metamorfosis del actor [...]: sin público los actores pierden su razón de ser, sus metamorfosis caen, por así decirlo, en el vacío, no significan nada[4].

T. Kowzan (1970/1992: 71) llega aún más lejos al señalar que "en ciertas ocasiones tenemos que considerar el texto inicial y el texto representado como dos obras diferentes [...]. La representación teatral no siempre es una simple realización escénica de la obra dramática..." Sus palabras ratifican al director de escena como un auténtico transductor del discurso dramático autorial, y demuestran cómo toda obra teatral se inscribe inevitablemente en un ilimitado proceso semiósico de transmisión y transformación de sentido.

En el proceso de comunicación de la obra de teatro, el director de escena desempeña un papel decisivo, desde el punto de vista de la creación y transformación de sentido en la representación escénica del texto dramático. El director de escena es un auténtico ejecutante intermedio en el proceso de la (re)creación dramática, al disponer los mecanismos esenciales en la transmisión y transformación de los medios de expresión que han servido al dramaturgo para construir el discurso teatral.

La labor del director de escena es ante todo la labor de un *transductor* del sentido de la obra teatral, es decir, de un transmisor de sentidos que por el hecho mismo de comunicarlos a un público nuevo y distinto cada vez, los transforma y (re)crea tras haberlos verificado en sus diferentes modos y posibilidades de recepción.

---

[4] Cfr. H. Gouhier, "De la communication au théâtre", en AA.VV., *Théâtre et collectivité*, Paris, Flammarion, 1953; tomamos la cita de T. Kowzan (1970/1992: 50), quien añade otra importante declaración de M. Dufrenne (1953), al advertir que "el problema del creador (escritor, director de puesta en escena), del cocreador (escenógrafo, compositor...), y del ejecutante (intérprete o actor) y de sus interrelaciones complejas en el fenómeno del espectáculo merece un análisis detallado".

El director de escena es un intermediario decisivo y esencial, que resulta exigido en el discurso dramático desde el punto de vista de la pragmática de su comunicación. Su labor consiste en seleccionar una interpretación del texto, una representación satisfactoria y coherente frente a otras posibles, cuyo sentido resulta siempre transducido por los valores semánticos de la puesta en escena escogida.

Analógicamente, en otras dimensiones de la vida social del hombre existen numerosos *intermediarios* que transmiten y transforman el sentido de la realidad que comunican, con objeto de actuar sobre los receptores de sus mensajes, y ejercer de este modo sobre ellos una relación de dominio, inquietud, orientación, vulnerabilidad, desasosiego, incertidumbre, etc., desde la que es posible, en suma, controlar y manipular todas las formas y manifestaciones de la conducta humana. En el ámbito de una teoría de la literatura, de la que el teatro formaría parte esencial, el estudio de los diferentes elementos que intervienen en los procesos de transmisión y transformación del sentido es de gran actualidad, y sus posibilidades de investigación y desarrollo pueden abordarse desde una *poética de la transducción*.

Al director de escena y a los actores corresponde la (re)creación del Texto Espectacular, contenido virtualmente en el Texto Literario elaborado por el autor. El director de escena dispone la representación de la obra, según sus propias competencias y posibilidades, y a través de un reparto de actores que él mismo puede elegir y conformar.

No hay nada sensible sin un cuerpo capaz de objetivarlo. He aquí la razón de ser del actor: hacer visible y sensible al personaje, dotándolo de un cuerpo, de un aspecto, de una dimensión física y real. Por su parte, el director de escena abre el discurso dramático a un despliegue de transducciones posibles (intertextualidad, derivación temática, variantes de representación y puesta en escena, etc.) Creemos, no obstante, que es coherente reducir a dos tipos principales el conjunto de las diferentes posibilidades de transducción que pueden darse en el discurso dramático, y que se manifiestan en el ámbito del Texto Literario (intertextualidad) y del Texto Espectacular (discrecionalidad). Por su carácter globalizante o panorámico, ambos modos de transducción resultan los más representativos, aunque puedan señalarse otros, tales como la recursividad, por ejemplo, a la que nos referiremos no obstante antes de concluir.

1. *La transducción en el Texto Literario (intertextualidad)*. Las diferentes posibilidades de transducción que experimenta el Texto Literario pueden ser consideradas desde una dimensión transtextual del discurso literario, no sólo por la relación de copresencia de determinados motivos o recursos temáticos de un texto en otro, sino también por la recurrencia de procedimientos formales, sintácticos, semánticos, pragmáticos, etc., de unas obras en otras (G. Genette, 1982). Desde el momento en que reconocemos

la amplia influencia intertextual de unas obras dramáticas sobre otras nos adentramos en el ámbito de la literatura comparada, lo que nos permite considerar la relación intertextual desde criterios temáticos, morfológicos, genéricos o simplemente históricos.

La intertextualidad –junto con la metatextualidad y la hipertextualidad– puede entenderse como una operación de transducción desde el momento en que un texto, en su acto de emisión o de recepción, genera sentidos que adquieren relación interactiva con otros textos preexistentes o incluso posteriores. Es indiscutible que muchos pasajes de la *Divina commedia* nos recuerdan episodios de la *Odisea*, que muchos versos de Unamuno nos remiten a los poemarios de Wordsworth, y que la lectura del *Hamlet* shakespeariano ha determinado la génesis de infinidad de obras dramáticas, además de haber actuado a su vez retrospectivamente en la lectura de tragedias anteriores en el tiempo al teatro isabelino inglés, condicionando de este modo las posibilidades de recepción e interpretación de tales piezas, pues el teatro de los clásicos griegos no se lee del mismo modo antes que después de conocer la obra de Shakespeare[5].

Desde este punto de vista, y a partir de criterios fundamentalmente temáticos, T. Kowzan (1970/1992: 75-147) ha elaborado un estudio sobre las fuentes temáticas en que se inspiran las más célebres obras de la dramaturgia mundial. Se observa cómo un mismo tema recibe diferentes tratamientos en virtud de las diferentes épocas y autores. Su trabajo frisa el ámbito de la literatura comparada, y sus aportaciones pueden considerarse resultado de una lectura de la noción de intertextualidad desde el punto de vista de la transducción literaria.

Kowzan no habla propiamente de *intertextualidad*, término que preferimos, sino que utiliza el vocablo "derivación", para designar la recurrencia de motivos y temas de una obra en otra preexistente[6]. Apoyándose en el pensamiento de Max Wehrli (1951)[7], y tras ejemplificar la

---

[5] Como hemos justificado antes de ahora (J.G. Maestro, 1994: 24 ss.), en los procesos semiósicos de transducción, las dos formas fundamentales de transmisión están constituidas, de un lado, por la recensión, tanto científica como periodística o divulgativa (metatextualidad), y de otro, por todas aquellas manifestaciones discursivas de literatura en segundo grado –parodia, pastiche, imitación, transposición, etc.– (hipertextualidad).

[6] "Repasando las grandes etapas de la historia literaria y teatral, trataremos de ver cuál es el lugar que ocupan las obras derivadas, es decir, aquellas cuyo *tema* está *tomado de otra obra*" (T. Kowzan, 1970/1992: 77).

[7] "Estrictamente hablando también hay un esquema en el tema, ya que no se puede hablar de la materia prima de una realidad objetiva, formada y vivida ahora de una determinada manera, sin tener en cuenta que esa materia prima siempre se ve y se forma en una cierta tradición, es decir, que el tema no es otra cosa que la fuente del tema, su 'modelo'" (M. Wehrli, 1951: 104-105).

recurrencia temática en el discurso teatral con un muestrario de obras que comprende desde la tragedia griega hasta nuestros días, Kowzan (1970/1992: 90) afirma que "el teatro de la Antigüedad conoció diversas formas de préstamo y derivación: la adaptación de otras dramáticas anteriores, la contaminación, la dramatización de las fábulas mitológicas o de los poemas épicos, la puesta en escena de acontecimientos históricos transmitidos por vía escrita u oral, el empleo del personaje continuo, la parodia de los mitos, la parodia literaria. Estas formas de derivación han sido retomadas y multiplicadas en la época actual".

2. *La transducción en el Texto Espectacular (principio de discrecionalidad).* Las posibilidades de realización que la transducción dramática puede manifestar en el ámbito del Texto Espectacular se constituyen y registran a partir de las diferencias de puesta en escena y de la sucesión de las diversas representaciones que a lo largo del tiempo, y por tanto de forma discontinua o discreta, pueden interpretarse o escenificarse sobre una misma obra teatral. Se trata, en suma, del despliegue de adaptaciones y readaptaciones de que puede ser objeto una obra dramática, interpretaciones que naturalmente han de producirse de forma sucesiva y segmentada, y que pueden variar según la época y la sociedad en que se realicen, así como la formación del director de escena y los actores que las ejecuten.

En el Texto Literario la transducción se focaliza con frecuencia en el emisor, al ser el autor o dramaturgo el responsable de la escritura de un discurso en el que es posible identificar recurrencias temáticas, formales, semánticas, etc., preexistentes en otros textos. Sin embargo, en el Texto Espectacular, la transducción recae en los agentes que actualizan la representación de la obra, o disponen su puesta en escena. El primero de estos registros corresponde a un espacio transtextual, o intertextual, en el que se objetiva todo tipo de transformaciones temáticas o formales, mientras que en el segundo registro nos movemos en una dimensión temporal, en la que los fenómenos literarios adquieren una manifestación sucesiva y discreta.

Es indudable que el pensamiento humano se manifiesta de forma discontinua, y que sus posibilidades de conocimiento, comprensión y comunicación actúan de forma igualmente discreta. Ningún ser humano dice en un solo discurso todo lo que sabe y pretende, del mismo modo que ninguna obra literaria o dramática se agota en una sola lectura o puesta en escena, aunque formalmente se objetive en una sola emisión, pues las formas adquieren siempre cierta estabilidad frente a la multiplicidad e indeterminación de sentidos que comunican.

En suma, el principio de discrecionalidad permite identificar en el teatro diversas posibilidades de *representar* de forma diferente una *misma* obra dramática. El pensamiento humano y sus productos creativos, su conducta y posibilidades de comprensión, se transmiten siempre de forma discreta, y con un sentido, intencional o involuntariamente, diferente en cada transmisión[8].

W. Iser (1976/1987: 221 y 223-224), en sus estudios sobre *El acto de leer*, advierte que "la actividad de la lectura puede describirse como una especie de calidoscopio de perspectivas, preintenciones, recuerdos. Toda oración contiene un avance de la siguiente y forma una especie de visor de lo que ha de venir; y esto a su vez altera el "avance" y se convierte así en "visor" de lo que se ha leído [...]. Una segunda lectura de una obra literaria produce con frecuencia una impresión distinta de la primera. Las razones de esto pueden encontrarse en el cambio de circunstancias propio del lector, y con todo, el texto debe reunir unas características que permitan esta variación. En una segunda lectura los acontecimientos conocidos tienden a aparecer ahora bajo una nueva luz y parecen a veces corregirse, a veces enriquecerse". Idénticos criterios pueden sostenerse, desde el punto de vista del mecanismo de un proceso de semiosis ilimitada, en lo que se refiere a la sucesión de diferentes representaciones de una misma obra teatral.

Principio de identidad $A = A$
Principio de discrecionalidad $A = a_1, a_2, a_3..., a_n$

Obra teatral = *representación*$_1$ + *representación*$_2$ + *representación*$_3$... *representación*$_n$

El célebre director de escena ruso Vsvelod Meyerhold (1874-1942) declaró a comienzos de siglo, en sus conversaciones con Aleksander Gladkov, importantes reflexiones sobre su experiencia teatral. El siguiente fragmento, perteneciente a la recopilación de A. Gladkov *Sobre la puesta en escena*, aparecido, junto con otros, en revistas como *Páginas de Toroussa* (1960), *Novy Mir* (1961) y *Moscú Teatral* (1961), se refiere a las posibilidades de que puede disponer el director teatral para llevar a cabo diferentes modos de representación, y resulta sumamente revelador desde el punto de vista de la teoría de la transducción teatral que aquí exponemos. V. Meyerhold sobrevalora las posibilidades de la representación frente al texto, se refiere de forma muy precisa a la actividad del

---

[8] De igual modo, en el ser humano es posible reconocer la existencia de determinadas facultades que le disponen para comunicar un sentido diferente en cada una de sus vivencias intencionales, de modo que sus actos de pensamiento, su conducta y su discurso, resulten siempre manifestaciones discretas y discontinuas de una entidad humana de carácter esencial y universal, inaccesible sin embargo al conocimiento (*Bedeutung*), y de la que cada sujeto, en el conjunto de sus modalidades (saber, poder, querer) e intenciones vivenciales, representa una expresión fraccionada o segmentada (*Sinn*), cuyo sentido se construye –o deconstruye– sobre la suma de sus diferentes manifestaciones discretas.

director de escena como transductor del fenómeno teatral, es decir, como intérprete que *transforma* el sentido del discurso espectacular que *(re)transmite* a un público receptor.

Un director debe saber leer correctamente la obra que se propone montar. Pero esto no es suficiente; debe todavía saber construir en su imaginación lo que se llama "el piso de la obra". Se dice que una obra no es para el teatro más que la materia prima. Sin cambiar una coma, puedo leer una obra con un espíritu absolutamente contrario al de su autor, acentuando esto o aquéllo al servicio de la puesta en escena y de la interpretación de los actores. Además, no es la letra lo que se defiende luchando por encarnar y mantener la concepción del autor. Sucedió en Rusia que en la primera mitad del siglo XIX la censura suprimió del repertorio una obra que estaba autorizada en el momento de su publicación y que, en la lectura, no había levantado ninguna inquietud por parte de las autoridades. Es que, por la mímica, las pausas, las suspensiones, las abreviaciones, el gesto, las diversas acentuaciones de los actores–artistas del tipo de Mochalov, ponían a la luz su interpretación lo que el texto no expresaba con palabras. La sala lo captaba perfectamente y reaccionaba. Es lo que llamo "construir un piso por encima de la obra". Ahora bien; en la época, esto dependía del azar y de la improvisación, puesto que el arte de la puesta en escena no existía todavía. Después de tal espectáculo, los censores se arrancaban los cabellos y prohibían interpretar esta obra. Estos censores comprendían la naturaleza del teatro mejor que algunos de nuestros críticos, que no cesan de llamar a la letra del texto (V. Meyerhold, 1971: 136-137).

Con objeto de explicar las relaciones entre literatura y espectáculo, y de insistir en las diferentes posibilidades de realización espectacular que son posibles en un texto dramático, T. Kowzan (1970/1992: 198 ss) ha contrastado cuatro versiones de la fábula de Píramo y Tisbe, como relato, como teatro, como espectáculo dramático y como pantomima, y llega a la conclusión de que cada una de estas versiones o transducciones puede dar lugar a una "divergencia total de signos, de sus significantes y de sus significados [...]. Su transformación en espectáculo equivale a un cambio de sistemas de signos, o al menos a su extensión más allá de la palabra".

A propósito de las sucesivas transformaciones de sentido que puede experimentar una obra dramática en cada una de sus representaciones, Kowzan ha ofrecido un estudio de la dimensión intertextual de *Hamlet* –"rien n'empêche d'envisager la descendance d'Hamlet au sens propre du terme" (1991: 11)– que comprende no sólo un examen de las principales obras de teatro que se han apoyado en el *tema* shakespeariano, sino las más destacadas *representaciones* que se han hecho del texto literario: "Les transpositions d'*Hamlet* sont dues non seulement à la réécriture du texte, comme c'était le cas des traductions-adaptations du XVIIIè siècle, ou à des refontes comme celles qui viennent d'être présentées, mais parfois aussi au travail de metteurs en scène qui, tout en se servant du texte de

Shakespeare, en modifient ou déplacent les significations à l'aide de moyens scéniques" (T. Kowzan, 1991: 18). Pensemos, por ejemplo, en Jean-François Ducis, director de escena en la Comédie-Française, quien represeta un Hamlet que sobrevive a la tragedia de su familia y acaba por acceder al trono que ocupaba su padre. Sus arreglos al *Hamlet* shakespeariano, como "tragédie en cinq actes, imitée de l'anglais", en tres versiones sucesivas (1769, 1770 y 1779-80), determinaron para esta obra un modo de representación que prevaleció ante el público francés hasta mediados del siglo XIX, concretamente hasta 1852[9]. Por su parte, Friedrich Ludwig Schröder, actor y director del teatro de Hamburgo, realiza en 1777 una adaptación de *Hamlet* basada en la traducción de Christoph Martin Wieland, en la que el protagonista sobrevive y ocupa finalmente el trono de su padre[10].

El siglo XX ha sido igualmente pródigo en adaptaciones shakesperianas[11]. En enero de 1965[12], Charles Marowitz representa en Berlín una adaptación de *Hamlet* de ochenta minutos de duración, en la que el protagonista es presentado desde presupuestos absolutamente edípicos: una evocación onírica del personaje representa a Claudio y a Gertrudis obligando a Hamlet a verter el veneno en el oído de su padre. Joseph Papp, realiza una adaptación de *Hamlet* en New York, en 1968[13], bajo el título de *Hamlet "nu", de William Shakespeare*, en la que sustituye diferentes personajes, suprime algunas escenas, y altera el orden y la extensión de buena

---

[9] Pese a la fidelidad de la traducción de Pierre Le Tourneur, que existía desde 1779, entre las trasformaciones introducidas por Jean-François Ducis figuran la supresión de la representación teatral dentro de la obra, así como la presencia de los personajes Rosencrantz, Guildenstern, Laertes y Fortinbrás; Ofelia aparece como hija de Claudio, a quien se presenta como un conspirador que disputa el trono a Hamlet; Horacio sustituye su nombre por el de Norceste, etc.

[10] La versión de F. L. Schröder inspira decisivas adaptaciones polacas de la obra de Shakespeare, entre las que figura la de Wojciech Boguslawski (1797), en la que se prescinde, al igual que la versión alemana, del personaje Fortinbras.

[11] "C'est depuis un quart de siècle que nous assistons à une vague de transpositions, adaptations, refontes ou imitations d'*Hamlet*, et cela surtout dans les pays de langue anglaise. Il s'agit souvent de véritables 'mises en pièces': bien que les auteurs de ces ouvrages dérivés prennent pour point de départ le texte original de Shakespeare, ils l'aménagent, ils en déplacent et manipulent les petites et les grandes unités (vers, phrases, répliques, scènes), ce qui mènes parfois à des changements dans le déroulement de l'intrigue et dans la signification des personnages, voire de l'oeuvre tout entière" (T. Kowzan, 1991: 12-13).

[12] La versión escrita de la adaptación teatral fue publicada en 1978: *The Marowits Shakespeare. Adaptations and collages of "Hamlet", "Macbeth", "The Taming of the Shrew", "Measure for Measure" and "The Merchant of Venice"*, New York, Drama Book Specialists, 1978.

[13] La versión textual fue editada un año después, *William Shakespeare's "Naked" Hamlet, a Production Handbook by Joseph Papp*, assisted by Ted Cornell, London, The Macmillan Company, 1969.

parte de los diálogos. Paul Baker, en 1970[14] dirige en Dallas una de las más singulares puestas en escena de *Hamlet*, al presentar a tres actores que encarnan simultáneamente en el escenario a tres "Hamlet". Cada uno de estos actores representa diferentes actitudes del personaje, y expresan sucesivamente los puntos de vista de Claudio, Gertrudis y el propio espectro.

La mayor parte de estas alteraciones, que pueden presentarse sobre *Hamlet* o sobre cualquier otra obra teatral, responden a dos modos fundamentales de transformación, que actúan sobre sendas realidades: 1) La *forma* del Texto Literario, sobre la que se manifiestan y repercuten, introduciendo, suprimiento o modificando directamente aquellas partes o segmentos textuales que el *transductor* considere convenientes. 2) El *sentido* del Texto Espectacular, mediante la realización de una determinada ejecución o interpretación del Texto Literario, que estimula, en cada representación, un sentido *diferente* (A ≠ A) de las *mismas* formas literarias (A = A).

Las alteraciones formales repercuten inmediatamente en el sentido, y se objetivan a través de relaciones intertextuales, cuya consideración permite alterar con frecuencia, en el análisis de las obras literarias, principios de prioridad lógica y cronológica, desde los que sea posible estudiar la influencia de Lorca en la recepción de la tragedia griega, o la repercusión del teatro unamuniano en la lectura de los dramas de Ibsen. En consecuencia, las alteraciones de forma constituyen procesos semiósicos de "metamorfosis textual", que remiten a categorías de sentido semejantes entre sí, y que nos conducen a un espacio transtextual en el ámbito de estudio de las relaciones literarias (G. Genette, 1982).

Por su parte, las transformaciones de sentido que conservan intacta la disposición formal del texto literario, y actúan exclusivamente sobre las posibilidades de su puesta en escena, pueden prevalecer como coherentes a través de interpretaciones sucesivas y diferentes entre sí, las cuales se manifiestan de forma discreta o segmentada a través de una sucesividad temporal, a lo largo de la cual han de adquirir una determinada valoración diacrónica[15]. "Tartuffe et Hamlet –ha escrito en este sentido R. Abi-

---

[14] La obra fue publicada en 1971 bajo el título de *Hamlet ESP* [=extra-sensory perception], New York, Dramatists Play Service.

[15] "Ce genre d'adaptations ou de collages qui décomposent les structures mêmes de la tragédie de Shakespeare tout en gardant des liens directs avec le texte original (puisque les adaptateurs ajoutent très peu de leur propre cru), offre un vaste champ de recherche. La décomposition et la recomposition des unités signifiantes –petites, moyennes et grandes– fait disparaître certaines significations, tout en en produisant d'autres. Le non-sens est parfois un sens nouveau. La disparition (ou le déplacement) de telle ou telle signification, de tel ensemble de signes, est parfois suivie de l'apparition de signes inattendus; un nouvel

rached (1978/1994: 57)– prendront mille figures, sous toutes les latitudes et dans toutes les formes de société, en consonance avec les mœurs de chaque temps et de chaque pays, et en fonction du langage scénique utilisé ici et là".

Podrían señalarse otras formas de transducción teatral, tales como la *recursividad*, que en el drama nos conduce a hablar de metateatro (teatro en el teatro), tal como se manifiesta en infinidad de obras (*Hamlet, La Gaviota, Un drama nuevo, Los baños de Argel*, etc.)[16], pero en este caso el "ejecutante intermedio" *está* dentro de la obra, existe objetivado en el texto, y aunque repercute semánticamente sobre él, y queda abierto a las posibles transformaciones de los actores y directores teatrales, resulta fijado formalmente desde la emisión autorial de la obra, y como tal sirve de referencia a cualquier alteración posterior, procedente del mundo real, y exterior a la propia naturaleza ficticia de la obra. La situación sería comparable al estatuto que adquiere el narrador en el discurso novelado, forma parte de la obra, y está fijado en ella formalmente, al igual que sucede con los restantes personajes de los que da cuenta[17].

Como podrá observarse fácilmente, la *transducción*, es decir, interpretación crítica, representaciones teatrales, imitaciones o derivaciones literarias, etc., de que ha sido objeto la obra de W. Shakespeare, por ejemplo,

---

enchaînement des séquences textuelles (et événementielles) est susceptible de créer des significations nouvelles. Indépendamment de la mise en scène, des effects visuels et sonores capables de dénaturer le sens de telle réplique, de telle scène, ou de tel personnage ainsi que le sens global d'une œuvre théâtrale représentée, le texte même d'une pareille adaptation, analysé en tant qu'objet littéraire, comporte, par rapport au texte d'origine, d'innombrables modifications non seulement sur le plan esthétique, poétique, mais aussi et sourtout sur le plan des signifiations. On peut dire que la couche des signifiants est la moins touchée (qualitativement, sinon quantitativement) puisque les *mots* de Shakespeare sont rarement déformés; en revanche, la dislocation des signes entrîne des changements notables au niveau des signifiés, sourtout en ce qui concerne les grandes et moyennes unités. Le référent global et direct reste le texte de Shakespeare, mais des référents étrangers à celui-ci entren en jeu dans la mesure où les significations partielles changent" (T. Kowzan, 1991: 14-15).

[16] Vid., a propósito de la recursividad y la metateatralidad en el drama cervantino, el volumen colectivo editado recientemente por I. Andrés Suárez (1997).

[17] "En la ficción, tan pronto como encontramos un 'yo' tenemos conciencia de una mente experimentadora cuyos puntos de vista sobre la experiencia aparecerán entre nosotros y el suceso. Cuando no hay un 'yo' [...], el lector inexperto puede cometer la equivocación de pensar que la historia viene a él no mediatizada. Pero no se puede cometer tal error desde el momento en que el autor coloca un narrador explícitamente en el cuento, incluso si no tiene ninguna característica personal" (W. C. Booth, 1961/1974: 143). El concepto de recursividad hace alusión al uso del lenguaje como forma envolvente de sí misma, que en el discurso literario permite la disposición de sucesivas estratificaciones discursivas, en las que se sitúan los diferentes narradores de una novela o las diversas instancias locutivas de una obra literaria.

o los dramas de los autores del clasicismo francés, han sido muy superiores a los de la obra cervantina, con la singular excepción del *Quijote*. En este sentido, las palabras de F. Lázaro Carreter, a propósito del estreno en 1992 de *La gran sultana*, invitan a una interesante reflexión que puede ampliarse a toda la obra teatral de Miguel de Cervantes: "No fue estrenada en su tiempo; ni hay noticia de que lo haya sido después. Además, es *La gran sultana* obra tan compleja, tan entretejida de acciones, que la juzgaba casi imposible de representar. Deduje que, tal vez, el director quería permitirse el petulante lujo de un estreno mundial de semejante autor. Lo cual ningún francés puede permitirse con Corneille, ni ningún inglés con Shakespeare: sus derroches culturales han dejado esos países sin reservas ilustres. En cambio, a nosotros, ya se ve: hasta gran parte de Cervantes"[18].

---

[18] Cfr. F. Lázaro Carreter (1992), "Una española entre los turcos", *Blanco y Negro*, 11 de octubre. Reimpr. en *Cuadernos de Teatro Clásico. Cervantes y el teatro*, 7, 1992, págs. 226-228; pág. cit. 227.

II. La tragedia

Hacia una poética moderna de la experiencia trágica: la *Numancia*

2.1. El concepto de tragedia en la tradición dramática occidental

> *En el mundo abunda, sin duda, la muerte inocente. El mal oculto destruye sin ser visto, hace cosas que nadie oye. Ninguna autoridad del mundo llega siquiera a tener noticias de él [...]. Los hombres mueren como mártires sin serlo cuando su martirio no es percibido ni será conocido nunca por nadie. La tortura y destrucción del débil acontecen diariamente sobre la faz de la tierra [...]. Todas las interpretaciones de lo trágico resultan insuficientes.*
>
> K. JASPERS, *Lo trágico* (1948/1995: 65).

La conciencia moderna contempla la desavenencia fundamental del mundo, su imperfección y sus limitaciones, en una multiplicidad incontrolable de poderes humanos en conflicto. Toda reflexión sobre la tragedia está en gran medida vinculada a una reflexión estética que, destinada a explicar determinadas consecuencias existenciales en el ser humano, brota de acciones y decisiones genuinamente *esenciales* y *trascendentes* a la misma condición humana. Todas las formas de sufrimiento, desolación o destrucción, encuentran su origen y experiencia inmediata en los fundamentos de la existencia individual. A lo largo de las siguientes páginas trataremos de reflexionar sobre el concepto de tragedia, tal como ha sido delimitado desde la perspectiva de la tradición dramática de Occidente. Si consideramos las posibilidades de interpretación de las formas trágicas, desde la poética de la Antigüedad hasta la evolución del género en las edades Moderna y Contemporánea, se observa fácilmente una tendencia hacia la "existencialización", la humanización, si se prefiere, de la experiencia trágica. En su evolución hacia el mundo contemporáneo, que en cierto modo ha supuesto la disolución de las *formas* tradicionales de expresión trágica, el arte de la tragedia ha sufrido una transformación poderosa, y al parecer de carácter irreversible, que ha afectado *existencialmente* a muchas de sus formas y valores genuinos.

En el origen de la civilización europea, en la Grecia del clasicismo, la tragedia ática enfrenta la voluntad del ser humano al poder superior e inmutable de fuerzas numinosas, realidades metafísicas que regían, de forma tan lúdica como implacable, las posibilidades de la libertad humana. Imperativos indiscutibles determinaban las formas de conducta que se reconocían como *esenciales* en todos los órdenes la vida humana. En su evolución hacia la Edad Moderna, debido fundamentalmente al reconocimiento que el clasicismo renacentista profesó al mundo grecolatino, dominan todavía métodos de interpretación que, basados en la especulación filológica y humanística de los textos antiguos, confirman en el seno de la modernidad europea formas de percepción e interpretación elaboradas para la explicación y reconocimiento del mundo antiguo. La teoría de la literatura se apoya desde el siglo XVI, y hasta la Ilustración europea, es decir, desde G. Valla hasta E. G. Lessing, en una lectura imperfecta de la poética aristotélica, desde la que se postula un sentido de la experiencia trágica que nada tenía que ver entonces ni con el espíritu ni con la letra de las gentes de los siglos XVI y XVII, esto es, con el público de la Edad Moderna.

Shakespeare había percibido desde la Inglaterra isabelina la claridad de estas transformaciones, que tan profundamente afectaban a la práctica de la creación, comunicación y recepción de toda experiencia trágica posterior al Medioevo. Lope de Vega lo había percibido incluso antes, si bien en el terreno de la comedia, quizá junto con sus contemporáneos ingleses Ben Jonson o John Webster, lo que le lleva a propugnar, en el ámbito de una dramaturgia que llega directamente al público de su tiempo, una auténtica reforma de la lectura dogmática que los comentaristas italianos del quinientos habían hecho de la *Poética* de Aristóteles, cuyos paradigmas fundamentales el propio Lope parece asumir intensamente en el *Arte nuevo* de 1609. En este contexto, el teatro de Cervantes, teatro verdaderamente experimental (J. Canavaggio, 1977), no puede pasar desapercibido, por más que –y es algo digno de lamentar– para una gran mayoría de comparatistas de la literatura, y comentaristas del canon, especialmente de tradición anglosajona, como G. Steiner o H. Bloom, el único centro de referencia, deslumbrante y cegador, sea el teatro shakespereano.

Con la llegada de la Edad Moderna la tragedia pierde muy sensiblemente sus implicaciones metafísicas; la presencia de lo sobrenatural y numinoso no se niega, ni mucho menos se descarta, pero se atenúa. La inferencia metafísica deja de percibirse con nitidez. Hamlet no está sólo en su visión del espectro, pero sí es el único que oye sus voces. El Escipión que pinta Cervantes en la *Numancia* advierte desde el principio a sus soldados que en este mundo "cada cual se fabrica su destino", y que "no tiene aquí Fortuna alguna parte" (I, 57-58). La Edad Moderna habla de los dioses, pero no dialoga con ellos. Hereda una mitología procedente del mundo antiguo, una mitología que recrea y rememora, pero que no le pertenece, y con la que no puede identificarse plenamente, pues el cristianismo ha introducido su propia y disciplinada estructura mítica, a través de una metafísica mucho más contundente, desde la cual se apunta hacia un orden religioso en el que sólo se reconocen valores morales.

Una visión barroca de la existencia humana pone fin a la Edad Moderna, es decir, a una época determinada por el ocaso y la disolución de los ideales y utopías del Renacimiento europeo. La evolución de la Modernidad distancia la experiencia trágica del mundo metafísico, de las inferencias sobrenaturales, y del lenguaje de los muertos, por muy ilustres que éstos hubieran sido, en la misma medida en que aproxima las formas de expresión de lo trágico al mundo terrenal que pisan los seres humanos; la tragedia se humaniza, se impregna de pasiones cada vez más personales y menos divinas; la experiencia trágica pasa de la *fábula* al *sujeto*, es decir, de la acción al personaje, lo que equivale a confirmar que la dramaturgia, y el arte en general, evoluciona de la experiencia trágica del teatro antiguo a la expresión de la existencia trágica característica del drama moderno, y muy especialmente del teatro de la Edad Contemporánea posterior al Romanticismo europeo; la tragedia, en suma, se "existencializa", y el dramaturgo confiere una expresión existencial a la experiencia épica del personaje teatral. En la tragedia se advierte una perspectiva personal, inducida por la *vivencia* del personaje. De este modo, por ejemplo, las gentes humildes conquistan la posibilidad de la experiencia trágica, negada desde la Antigüedad clásica por la ética y la poética más genuinas, que reservaban la dignidad del dolor y la piedad sólo a los miembros del estamento aristocrático. La poética clásica había condenado a los humildes a ser pasto de la experiencia cómica, desde una visión relativamente idealizada y normalizada de posibles defectos y carencias identificables en su conducta social, de tal modo que, sin considerar en absoluto las condiciones de miseria vital características de estos estamentos sociales –de las que sólo se ocuparía la literatura con la llegada de la modernidad, en algunos casos concretos desde el nacimiento de la novela picaresca española–, los personajes de baja condición social, no aristocráticos, estaban destinados a permanecer al margen de todo protagonismo trágico, y su papel quedaba limitado a una expresión lúdica y burlesca, propia del formato de la comedia, género cuyo desarrollo no estuvo determinado por los rigores de la poética normativa. No se consideraba posible una experiencia de catarsis ante la representación del dolor de las gentes humildes, ni se reconocía moralmente su sufrimiento, ni aún menos la posibilidad de hallar en él grandeza moral. ¿Alguien antes que Cervantes en la *Numancia* se había atrevido a convertir a seres humildes, algunos de ellos absolutamente plebeyos, en protagonistas eminentes y exclusivos de una experiencia trágica de tales dimensiones?

En este contexto, el teatro de Miguel de Cervantes constituye un eslabón decisivo, desde el punto de vista de la evolución de la dramaturgia occidental, en sus formas trágicas y en sus formas cómicas, hacia una concepción moderna y contemporánea tanto del personaje teatral (sujeto) como de la acción dramática (fábula) que desarrolla. Cervantes, movido acaso por la falsa convicción personal de estar más próximo a Aristóteles que el propio Lope de Vega –creencia que ha perdurado todavía en algunos lectores de la segunda mitad del siglo XX–, construye una obra literaria que está mucho más cerca, en sus planteamientos estéticos y axiológicos, de cualquier tendencia de la poética moderna que de toda la teoría literaria de la Antigüedad clásica, de la que se sirve con intensidad, precisamente porque la supera en capítulos decisivos de la formación de la literatura y de la teoría literaria modernas, como los relacionados con el tratamiento del decoro y la polifonía, de la presencia formal y funcional del sujeto en la fábula, del orden moral trascendente desde el que el protagonista justifica sus formas de conducta, de la experiencia subjetiva del personaje, o de la construcción de figuras literarias que superan todos los arquetipos posibles de su tiempo.

A continuación trataremos de reflexionar sobre el concepto de tragedia tal como ha sido elaborado a lo largo de la tradición occidental, para referirnos posteriormente al papel que desempeña el teatro de Cervantes en esta evolución. Tomaremos como punto de partida las palabras de la *Poética* de Aristóteles sobre la delimitación del concepto de tragedia, si bien las consideraremos sólo inicialmente desde el punto de vista de una *filosofía de lo trágico*, para desembocar al final de este discurso en el análisis de una *poética de la tragedia* cervantina.

Característica de la civilización europea occidental hasta casi su decadencia, la tragedia, como género literario y como forma de espectáculo, es herencia de la Grecia clásica. De la definición que da Aristóteles de la tragedia[1] en su *Poética*, sobre la que volveremos inmediatamente más por extenso, sólo nos interesa ahora retener dos conceptos, que hacen referencia al *personaje*, como sujeto de la experiencia trágica, y a la *acción*, como fábula que estructura una relación causal de acontecimientos trágicos. No vamos a considerar ahora, pues lo haremos más adelante, ni el concepto de *mímesis* como principio generador del arte, ni la experiencia de la *catharsis* como consecuencia final de la tragedia, sino que vamos a referirnos a las condiciones esenciales de la *experiencia trágica*, tal como se conciben desde la Grecia clásica, para desembocar en su evolución hacia las formas estéticas características de la *existencia trágica*, tal como se han desarrollado en la dramaturgia de la Edad Contemporánea.

---

[1] "Es, pues, la tragedia, imitación de una acción esforzada y completa, de cierta amplitud, en lenguaje sazonado, separada cada una de las especies [de aderezos] en las distintas partes, actuando los personajes y no mediante relato, y que mediante compasión y temor lleva a cabo la purgación de tales afecciones" (Aristóteles, *Poética*, 1449 b 24-28).

En primer lugar, la experiencia trágica es, en su sentido genuino y helénico, la experiencia de un *sufrimiento*. La tragedia ha sido desde siempre representación de un sufrimiento humano, asociado con frecuencia a un impulso de heroísmo desde el que este sufrimiento se supera y dignifica. En todo caso, ni el sufrimiento ni el heroísmo del ser humano podían ser en ningún momento atributos de la experiencia trágica sino en personajes de condición noble o aristocrática. La desgracia del plebeyo no provocaba una experiencia trágica, sino simplemente la percepción de un estado de desgracia y de infortunio; sólo en determinadas condiciones podía considerarse como un material adecuado a la comunicación y representación de formas cómicas. Paralelamente, conviene insistir en que la tragedia no es expresión de daños o sufrimientos que puedan resolverse racionalmente, mediante la voluntad de progreso o la confianza en los recursos humanos de orden político, social o cultural; la tragedia es ante todo expresión de una tendencia, inderogable en el ánimo del ser humano, hacia impulsos que conducen explícitamente a la inhumanidad y la destrucción de la vida en momentos decisivos de su evolución. Este impulso humano hacia el sufrimiento y la aniquilación puede estar inducido por fuerzas o imperativos trascendentes, como sucede en la tragedia antigua, o simplemente por la energía de sentimientos meramente humanos como el deseo de poder, de venganza o de destrucción. El heroísmo que puede surgir ante el sufrimiento se deriva principalmente de la aceptación y de la responsabilidad consciente de unas consecuencias que han de desembocar inevitablemente en la muerte del ser humano. Hay en toda tragedia una reflexión sobre la capacidad de la persona para experimentar el dolor, así como la constitución de una sabiduría del sufrimiento[2].

En segundo lugar, es de advertir que en todo hecho trágico subyace, con mayor o menor intensidad, una *inferencia metafísica*, una implicación en una realidad trascendente a lo humano, y que lo meramente humano no puede explicar ni interpretar de forma absoluta o definitiva. El hecho trágico está determinado por imperativos inasequibles en principio a la razón humana (un capricho de los dioses, un destino inamovible, un azar

---

[2] F. Nietzsche (1871) consideraba que el efecto de la tragedia antigua se basaba esencialmente en la idea del sufrimiento y del padecimiento, así como en el acto de su percepción, consumando de este modo el patetismo, como contemplación del dolor, antes que en la construcción de una fábula o acción, más o menos enigmática, cuya intriga, causas y relaciones, hubieran de ser resueltas por el entendimiento. El origen de la tragedia estaría en la experiencia del sufrimiento y de lo patético; sólo con el pensamiento socrático se pasa a la percepción cognoscitiva, a lo apolíneo, a la reflexión sobre la idea frente al sentimiento. En consecuencia, Eurípides representa para Nietzsche el dramaturgo más socrático del mundo griego, frente a Esquilo, en cuya obra identifica el logro de los valores trágicos en su expresión más genuina.

desafortunado, una fortuna desventurada, etc.). La razón no puede evitar la tragedia, porque el hecho trágico se sitúa fuera del alcance de las capacidades humanas para actuar con responsabilidad sobre el conocimiento de los hechos, y con justicia sobre la comprensión racional de sus consecuencias. La tragedia surge de la negativa de una realidad trascendente a aceptar cualquier forma de desorden. El material de la tragedia es la leyenda y la metafísica. La Edad Antigua no concibe la tragedia del ser humano sin la existencia de un dios, del mismo modo que los tiempos modernos no han reflejado ni una sola experiencia trágica que no estuviera vinculada de algún modo a una experiencia simbólica, imaginaria, trascendente, en suma, de la existencia humana. En cierto modo, la tragedia no tiene sentido si no existe una amenaza posible después de la muerte. Y no hay que olvidar que el nihilismo es una forma suprema de amenaza.

En tercer lugar, para que un hecho cualquiera pueda alcanzar en nuestra conciencia la expresión de hecho trágico es absolutamente imprescindible una *acción voluntaria* por parte del ser humano. El hombre ha de actuar, en principio libre y voluntariamente, y con su acción ha de provocar un conflicto que, merced a la causalidad de los hechos, desemboca en la destrucción de la existencia. Observamos que la voluntad humana sólo muy tardíamente adquiere consciencia de su incapacidad para impedir o detener el hecho trágico, porque las fuerzas de la tragedia son superiores a lo meramente humano, lo trascienden, y se imponen de esta suerte a las facultades humanas del conocimiento (saber), a las posibilidades de acción (poder), y al ejercicio de la voluntad (querer), determinando de este modo la consecución de lo trágico, y la consiguiente destrucción del ser humano.

En cuarto lugar, hallamos que en toda acción trágica subyace una cita con el *conocimiento* y sus límites. La verdad es más intensa que el mero conocimiento: la verdad que justifica la tragedia es superior e irreductible al conocimiento humano, lo trasciende y lo supera, haciendo inexplicable la causalidad de los hechos. Este es el pensamiento helénico sobre la tragedia; el judaísmo, sin embargo, considera, de forma muy semejante al cristianismo[3], que existe una clarísima relación racional y directa entre la acción humana y sus posibilidades de conocimiento. Para el mundo griego, la distancia entre acción y conocimiento constituye un "abismo irónico" (G. Steiner, 1961/1991: 12). En la experiencia trágica, el personaje alcanza un conocimiento, del mundo y de sí mismo, que antes

---

[3] "La redención cristiana se opone al saber trágico. La posibilidad auténtica de salvación elimina los atolladeros sin salida. De ahí que no exista propiamente una tragedia cristiana. En el drama cristiano el misterio de la redención es fundamento y ámbito del acontecer, y el saber trágico está de más desde el principio debido a la experiencia de consumación y salvación mediante la gracia" (K. Jaspers, 1948/1995: 54).

ignoraba, ciertamente, pero lo alcanza a cambio de sacrificios supremos, de desastres irreversibles e inevitables. La educación y formación del personaje trágico está determinada por la experiencia de una desgracia que en modo alguno es evitable, así como por la vivencia una calamidad y un patetismo plenamente conscientes; la plenitud de la experiencia trágica puede ser la muerte, pero también el castigo y el sufrimiento en la vida, en soledad, sin redención ni justicia posible.

La interpretación trágica, su expresión estética, no existe en una visión judaica del mundo. El judaísmo es radical en su convicción de que el orden del universo y la realidad de la condición humana constituyen hechos asequibles a la razón. Desde este punto de vista, todo cuanto existe es susceptible de interpretación y comprensión, en la medida en que el sujeto humano, en su proceso de conocimiento, satisface unos imperativos morales de obediencia. La justicia inflexible y la razón absoluta son fundamentos metafísicos de una concepción judaica del mundo, que el cristianismo ha asumido en cierto modo, dentro de la cual no se concibe la experiencia trágica, porque donde hay justicia, compensación o reparación del sufrimiento, no hay tragedia[4]. Algo semejante podría decirse respecto a la experiencia trágica y el cristianismo. F. Nietzsche había contrapuesto en sus escritos sobre el nacimiento de la tragedia el mundo griego al mundo católico: los dioses griegos no hacen pensar ni en la ascesis, ni en la espiritualidad del deber, sino en la exuberancia, en el triunfo, en una realidad en la que todo lo existente está divinizado, frente al catolicismo, que sólo reconoce valores morales y que ensordece todo impulso vital, en favor de una experiencia metafísica que custodia enérgicamente el curso de la vida humana.

En quinto lugar, podría señalarse que toda experiencia trágica tiene su origen más primitivo en alguna forma de protesta y *rebeldía*. La tragedia es expresión de un sacrificio humano que se esgrime como protesta ante condiciones extremas de opresión que ahogan o limitan la vida de los hombres. Toda tragedia expresa las posibilidades de un desorden, de una entropía cuyo espíritu protesta indignado. El discurso trágico trata de justificar, en cierto modo, el ideario de una rebelión. La sensibilidad de la tragedia no es la sensibilidad de una época o una sociedad recon-

---

[4] "Las guerras relatadas en el Antiguo Testamento son sangrientas y atroces, pero no son trágicas. Son justas o injustas. Los ejércitos de Israel triunfarán en las batallas si han cumplido la voluntad del Señor y le han rendido culto. Serán derrotados si han violado la alianza divina o si sus reyes han caído en la idolatría. Sin embargo, las guerras del Peloponeso son trágicas. Oscuras fatalidades y sombríos errores de juicio se despliegan tras ellas [...]. La concepción judaica ve en el desastre una falta moral o una falla intelectiva específica. Los poetas trágicos griegos aseveran que las fuerzas que modelan o destruyen nuestras vidas se encuentran fuera del alcance de la razón o la justicia" (G. Steiner, 1961/1991: 11).

fortada con los auxilios de la fe, la seguridad económica o la estabilidad laboral, ni tampoco por ese deseo de orden que siempre buscaron concepciones orgánicas y mecanicistas de la realidad. En la visión que los clasicistas tenían del mundo helénico había sin duda mucha más armonía y equilibrio que los realmente existentes en la Grecia de los siglos V y IV antes de Cristo. El clasicismo ha tratado de proyectar, en su percepción del pasado, atributos de orden y armonía que, en muchos casos, sólo han existido momentáneamente en su tentativa de reconstruir de forma ideal un mundo que, como el de la Edad Antigua, resultaba, desde la temprana modernidad del siglo XVI, inasequible a una percepción exacta. En el seno de esta armonía y equilibrio casi cósmicos, la tragedia constituye la expresión de un caso particular de injusticia y caos, cuyo conocimiento deteriora toda pretensión general de orden universal.

En sexto lugar, conviene considerar uno de los atributos esenciales del sufrimiento que la realidad trascendente impone al protagonista del hecho trágico: el *castigo*. Los acontecimientos trágicos se suceden de forma inexorable, y ante la incapacidad humana para explicar y justificar su causalidad, se perciben como absurdos. El castigo, uno de los atributos ocasionales del sufrimiento, se configura como una de las consecuencias que recibe el ser humano, y supone para el sujeto la interiorización de un golpe desmesurado, exagerado, que supera con frecuencia la percepción de su culpabilidad, y sin duda todas sus posibilidades de reacción o defensa. En estas condiciones, el ser humano resulta ennoblecido desde la supremacía de la injusticia a la que le somete una realidad trascendente e inexorable en sus ansias de restablecer un orden previamente alterado por el ser humano. Todo parece volver a su lugar primitivo, pero sólo después de haber sufrido una terrible purgación. Las consecuencias de lo trágico imponen un castigo excesivo, así como la pérdida, sin compensación ni redención posibles, de cualidades esenciales a la existencia del ser humano[5].

---

[5] "En mi opinión toda concepción realista del teatro trágico debe tener como punto de partida el hecho de la catástrofe. Las tragedias terminan mal. El personaje trágico es destruido por fuerzas que no pueden ser entendidas del todo ni derrotadas por la prudencia racional. También esto es de importancia axial. Cuando las causas del desastre son temporales, cuando el conflicto puede ser resuelto con medios técnicos o sociales, entonces podemos contar con teatro dramático, pero no con la tragedia. Leyes de divorcio más flexibles no podrían modificar el destino de Agamenón; la psiquiatría social no es respuesta para *Edipo*. Pero las relaciones económicas más sensatas o mejores sistemas de cañerías *pueden* resolver algunas de las graves crisis que hay en los dramas de Ibsen. Conviene tener bien presente esta distinción. La tragedia es irreparable. No puede llevar a una compensación justa y material por lo padecido. Al final Job recibe el doble de asnas; y así tenía que ser, pues Dios había representado con él una parábola de la justicia. A Edipo no le devuelven la vista ni su cetro tebano. El teatro trágico nos afirma que las esferas de la razón, el orden y la justicia son terriblemente limitadas y que ningún progreso científico o técnico extenderá

En séptimo lugar, finalmente, no podemos olvidarnos del *lenguaje*. Todo cuanto sucede en la tragedia sucede dentro del lenguaje. La acción trágica se objetiva esencialmente en las palabras. La acción total se da dentro del lenguaje, y todo salvo el lenguaje del ser humano es en la tragedia economía de medios. El verso fue prácticamente hasta la Edad Contemporánea el discurso de la tragedia; el uso de la prosa es relativamente reciente, y en cierto modo está asociado a las formas que conducen a su decadencia[6]. En buena medida el verso representa para la tragedia la *forma clásica*; la prosa, su *forma abierta*.

Sin afán de exhaustividad, hemos considerado sólo algunas de las cualidades y atributos del sujeto y de la acción humana en la experiencia trágica. Quizá sólo aquellos que mejor convienen a una consideración de la tragedia desde la perspectiva de la literatura dramática de Occidente. Sin duda algunos de estos aspectos son susceptibles de un desarrollo más amplio, que como resulta comprensible no podemos abordar aquí, pues nuestro trabajo se orienta hacia el concepto de tragedia en relación con la poética y la obra literaria de Miguel de Cervantes. No obstante, antes de adentrarnos en la evolución histórica de algunas de estas características apuntadas, consideremos, desde el punto de vista de la *causalidad de la acción*, el tratamiento de determinados procesos formales y funcionales presentes en toda experiencia trágica.

Nos interesa insistir desde este momento en el hecho de que Aristóteles caracterizara la tragedia, frente a la acción y las figuras propias de la comedia, por la dignidad de su tema y la nobleza estamental de sus personajes. Es este uno de los aspectos de la teoría de Aristóteles más ampliamente comentados por Escalígero, en su *Poetica* (libro I, cap. 4) de 1561, y más claramente asumido por todos los preceptistas de la Edad Moderna. Como trataremos de explicar en su momento, el teatro cervantino, especialmente en la tragedia *Numancia*, se distancia formal y funcionalmente de este imperativo, al presentar como protagonistas de la experiencia trágica a personajes de condición humilde, si bien capaces de hechos heroicos, y dotados, como los antiguos héroes de la Grecia clásica, de un carácter capaz de expresar la dignidad del dolor y la piedad del sufrimiento, lo cual hace aún más controvertida su presencia en la tragedia.

---

sus dominios. Fuera y dentro del hombre está *l'autre*, la "alteridad" del mundo. Llámesele como se prefiera: Dios escondido y maligno, destino ciego, tentaciones infernales o furia bestial de nuestra sangre animal. Nos aguarda emboscada en las encrucijadas. Se burla de nosotros y nos destruye. En unos pocos casos, nos lleva, después de la destrucción, a cierto reposo incomprensible" (G. Steiner, 1961/1991: 12-13).

[6] "Por un lapso de más de dos mil años la noción de verso fue casi inseparable de la de teatro trágico. La idea de 'tragedia en prosa' es singularmente moderna y, para muchos poetas y críticos, sigue resultando paradójica" (G. Steiner, 1961/1991: 199).

Por otro lado, Aristóteles también había definido la tragedia por su finalidad, que identificaba como sabemos en la purgación o purificación de las pasiones mediante los sentimientos de piedad y temor, a través de los cuales el espectador alcanzaba una experiencia catártica. Aunque no resulta completamente claro qué sentido quiso dar Aristóteles a este término (alquimia, purgación, purificación...), parece que en la obra trágica, tal como el autor griego entiende la catarsis, deben darse determinadas condiciones. Entre estos requisitos Aristóteles advierte que los personajes de la tragedia no deben ser ni absolutamente buenos ni absolutamente malos (*Poética*, 1452 b-1453 a), e insiste en que a través del sentimiento de la piedad el espectador participa del sufrimiento del héroe, a la vez que a través del horror que suscita el hecho trágico el mismo espectador se imagina víctima potencial de los infortunios representados en el escenario. Ambas emociones, temor y piedad, surgen o resultan de un mismo proceso, el de la identificación del espectador con el personaje.

El teatro de Cervantes, al menos en su tragedia *Numancia*, se distancia sensiblemente de una ordenación teleológica de tales características. En primer lugar, porque en su tragedia hay personajes, como los numantinos, que no parece hayan cometido ningún error o falta moral, *hybris* lo denominaban los griegos, que haga justificable, o explicable desde ese punto de vista, la desgracia que sufren; acaso es más bien Escipión quien incurre en un momento dado en el exceso o "desmesura" que motiva la tragedia, pues al rechazar la embajada numantina, que pretende la paz con los romanos a cambio de la justicia de sus cónsules, precipita la autoinmolación de todo un pueblo. Un personaje detenta siempre el poder en el momento de la desgracia. Un desliz, una desmesura, un exceso irreversible (*hybris*), en el ejercicio del poder, desencadena siempre una desolación irreparable. No son en este caso los arévacos quienes incurren en estos excesos, sino Escipión. Los numantinos pasan, inocentemente, de la dicha al infortunio, e inspiran en el espectador piedad y temor, y nunca "repugnancia", contrariamente a lo que debía suceder en situaciones de este tipo según las exigencias de la poética clásica, tal como había advertido Aristóteles con toda claridad en su teoría sobre la tragedia: "es evidente que ni los hombres virtuosos deben aparecer pasando de la dicha al infortunio, pues esto no inspira ni temor ni compasión, sino repugnancia; ni los malvados, del infortunio a la dicha" (*Poética*, 13, 1452b 35-36)[7]. ¿Qué hay de particular, pues, en la experiencia trá-

---

[7] Teóricos y dramaturgos seguidores del clasicismo, especialmente de orientación francesa, atribuyeron a la tragedia las mismas funciones que señalaba Aristóteles, y lo hicieron en dos direcciones, al identificar la catarsis trágica con la interpretación moralista, que trataba de configurar una literatura dramática como expresión moral para el hombre (*Bérénice*, de J. Racine; *Ars poétique*, de N. Boileau, canto III, vs. 5-8), y con la interpretación mitridáti-

gica de la *Numancia* cervantina, que sin negar la autoridad del clasicismo aristotélico no se adecua ni formal ni funcionalmente a muchos de sus imperativos esenciales?

Una tentativa de modernidad distancia la creación literaria cervantina de la poética clásica del Renacimiento, y quizá aún más intensamente del aristotelismo desde el que se explica y fundamenta el mundo antiguo.

En toda tragedia existe siempre un hecho o realidad básica y esencial, constituida por el hecho trágico, que nace de la lucha, victoriosa o fracasada, de un ser humano contra una fuerza que le sobrepasa. Con frecuencia se trata de una realidad trascendente, de una energía numinosa, superior e irreductible a lo meramente humano. En la *Numancia* cervantina nada de esto se reproduce exactamente así: la única realidad trascendente la representan los perezosos romanos, a quienes Escipión ha de arengar estimulando las posibilidades de su valor y voluntad bélicos, nunca estrenados a lo largo de la tragedia, a la vez que su pudor y vergüenza de milicianos, entregados a la degeneración de la bebida y las meretrices: "primero es menester que se refrene / el vicio que entre todos se derrama" (I, 41-42). La fuerza de los hados entre los numantinos no es suficiente, frente a la incredulidad de personajes como Leoncio, para convencernos del poder de las fuerzas numinosas en el desarrollo funcional de la tragedia. El ser humano se enfrenta con su igual, con otro ser humano, mas no con los dioses directamente; la única diferencia entre los numantinos y los romanos es el número: "¿qué harán / tres mil contra ochenta mil?" (III, 1392-1393).

El dramatismo de la *Numancia* deriva de una ansiedad producida por la espera, siempre inquietante, que exige la búsqueda de una salida a una circunstancia desoladora, insoportable e irreversible: el cerco. La representación continuada de este sufrimiento desemboca en un patetismo creciente y recurrente. Sin embargo, la experiencia trágica de la *Numancia* no está propiamente determinada por la presencia de una realidad numinosa, trascendente a las posibilidades humanas, a las que se enfrenta y sobrepasa en sus capacidades, sino que simplemente está condicionada por la exigencia de un grupo humano que, superior en número y posibilidades materiales, desea someter o negar la existencia de aquel al que se enfrenta. Sólo a través de esta perspectiva la experiencia trágica de la *Numancia* está vinculada a la idea de fatalidad, y a su dominio sobre las posibilidades de la libertad humana, para sustraerse no tanto a un destino prefijado por los dioses, cuanto a unas consecuencias materialmente ineludibles para los arévacos.

---

ca, en virtud de la cual la contemplación de la tragedia representa para el ser humano una preparación capaz de hacer frente a posibles infortunios.

La tragedia *Numancia* sí lleva a las últimas consecuencias la expresión espectacular de un ser humano al que se sitúa en el límite de sus posibilidades de acción, responsabilidad y armonía, hasta hacerlo sucumbir en unas condiciones extremas de sacrificio y desolación. En este caso, el opresor ignora todo, o casi todo, acerca de las posibilidades de la voluntad del oprimido. Escipión provoca en nosotros más indignación que piedad. Incluso cuando descubre repentinamente el alcance del sacrificio numantino, sus deseos de sobornar a Viriato con las riquezas de Roma a cambio de obtener de él simbólicamente la rendición de la ciudad son tan explícitos, y constituyen un atributo tal de imperfección en la dimensión moral del general romano, que hacen de Escipión un personaje cuyo discurso desmitifica por completo los ideales del decoro, así como el heroísmo y el valor de sus supuestas acciones, emblemáticas de un mundo humanamente superior, ennoblecido o aristocratizado por el honor de sus representantes supuestamente más dignos.

En el Escipión que declara al final de la tragedia "perdido mi derecho" (IV, 2397), podría reconocerse el personaje trágico en el que Aristóteles identifica los aspectos de mediocridad de alma y carácter, vulgar hasta cierto punto, no completamente bueno o malo, sensiblemente torpe, y nunca demasiado valiente o temerario. El personaje trágico era según Aristóteles mediocre por su carácter, pero nunca por sus orígenes, que habían de ser siempre de alta alcurnia: la lucha y los enfrentamientos entre las familias nobles y legendarias resultaba siempre mucho más espectacular que las desgracias de los humildes. Cervantes en la *Numancia* demuestra que estos seres humildes también pueden ser sujetos de hechos heroicos; en consecuencia, no es, pues, necesario o imprescindible formar parte de una estructura social aristocrática para inspirar piedad en el dolor y dignidad en el sufrimiento. Con Cervantes, las clases humildes han entrado, al margen de toda expresión de burla o hilaridad, en la estética de las formas trágicas, y lo hacen desempeñando dentro de la experiencia trágica un papel protagonista y heroico. Contemporáneamente, y con fines socio-políticos bien distintos, Lope de Vega dispone en la "comedia nueva" que las gentes nobles y aristocráticas formen parte de la experiencia cómica.

Como trataremos de demostrar en estas páginas, a lo largo de la Edad Moderna, especialmente en el tránsito hacia el siglo XVII europeo, se producen en la creación artística y literaria importantes transformaciones, que contrastan formalmente con el inmovilismo y conservadurismo dominantes en la interpretación de la poética y la formulación de los ideales teóricos de la literatura. El teatro es una de las formas estéticas en que mejor se advierten las consecuencias de tales transformaciones. El siglo XVII representa un momento decisivo en la historia de las formas trágicas de la literatura europea. Se articula de este modo un punto de inflexión esencial en la larga búsqueda del ideal trágico de la estética literaria de Occidente[8], representado por W. Shakespeare en la tragedia isabelina inglesa, por P. Corneille y J. Racine en la tragedia del clasicismo francés, y, con anterioridad a todos ellos, con menor reconocimiento desde el punto de vista de la tradición literaria y su interpretación canónica, por Miguel de Cervantes, con una de las tragedias formal y funcionalmente más singulares de la Edad Moderna: la *Numancia*.

Después de varios años parece haberse superado la polémica acerca de la existencia o no existencia de una tragedia española como género dramático de los Siglos de Oro, y así se ha pasado a estudiar, describir e identificar, los modelos y características de la visión trágica de tal o cual dramaturgo. Baste citar, en este sentido, los trabajos sobre lo trágico en Calderón (A. A. Parker, 1962; H. T. Oostendorp, 1981; J. M. Ruano de la Haza, 1983; F. Ruiz Ramón, 1984; M. Gordon, 1986; J. A. Parr, 1986; C. Chr. Soufas, 1987), en Tirso (H. W. Sullivan, 1989; D. H. Darst, 1988), o en Vélez de Guevara (H. W. Sullivan, 1982; J. A. Parr, 1982). Miguel de Cervantes, que sepamos, no ha sido hasta el momento objeto de una monografía destinada al estudio de la poética de lo trágico en su producción teatral; la única pieza suya de este género que se nos ha conservado se inserta en la corriente de tragedias neosenequistas de la década de 1580, integrada por autores como Lupercio Leonardo de Argensola, Cristóbal

---

[8] "Mas, si consideramos los dos mil quinientos años que nos separan de la tragedia griega, la historia del teatro trágico nos dará la impresión de tener poca continuidad o tradición explícita. Lo que sorprende es una sensación de coincidencia milagrosa. Pasando a través de largos siglos y de muchos sitios, súbitamente se reúnen elementos de lenguaje, circunstancias materiales y talento individual para producir un conjunto de obras teatrales importantes. A partir de la oscuridad circundante las energías se reúnen para crear constelaciones de intensa luminosidad y vida más bien breve. Tales momentos culminantes se produjeron en la Atenas de Pericles, en Inglaterra durante el lapso que va de 1580 a 1640, en la España del siglo XVII y en Francia entre 1630 y 1690. Después, el necesario encuentro de marco histórico y genio personal sólo parece haber tenido lugar en dos ocasiones: en Alemania durante el lapso de tiempo que se extiende entre 1790 y 1840 y, en forma mucho más difusa, hacia fines del siglo XIX, cuando se escribió la mejor porción de teatro escandinavo y ruso. Ni en otras partes ni en otros momentos. De modo que con una perspectiva amplia lo que reclama una atención especial es la existencia de un conjunto vivo de teatro trágico y no la ausencia de éste. Rara vez sucede que el talento necesario llegue en la ocasión propicia. Es poco frecuente que las condiciones materiales del teatro resulten favorables para el desarrollo de la tragedia. Cuando se consigue la fusión de elementos adecuados no encontramos este o aquel poeta aislado: a Esquilo le suceden Sófocles y Eurípides; a Marlowe le siguen Shakespeare, Jonson y Webster; después de Corneille, está Racine. Con Goethe surgieron Schiller, Kleist y Büchner. Ibsen, Strindberg y Chéjov estaban vivos, los tres, en 1900. Pero estas constelaciones son accidentes espléndidos. Resulta sumamente difícil explicarlos. Lo que corresponde prever, y en realidad es lo que hallamos, son largos lapsos durante los cuales no se producen tragedias y, más aún, ningún teatro con pretensiones serias" (G. Steiner, 1961/1991: 91-92).

de Virués, Jerónimo Bermúdez, Andrés Rey de Artieda, Juan de la Cueva, Diego López de Castro, Gabriel Lobo Lasso de la Vega, etc. Con toda seguridad, como ha demostrado J. Canavaggio (1977), fue escrita entre 1581 y 1585.

Hacia 1570 aparece, según M. R. Lida (1951) una escuela de trágicos españoles conscientemente clasicistas. El clasicismo había tratado de dotar a la experiencia humana y a la creación estética de atributos de orden y armonía. La concepción neoclásica del arte refleja, al margen del imperativo de sus leyes en favor de la conservación de un canon ideal, el resultado de una comprensión creciente, que se prolonga en dominios culturales como el francés o el alemán (*Naturnachahmung*) hasta el siglo XVIII, de las extremas calidades del teatro y la cultura grecorromanos. El clasicismo de la Edad Moderna había surgido con los poetas, eruditos y críticos del Renacimiento italiano, y aunque en su configuración preceptiva resulta determinado por una comprensión imperfecta de las poéticas de Aristóteles y Horacio, conviene advertir que en el teatro adquiere una de sus formas más representativas a través del arte de Séneca[9].

La literatura de Séneca se había desarrollado bajo la influencia del neoestoicismo. Había surgido esta filosofía en los años de tiranía del Imperio de Roma, que habían puesto fin a numerosas libertades, desem-

---

[9] En la latinidad cristiana hay ecos de las tragedias de Séneca en poetas como Prudencio, y en los comienzos de la Edad Media en la obra de Boecio. Durante el Medioevo se hacen numerosas copias y glosas del teatro de Séneca, pero es precisamente durante el Renacimiento cuando Séneca se convierte en autor de referencia para los primeros humanistas, como Dante, Pretarca o Nicolás Trevet, así como para los eruditos del *cinquecento* italiano. Su base estoica encajaba muy bien dentro de algunos de los principios de la moral cristiana. Durante los siglos XV y XVI se suceden las traducciones del teatro senequista. Así, existe una traducción al catalán en 1400 de *Medea, Tiestes y Las Troyanas*, por Antonio Vilaragut; M. R. Lida de Malkiel (1951/1975: 376) habla de una traducción castellana completa, en el siglo XV, quizá llevada a cabo por el Marqués de Santillana; M. Menéndez Pelayo cita una traducción de *Medea*, llevada a cabo por J. Galens, franciscano de la provincia de Mallorca, en el siglo XV; y otra de *Tiestes*, por D. Girón (muerto hacia 1590), así como fragmentos traducidos por Herrera y fray Luis de León; en la Francia del siglo XVI se presentan varias versiones de *Agamenón, Tiestes, Hércules loco y Octavia*, y en 1629 aparece una versión completa de todo el teatro de Séneca, realizada por B. Bauduyn. No obstante, la traducción que ejerció mayor influencia durante el Renacimiento europeo fue la llevada a cabo en Inglaterra por seis traductores, entre 1559 y 1581 (J. Luque Moreno, 1987-1988: 67-73). El Barroco señala el comienzo de la pérdida de hegemonía del teatro de Séneca, frente al interés creciente que despiertan los trágicos griegos. No obstante, la influencia senequista aún se manifiesta en la obra de Corneille (*Médée* y *Oedipe*) y de Racine (*Phèdre*). El Neoclasicismo fue un movimiento muy crítico con el teatro de Séneca, y así lo demuestra la obra del jesuita francés P. Brumoy, y los escritos del propio E. G. Lessing. Por su parte, el Romanticismo supuso la ruina de todo interés por el teatro de Séneca, en el que apenas se vio una acumulación de motivos retóricos y macabros. Sólo con la llegada del siglo XX se alcanza de nuevo una revaloración del teatro senequista.

bocando en la desaparición de la elocuencia y de las artes retóricas, así como de otras formas de expresión y pensamiento. El neoestoicismo buscaba un elevado ideal de moralidad, que tratara de hallar en la conciencia y existencia personales ciertas condiciones de felicidad y seguridad anímica. Se configura de este modo una determinada visión del mundo, condicionada por las ideas de esta filosofía, que se proyectan sobre el cosmos y el ser humano, sobre la religión y la ética. Las características principales de la tragedia senequista serían en cierto modo asumidas por los ideales de Cervantes, lo que explica que en su teatro trágico hallemos una defensa de la *ratio* frente a la superstición y el *furor*; un interés por la vida de los seres humildes, frente al mundo de la ambición y las riquezas, con el que acaba identificándose el poder aristocrático; una expresión verosímil del sufrimiento humano, que Cervantes manifiesta a través de formas muy diversas; un estímulo de la verdadera libertad, que sería la interior; y una expresión de la experiencia trágica centrada existencialmente en el ser humano, que tiende, a través del dominio sobre sí mismo, a la conquista de ideales supremos.

No son estas tendencias en sí mismas, sino las dificultades que encuentra su realización, las que constituyen el auténtico subsuelo senequista de la tragedia cervantina. La vida se presenta como una realidad sumamente dura, en la que el hombre se encuentra en soledad, abandonado por los dioses, y sometido a la inestabilidad de la fortuna. También Séneca había representado en sus tragedias las luchas de la existencia humana, en situaciones extremadamente desesperadas, tipificadas o ilustradas en personajes de leyenda. Lo trágico surge en el senequismo de la lucha interior que el ser humano entabla con fuerzas antagónicas esencialmente humanas. Séneca fue uno de los primeros dramaturgos en introducir en los coros voces de duda sobre la autenticidad de las apariciones de los dioses y los héroes caídos en Troya. Piénsese en el caso de Aquiles en *Las Troyanas*, cuando el coreuta, informado por Taltibio de la supuesta aparición del héroe griego exigiendo la muerte del hijo de Andrómaca, exclama que "engaña a nuestro miedo la historia / de que las sombras viven tras sepultar los cuerpos", para concluir en que "tras la muerte nada hay y la misma muerte no es nada"[10]. Al margen de este nihilismo, intolerable en la España contrarreformista, una idea fundamentalmente senequista subyace en el espíritu de la *Numancia*, al identificar en la adversidad la experiencia en que se fundamenta la virtud y el heroísmo personales. He aquí uno de los atributos de la idea numantina de glorificación en la adversidad.

---

[10] Cfr. Séneca, *Las Troyanas* (vs. 371-372 y 397), en J. Luque Moreno (ed., 1987-1988, I: 206-207).

Después del siglo XVII quedan configurados dos grandes modelos de expresión trágica. De un lado está el teatro griego clásico, que ofrece una visión esencial del sujeto trágico, sometido, sin posibilidad alguna de acciones voluntarias, libres, conscientes de sus consecuencias, a los imperativos invariables de una realidad transcendente; la teoría literaria que lo interpreta y justifica es la mímesis, desde la que se identifica en la naturaleza el referente supremo del arte, su principio generador, y en la catarsis su valor teleológico, como final regenerador del hombre. De otro lado, se admite desde la interpretación de la teoría literaria romántica (R. Langbaum, 1957), que el modelo de la tragedia shakespereana, en el seno del teatro isabelino inglés, introduce la experiencia subjetiva del ser humano en la percepción e interpretación dramática de los hechos trágicos; la Naturaleza parece haber perdido su legalidad inmanente, que había tomado en herencia del mundo antiguo, y la esencia de la realidad humana parece ahora hallarse determinada por la experiencia subjetiva en el desarrollo de la acción, antes que por la aceptación inexorable, voluntaria o no, de un orden moral trascendente, exterior al sujeto, y al cual debía adecuarse inexorablemente la acción en sí (fábula) y sus cambios (peripecia y metabolé), al margen de la explicación y reconocimiento personales de sus causas y relaciones. Estos dos modelos trágicos se mantienen hasta la dramaturgia de Ibsen, Chejov y Strindberg. La *Numancia* de Cervantes sobrevive a estos tránsitos sin dejar ninguna huella canónicamente perceptible en la tradición dramática occidental, ni en el ámbito de la creación literaria ni en el terreno de la poética de las formas y géneros trágicos. Los románticos alemanes se conmovieron ante ella, y le profesaron una admiración hasta entonces inédita, pero en ningún momento la convirtieron en fuente decisiva de influencia poética, aunque quizá fueron quienes mejor observaron en ella el paso que se produce de la expresión de la *experiencia trágica* a la percepción de su *existencia*[11].

---

[11] A. W. Schlegel dejó escrito a este respecto: "*La destrucción de Numancia*, que se eleva a la altura del coturno trágico, debe contar entre los fenómenos más destacables de la historia dramática, sobre todo porque el autor, sin haberlo deseado ni cuestionado, se aproxima considerablemente a la grandeza y a la simplicidad antiguas. La idea del destino domina en ella; las figuras alegóricas que aparecen en los entreactos reemplazan ocasionalmente, aunque de una manera diferente, el papel que tenía el coro, el de dirigir el pensamiento y atemperar el sentimiento. Una acción heroica se desarrolla cumplidamente, el dolor más horrible se sufre con firmeza; pero es la acción y el dolor de todo un pueblo, en el que los individuos no son más que los representantes de la masa de sus conciudadanos" (trad. esp. del *Cours de Littérature Dramatique*, III, Paris, 1814, págs. 239-240, de A. Rey Hazas y F. Sevilla, cit. en "Introducción" a la ed. de *Numancia*, de Miguel de Cervantes, *Obra completa*, Madrid, Alianza, 1996, vol. 3, págs. XIX-XX). Ed. original en *Vorlesungen über dramatische Kunst und Literatur*, Heidelberg, 1809-1811 (3 vols.); reed. en Stuttgart, E. Lohner Ed., 1967. Trad. fr. de Necker de Saussure, en ed. revisada y anotada por Eugène van Bemmel: *Cours de littérature dramatique*, Genève, Slatkine, 1971 (2 vols).

2.2. DE LA EXPERIENCIA TRÁGICA A LA EXISTENCIA TRÁGICA

La estética de la tragedia moderna, tal como se ha desarrollado desde la Edad Contemporánea, está determinada por una transformación histórica decisiva respecto a las características de la tragedia tal como había sido configurada en la Antigüedad grecolatina y en la modernidad del clasicismo renacentista. Nos referimos a la conversión de la *experiencia* trágica en *existencia* trágica. El mundo antiguo concebía la tragedia como una acción o experiencia (fábula) de dimensiones cósmicas y consecuencias absolutas, cuyo protagonismo recaía en el ser humano como sujeto que había de sufrir los imperativos inderogables de dioses y realidades numinosas, simbología suprema de un orden moral trascendente.

El clasicismo del siglo XVI trató de asumir los presupuestos poéticos y formales de lógica, causalidad y funcionalidad característicos del mundo antiguo, con objeto de recuperar el sentido y la *fabulación* de lo trágico tal como creían reconocerlos en las obras de los autores griegos y latinos; tras sucesivos intentos de confirmación del modelo de la tragedia antigua, como los llevados a cabo en Italia por algunos de los humanistas del quinientos, o los desarrollados en España, con mayor o menor acierto, desde la década de 1570 por los dramaturgos senequistas, surgen las primeras tentativas serias de éxito sobre la transformación de la poética de la tragedia clásica[1], que derivan hacia los entramados y amalgamas de la tragicomedia, en la línea de la comedia nueva de Lope –que no continúa la tradición iniciada por Rojas en la *Celestina*–, o hacia las formas de la tragedia isabelina, a través de la dramaturgia shakesperiana. En consecuencia, el clasicismo del Renacimiento europeo no logra reproducir, con recursos que hace proceder genuinamente del clasicismo helénico y romano, tragedias que igualen o superen la grandeza de aquellas que tratan de imitar en los modelos de Eurípides, Sófocles, Esquilo o Séneca.

---

[1] "La tragedia española de fines del siglo XVI es una sucesión de proyectos y experiencias que se llevan a cabo diacrónicamente a partir de la dialéctica [tragedia clásica *versus* tragedia] y tomando como referencia constante a los escritores grecolatinos. Se trata de una referencia válida como término *a quo*, como pretexto para la consecución de un ejercicio de modernidad marcado por la negación del modelo inicial –o de varios de los elementos constituyentes de dicho modelo–, que resulta abandonado en todo o en parte. El siglo XVI español rechaza, en nombre de la modernidad, las propuestas dramáticas de Aristóteles, Horacio o Séneca y pone en marcha un proyecto de experiencia trágica a través del que se trata de identificar el público abierto, general, no definido *a priori* sino en su condición de imprevisible" (A. Hermenegildo, 1998: 71).

Con todas las exigencias y normativas de su poética, el clasicismo del Renacimiento no logró crear en la Europa de fines del siglo XVI una escuela de trágicos comparable a la grecolatina. La preceptiva poética del momento no satisface a la creación literaria y, como trata de demostrar Lope de Vega, el público no gusta demasiado de las obras dramáticas que atienden a tales normativas[2].

Fue necesario esperar al siglo XVII para reconocer en la dramaturgia de un autor como Shakespeare la existencia de una poética de la tragedia cuya altura estética fuera comparable a la de los trágicos de la Antigüedad. Así es como, desde la centuria seiscentista, lo hemos dicho anteriormente, quedan configurados en la literatura europea los dos grandes sistemas poéticos de la experiencia trágica: el clasicista helénico y el isabelino inglés. La innovación formal y funcional de la *Numancia* cervantina había pasado completamente desapercibida, y eso a pesar de ser, como trataremos de demostrar, una de las primeras tragedias de la literatura dramática europea en la que se presentan cualidades formal y funcionalmente esenciales en la configuración de la tragedia de la Edad Contemporánea. Adelantemos cuáles son algunas de estas características, presentes germinalmente en la *Numancia* cervantina, y que han resultado con posterioridad fundamentales en la conformación de una poética sobre la tragedia moderna.

La más importante de todas estas cualidades, síntesis y resultado de todas las precedentes, es la que remite, como una consecuencia histórica, a la conversión de la experiencia trágica en una existencia trágica; lo trágico se expresa no como una experiencia exterior y cósmica, en la que están implicadas todas las fuerzas de la Naturaleza, divina y moral, sino como una experiencia esencialmente humana y personal, es decir, como una vivencia encarnada en una *existencia humana*, con frecuencia humilde de condición e inocente de culpa, y las más de las veces ignorada por el resto de los seres humanos, agrupados desde ahora en una Sociedad racionalista e ilustrada; ignorada también por la Naturaleza, que ha dejado de ser un referente estético, moral y teológico; e ignorada por supuesto por la Metafísica, cuya existencia discuten hasta la negación todas las formas de positivismo y racionalismo presentes en las filosofías modernas. En este contexto, el sujeto deja de ser un elemento funcional de la experiencia trágica, un agente actancial en la fábula de la tragedia, para

---

[2] "El problema era que la conciencia colectiva de ese público no era [...] sino una más conformista y menos crítica de los fundamentos mismos del sistema político. Por eso fracasó la experiencia teatral de Virués y la de sus compañeros. Por eso mismo triunfó la aventura escénica de Lope de Vega y la comedia nueva, aun cuando en esta última puedan y deban descubrirse también actitudes críticas sobre la realidad socio-política de la época" (A. Hermenegildo, 1998: 79-80).

convertirse en el ser humano que vive por sí mismo la causalidad y las consecuencias de una existencia trágica. La esencia trágica del ser humano, protagonista funcional del teatro antiguo, queda ahora reducida a un mero atributo de la *existencia trágica* del personaje moderno, presente en la tragedia de la Edad Contemporánea; la conciencia de la existencia humana se convierte de este modo en un referente supremo para toda expresión estética del concepto de persona posterior a las filosofías idealistas de fines del siglo XVIII.

Este paso de la experiencia trágica a la existencia trágica, que se consuma en buena parte de las formas artísticas posteriores a la Ilustración y el Romanticismo europeos, no se produce como una premisa, ni como una intención o imperativo estético que responda a los ideales de tal o cual escuela o corriente de dramaturgia, sino como una consecuencia, como un desenlace en la evolución del ideal trágico, más allá de los autores grecolatinos y de la obra dramática de Shakespeare, y muy implicada en las experiencias y avatares de la historia europea contemporánea. La evolución de la tragedia y sus formas en la literatura europea posterior al siglo XVII está determinada por su decadencia, en la que han intervenido varias causas y factores, que pueden reducirse al menos a dos fundamentales: en primer lugar, al racionalismo crítico, que ha erosionado desde la modernidad ilustrada el poder de toda inferencia metafísica en el arte, y que ha encontrado apoyos esenciales en la moderna interpretación de la filosofía socrática, así como en el pensamiento rousseauniano, y en la valoración eminentemente lúdica y estética, al margen de toda aceptación real de las ideas trágicas de castigo y condenación eterna, que el Romanticismo ha hecho de la experiencia trágica; y en segundo lugar, al desarrollo e institucionalización, a partir del siglo XVIII, de un sistema de vida cuyas condiciones sociales, económicas y axiológicas van a impulsar formas de arte cada vez más distantes del concepto de tragedia hasta entonces desarrollado en la cultura europea: la novela disputa con el teatro el interés del público en el seno social; la burguesía ha sustituido a la aristocracia en el mecenazgo del arte, y desea un tipo de literatura en el que domine un mensaje de ludismo y evasión; paralelamente, transformaciones sociales de tipo económico, ideológico y bélico confieren a hombres comunes el protagonismo de grandes hechos, hasta el punto de convertir la propia vida en un escenario más relevante que el ofrecido por el teatro, encaminado hacia el melodrama burgués. La consecuencia de esta progresiva decadencia de las formas genuinas de la tragedia antigua es la conversión de la experiencia trágica tradicional en las formas existenciales características de la tragedia moderna. La existencialización del hecho trágico es uno de los atributos esenciales de la tragedia en la dramaturgia de la Edad Contemporánea.

Como trataremos de demostrar, este proceso de decadencia de las formas de la tragedia antigua, que desemboca a lo largo de los dos últimos siglos en la existencialización del hecho trágico, encuentra en la *Numancia* de Cervantes antecedentes de máxima relevancia, que habrán de intensificarse en la dramaturgia de autores post-románticos alemanes como H. von Kleist y G. Büchner, así como en buena parte de los dramas del segundo H. Ibsen, de A. Chejov y de A. Strindberg, y dentro de la vanguardia del siglo XX, en determinadas piezas operísticas de Alban Berg o Leos Janácek, así como en ciertos fragmentos de obras dramáticas de S. Beckett.

En el seno de este proceso, la existencia del sujeto se convierte en el elemento protagonista de la experiencia trágica, en la medida en que, con el desarrollo histórico de la modernidad, surgen determinadas condiciones que trasforman algunos de los fundamentos esenciales de la poética clásica: en primer lugar, seres humildes sustituyen, con la expresión de su propia vivencia del hecho trágico, el papel exclusivo que en la experiencia trágica de la Antigüedad estaba reservado únicamente a las clases nobles y aristocráticas; en segundo lugar, los personajes que son objeto de la vivencia trágica no siempre han incurrido en una falta moral grave, en un delito, o en un exceso (*hybris*), que justifique la desgracia que padecen, sino que simplemente se ven envueltos, contra su voluntad y sus posibilidades de conocimiento, en unos hechos de los que no son responsables, desde un punto de vista causal, hechos cuyas consecuencias jamás hubieran podido prever; paralelamente, con la disolución de las más relevantes teorías metafísicas, en las que el mundo antiguo había fundamentado casi todos sus ideales, no es posible hablar de un único orden moral trascendente, invariablemente definido a los ojos de todos los hombres, sino que se admite que el ser humano puede evolucionar mediante conclusiones lógicas hacia formas de conducta que se justifiquen por sí mismas, y no por relación a una moral superior o trascendente; en tercer lugar, la experiencia trágica se desplaza de la fábula al sujeto, es decir, de la acción épica, de la concepción funcional y estructural de los hechos (*mythos*), a la expresión vivencial de los mismos desde el punto de vista de la existencia del sujeto (*personaje*) en la experiencia trágica; en cuarto lugar, no es posible eludir una transformación decisiva en la expresión formal de la tragedia, como es el paso del verso a la prosa, es decir, la evolución de un discurso codificado desde la poética normativa de la Antigüedad a un discurso abierto a la polifonía de un lenguaje en el que tienen cabida las formas dialógicas de la modernidad; en quinto lugar cabe advertir que, en la tragedia moderna, la voluntad del ser humano no se enfrenta al poder de una indiscutible realidad trascendente, como sucedía en la Antigüedad clásica, sino más bien a un conjunto de fuerzas e impulsos cuyo origen, causalidad y consecuencias, son las más de las veces genuinamente humanos, esencialmente existenciales, sin presencia alguna de inferencias metafísicas; la alteridad que destruye la voluntad del ser humano procede, en la tragedia clásica, del mundo exterior, y va acompañada de un impulso sobrenatural, frente a lo que sucede en la tragedia contemporánea, donde la voluntad del sujeto es destruida por cualidades que proceden específicamente del propio sujeto, como la resignación, la abulia, la histeria y los conflictos psicológicos, las limitaciones físicas, materiales o de conocimiento, la propia incapacidad de superación, etc. Esta sucesión de ideas podría, sin duda, continuarse, en la medida en que la disolución o decadencia de las formas clásicas de la tragedia antigua han dado paso a una nueva concepción de la experiencia trágica, basada en la potenciación y expansión, que la modernidad ha introducido en el arte contemporáneo, de los atributos que determinan la expresión de la *existencia* del sujeto.

Desde el siglo XVII, período que constituye como hemos indicado una gran frontera en la historia de las formas estéticas de la tragedia, la decadencia de este género en el ámbito de la dramaturgia se plantea de forma diferente en España, Inglaterra, Francia y Alemania. Hemos visto que en España la implantación de una tragedia humanista había fracasado desde los años finales del siglo XVI, en que el interés del público por las obras clásicas y senequistas se diluye frente al interés que suscita la comedia nueva de corte lopesco. En Inglaterra, sin embargo, el éxito de la dramaturgia shakespereana demora prodigiosamente la decadencia de la tragedia; concretamente, sólo después de 1640, con posterioridad a Shakespeare y los trágicos jacobinos, es posible observar una decadencia de las formas trágicas, debida probablemente a algunas de las causas antemencionadas. Algo semejante sucede en Francia, si bien en este dominio cultural la decadencia de las formas trágicas acaece casi medio siglo después que en Inglaterra, tras la muerte de los dramaturgos P. Corneille, en 1684, y J. Racine, en 1699.

La sociedad europea posterior al siglo XVII no ofrece un público adecuado ni interesado en la recepción teatral de espectáculos trágicos. Los gerentes de los teatros no buscan ahora el favor de la aristocracia cultivada, sino el apoyo financiero de la burguesía, deseosa de finales felices, acaso la única forma posible de desenlace dramático que estaba en condiciones de comprender. En consecuencia, la función del teatro tiende a disminuir en el seno de la comunidad y la sociedad. El espectador no asiste al espectáculo teatral como a un ritual festivo o religioso, o como a un ejercicio cívico, sino como a un entretenimiento más entre otras diversiones sociales y posibles. El espectador contemporáneo no está preparado para asumir los retos de piedad y terror característicos de la tragedia.

No hay que olvidar, en este proceso de decadencia de lo trágico, iniciado en la modernidad, la poderosa influencia del pensamiento jacobino, tan pertinentemente señalada por G. Steiner (1961). La obra de J. J. Rousseau había demostrado que las injusticias y tragedias humanas se debían exclusivamente a causas humanas, de modo que sólo el hombre era responsable del daño y del dolor causados a la humanidad. Si esto es efectivamente así, hay que admitir que sólo del hombre depende la superación de estos males, mediante una reforma de los medios de la educación y de las formas de organización de la vida civil. El ser humano no está determinado por una corrupción o pecado originales, sino por el estado de la sociedad en que vive. Las consecuencias, sin embargo, no se detienen aquí.

Rousseau formula una concepción del sujeto en la que el individuo jamás está obligado a asumir personalmente su responsabilidad de culpa, ya que tal responsabilidad depende siempre de la educación que se le ha impuesto, o de las circunstancias sociales que le han inducido a actuar de un modo u otro. En consecuencia, todo exceso, error o delito, hallará siempre justificación más allá de la individualidad humana y más acá de una realidad metafísica cuya existencia ya no se reconoce, y cuyas implicaciones en la vida humana no tardarán en negarse definitivamente. Rousseau elimina de este modo los fundamentos metafísicos de la ética; el bien y el mal no son realidades metafísicas sino humanas, concretamente sociales. La tragedia pierde de este modo una inferencia metafísica, que había sido genuina en su configuración primitiva, y esencial en su desarrollo posterior hasta la Edad Contemporánea.

Semejante interpretación jacobina de la ética determina el sentido moral, es decir, el problema del bien y del mal, de todo el movimiento romántico. Al error o la falta sólo cabe la redención, no el castigo, pues el criminal será poseído por el remordimiento. En definitiva, esta es una condición humana radicalmente optimista, que cierra al cabo las puertas del Infierno –y las del Paraíso–, y en consecuencia también las de la tragedia, pues desde este punto de vista no se puede concebir una acción auténticamente trágica, sin conceptos que requieran una metafísica, y sin personajes cuya conciencia no pueda eludir la responsabilidad de su culpa. El personaje trágico no puede evitar el conocimiento de su responsabilidad en la experiencia trágica, una vez consumada, y su error no admite redención ni comprensión posibles, del mismo modo que su castigo ni puede ser subsanado ni admite forma alguna de lenición.

Desde este punto de vista, el Romanticismo no ha ofrecido propiamente obras trágicas, pues constituye una estética que no cree en el carácter definitivo del mal, ni en sus fundamentos metafísicos, sino sólo en su existencia circunstancial y en sus orígenes exclusivamente sociales. Pese a todo, F. Schiller dio a una de sus más distinguidas piezas dramáticas el título de *Eine romantische Tragödie* (*Una tragedia romántica*). El Romanticismo participa en la experiencia del mal, en la emoción del mal, sin pagar por ello el precio que exigía la Antigüedad. Su participación en la experiencia trágica es ante todo emocional y lúdica, nunca absolutamente auténtica, es decir, nunca dispuesta a asumir verdaderamente las consecuencias reales de responsabilidad ante la falta moral y el castigo subsiguiente. ¿Por qué? Pues porque ni el mal, ni sus consecuencias, se toman ya demasiado en serio. El resultado de ello es una especie de "pseudotragedia", es decir, una expresión melodramática de la vida, en la que la experiencia trágica se teatraliza, sí, mas con una emoción que no alcanza, porque no lo pretende, el sobrecogimiento del espectador a través de la piedad y el temor, sino que busca simplemente la exaltación de los impulsos psicológicos y volitivos más personales del *ego* humano.

Se suceden determinadas condiciones que favorecen el desarrollo de una poética que hace posible la explicación del hecho trágico desde el punto de vista de la experiencia existencial del ser humano. La Revolución francesa y las guerras napoleónicas implicaron a infinidad de personas comunes en circunstancias históricamente muy dramáticas, y pusieron a disposición de la conciencia del ser humano convencional experiencias hasta entonces inéditas para él, sólo reservadas a grandes figuras o personajes más o menos heroicos. La vida privada y vulgar llega a hacerse pública y singular. El hombre común sale del anonimato, y protagoniza su propia tragedia. La existencia se convierte en experiencia trágica. El material de la tragedia deja de ser la leyenda, y comienza a ser la realidad personal, la existencia de la persona, las formas y condiciones del ser de carne y hueso en sus formas y condiciones existenciales de vida. La prensa refiere noticias más trágicas y angustiosas que la dramaturgia, y las presenta como hechos cotidianos que pueden suceder a cualquier mortal, determinando de este modo el sentido de su existencia.

La tragedia se existencializa en las formas literarias cuando la experiencia trágica de la Humanidad se interioriza en la conciencia del sujeto, es decir, cuando el ser humano interioriza la tensión del golpe trágico, con frecuencia en un contexto de aislamiento, soledad e incomunicación, rasgos propios del drama y la tragedia de la Edad Contemporánea. En adelante, las únicas acciones serán las de los estados de ánimo y los sentimientos, y las únicas cualidades que necesitará el personaje para su éxito o fracaso serán cualidades existenciales.

En la tragedia antigua, la totalidad del mundo natural, sus enigmas y sus órdenes metafísicas, forman parte de la acción y son consustanciales a ella. Desde el momento en que en el siglo XVIII se apunta hacia el triunfo del racionalismo crítico, del pensamiento cartesiano y del empirismo newtoniano, las formas clásicas de ordenación e interpretación de la experiencia y la inquietud psicológica se abandonan, en nombre de nuevos modos de conocimiento y experimentación. La Naturaleza y sus fuerzas dejan de constituir una realidad íntegra y omnipotente en el ejercicio de la acción trágica; la fábula se humaniza, y renuncia a aglutinar el protagonismo de los hechos, que, interiorizados, ceden a la expresión del sujeto.

El acceso al poder de las clases medias y burguesas contribuye igualmente a que el centro de gravedad de los asuntos humanos pase de lo público a lo privado. Hasta entonces la acción era trágica sólo si intervenían grandes personajes, personajes nobles, capaces de dignidad y solemnidad, atributos que la Antigüedad sólo reconocía en los miembros de las familias principales y aristocráticas. Los seres humildes no podían ser protagonistas de hechos trágicos: sólo Cervantes en la *Numancia* se había atrevido a hacer de sus personajes plebeyos, los numantinos, auténticos héroes trágicos, al estilo de los héroes troyanos de la Antigüedad, algo que en el caso cervantino pasó completamente desapercibido. Sólo en el siglo XVIII surge discretamente el concepto de tragedia "privada", en la que el hecho trágico se apoya, sin otras consecuencias derivadas, en personajes de condición humilde. Este hecho se manifiesta entonces más en la narrativa que en el teatro, a través de obras como *La nouvelle Héloïse* de Rousseau, o *Werther* de Goethe. Con anterioridad se había dado el mismo fenómeno en tragedias isabelinas como *Arden of Feversham*, y aún antes, y de modo más expresivo que en cualesquiera manifestaciones posteriores, como hemos dicho, en la *Numancia* cervantina. No obstante, en la Edad Contemporánea, la interiorización de la experiencia trágica del sujeto penetra antes en la novela que en el teatro. El novelista se convierte en una figura muy destacada a lo largo del siglo XIX, como popularizador y divulgador de todo tipo de saberes. Se multiplica la impresión de libros, folletines, novelas, novelones... La novela desplaza al teatro. La alfabetización de la población se ha incrementado, y la masificación de las gentes dispone un acercamiento al mercado del libro impreso.

El Romanticismo había constituido, entre otros ideales, un gran intento por dotar nuevamente de vida el ideal estético de una gran tragedia moderna. Por algunas de las causas antemencionadas, este ideal fracasa, y de ello se derivan dos consecuencias inmediatas: en primer lugar, la escisión, que prácticamente se mantiene hasta nuestros días, entre la literatura y las salas de teatro, es decir, entre la literatura y el espectáculo; en segundo lugar, el cambio y la renovación radicales que experimentan los conceptos de lo trágico y lo cómico tras la experiencia de la dramaturgia de Ibsen, Chejov, Strindberg y Pirandello.

Entre los intentos de revitalización del ideal estético de la tragedia hay que situar la obra de F. Nietzsche, y sus ideas sobre la decadencia de las formas trágicas merced al desarrollo histórico del pensamiento socrático. Nietzsche considera que el origen de la tragedia reside en la oscuridad de impulsos inconscientes y oníricos, en cuyas posibilidades de expresión la música desempeña un papel decisivo e insustituible. Desde su punto de vista, la tragedia experimenta un proceso de descomposición en su evolución hacia la estética moderna, dominada por la consciencia, que subyuga todas las posibilidades de comprensión de la acción trágica: la explicación racionalista de la acción en la tragedia impide la empatía, la inmersión, la identificación del público con la pasión de los héroes.

La denominada "estética consciente", iniciada con la obra trágica de Eurípides[3] e identificada en la filosofía de Sócrates[4], disuelve el efecto pasional genuino de la tragedia. Se evoluciona, desde los mismos griegos hasta la modernidad, de la acción en sí y sus cambios (fábula, peripecia y metabolé), a la explicación y reconocimiento en el teatro moderno de sus causas y relaciones. Nietzsche identifica el arte y la creación con los impulsos inconscientes, el mundo onírico e instintivo del ser humano (lo dionisíaco), frente al conocimiento científico y el desarrollo de la conciencia lógica (lo apolíneo), cuyos orígenes más primitivos se encuentran en la filosofía socrática. Nietzsche considera que el socratismo estético supone la muerte de la naturaleza dionisíaca de la tragedia, es decir, la muerte de la esencia de la tragedia antigua. Sócrates representa la escrutabilidad y el saber como fuerza curativa universal, y confirma un mundo teórico dentro del cual el conocimiento científico tiene más valor que la expresión estética y emocional de una experiencia humana. Se configura así un mundo guiado por el saber, una vida corregida e intervenida por la conciencia.

Frente a estos valores cientifistas, que tratan de dominar sobre los impulsos más genuinos de la existencia humana, reaccionan en el postromanticismo alemán autores como H. von Kleist y G. Büchner, quienes

---

[3] Desde el punto de vista nietzscheano, Eurípides es el poeta del socratismo estético. "Sócrates, el héroe dialéctico del drama platónico, nos recuerda la naturaleza afín del héroe de Eurípides, que debe defender sus acciones mediante razones y contrarrazones, corriendo con bastante frecuencia el peligro de tener que sacrificar nuestra compasión trágica" (F. Nietzsche, 1871/1997: 148).

[4] "La estética socrática se resume en las siguientes máximas: "Todo debe ser inteligible para ser bello"; "Sólo el que sabe es virtuoso"; "Todo debe ser consciente para ser bello"; "Todo debe ser consciente para ser bueno". Bajo este canon Eurípides organiza y rectifica los elementos y formas de la tragedia: lenguaje, caracteres, estructura, fábula, música, coro... Eurípides es ante todo "el eco de sus conocimientos conscientes" (F. Nietzsche, 1871/1997: 139). Sócrates considera que el arte trágico nunca "dice" ni "revela" la "verdad"; paralelamente, considera que se dirige a un público que no posee un gran entendimiento –es decir, no se dirige al filósofo–. El único género del arte poético del que gustó –quizá el único que comprendió– Sócrates fue la *fábula esópica*. El optimismo humanístico que se desprende del pensamiento socrático –"la virtud es conocimiento; sólo se peca por ignorancia; el virtuoso es feliz..."– extermina el espíritu de lo trágico, sus hechos posibles y sus consecuencias imaginarias. La influencia de Sócrates se expandió a la posteridad y creció en ella a través de dos ideales principales: 1) el pensamiento no sólo está en condiciones de conocer el ser, sino incluso de *corregirlo;* 2) el principal imperativo de la ciencia es hacer que la existencia humana resulte inteligible a la conciencia humana.

se sirven en su expresión de la experiencia trágica de algunas de las formas estéticas utilizadas anteriormente por Cervantes en la composición de la *Numancia*, y que desde finales del siglo XIX europeo se identifican como recursos formales característicos de la expresión poética de la tragedia de la Edad Contemporánea.

Los ideales de la tragedia clásica, durante tanto tiempo avalados por la preceptiva antigua, son desafiados en varios momentos por la presencia de personajes humildes que se demuestran capaces de hechos heroicos, y también por su condición de "inocentes" frente a determinados infortunios que determinan el fin de su existencia; con la llegada de la Edad Contemporánea, la experiencia trágica tiende a desplazarse de la *fábula* al *sujeto*, y una de sus primeras consecuencias es la potenciación de estas dos cualidades que acabamos de apuntar: la inocencia del personaje trágico, y su condición humilde. He aquí dos atributos esenciales de la tragedia moderna que ya estaban presentes en la *Numancia* cervantina. A estas cualidades habría que añadir, desde fines del siglo XVIII, el uso de la prosa en lugar del verso y, en la segunda mitad del XIX, la influencia de la música, concretamente de la ópera, como género musical y forma dramática que tratará de asimilar las principales tentativas wagnerianas de renovación del arte trágico.

Una de las cualidades y exigencias de la acción de la tragedia es que ha de desarrollarse con absoluta coherencia y economía de medios formales. Sin embargo, la tragedia existencial, propia de la modernidad, penetrada por la experiencia subjetiva del personaje, sobrepasa el esquematismo expresivo de la tragedia antigua, que se limitaba con frecuencia a ofrecer una visión esencial del hombre, desposeído de sus circunstancias vitales y experimentales inmediatas. A los propósitos del tragediógrafo moderno –y en este sentido Shakespeare lo es en grado sumo– no es "ajeno ningún matiz de los sentimientos, ningún elemento procedente del crisol de la experiencia" (G. Steiner, 1961/1991: 21). La percepción de la existencia en la realidad empírica se concibe desde ahora como un perpetuo desarrollo en el tiempo, el espacio y la causalidad.

La poética del mundo antiguo, como su interpretación clasicista, exigía que el héroe de la tragedia fuera responsable en cierto modo del infortunio que le aguardaba, bien por causa de una falta o debilidad moral, bien como consecuencia de un error o exceso de poder en el ejercicio de sus facultades de gobierno. Aristóteles había observado que los infortunios de un hombre inocente o virtuoso no conducían a la consumación de lo trágico, sino a un padecimiento injusto, o en todo caso a una expresión de rechazo o repugnancia (*Poética*, 1452b 35-35-36).

El dramaturgo del post-romanticismo alemán Heinrich von Kleist (1777-1811) es uno de los primeros autores trágicos en presentar a los protagonistas de sus obras como héroes que no son en absoluto responsables del infortunio que padecen. La tragedia griega exige que el sujeto causante de la desgracia se haga responsable moral de sus consecuencias, siempre irreversibles. La tragedia isabelina, y *Hamlet* constituye en este sentido un paradigma, traslada la responsabilidad y las consecuencias del hecho trágico a un personaje –es el caso del protagonista, Hamlet– que no ha sido el causante del delito moral, del pecado de *hybris*, que da motivo a un planteamiento trágico, en lugar de atribuir esta responsabilidad al auténtico ejecutor del crimen, es decir, a su tío Claudio. Cervantes, sin embargo, en la *Numancia*, apunta hacia una línea que sólo habrá de desarrollarse a partir de la tragedia de Kleist, en el post-romanticismo alemán, con obras como *Das Käthchen von Heilbronn* (1808) o *Prinz Friedrich von Homburg* (1810), tragedias que no son de acción, sino de padecimiento y patetismo, como sucede en la *Numancia*, en que personajes en principio absolutamente inocentes son víctimas de una situación trágica en cuya causalidad no han tenido nada que ver.

En este sentido, G. Steiner (1961/1991: 186) admite la posibilidad de hablar de un "mundo existencial" en la obra de H. von Kleist, e incluso llega a justificar que este poeta nacionalista prusiano haya podido desempeñar un papel influyente en el existencialismo francés de mediados del siglo XX. El existencialismo reconoce la legalidad inmanente de una existencia determinada por un imperativo ineludible de finitud –es decir, de un final irremediable en cada vida, que condiciona el curso progresivamente erosionado de esa vida–, así como por la presencia de una discontinuidad inevitable entre las causas morales que pueden justificar determinados actos humanos y los efectos o consecuencias vividos en la experiencia y ejecución de cada uno de ellos. En suma, tal como sucede en *Hamlet*, se reconoce una divergencia irrecuperable entre el sujeto responsable del desorden moral (Claudio) y las consecuencias prácticas que se derivan de ese desorden, consecuencias que recaen sobre la experiencia subjetiva y física de otro personaje, al que se exige la responsabilidad de restaurar el primitivo orden moral. No basta caminar hacia la desolación o la muerte para convertirse en un personaje trágico, en el sentido moderno que el arte contemporáneo atribuye a esta experiencia, sino que semejante trayecto ha de transitarse de forma consciente, sabiendo que esa marcha es resultado de un imperativo que procede de condiciones materiales inderogablemente superiores a las posibilidades humanas, que contraría nuestra voluntad y nuestra libertad de ser y perseverar en nuestra existencia, y que finalmente, al cabo de un camino de erosionante sufrimiento y dolor, sólo espera la nada, como negación absoluta de toda justicia, esperanza o redención.

No hay que olvidar que antes de H. von Kleist, Cervantes presenta en la *Numancia* personajes que no son directamente responsables del infortunio que padecen: el numantino es completamente inocente de los hechos que causan su experiencia trágica; no estamos aquí ante el sujeto trágico, culpable de algún vicio, error o exceso, del que habla Aristóteles. No hay en los numantinos debilidad moral, sino todo lo contrario, grandeza y ánimo de espíritu, nobleza sin arrogancia, y todo ello al margen de un estamento socialmente aristocrático que dignifique su valor. La *Numancia* representa el infortunio de hombres inocentes. En todo caso, el único delito de los numantinos radica en su propia *existencia*, el hecho mismo de existir como personas cuyas convicciones son contrarias a las de un poder superior, en este caso meramente humano, representado por Roma, y al cual se enfrentan en una resistencia singular[5]. En consecuencia, hasta el último de ellos debe morir, por sí mismo o a manos de sus propios compatriotas, familiares o amigos; la tragedia transmite la impresión de que el numantino se encuentra emplazado ante el "delito mayor del hombre", el de haber nacido. Su único crimen es, en todo caso, el que cometen contra sí mismos, el suicidio colectivo –al margen de toda solución cristiana–, una inmolación sin redención ni justicia posibles. Al sacrifico de todo un pueblo no sucederá esperanza alguna, salvo la negación de la gloria a los únicos supervivientes, los supuestos vencedores romanos. Los numantinos sólo se hacen responsables morales de su propia muerte, y acaso de este modo de la posible consecución de fama intemporal.

H. von Kleist tiene en común con Cervantes la presentación en sus tragedias de personajes "inocentes", si bien todavía de condición noble; G. Büchner, por su parte, se identifica con la tragedia cervantina en la medida en que, en su dramaturgia trágica, confiere el mayor protagonismo posible a los personajes de condición humilde.

Como la de Cervantes, la obra de G. Büchner (1813-1837) desafía definiciones seculares de tragedia, vigentes desde la más remota Antigüedad, y avaladas por las poéticas más conservadoras. Büchner trata de concebir una forma trágica que supere los modelos griegos y shakespearianos, en sus posibilidades de armonizar la herencia del pasado con los cambios decisivos de la Edad Contemporánea, sus modos de pensamien-

---

[5] Desde los presupuestos del pensamiento existencialista, autores como K. Jaspers han esgrimido ideas semejantes a la aquí apuntada a propósito de la *Numancia*. En sus páginas sobre *Lo trágico*, Jaspers considera que una de las principales modalidades de "culpa" es aquella que radica en el hecho mismo del existir humano: "*La existencia es culpa*. En sentido amplio es culpable la existencia como tal. El pensamiento de Anaxágoras se repite, aunque en sentido completamente distinto, en Calderón: el delito mayor del hombre es haber nacido. Esta concepción aparece también en la idea de que causamos mal por el mero hecho de existir. La imagen de esto es el siguiente pensamiento indio: con cada paso, con cada aliento, destruyo diminutos seres vivos. Haga lo que haga, provoco con mi existencia la limitación de otra existencia. Padeciendo y obrando incurro en culpa existencial" (K. Jaspers, 1948/1995: 66).

to, sus condiciones sociales, su material psicológico y humano. De sus tres principales obras, *Dantons Tod, Leonce und Lena* y *Woyzeck*, la que nos interesa considerar ahora es esta última, de la que sólo se conserva un amplio fragmento. El texto fue redescubierto y publicado en 1879, y sólo en el período de entreguerras llega a alcanzar, junto con el resto de su obra literaria, cierta difusión. Alban Berg compone su ópera *Wozzeck* (1923) a partir de la tragedia de Büchner, cuyos dramas influirán decisivamente en el arte dramático de Hauptmann, Wedekind y Brecht.

Woyzeck es la primera tragedia de la Edad Contemporánea en que, auténtica y poderosamente, seres humanos de condición humilde se convierten en personajes protagonistas de una experiencia trágica de condiciones existenciales. La interpretación clásica de la poética aristotélica había desterrado a los plebeyos de toda posibilidad de experiencia y protagonismo trágicos. Los infortunios de las clases bajas sólo podían servir de nota grotesca o referencia cómica, y en el mejor de los casos de comparsa o resonancia del sentimiento trágico de sus representantes o protectores nobiliarios, aristocráticos, monárquicos. Las gentes humildes no tenían derecho reconocido a la compasión del sufrimiento ni a la dignidad del dolor. Sólo Cervantes, en el seno de la Edad Moderna, les confiere, con toda calidad estética, este derecho a los numantinos: en la *Numancia*, por vez primera en la historia de la tragedia y de la poética occidentales, un personaje humilde es protagonista exclusivo de una experiencia trágica. Hasta Cervantes hay un hiato entre la compasión y el padecimiento que viven las gentes vulgares, entre la piedad y el dolor que pueden experimentar los seres humildes[6]. Antes que héroes, los numantinos son gentes humildes. Entre los habitantes de la ciudad sitiada no hay figuras como Príamo, Héctor, Paris o Helena..., grandes héroes o defensores de Troya. Ni tan siquiera sus mujeres alcanzan la grandeza de Andrómaca o Hécuba, entre las troyanas, o de la mujer de Darío, entre los persas. Nunca antes los seres humildes habían sido capaces de acciones heroicas: esa es una de las principales cualidades del texto de la *Numancia*, una de las principales cualidades también de la tragedia moderna. Esta aportación decisiva del teatro cervantino no fue percibida en su tiempo. Se trata de un valor histórico, en el desarrollo del teatro

---

[6] Sólo en algunas obras de Shakespeare aparecen ocasionalmente personajes humildes en los que es posible identificar un discurso trágico, en la mayoría de los casos como consecuencia y resonancia de la desolación que abatía a sus reyes y señores, como sucede en *Ricardo II* o en *Macbeth*. Acaso sólo en *King Lear* esta desolación se proyecta sobre todos los ámbitos sociales, como culminación de lo que se ha dado en llamar "tragedia absoluta". El melodrama, sin llegar a la experiencia trágica, pone a disposición de las clases medias momentos de inquietud y zozobra, con sus más y sus menos en cuestiones de infortunio y desventura, pero, claro está, sin alcanzar jamás los extremos de la peripecia trágica.

europeo, que no tuvo ningún seguimiento en la creación literaria, más atenta a las formas de la comedia lopesca; ni fue objeto de atenciones o reproches en el ámbito de la preceptiva, completamente miope ante innovaciones auténticas, acaso debido a su hermanamiento con la moral, que debatía constantemente sobre la licitud de las comedias. La preceptiva del momento, como el resto de la creación literaria del Siglo de Oro, no reacciona ante la *Numancia*, y no percibe cuanto de novedad hay en esta tragedia. Los preceptistas estaban demasiado ocupados en disputar a favor o en contra del *Arte nuevo* de Lope, sin duda mucho más próximo a Aristóteles, en su ánimo conservador sobre el decoro, la fábula y el sujeto, que toda la práctica literaria cervantina, que muy poco, o nada en algunos casos, ha tenido que ver con los escritos preceptistas del propio Cervantes.

Lo que fue la dramaturgia de Büchner en la Edad Contemporánea lo fue la de Cervantes en la Edad Moderna: innovación que pasa desapercibida. Si la de Büchner fue una de las rupturas más radicales habidas en la Edad Contemporánea con las convenciones sociales y lingüísticas de la tragedia poética, la *Numancia* cervantina no lo fue menos en la Edad Moderna, período determinante en la sistematización de un aristotelismo preceptivo, riguroso ante las libertades estéticas, que el propio Cervantes transgrede ahora sin explicaciones de ningún tipo, al quebrantar abiertamente el principio clásico del decoro, y convertir en protagonistas de hechos trágicos a plebeyos debilitados, que sufren inocentemente males indignos de toda experiencia trágica reglamentada por la poética antigua, y que alcanzan, desde la humildad de su existencia social e individual, a causa del sufrimiento y la desesperanza más absolutos, una dignidad y una compasión hasta entonces inasequibles a las gentes humildes. Después de esta tragedia, no cabe hablar honradamente de *decoro* posible, salvo por boca de canónigo, y a menos que se trate de un discurso cervantino orientado exclusivamente a rechazar el teatro lopista, sólo por el hecho de que una tradición poética procedente de la Antigüedad, dogmáticamente interpretada, también lo rechazaría. ¿Acaso las diferencias entre la dramaturgia cervantina frente a la lopesca se reducen exclusivamente a las diferencias estéticas entre poética antigua y *Arte nuevo*? ¿Es que lo único que separa a Cervantes de Lope es la estética de la literatura? No seamos ingenuos... ¿Hasta cuándo vamos a seguir creyendo que Cervantes rechaza a Lope sólo porque este último se distancia (y en realidad sólo aparentemente) de la poética clásica? En la mayor parte de sus escritos sobre poética literaria, Cervantes se apoya en la defensa de la preceptiva clásica sólo porque de este modo encuentra en la tradición literaria de Occidente un apoyo decisivo, e indiscutible, ante muchas de las mentalidades del momento, para desprestigiar el teatro de Lope de Vega. Bien sabemos que Cervantes nunca fue amigo de limitar las libertades, y menos en el arte, como vivamente lo demuestra cada una de sus obras. Cervantes no ve en la poética aristotélica una solución o un modelo definitivos para el arte de la Edad Moderna, pues su obra literaria no sigue absolutamente ni en la novela ni en el drama estos imperativos estéticos, sino que muy probablemente vio en la preceptiva grecolatina un arma arrojadiza contra el teatro de Lope de Vega, y como tal la esgrimió. Cervantes enfrenta a Lope con Aristóteles y sus comentaristas, con ánimo de mermar las calidades del arte lopesco, mientras que, sin embargo, el propio Cervantes, por su parte, nunca demuestra a lo largo de sus obras una comunión perfecta y definitiva con los postulados de la preceptiva clásica. No es Cervantes un preceptista del clasicismo –en todo caso lo son algunos de sus personajes, cuyo discurso apunta siempre en contra de la dramaturgia de Lope–, ni un dramaturgo absolutamente aristotélico, y aún menos un narrador que revitalice en la modernidad de su prosa la épica de la Antigüedad clásica. Más bien el discurso de Cervantes disuelve, acaso por vez primera en la historia de Occidente, las utopías del mundo antiguo, así como la interpretación que de ellas hizo el clasicismo, a la vez que construye un modelo literario de arte que discurre por los límites y las posibilidades más extremas de la poética de la Antigüedad. Como en Lope, el modelo artístico de Cervantes no está en la lectura especulativa y dogmática que de Aristóteles hacen los tratadistas italianos, pero a diferencia del Fénix, para Cervantes el arte ha de expresar con cierta coherencia y complejidad la verosimilitud de la vida real, y no ofrecer, como posiblemente vio en el arte lopesco de la "comedia nueva", una imagen esencialmente falsa e idealizada de formas de conducta (fábula) y de prototipos humanos (personajes), de registros discursivos y de formas de lenguaje (polifonía *versus* decoro), así como de numerosos ideales sociales y políticos (orden moral) que, en su conjunto, aseguraban la convivencia en la medida en que limitaban la libertad.

Los personajes de la *Numancia* se expresan como saben, sin más retórica de la necesaria, y en un verso que no los sitúa artificialmente por encima de su sufrimiento; su discurso no recibe los atributos de un verbo ajeno a las condiciones humanas propias de su existencia, y la agonía se objetiva expresivamente en un lenguaje que nunca se distancia de la verosimilitud. Es un teatro trágico escrito en el lenguaje de los vivos.

En el momento en que escribe la *Numancia*, Cervantes dispone de un contexto de referencias mitológicas, simbólicas y rituales suficientemente amplio y establemente definido, cuyos hábitos de percepción y reconocimiento proporcionan, aún en nuestros días, la adhesión imaginativa del público. Pese a que quizás con demasiada frecuencia la obra se ha interpretado en un contexto de significado ideológico, que ha impedido percibir con claridad su distancia frente al aristotelismo imperante en el siglo

XVI –sus protagonistas son plebeyos que no han incurrido explícitamente en ningún delito o falta moral (*hybris*)–, lo que ha contribuido paralelamente a considerarla fuera de su contexto histórico genuino, con la consiguiente pérdida de importantísimas referencias de orden poético, la *Numancia* se ha reconocido como la tragedia española por excelencia de los Siglos de Oro, ha sido una de las obras cervantinas más representadas a lo largo de la historia contemporánea, y ha demostrado ser, por lo que se refiere al paso del tiempo, una de las obras dramáticas más editadas de su siglo, en un renovado poder de convicción y aceptación más allá de las más variadas situaciones históricas.

La pervivencia o agotamiento de determinados géneros dramáticos ha tratado de explicarse con frecuencia desde el punto de vista de las diferentes transformaciones que experimentan los valores literarios y culturales, a través de los sucesivos horizontes de expectativas desde los que se articula la comunicación literaria a lo largo de la Edad Contemporánea. En este sentido, Dürrenmatt considera que sólo la comedia es adecuada al mundo moderno, debido a las carencias de un sistema filosófico solvente en la sociedad actual, y a la importancia que en la estética del siglo XX adquiere la expresión de lo grotesco. Del mismo modo, la tragedia, que presupone la existencia de una sociedad preocupada por las ideas de responsabilidad, culpabilidad y armonía, no resulta uno de los géneros literarios más adecuados a los tiempos modernos[7].

Wagner todavía es, a finales del siglo XIX, una figura central en la historia de las formas trágicas. Trata de devolver al teatro trágico la importancia que en él tenían, antes de las filosofías racionalistas, las posibilidades imaginativas y la comprensión simbólica, que tras la experiencia de la Ilustración habían sido apartadas de la conciencia occidental. Para lograr la recuperación y la fusión de estos ideales elabora la concepción de un género teatral total, la *Gesamtkunstwerk*, un intento romántico por recuperar la unidad de las artes, existente en Grecia, cuando el teatro y su fábula representaban la convergencia de la danza con la palabra y su declamación, con la música y el canto. La Edad Moderna había disgregado esta unidad, vigente en el mundo antiguo.

---

[7] Varias causas influyen a lo largo del siglo XX en una intensificada decadencia de la tragedia. Entre ellas puede mencionarse la escasa repercusión de la dramaturgia de Ibsen, Chejov y Strindberg, quizá por hallarse en cierto modo en la periferia de los mercados literarios y círculos culturales europeos; el deterioro y vulgarización que experimenta el lenguaje y el pensamiento a lo largo del siglo XX; y el peso del marxismo, que ha tenido una gran influencia hasta los últimos años de esta centuria, y que G. Steiner consideraba en 1961, junto con la cultura grecolatina y el cristianismo, la tercera de las grandes mitologías históricas de Occidente; para Steiner, el marxismo niega la tragedia y sus posibilidades de experiencia en el seno de su utópico sistema social.

Con posterioridad a *Woyzeck*, de G. Büchner, y a *Tristán e Isolda*, de Wagner, no resulta pertinente el regreso a las antiguas formas del género trágico; la tradición griega, así como la shakespereana, dejan de ser un modelo de referencia en la creación de la tragedia contemporánea, y un camino queda abierto a la dramaturgia de Ibsen, Chejov y Strindberg; de ellos cabe decir que "no hay relación entre sus obras y el conflicto de ideales que imperara en la poética de la tragedia desde fines del siglo XVII" (G. Steiner, 1961/1991: 241). Con el surgimiento del existencialismo, los ataques más violentos a la razón y a la vida no proceden, como sucedía en la tragedia de la Antigüedad y en la del teatro isabelino, del exterior, sino de la interioridad del alma inestable, de la neurosis de la psique enferma y solitaria, de la rivalidad y el desequilibrio de la propia conciencia. La concepción del personaje que subyace en las obras de Strindberg es histérica y fragmentada. Estamos ante un teatro que no es imitación de la vida, sino más bien espejo o reflejo del alma individual.

La conciencia de inseguridad que domina sobre la existencia del hombre del siglo XX es, en cierto modo, una consecuencia que se desarrolla a partir del pensamiento hegeliano. La filosofía de Hegel representa, en la tradición occidental, la tercera gran tentativa de seguridad antropológica: después de la cosmológica de Aristóteles, y de la teológica de Santo Tomás, está la logológica de Hegel. Kant había tomado como punto de partida de su sistema de pensamiento al sujeto implicado real y empíricamente en un proceso de conocimiento. Como sucede en Descartes, el pensar filosófico parte de un objeto o realidad inmediata, que es la situación del sujeto que filosofa (o conoce: epistemología), y sus condiciones aprioristicas o trascendentales (tiempo, espacio...) Hegel, al contrario que Kant, y Descartes, considera que no debe haber *ningún* objeto inmediato o apriorístico al pensar filosófico. El pensamiento y la filosofía deben partir de abstracciones puras, y no de condiciones aprioristicas al propio pensar: "El ser puro es la abstracción pura", éste ha de ser el fundamento de partida de todo ejercicio filosófico o de pensamiento. A partir de este planteamiento, la abstracción pura, Hegel convierte el desarrollo de la Razón del mundo en el objeto de la filosofía, sustituyendo así al conocer humano, y la subsiguiente implicación del sujeto kantiano en la elaboración del proceso de conocimiento. De nuevo el ser humano resulta empequeñecido y debilitado ante la acción superior, no ya de una realidad trascendente y numinosa, sino más bien en nombre de una Razón absoluta, estructurada dialécticamente a través de un proceso histórico inasequible a la acción de voluntad humana, y cuyas condiciones materiales, desde el punto de vista técnico, económico y político, son cada vez más incontrolables.

En este contexto, la obra de Feuerbach, *Los principios de la filosofía del porvenir* (1843), dispone las bases doctrinales del existencialismo moderno, al llevar a cabo en su sistema de pensamiento una *reducción antropológica* del

Ser al Existir. Feuerbach toma como punto de partida de la filosofía, de la teoría del conocimiento, no el sujeto implicado en el proceso mismo de conocimiento —como Kant, que trata de conocer a la persona sólo desde el punto de vista de sus posibilidades de conocimiento, pero no como sujeto en sí mismo existente–, ni el Espíritu absoluto, es decir, la Razón en abstracto —como Hegel, quien trata de conocer al sujeto como un principio a través del cual se manifiesta el Espíritu absoluto de forma autoconsciente–, sino que considera en sí mismo el ser real y global del hombre, como realidad efectivamente existente. De este modo se lleva a cabo una reducción antropológica decisiva: la reducción del ser humano a la existencia humana.

En nuestra época, esta reducción se ve confirmada por condiciones muy diversas, y a ello contribuyen dos factores importantes, determinantes en la configuración del existencialismo del siglo XX. En primer lugar, sociológicamente, se observa una disolución progresiva de las formas orgánicas tradicionales de convivencia humana directa: la familia, el gremio, la comunidad aldeana o urbana, se disgregan o disuelven progresivamente. Este fenómeno, que se intensifica tras la Revolución francesa y el nacimiento de la sociedad burguesa, contribuye a aumentar en el hombre los sentimientos de soledad e inseguridad. Las formas orgánicas de la comunidad preservaban al ser humano del sentimiento de abandono y vulnerabilidad, merced a la unión directa con sus iguales, y a la seguridad cosmológica que de ello se deriva. Sin embargo, esta seguridad se ha ido desvaneciendo a fines de la Edad Contemporánea. Han surgido otras formas alternativas de recuperar la "seguridad social" del hombre. Aparecen nuevas fórmulas de "sociedad", muy artificiales, que tratan de colocar a la persona en relación de igualdad y comunicación con el *otro*, como la unión, el sindicato, el partido, etc., pero estas pasiones colectivas no son en muchos casos algo más que masas organizadas, movidas por intereses que superan y anulan valores individuales, y que apenas permiten restaurar satisfactoriamente la seguridad que proporcionaban otros grupos humanos.

En segundo lugar, se ha puesto históricamente de manifiesto que la relación del ser humano con la realidad moderna que él mismo ha generado es radicalmente problemática e insegura. El sujeto es incapaz de dominar el mundo que él mismo ha creado, y se muestra sin posibilidades de desembocar en una coordinación racional de los elementos que ha generado en la modernidad de su evolución histórica. La acción y las consecuencias de la técnica, de la economía y de la política, resultan hoy día absolutamente incontrolables. En este contexto el ser humano se encuentra, una vez más, *cercado* por un conjunto de circunstancias que limitan el ejercicio de su voluntad. El tránsito de lo posible a lo real sólo se produce en la integridad de la persona, y en nuestra época, como en otras precedentes, esta experiencia conlleva grandes limitaciones. En el cerco, sólo nos queda la existencia, y no durante mucho tiempo.

2.3. Hacia una tragedia moderna. La poética de lo trágico en la *Numancia*

> "...Y la poesía tal vez se realza cantando cosas humildes..."
>
> M. DE CERVANTES, *Persiles*, III, 14.

En su "Ensayo de autocrítica", que F. Nietzsche adoptó como prólogo en las sucesivas reimpresiones de *El nacimiento de la tragedia*, el filósofo alemán plantea, en relación con el pesimismo y el origen de lo trágico, frente a la conciencia y sobriedad moral propia del socratismo, una serie de interrogantes muy a propósito de *La Numancia* cervantina:

> ¿Existe un pesimismo de la *fortaleza*? [...] ¿Existe acaso un padecimiento en esta misma sobreplenitud? [...] ¿Qué significa, justamente entre los griegos de la mejor época, la más fuerte y la más valiente, el mito *trágico*? (F. Nietzsche, 1871/1997: 42).

El propio Nietzsche concluye con la sugerencia de que los griegos disponían de una voluntad de lo trágico y eran pesimistas en el ejercicio de esa voluntad[1]. En el caso cervantino, este ejercicio de la voluntad está directamente relacionado con la evolución del concepto de libertad.

La *Numancia* constituye, en este sentido, un análisis de las posibilidades del ejercicio de la libertad humana en circunstancias extremas de impotencia, individual y colectiva, para su desarrollo, es decir, de incapacidad para actuar en libertad, al carecer el sujeto completamente de facultades de poder (*posibilidad*), en una situación en la que, de forma muy dramática, el ser humano sigue conservando exacerbadamente tanto el deseo de acción (*voluntad*) como las capacidades de conocimiento y reflexión

---

[1] Esta observación nietzscheana habrá de tener continuadores en el seno de las filosofías existencialistas, especialmente en el pensamiento de K. Jaspers, quien identifica en la manifestación objetiva del hecho trágico cuatro realidades principales: lucha, culpa, victoria y derrota. La idea de que la tragedia constituye una de las expresiones más representativas de la grandeza del hombre en el fracaso, genuinamente romántica, es revitalizada desde la perspectiva de las filosofías de la existencia: "La victoria no es del que asegura la existencia, sino del que sucumbe. El derrotado *triunfa en el fracaso*. El que triunfa, que logra una victoria efímera y meramente aparente, es el mediocre [...]. Su grandeza reside en el poder de llevar las posibilidades humanas hasta el extremo y de sucumbir conscientemente por ello" (K. Jaspers, 1948/1995: 64 y 67).

(*saber*) necesarias para actuar. La *Numancia* es en este sentido la expresión trágica de una impotencia humana suprema, ante todo consciente de sí misma, y que con toda la fuerza de su voluntad se enfrenta a una realidad superior e inderogable, de naturaleza igualmente humana, que ha de negar en el adversario, hasta destruirla absolutamente, toda posibilidad de vida. Tragedia de imposibilidades vitales, de conocimiento de los hechos y de ansia de libertad por encima de cualquier limitación sobre la existencia humana, la *Numancia* dignifica el sufrimiento del sujeto individual y colectivo, a la vez que confiere un reconocimiento, inédito hasta entonces en el género, a los sentimientos aristotélicos de horror y piedad en la experiencia vital de las gentes humildes, a las que instituye en protagonistas del hecho trágico. Sólo gentes humildes defienden en la *Numancia* la libertad humana, a la vez que dignifican el dolor que inspira su propia compasión.

Como hemos apuntado anteriormente, la tragedia española del siglo XVI, tal como había sido definida por los preceptistas en la línea más estrictamente aristotélica, fue abandonada relativamente pronto[2]. Frente a lo que sucede en *Los tratos de Argel*, la otra de las obras cervantinas conservadas del período correspondiente al final del siglo XVI, en la *Numancia* Cervantes se atiene a primera vista a ciertos hábitos característicos de la tragedia española contemporánea: sigue fuentes históricas, que le llevan a concentrar las formas dramáticas en la acción de personajes procedentes del ámbito histórico y legendario; tiende a reproducir más estrechamente los modelos pseudoclásicos de la tragedia neosenequista propia de la década de 1580, configurados por autores como los Argensola, Cristóbal de Virués y Jerónimo Bermúdez, entre otros; acude a la alegoría de forma recurrente, al presentar personajes que simbolizan ideas abstractas (España, Duero, Hambre, Enfermedad, Fama...), y que, a diferencia de *Los tratos de Argel*, no revelan "pensamientos escondidos" que correspondan a la experiencia particular de otros personajes (Ocasión, Necesidad...) con los que pueden dialogar ocasionalmente; disminuye el número de interlocutores en cada una de las secuencias dialógicas, así como estiliza sus funciones en el conjunto de la obra, lo que le ayuda a conseguir en el curso de la *fábula* un desarrollo equilibrado de la expresión trágica. A continuación trataremos de reflexionar sobre la poética de lo trágico en la *Numancia*, con

---

[2] Como ha señalado recientemente A. Hermenegildo, la tragedia española prelopista "fue, finalmente, un ejercicio de minorías, de grupo elitista, que no consiguió establecer el contacto con la conciencia colectiva, dirigida y controlada desde el poder, marcada y condicionada por el discurso político dominante. Por eso fracasó. Los esfuerzos 'técnicos' llevados a cabo por los diferentes autores no dieron los resultados buscados, la catarsis no llegó a producirse y el ejercicio teatral fue un gigantesco palo de ciego que no logró establecer contacto con el público, cuyo código ideológico era radicalmente distinto del que encubría o descubría el sentido de las tragedias" (A. Hermenegildo, 1998: 75).

objeto de demostrar que, algunas de sus características y propiedades, han resultado fundamentales en la interpretación moderna que el pensamiento y la teoría literaria de la Edad Contemporánea han hecho sobre la evolución histórica de la tragedia en la dramaturgia de Occidente[3].

2.3.1. *El decoro de los humildes*

Los numantinos, protagonistas de la experiencia trágica, no son personajes aristocráticos, ni están representados en la acción de la tragedia desde el amparo de ninguna institución o estructura nobiliaria. Se rompe así con los imperativos del decoro propios de la tragedia clásica, desde la que se exigía que el protagonismo de la experiencia trágica recayera sobre personajes de condición noble o aristocrática[4].

Los dos numantinos que constituyen la embajada desde la que se propone la paz a Escipión no se presentan con nombre propio, ni esgrimen un estamento social o estructura aristocrática en nombre de la cual representen a la totalidad de su pueblo, sino que simplemente se declaran

---

[3] Antes de iniciar semejante consideración, conviene no perder de vista las siguientes palabras de un crítico actual, sobre la disparidad de interpretaciones que ha provocado la tragedia cervantina: "Respecto a la *Numancia*, la crítica ha centrado su interés en el problema del género y las características normativas que la obra tiene en cuanto teatro trágico. La obra se ha visto como ejemplo de tragedia al estilo de la descripción del Pinciano, como texto de género híbrido entre tragedia, tragicomedia y tragedia de error o como ejemplar realización de la norma clasicista. Por otra parte, una constante en la preocupación de la crítica es el sentido ideológico de la *Numancia*" (Chr. Karageorgou, 1997: 24). Cfr., para una visión histórica de la crítica, española y extranjera, sobre la *Numancia*, las páginas de A. Hermenegildo acerca de esta tragedia en su estudio sobre *La tragedia en el Renacimiento español* (1973: especialmente 371-374). No nos parece exagerado el contenido de las siguientes palabras de A. Hermenegildo sobre la calidad de la *Numancia*, palabras que revelan con claridad, superada la mitad del siglo XX, el gran cambio que con el paso del tiempo llega a experimentar la percepción del teatro cervantino: "A mi modo de ver, *La Numancia* es la mejor tragedia aparecida en España, no ya en los tiempos anteriores a Lope de Vega, sino en toda la historia de nuestra literatura [...]. El gran mérito de Cervantes no es haber fundado una escuela dramática nacional triunfante, porque esto lo hizo Lope, sino haber construido un drama de suma elevación y grandeza. Abandonó la hueca declamación, la trivialidad incidental y la presentación del horror que hacían los trágicos contemporáneos. La *Numancia* es modelo de simplicidad, rectitud y verdad" (A. Hermenegildo, 1973: 370).

[4] E. Auerbach ha recordado en su *Mímesis* (1942) una idea decisiva que E. Riley ha reiterado oportunamente a propósito de los personajes del *Quijote*, y que en efecto no está de más recuperar en el contexto de la *Numancia*; se trata del hecho que, frente a las exigencias clásicas del decoro, supuso la aparición del cristianismo, desde el que se propugnaba insistentemente que los más humildes habían de ser los más altos, y que todos los seres humanos eran, sólo espiritualmente, iguales, lo que en cierto modo equivalía a no considerar, al menos momentáneamente, las diferencias materiales y sociales.

"ciudadanos" de Numancia, y se denominan respectivamente "primero" y "segundo". Reconocen la dignidad moral y la graduación militar del general romano al que se dirigen, pero en ningún momento pretenden hablarle como caballeros o patricios representantes de su pueblo, sino sólo como simples habitantes de Numancia. El personaje numantino actúa en este contexto como un signo de humildad colectiva que carece de identidad individual:

> Numancia, de quien soy ciudadano,
> ínclito general, a ti me envía. [I, 233-234]

Paralelamente, sorprende que en ciertos momentos el propio Escipión se distancie del decoro que se esperaría de su condición de general, al asumir determinadas formas de conducta, desde las que manifiesta una imagen de identidad o afinidad con sus soldados, especialmente en el momento en que él mismo decide tomar los instrumentos para cavar el foso con el que pretende cercar a los numantinos: "Yo mismo tomaré el hierro pesado, / y romperé la tierra fácilmente. / Haced todos cual yo, y veréis que hago / tal obra con que a todos satisfago" (I, 333-336).

En la acotación inicial de la jornada segunda de la *Numancia*, que reproducimos a continuación, a propósito del "nombre propio" del personaje teatral, se observa en la presentación de los "gobernadores de Numancia" una relación inicial de igualdad entre sus distintos miembros, en la que no subyace ningún tipo de estructura aristocrática o estamental. Así es que la mayoría de los personajes que aparecen en la *Numancia* carece de nombre propio, y adquieren únicamente denominaciones de valor genérico (numantino primero, numantino segundo, mujer primera, mujer segunda, madre, hijo, sacerdote, embajador...)[5]. Así lo confirma la acotación inicial de la segunda jornada:

> Teógenes y Corabino, con otros cuatro numantinos, gobernadores de Numancia, y Marquino, hechicero, y un cuerpo muerto, que saldrá a su tiempo. Siéntanse a consejo, y los cuatro numantinos que no tienen nombres se señalan así: Primero, Segundo, Tercero, Cuarto.

En este contexto, Teógenes representaría el poder político, y desempeñaría funcionalmente el papel de "rey", algo que nunca se explicita en la obra, pues todos los personajes se mueven en el ámbito de una condi-

---

[5] "Su mera denominación, pues –comentan al respecto F. Sevilla y A. Rey Hazas (1996: XIII)–, los define ya como partes del todo indisoluble que es Numancia. Los personajes con nombre propio, por otro lado, tampoco están excesivamente individualizados, puesto que encarnan una serie de funciones dramáticas imprescindibles para que la colectividad parezca auténtica y adquiera vida con caracteres de realidad".

ción humilde, que ninguno trata de superar. No es un problema social o estamental el problema de la tragedia *Numancia*, sino un problema personal: la negación de la libertad como negación de la vida. Por su parte, Marquino representaría el poder religioso; su suicidio, tras verificar con el cuerpo muerto el destino trágico de Numancia, constituye una prolepsis o antecedente de cuanto va a suceder posteriormente a la colectividad de sus conciudadanos. Corabino, como miembro del consejo de gobernantes, representa el prototipo del valor militar; Morandro y Lira encarnan la experiencia amorosa en la experiencia trágica, del mismo modo que Morandro y Leoncio representan la pervivencia de la amistad en el seno de la tragedia humana. Finalmente, Viriato individualiza y confirma la voluntad íntegra del sacrificio numantino. Todos ellos son personajes que, sin sustraerse en absoluto de su condición humilde, se convierten, frente a los dictámenes tradicionales del decoro, en protagonistas decisivos de la experiencia trágica[6]. Parece claro, desde el punto de vista de nuestra argumentación, que "la actitud de Cervantes –y coincidimos en esta observación con A. Hermenegildo (1973: 368)– no fue ajustar el teatro a las reglas de Aristóteles ni imitar a los clásicos"[7].

2.3.2. *La* hybris *y los seres inocentes*

No se advierte en la acción de los numantinos, como sujetos de la experiencia trágica, un yerro o una falta moral grave (*hybris*) que explique el sufrimiento trágico que padecen[8]. No parece, pues, que se cumpla

---

[6] En algunas de sus comedias, Cervantes confiere un gran protagonismo a la acción y la presencia de personajes humildes, o de baja dimensión social, como es el caso de los numerosos y diferentes criados que pueblan el mundo de *La entretenida*. En este sentido, F. Sevilla y A. Rey (1998: XVI, 26) advierten precisamente que "los servidores ocupan la mayor parte de esta comedia *no sólo para burlarse del canon dramático imperante* [cursiva nuestra], sino también para manifestar que son seres que tienen vida propia"; en la misma línea de interpretación, S. Zimic (1992: 239) subraya la "gama amplia y honda de preocupaciones, sentimientos y emociones, muy dignos de atención", que caracteriza el discurso y la acción de estos personajes humildes. A este respecto, cfr. más adelante nuestro cap. dedicado al personaje teatral en las comedias de Cervantes, en "Tentativas de renovación teatral en la poética de la comedia cervantina (apartado 4.3 de este libro).
[7] En la misma línea se sitúan las interpretaciones, entre otros, de J. Canavaggio: "¿Fue por lo tanto Cervantes un clasicista empedernido, aferrado a los preceptos aristotélicos? No hay por qué pensarlo: fuera de que en España no se respetaron aquellas reglas hasta el siglo XVIII..." (J. Canavaggio, 1992: 14).
[8] Como recuerda A. Hermenegildo (1998: 83), a propósito del arte trágico de C. de Virués –pensemos, por ejemplo, en *La tragedia de la cruel Casandra*– y otros contemporáneos de Cervantes, "la bondad de ciertas figuras va atada irremediablemente a su condición de víctimas inocentes".

en esta tragedia la exigencia aristotélica, desde el momento en que el personaje que sufre es completamente inocente: "Es evidente que ni los hombres virtuosos deben aparecer pasando de la dicha al infortunio, pues esto no inspira temor ni compasión, sino repugnancia; ni los malvados, del infortunio a la dicha, pues esto es lo menos trágico que puede darse, ya que carece de todo lo indispensable, pues no inspira simpatía, ni compasión ni temor; ni tampoco debe el sumamente malo caer de la dicha en la desdicha, pues tal estructuración puede inspirar simpatía, pero no compasión ni temor, ya que aquélla se refiere al que no merece su desdicha, y éste, al que nos es semejante; la compasión, al inocente, y el temor, al semejante; de suerte que tal acontecimiento no inspirará ni compasión ni temor" (Aristóteles, *Poética*, 1452b 34 - 1453a 7).

Según Aristóteles, la piedad sólo puede inspirarla la inocencia de aquellos caracteres que, siendo moralmente buenos, caen inmerecidamente en la desdicha y el infortunio. A su vez, el concepto de *hybris* se identifica más bien con el hecho de cometer una falta o error moral, por parte de un personaje "intermedio" o mediocre por su carácter. Desde este punto de vista, el exceso o *hybris* de la *Numancia* está presente más bien en la acción de Escipión, al rechazar, sin fundamentos dignos de un mandatario magnánimo, la propuesta de paz de los numantinos. Escribe Aristóteles: "Queda, pues, el personaje intermedio entre los mencionados. Y se halla en tal caso el que ni sobresale por su virtud y justicia ni cae en la desdicha por su bajeza o maldad, sino por algún yerro, siendo de los que gozaban de gran prestigio y felicidad [...]. Necesariamente, pues, una buena fábula [...] no ha de pasar de la desdicha a la dicha, sino, al contrario, de la dicha a la desdicha; no por maldad, sino por un gran yerro, o de un hombre cual se ha dicho, o de uno mejor antes que peor" (Aristóteles, *Poética*, 1453a 7-16). En la *Numancia* cervantina, el hombre que, en todo caso, cumple con los requisitos señalados por Aristóteles es Escipión.

En efecto, Escipión es un personaje que está caracterizado inicialmente por una celebridad y una dignidad morales muy destacadas, desde las que dispone una nueva organización en la vida militar de su ejército:

> Primero es menester que se refrene
> el vicio que entre todos se derrama;
> que si éste no se quita, en nada tiene
> con ellos que hacer la buena fama.
> Si este daño común no se previene,
> y se deja arraigar su ardiente llama,
> el vicio solo puede hacernos guerra
> más que los enemigos desta tierra. [I, 41-48]

Sin embargo, a medida que avanza la acción, el carácter de Escipión se torna cada vez más inhumano, decepcionante y mediocre. Su presunta magnanimidad hace oídos sordos a la propuesta de paz y de justicia solicitadas por los numantinos; se entrega en el uso de la fuerza bélica a actitudes maquiavélicas (S. Zimic, 1992), en las que domina la astucia del pillo frente a la celebridad del militar que combate valerosamente; y al final, frente a Viriato, con tal de mostrar ante la Roma imperial que ha podido capturar con vida al menos a un numantino, llega a sobornar al muchacho prometiéndole todo tipo de riquezas.

En la tragedia cervantina no se registran apartes, pero sí es posible identificar discursos de Escipión que hacen pensar en la introspección de un sujeto que habla consigo mismo; no dirige sus enunciados ni al público ni a otro personaje, de modo que los presenta como pensamientos propios a los que confiere una expresión verbal que podríamos identificar, en la representación teatral, con un discurso en aparte. Escipión presenta con frecuencia *parlamentos de digresión moral*, ante determinadas acciones que se propone ejecutar, lo que puede interpretarse como un signo de la capacidad reflexiva del personaje, de su experiencia y formación en el arte de la guerra y de la dialéctica verbal, que autores como S. Zimic (1992) han asociado, con cierta razón, al discurso maquiavélico. Así, por ejemplo, ante la embajada numantina que le propone una convivencia pacífica, Escipión medita el siguiente enunciado, que no comunica intencionalmente a ningún otro personaje:

> Jamás la falsedad vino cubierta
> tanto con la verdad, que no mostrase
> algún pequeño indicio, alguna puerta
> por donde su maldad se investigase;
> oír al enemigo es cosa cierta
> que siempre aprovechó antes que dañase,
> y en las cosas de guerra, la experiencia
> muestra que lo que digo es cierta ciencia. [I, 217-224]

Cuando los embajadores numantinos presentan a Escipión una propuesta de convivencia pacífica, a cambio de tolerancia por parte de los mandatarios romanos, el general romano rechaza toda forma de paz que no resulte de un enfrentamiento bélico, tras el cual los numantinos acepten la voluntad de Roma, y le proporcionen, como jefe de las tropas victoriosas, la celebridad que pretende para su trayectoria militar. La respuesta de Escipión es concluyente, y no admite continuidad alguna en el diálogo, al rechazar el mensaje numantino, así como cualquier posibilidad de comunicación con el enemigo:

> Tarde de arrepentidos dais la muestra;
> poco vuestra amistad me satisface.
> De nuevo ejercitad la fuerte diestra,

> que quiero ver lo que la mía hace,
> ya que ha puesto en ella la ventura
> la gloria mía y vuestra desventura.
> A desvergüenza de tan largos años,
> es poca recompensa pedir paces:
> seguid la guerra, renovad los daños,
> salgan de nuevo las valientes haces.
> ... ...
> no quiero por amigos aceptaros,
> ni lo seré jamás de vuestra tierra.
> Y, con esto, podéis luego tornaros. [I, 269-276 y 299-301]

Incurre aquí Escipión en lo que podría denominarse pecado de *hybris* o error moral, según la concepción de la tragedia antigua, por el que el personaje que detenta el poder en un momento dado comete una desmesura o exceso de consecuencias irreversibles. De este modo, el personaje se devalúa moralmente, se torna mediocre, pierde instantáneamente la altura moral que se espera de él, e incurre en un error, en una falta que, de haberse evitado, habría evitado la tragedia. Así lo hace constar Corabino al propio Escipión: "Mal con tu nombradía correspondes, / mal podrás deste modo sustentalla" (III, 1203-1204). Sin embargo, al contrario de lo que esperaríamos de un planteamiento genuinamente helénico de los hechos, en la *Numancia* no será Escipión quien reciba las consecuencias más graves del hecho trágico, sino los numantinos, es decir, aquellos que no han incurrido en ningún acto, exceso o falta moral, que les haga responsables directos del infortunio de padecer la agresión romana. En consecuencia, el rechazo de Escipión a toda forma de entendimiento pacífica, y su respuesta negadora de posibilidades de convivencia, enaltece la dignidad numantina, y justifica su actitud, a la vez que atenúa en el militar toda nobleza de ánimo, en favor de liberalidad y tolerancia.

> Y, pues niegas la paz que con buen celo
> te ha sido por nosotros demandada,
> de hoy más la causa nuestra con el cielo
> quedará por mejor calificada. [I, 281-284]

Los embajadores numantinos habían recordado a Escipión que en ningún momento fue posible el acuerdo o la convivencia con los romanos, debido a la intolerancia e incomprensión de sus mandatarios; en consecuencia, Numancia esperaba de Escipión una actitud diferente, liberal y tolerante, de acuerdo con la celebridad y dignidad de su fama, que hiciera posible la convivencia. Y así, le advierten "que ningún general hemos hallado / con quien poder tratar de algún concierto" (I, 251-252). Con su rechazo, Escipión queda a la altura de los anteriores mandatarios romanos, incapaces, por su actitud abusiva y cruel, de convivir dignamente con los numantinos.

El diálogo que Escipión mantiene con Viriato al final de la tragedia (IV, 2330-2407) constituye la confirmación de las palabras de Corabino. Ahora es Escipión quien desea el diálogo, una vez que la tragedia se ha consumado, con objeto de exaltar ante el último numantino una piedad que en ningún momento mostró con anterioridad, especialmente ante los embajadores que se la solicitaron en nombre de la ciudad. La respuesta de Viriato es explícita: "¡Tarde, cruel, ofreces tu clemencia, / pues no hay en quien usarla...!"

CIPIÓN: Por ésas, joven, deseoso vengo,
y más de que tú hagas experiencia
si en este pecho piedad sostengo.

VIRIATO: ¡Tarde, cruel, ofreces tu clemencia,
pues no hay en quien usarla; que yo quiero
pasar por el rigor de la sentencia
que, con suceso amargo, lastimero,
de mis padres y patria tan querida,
causó el último fin, terrible y fiero! […]

CIPIÓN: Templa, pequeño joven, templa el brío,
y subjeta el valor tuyo y pequeño,
al mayor de mi honroso poderío;
que desde aquí te doy mi fe, y empeño
mi palabra, que sólo de ti seas
tú mismo el propio y conocido dueño,
y que de ricas joyas y preseas
vivas lo que vivieres abastado,
como yo podré darte y tú deseas,
si a mi te entregas y te das de grado.

VIRIATO: Todo el furor de cuantos ya son muertos
en este pueblo, en polvo reducido;
todo el huir los pactos y conciertos,
ni el dar a sujeción jamás oído,
sus iras y rencores descubiertos,
está en mi pecho, todo junto, unido.
Yo heredé de Numancia todo el brío;
¡ved si pensar vencerme es desvarío!
Patria querida, pueblo desdichado,
no temas ni imagines que me admir[e]
de lo que debo hacer, en ti engendrado,
ni que promesa o miedo me retire,
ora me falte el suelo, el cielo, el hado;
ora a vencerme todo el mundo aspire;
que imposible será que yo no haga
a tu valor la merecida paga […];
y si ha sido el amor perfecto y puro

                que yo tuve a mi patria tan querida,
                asegúrelo luego esta caída.
CIPIÓN: ¡Oh nunca vista, memorable hazaña!
                ¡Niño de anciano y valeroso pecho,
                que no sólo a Numancia, mas a España
                has adquerido gloria en este hecho!
                ¡Con tu viva virtud y heroica, estraña,
                queda muerto y perdido mi derecho!
                ¡Tú con esta caída levantaste
                tu fama, y mis victorias derribaste! [IV, 2330-2400]

Los versos 2342-2351, en que Escipión promete a Viriato grandes riquezas a cambio de que se le entregue, de modo que el general conserve su honor y su prestancia a los ojos de Roma, constituyen acaso una expresión poco decorosa de un militar cuya fama responde, como se nos sugiere inicialmente, a la grandeza moral, el valor bélico y la honradez en la victoria. El discurso de Escipión es momentáneamente el de un sobornador, que trata de comprar a toda costa, en cuerpo y alma, al único numantino con vida, con objeto de mantener una celebridad que su conducta a lo largo de la tragedia ha desmitificado en diversos momentos. Una vez más la actitud de Escipión sumerge al personaje en un grado superior de mediocridad, que contrasta con el valor y la integridad de su pueril adversario. Escipión soborna infructuosamente a Viriato con una promesa de libertad y de riqueza que, antes que posible o verosímil, resulta indecorosa.

El discurso de Viriato constituye, por su parte, la expresión superlativa de un *yo* que habla por boca de todo un pueblo ("Yo heredé de Numancia todo el brío..."), y desde el que se dramatizan, en un diálogo directo con el opresor, los impulsos más intensos de la voluntad individual y colectiva: "Todo el furor de cuantos ya son muertos / ... / está en mi pecho, todo junto, unido". Viriato reprocha a Escipión no haber escuchado a los numantinos, y considera que no es admisible hablar de piedad una vez que "todo el huir los pactos y conciertos / ni el dar a sujeción jamás oído", ha sido causa de la tragedia. Y una vez más, finalmente, la experiencia de la tragedia cervantina discute, por boca de Viriato, la fuerza de una posible realidad trascendente frente a los impulsos conscientes de la voluntad humana: "no temas ni imagines que me admir[e] / de lo que debo hacer, en ti engendrado, / ni que promesa o miedo me retire, / ora me falte el suelo, el cielo, el hado".

Más adelante, el discurso en que Escipión lamenta el fracaso definitivo ante Numancia (IV, 2235-2248) revela en qué medida el militar teme ver su fama mancillada ante las exigencias de Roma, a la vez que aún justifica como razonable el cerco de la ciudad, al haber sido la única solución posible para someter a los numantinos, y acabar de este modo con una guerra prolongada durante tantos años. Con todo, Escipión desearía gozar de la victoria pírrica de haber hallado al menos a un superviviente que, al fin de forma simbólica, justificara el valor de la fuerza bélica, y no sólo el triunfo "con industria y maña".

> Con uno solo que quedase vivo,
> no se me negaría el triunfo en Roma
> de haber domado esta nación soberbia,
> enemiga mortal de nuestro nombre,
> constante en su opinión, presta, arrojada
> al peligro mayor y duro trance,
> de quien jamás se alabará romano
> que vio la espalda vuelta al numantino,
> cuyo valor, cuya destreza en armas,
> me forzó con razón a usar el medio
> de encerrarlos cual fieras indomables,
> y triunfar dellos con industria y maña,
> pues era con las fuerzas imposible. [IV, 2235-2248]

El reconocimiento de Escipión de su exceso o *hybris* frente a los numantinos (IV, 2296-2305) acaba por manifestarse con claridad al reconocerse como responsable de la destrucción absoluta de la ciudad sitiada. Escipión es consciente de su falta de piedad, así como del horror que ha desencadenado. Revela ahora el desconocimiento mantenido durante toda la tragedia sobre las posibilidades y capacidades de la voluntad de los cercados. Como es propio de la tragedia, el poderoso opresor ignora demasiadas cosas acerca del ser y de la voluntad del oprimido. Las explicaciones de Escipión llegan tarde, pues los hechos son ya irreversibles; el tono final de sus palabras dista mucho de ser aquel que negó toda posibilidad de entendimiento a los embajadores numantinos.

> ¿Estaba por ventura el pecho mío
> de bárbara arrogancia y muertes lleno,
> y de piedad justísima vacío?
> ¿Es de mi condición, por dicha, ajeno
> usar benignidad con el rendido,
> como conviene al vencedor que es bueno?
> Mal, por cierto, tenían conocido
> el valor en Numancia de mi pecho,
> para vencer y perdonar nacido. [IV, 2296-2305]

2.3.3. *La dignidad del dolor y el reconocimiento de la piedad*

La acción de la *Numancia* discurre en un ritmo deliberadamente lento, muy distinto por ejemplo a la expresión dinámica de casi todas las comedías de Lope. Este ritmo lento de la tragedia cervantina –el verso endecasílabo, en densas octavas y tercetos, con ritmos de pausada expresividad– contribuye a intensificar el "sentimiento trágico de la vida" en la ciudad sitiada.

A lo largo de la última jornada de la tragedia se suceden hasta tres soliloquios, que tienen como protagonistas a Morandro, a Lira y al hermano de esta última. Cada uno de ellos constituye una secuencia de gran expresividad dramática, en la que un personaje llora la muerte agónica de sus seres queridos. Morandro habla a Leoncio, que acaba de fallecer al acompañarle en su intento de adentrarse en las tropas romanas para llevar a Numancia algo de pan. Su discurso constituye un soliloquio hacia la segunda persona, cuyo referente es Leoncio; domina aquí la apelación retórica al amigo muerto, en favor de la exaltación de la amistad (IV, 1788-1819). Poco después, al producirse la muerte de Morandro, su prometida enuncia un nuevo soliloquio de características semejantes al anterior, si bien en este caso de exaltación amorosa, con apelación retórica a la segunda persona, cuyo referente es Morandro, muerto (IV, 1856-1879). Finalmente, tiene lugar en escena la muerte del hermano de Lira, y la mujer formula un nuevo soliloquio (IV, 1896-1927) en el que se afirma rotundamente, y con una proyección universal, el dolor humano de los numantinos. Hay en este soliloquio, frente a los anteriores, una expresión épica antes que lírica, que supone una vuelta a las voces monológicas del teatro antiguo; la pluralidad de destinatarios aludidos niega la existencia de un sujeto humano único como destinatario de estos versos, en favor de una realidad cósmica, identificada en el conjunto que forman la fortuna, los hados, los ciudadanos de Numancia, el hermano, el esposo, la muerte, etc. La experiencia personal del sujeto hablante se disuelve, al proyectarse invariablemente sobre múltiples realidades y abstracciones trascendentes.

A través de escenas como ésta quedan de manifiesto el horror y la piedad que subyacen en la *Numancia*, si bien no resulta tan claro que con la expresión de estos sentimientos se persiga la consecución de una experiencia catártica en el sentido más genuinamente aristotélico. La *katharsis* trágica del mundo griego remite a una experiencia orgánica implicada, quizá no sabemos muy bien de qué modo, en un espectáculo ritual cuya naturaleza está profundamente determinada por una inferencia religiosa. Purgación en su sentido médico, purificación en su sentido religioso, no parece que haya sido la *katharsis* ática lo que haya pretendido Cervantes en la disposición trágica de la *Numancia*, sino más bien la expresión radical de dolor en personajes de condición humilde, al margen de toda tentativa cómica, así como la posibilidad de conferir a este dolor una dignidad y una compasión que hasta entonces habían estado desterradas de la experiencia trágica de los seres humildes.

La escena en que Teógenes da muerte a sus propios hijos tiene antecedentes intertextuales muy explícitos en la tragedia clásica. Acaso la acción de Medea constituye en este sentido uno de los referentes más relevantes, tanto en la obra de Eurípides como en la tragedia de Séneca. Aristóteles había insistido claramente en la intensidad trágica que suponía el enfrentamiento mortal entre miembros de una misma familia: "Si un enemigo ataca a su enemigo, nada inspira compasión, ni cuando lo hace ni cuando está a punto de hacerlo, a no ser por el lance mismo; tampoco, si no son amigos ni enemigos. Pero cuando el lance se produce entre personas amigas, por ejemplo si el hermano mata al hermano, o va a matarlo, o le hace alguna otra cosa semejante, o el hijo al padre, o la madre al hijo, o el hijo a la madre, éstas son situaciones que deben buscarse" (Aristóteles, *Poética*, 1453b 17-22).

Consideremos, desde este punto de vista, el discurso de Teógenes en el momento de dar muerte a sus propios hijos:

> Sangre de mis entrañas derramada,
> pues sois aquella de los hijos míos;
> mano contra ti mesma acelerada,
> llena de honrosos y crueles bríos;
> Fortuna, en daño nuestro conjurada;
> Cielos, de justa piedad vacíos,
> ofrecedme en tan dura amarga suerte
> alguna honrosa aunque cercana muerte. [IV, 2132-2143]

Cervantes ha puesto en manos del padre, Teógenes, la representación de la muerte de los hijos, en lugar de presentar a la madre como ejecutora, hecho que quizá desde la tradición literaria resultaría aún más dramático. Paralelamente, Teógenes no prodiga demasiadas palabras, ni de duda ni de dolor, sobre el acto homicida que va a llevar a cabo contra las criaturas que él mismo ha engendrado. De nuevo se observa aquí una expresión más épica que lírica. Si contrastamos las palabras de Teógenes, en el momento de matar a sus propios hijos, con las de Medea, en el fragmento de Eurípides en que la mujer de Jasón asesina a los suyos, se observa que los efectos de horror y piedad son mucho más expresivos en el autor griego.

> ¡Ay, ay! ¿Por qué me observáis con vuestros ojos, hijos? ¿Por qué me dirigís vuestra última sonrisa? ¡Ay, ay! ¿Qué debo hacer? Pues me falla el corazón, mujeres, en cuanto he visto la brillante mirada de mis hijos. No podría realizarlo. ¡Adiós a mis proyectos anteriores! Llevaré a mis hijos fuera del país. ¿Qué necesidad tengo yo, por dañar al padre con las desgracias de éstos, de ganarme yo misma desgracias dos veces más grandes? ¡No, yo no, desde luego! ¡No! ¡Adiós a mis proyectos! Mas, ¿qué me sucede? ¿Quiero servir de

irrisión al dejar sin castigo a mis enemigos? ¡Hay que atreverse a ello! Pero, ¡qué cobardía la mía: consentir blandas razones a mi corazón! ¡Marchad, hijos, hacia la mansión! A quien la ley divina prohíba asistir a mi sacrificio, a él le compete. No permitiré que tiemble mi mano. ¡Ah, ah! ¡No corazón, no cometas este crimen! ¡Déjalos, oh desgraciada! ¡Deja vivir a tus hijos! Si viven allí conmigo me darán alegría! ¡No, por los infernales espíritus vengadores de Hades! Jamás entregaré mis hijos a mis enemigos para que se vean ultrajados. De cualquier forma es forzoso que mueran, y, dado que es menester, los mataré yo que les di la vida. Esto está absolutamente decidido y no podrá evitarse (Eurípides, *Medea*, vs. 1040-1063)[9].

La secuencia de Eurípides se presenta como un sacrificio ritual, la de Teógenes, como el cumplimiento de un deber. Frente a estos ejemplos, en la *Medea* de Séneca, por su parte, los deseos de venganza de la mujer desdeñada por el esposo parecen primar sobre el dolor que a la madre le causa el asesinato de sus propios hijos[10]. Al contrario de lo que sucede en los antecedentes trágicos de Eurípides y Séneca, Cervantes no ha busca-

---

[9] Cfr. Eurípides, *Medea*, en *Tragedias*, Madrid, Cátedra, 1985, pág. 201. Ed. y trad. de J. A. López Férez.

[10] Compárese este episodio de Eurípides con el de la tragedia *Medea* de Séneca. He aquí el fragmento correspondiente al asesinato, por parte de Medea, de los hijos engendrados con Jasón (V, 926-954). Medea trata de convencerse de que sus hijos no son suyos, sino de Jasón y su amante Creúsa, princesa de Corinto, de quien ahora se ha enamorado su esposo. El discurso de Medea es contradictorio y vacilante en su expresión sobre la conveniencia o no de asesinar a los niños, con el fin de satisfacer sus pasiones de venganza frente a Jasón, o con el objeto de evitar que sea una madrastra la encargada de su educación: "El horror ha empezado a sacudir mi corazón, mis miembros están rígidos de escalofrío, y mi pecho se ha puesto a temblar. Se ha apartado la ira y vuelve la madre en su plenitud, echando fuera a la esposa. ¿Derramar yo la sangre de mis propios hijos y de mi propia prole? Piénsalo mejor, ¡ay!, insensata locura, ese crimen inaudito y esa espantosa impiedad, ¡lejos de mí también! ¿Qué delito van a expiar los desgraciados? El delito es tener a Jasón por padre y, delito aún mayor, a Medea por madre... Que sucumban, no son míos; que perezcan, míos son. Libres están de delito y de culpa, son inocentes: lo confieso. También lo fue mi hermano. ¿Por qué vacilas, alma mía? ¿Por qué riegan mi rostro las lágrimas y, envuelta en contradicciones, ora me lleva en un sentido la ira, ora en otro el amor? Una doble marea me arrastra en mi indecisión: como cuando los vientos impetuosos entablan una guerra cruel y de uno y otro lado se levanta la mar en olas que entrechocan y el piélago hierve agitado, no de otro modo es el oleaje de mi corazón. La ira ahuyenta al cariño y el cariño a la ira. Cede al cariño, resentimiento. Criaturas queridas, único consuelo de mi atormentado hogar, venid aquí y echaos sobre mí en estrecho abrazo. Que os tenga a salvo vuestro padre, con tal de que también vuestra madre os tenga..., pero apremia el destierro y la huida. Ahora mismo me los arrebatarán arrancándomelos del regazo entre llantos y gemidos. ¡Oh, qué crimen!... Que perezcan para su padre: para su madre ya han perecido. De nuevo se acrecienta mi resentimiento y me hierve el odio; la Erinis de otros tiempos vuelve a buscar mi mano contra mi voluntad. Ira, por donde tú me llevas, yo te sigo" (Séneca, *Medea*, acto V, vs. 926-954). Cfr. Séneca, *Tragedias I. Hércules loco. Las Troyanas. Las Fenicias. Medea*, Madrid, Gredos, 1987 (1° reimpr., 1° ed.) Traducciones, introducciones y notas por Jesús Luque Moreno. Págs. cits. 336-337.

do en las secuencias numantinas, como la protagonizada por Teógenes en el momento de asesinar a sus propios hijos, reproducir ni imitar, desde la ortodoxia de la poética clásica, el efecto de horror y de piedad que tan particularmente han expresado los trágicos grecolatinos. Sin negar la poética ni la tradición clásicas, Cervantes transcribe en la *Numancia* una concepción propia y moderna de la tragedia, entre cuyas aportaciones más relevantes se encuentra el reconocimiento del dolor y la piedad en la experiencia trágica de los seres humildes, al margen con frecuencia de la ortodoxia preceptista.

2.3.4. *El heroísmo de los plebeyos*

La *Numancia* es una tragedia, quizá la primera en la historia de la dramaturgia occidental, que confiere honor y dignidad a la acción heroica de personajes humildes. Cervantes expresa y justifica el honor de los villanos, en una de las experiencias más radicales de la existencia humana, como es la decisión del sacrificio colectivo, la autoinmolación de una ciudad. El reconocimiento del honor en los villanos era algo muy teatralizado en las comedias de Lope; recuérdese el caso de *Fuenteovejuna*, donde el comendador Fernán Gómez desafía a los villanos negándoles precisamente esta cualidad: "¿Vosotros honor tenéis?" (II, 986).

Nada hace pensar que el tratamiento del honor que presenta Cervantes en la *Numancia* se relacione estrechamente con los códigos e imperativos de la honra característicos de la "comedia nueva"; el honor de los numantinos no se agota ni se explica en sí mismo, sino que es preciso considerarlo desde la perspectiva trágica en que se sitúa la acción de sus protagonistas. La dignidad y el honor de los habitantes de Numancia no adquiere ni pretende en ningún momento representatividad social o fundamento estamental; no subyace en esa concepción de la honra ninguna estructura de clase. El honor se percibe aquí como un atributo de la libertad, y como una consecuencia, antes que una causa, de la voluntaria decisión de inmolarse colectivamente. El objetivo de los numantinos es la conservación de la libertad, a la que no renuncian jamás, así como la preservación del honor, como legitimidad o coherencia moral que garantiza la integridad de sus valores, a la vez que asegura la convivencia. La conservación impoluta de tan altos ideales exige, todavía en la Edad Moderna, desde la mentalidad de Miguel de Cervantes, un desenlace trágico, cuyos hechos ponen a prueba el heroísmo verosímil, no de altos patricios o aristócratas, que hayan podido incurrir más o menos conscientemente en faltas morales, sino de gentes singularmente humildes y completamente inocentes.

No hay en los protagonistas de la *Numancia* expresión de ambiciones personales, ni de orgullo de linaje, ni de deseos de gobierno, ni soberbia en el ejercicio del poder, etc., como cabría esperar de los personajes aristocráticos de una tragedia genuinamente ática, o de cualquier otra forma de literatura trágica derivada de las fórmulas y patrones épicos de la *Ilíada*. Si la literatura homérica pudo ser desarrollada dramáticamente por un género como la tragedia ateniense, ello fue debido en gran parte a que las historias que interesaban al público de la épica se forjaron sobre una tradición que, asumida por la tragedia, exigía que los ideales heroicos –capaces de convertir a quien los alcanzaba en un ser aristocrático– sólo se lograban mediante la demostración de un poderoso esfuerzo, de modo que la conservación de tales ideales conducía con frecuencia al sufrimiento y al dolor, cuando no a la muerte a una edad demasiado temprana. Hemos de insistir en que Troya no es Numancia: el belicismo de la Edad Antigua era un belicismo esencialmente aristocrático, exclusivamente masculino, y fuertemente individualista, que pretendía una idea de honor y de gloria basada ante todo en la acción de los hechos de armas. Los héroes antiguos sabían muy bien que al poder sólo se podía acceder de forma individual. Sólo Escipión y los suyos representan en la *Numancia* este primitivo concepto del honor, asociado a los ideales bélicos que acabamos de mencionar, con los que se identificaría plenamente la Roma de la Antigüedad; frente a ellos, la absoluta inexistencia de formas de conducta que hagan a los numantinos merecedores, es decir, culpables, del asedio romano, así como la ausencia entre ellos de protagonistas de alcurnia nobiliaria, y de cualesquiera ideales afines a un mundo aristocrático, en el sentido de la literatura homérica, hace recaer toda exigencia y responsabilidad morales, individual y colectivamente, en las condiciones particulares de inocencia y de humildad que determinan la existencia de los personajes numantinos.

En realidad, hay muchas circunstancias particulares en las condiciones de vida de los numantinos. Sin duda Cervantes no podía ignorar la idealización a la que sometía en la composición de la tragedia al pueblo de Numancia: no olvidemos que se trata de un grupo humano sin diferencias visibles, sin fisuras, sin clases, sin castas; las gentes parecían convivir entre sí felizmente, sin odios ni envidias, sin disputas ni dolonías, en un modelo ideal de estado y sociedad, de ciudad utópica por excelencia; nos hallamos ante un pueblo sin estructura social ideologizada o aristocratizada; la religión no es en Numancia un credo riguroso ni un dogma que someta disciplinadamente la voluntad humana, ni tan siquiera encontramos una teología ni una institución eclesiástica que se manifieste; no se identifica tampoco un gobernante único, ni un único juez o sacerdote; frente a la superlativa estructura de Roma, Numancia parece un pueblo completamente adánico o abelita, caracterizado exclusivamente por los atributos de la valentía y por las cualidades de una singular fuerza de voluntad, especialmente en lo relativo a la defensa de su propia existencia como pueblo.

El monólogo final de Gayo Mario (IV, 2258-2296), ante Escipión y los romanos, sobre la destrucción de Numancia, revela una vez más, de forma ya definitiva, la persistencia de una visión uniforme sobre el hecho trágico: el heroísmo de los numantinos. El relato del romano Gayo Mario es muy semejante, por sus contenidos, al que expresan inicialmente personajes numantinos como Teógenes, al pronosticar el final de la ciudad, y está en la misma línea de confirmación heroica que el discurso de los personajes alegóricos (España, el Duero, la Guerra, la Enfermedad y el Hambre, a los que finalmente se incorporará también la Fama). En este monólogo no existe una perspectiva particular de la percepción del hecho trágico, al contrario de lo que sucede en los diálogos y soliloquios que refieren la experiencia de Escipión, y con anterioridad, las secuencias vividas por los enamorados Lira y Morandro, su amigo Leoncio, el diálogo de los dos numantinos anónimos del final de la jornada tercera, y muy especialmente el diálogo de la madre y el niño que caminan voluntariamente hacia el suicidio. Sólo la singularidad de la experiencia humana y del punto de vista individual pueden discutir la creencia en un único sistema moral objetivo. Si los personajes de la *Numancia* se atienen aparentemente a las exigencias ideales de un orden moral trascendente, no todos lo hacen con la misma convicción, ni del mismo modo, y aún menos con el mismo tipo de discurso. Sólo desde este punto de vista se pueden comprender y justificar las objeciones que personajes como Leoncio, o el mismísimo Escipión, formulan frente a los imperativos que cualquier forma de realidad trascendente pueda imponer al libre ejercicio de voluntades humanas en conflicto, cuyo heroísmo no conoce otros impulsos que los meramente humanos.

Desde este punto de vista, y en contra de otras tendencias dominantes en la *Numancia*, el monólogo de Gayo Mario aproxima la tragedia de Cervantes al arte poética de Aristóteles, y en la misma medida la distancia de formas estéticas propias de la experiencia trágica moderna, con las que poco antes se había identificado plenamente. Aquí reside esencialmente la experimentalidad del teatro de Cervantes, y su debate constante entre la Antigüedad y Modernidad de las formas estéticas. Quien habla por boca de Gayo Mario es el mensajero de la tragedia helénica, y no el sujeto que ha vivido experimentalmente aquello que declara. La idea general de su monólogo emerge como una inferencia, como una conexión lógica derivada de un esquema causal previamente establecido, siguiendo los dictados de un orden moral objetivo. Lo que ve Gayo Mario podría verlo cualquier otro personaje que en su lugar se asomara a los muros de la destruida Numancia; su discurso probablemente podría reproducirlo con el mismo efecto cualquier otro de los oficiales o soldados de Escipión. La estructura de este monólogo constituye un signo desde el que se imita o ilustra una idea completa, absoluta, en un desarrollo sin fisuras, al margen de toda experiencia propia o ajena, y con un equilibrio perfecto en el que todo juicio moral es absolutamente previsible. No cabe exposición más objetiva y completa, dentro las exigencias del orden moral dominante en la Antigüedad, del ideal trágico numantino. He aquí, desde el punto de vista de la preceptiva clásica, el discurso formalmente más conservador que puede leerse en la *Numancia* de Cervantes.

> Sacado han de su pérdida ganancia;
> quitado te han el triunfo de las manos,
> muriendo con magnánima constancia.
> Nuestros disignios han salido vanos,
> pues ha podido más su honroso intento
> que toda la potencia de romanos.
> El fatigado pueblo en fin violento
> acabó la miseria de su vida,
> dando triste remate al largo cuento.
> Numancia está en un lago convertida
> de roja sangre, y de mil cuerpos llena,
> de quien fue su rigor propio homicida;
> de la pesada y sin igual cadena
> dura de esclavitud se han escapado
> con presta audacia de temor ajena.
> En medio de la plaza levantado
> está un ardiente fuego temeroso,
> de sus cuerpos y haciendas sustentado.
> A tiempo llegué a verle, que el furioso
> Teógenes, valiente numantino,
> de fenecer su vida deseoso,
> maldiciendo su corto amargo signo,
> en medio se arrojaba de la llama,
> lleno de temerario desatino;
> y, al arrojarse, dijo: "¡Oh clara Fama,
> ocupa aquí tus lenguas y tus ojos
> en esta hazaña, que a cantar te llama!
> ¡Venid, romanos, ya por los despojos
> desta ciudad, en polvo y humo vueltos,
> y sus flores y frutos en abrojos!"
> De allí, con pies y pensamientos sueltos,
> gran parte de la tierra he rodeado,
> por las calles y pasos mal revueltos,
> y a un solo numantino no he hallado
> que poderte traer vivo, siquiera
> para que fueras dél bien informado.
> Por qué ocasión, de qué suerte o manera,
> cometieron tan grande desvarío,
> apresurando la mortal carrera. [IV, 2258-2296]

Explicación ("Nuestros disignios han sido vanos..."), *descripción* ("Numancia está en un lago convertida...") y *dramatización* ("Teógenes [...] al arrojarse, dijo: [...]") constituyen las funciones básicas de la comunicación monológica de Gayo Mario, que concluye en una auténtica revelación de la advertencia que encierra toda acción trágica, el conocimiento de las causas, es decir, el conocimiento de la voluntad del sujeto sobre el que recae el móvil de la acción trágica: "para que fueras dél bien informado". Ahora que la tragedia se ha consumado los romanos se avienen al diálogo, descubren su propia ignorancia frente al adversario, y desean hallar al menos a un numantino que les dé cuenta de los móviles últimos de su voluntad, la cual les ha llevado a decidir y ejecutar su propia destrucción. Nadie de entre los romanos, ni aún Escipión, con todas sus supuestas virtudes y largas experiencias bélicas, habría podido imaginar tamaño heroísmo en la voluntad de un pueblo como el numantino, al fin y al cabo de plebeyos, sin estructura aristocrática socialmente perceptible, y completamente insignificante ante el poder supremo de Roma, tanto por el número de sus ciudadanos como por la llaneza estamental de sus representantes[11].

2.3.5. *Cuando dioses y númenes no intervienen en la fábula...*

La realidad trascendente a la que se enfrenta Numancia está representada por una fuerza humana, demasiado humana –un ejército romano dirigido por Escipión–, y quizá por eso mismo sus posibilidades antropomórficas de crueldad son mucho más dramáticas que las imaginables por un dios. El mundo trascendente al ser humano pierde, en la *Numancia*, su poder antiguo y genuino. Hemos pasado en esta tragedia de la expresión de inmutabilidad, fundada en la divinidad trascendente, a la experiencia de lo fatalmente inevitable en virtud de la superioridad y

---

[11] El decoro tradicional, siempre según la poética clásica, exigía que el heroísmo en la acción constituyera invariablemente un atributo exclusivo del estamento aristocrático. Contrariamente, la tragedia cervantina dota de esta cualidad a ciudadanos de condición humilde, cuya acción queda sancionada, paralelamente, por la grandeza moral de sus intenciones y voluntades, orientadas a salvaguardar una existencia humana en libertad. La consumación de la tragedia no hace sino dignificar aún más la actitud de los numantinos, cuyos ideales, fundamentados en la idea de libertad, permanecen incólumes en la mayor de las adversidades: la destrucción de la existencia. K. Jaspers ha escrito a este respecto palabras que, ante la lectura de la *Numancia*, adquieren una expresividad singularmente relevante: "El fracaso es consecuencia de una acción que surge esplendorosamente de la fuente de la libertad como acción verdadera y moralmente necesaria. El hombre no puede eludir la culpa obrando recta y verdaderamente. La propia culpa tiene cierto carácter de inocencia. El hombre carga con ella, no la evita. No la acepta por terca obstinación, sino por la verdad, que debe malograrse en el sacrificio" (K. Jaspers, 1948/1995: 67).

crueldad del hombre. Cervantes expresa en la tragedia el paso de lo trascendente a lo humano, es decir, de la *katharsis* que provocan los infortunios de los dioses a la *aisthesis* que experimentan los hombres ante su propia crueldad: la tragedia moderna evoluciona al pasar de las arbitrarias exigencias de lo metafísico al desarrollo de acciones humanas, que son resultado de la coacción de un poder humanamente semejante y físicamente superior[12].

El valor del destino y de las fuerzas supranaturales se encuentra en la *Numancia* formalmente referido, pero funcionalmente muy atenuado. Las invocaciones al mundo metafísico y suprasensible desempeñan en la tragedia un valor emotivo, formal o retórico, antes que discursivo o funcional; el resultado de las experiencias agoreras y adivinatorias no influye decisivamente en el curso de los acontecimientos ni en las decisiones de sus protagonistas. Más tienen a veces de escenas costumbristas que de hechos auténticamente reveladores de las secuencias funcionales de la acción[13].

[12] Las alusiones a la mitología romana, que Cervantes pone en boca de los numantinos, han sido consideradas por algunos estudiosos (Schevill y Bonilla, Marrast, Hermenegildo...) como un error histórico, o incluso poético; al margen de consideraciones de este tipo (Shivers), toda referencia a la mitología antigua como sistema de valores puede entenderse como la subordinación a un orden moral trascendente que, si bien no se presenta como católico, no por ello deja de ser inmutable en su constitución, y en todo caso siempre ofrece sugerentes posibilidades de evasión, sobre todo en una época dominada por la contrarreforma religiosa.

[13] Desde este punto de vista, autores como F. Sevilla Arroyo y A. Rey Hazas (1996: XXIV-XXV) confieren al honor un valor funcionalmente muy superior en el discurso de la *Numancia* al que adquiere el tratamiento del destino y sus supuestos imperativos metafísicos: "Se trata, pues, de una cuestión de honor colectivo, vista desde la perspectiva histórica de los años finales del siglo XVI español. Ahora bien, lo cierto es que el hado que amenaza la urbe de los arévacos era completamente nefasto, y que el vaticinio de Marquino había predicho la muerte de los numantinos a manos de ellos mismos, tal y como acaece, a la postre. Entonces, ¿qué fuerza predomina, la del sino o la del honor? ¿Se impone un móvil a otro? ¿Confluyen, sin más, el destino y la libertad honrosa? La cuestión es compleja, sin duda. En principio, parece que los dos motores básicos de la acción trágica se hermanan sin dificultad, puesto que la predicción del *fatum* coincide con la única salida honrosa que tienen los habitantes de la ciudad sitiada. Y así es, si analizamos únicamente el final de la obra, si enfocamos el problema sólo desde su resultado último. Pero no sucede lo mismo cuando estudiamos el proceso dramático en su conjunto, porque, de hecho, los numantinos, antes de conocer los agüeros, plantean las mismas decisiones que toman después de saberlos, y ponen su objetivo en saber exclusivamente qué tipo de muerte comporta más honor para ellos. Nada más. La honra, libremente elegida, es, en suma, la fuerza motriz decisiva que les impulsa a la autoinmolación. Si ello coincide con su destino, quiere decir que, como defendía Leoncio, los numantinos han sido capaces de superarlo con su valor, su fuerza y su voluntad libre; más aún, que han superado su adverso sino de la única manera posible, esto es, asumiendo su carácter inapelable en beneficio propio, como hacían los grandes héroes trágicos de la antigüedad, en bien de su honor, de su libertad y de su victoria. En consecuencia, si tuviéramos que jerarquizar ambos móviles de la acción dramática, diría-

Son numerosos los momentos en los que, a lo largo de la *Numancia*, se alude a una realidad trascendente en la que no se identifica ni reconoce de forma explícita un poder superior, capaz de intervenir funcionalmente en el curso de los acontecimientos y acciones humanas[14].

El propio Escipión, en su arenga a los soldados romanos, advierte, con claridad sorprendente para la época, que la fortuna nada tiene que ver con el desenlace del enfrentamiento que mantienen contra los numantinos, sino que es más bien el poder de la voluntad humana, la diligencia frente a la pereza[15], lo que ha de determinar, en el cerco de Numancia, el triunfo o la derrota de las tropas romanas. Incluso se llega a afirmar algo semejante a que cada ser humano es en cierto modo dueño de su propio destino, desterrando así la influencia de una realidad metafísica en el desarrollo de los asuntos humanos:

> Cada cual se fabrica su destino,
> no tiene aquí Fortuna alguna parte:
> la pereza fortuna baja cría;
> la diligencia, imperio y monarquía. [I, 157-160]

El discurso que inicialmente Escipión dirige a sus soldados constituye todo un alegato en favor del ejercicio y el poder de la voluntad como una de las principales fuerzas humanas en la consecución de objetivos bélicos y políticos. El resultado de esta arenga no deja de resultar singularmente irónico al espectador, así como decepcionante para el propio Escipión, desde el momento en que la destrucción de Numancia no se ha debido en ningún momento a la decisión ni al esfuerzo de los romanos, sino a la propia voluntad de los numantinos. Sólo la grandeza heroica de

---

mos que el principal motor trágico de *La Numancia* cervantina es el honor colectivo, más que el hado hostil, dado que su elección es libre, aunque coincida con el destino en el resultado final".

[14] Una de las cualidades de la tragedia antigua consistía en presentar ante el espectador la experiencia trágica en toda su desnudez; en ella hacían acto de presencia recurrente los impulsos religiosos, los conflictos espirituales, la manifiesta injerencia de los dioses (*deus ex machina*), etc., frente a las circunstancias que caracterizan la tragedia moderna, en la cual la inferencia metafísica se muestra mucho más atenuada: "El individuo es obligado a refugiarse en sí mismo. Aparece la desesperación, se plantean preguntas desesperadas por el sentido, el fin y la naturaleza de los dioses. Los lamentos y las acusaciones saltan a primer plano. En algunos momentos parece hacerse sentir la paz de la oración, de la razón divina, para volver a desaparecer enseguida acosada por nuevas dudas. Ya no hay redención alguna. Los dioses son sustituidos por la *tyché*. Los límites y soledad del hombre se manifiestan de modo espantoso" (K. Jaspers, 1948/1995: 90).

[15] Sin duda la imagen de Marte a la que aquí alude Escipión preludia la pintura de Velázquez, en la que el dios de la guerra desmiente, con tu actitud distendida y abandonada, la expresión de cualquier acto heroico: "La blanda Venus con el duro Marte / jamás hacen durable ayuntamiento / [...] hállase mal el trabajoso marte" (I, 89-90 y 154).

la acción que llevan a cabo los habitantes de Numancia responde dignamente a las exigencias de Escipión, dirigidas a un ejército que en ningún momento, desde la llegada del general, dispone de ocasiones en las que demostrar su valor ante al enemigo numantino, quien finalmente le supera en fuerza de voluntad y altura moral.

La escena inicial de la jornada segunda, en que Teógenes, Marquino y Corabino, junto con cuatro numantinos anónimos, se reúnen en consejo con el fin de hallar una solución al cerco al que les han sometido los romanos, es una de las secuencias que contiene mayor número de alusiones a un mundo metafísico y suprasensible, poblado de dioses y poderes trascendentes, nunca perfectamente definidos a lo largo de la tragedia, y a los que los numantinos citan o invocan circunstancialmente con la intención de verificar o descubrir el desenlace de una acción, mas no como objeto de adoración, deseo o reverencia. De existir, la inquietud religiosa de los numantinos se identifica más bien con un conjunto abierto de sueños y mitos, antes que con un sistema disciplinado de normas; su visión metafísica, su religión, en todo caso, se explica en el mito, en el discurso imaginario de una revelación posible, y nunca en la creencia normativa y subyugante.

> También será acertado que Marquino,
> pues es un agorero tan famoso,
> mire qué estrella, qué planeta o signo
> nos amenaza muerte o fin honroso,
> y si puede hallar algún camino
> que nos pueda mostrar si del dudoso
> cerco cruel do estamos oprimidos
> saldremos vencedores o vencidos.
> También primero encargo que se haga
> a Júpiter solene sacrificio,
> de quien podremos esperar la paga
> harto mayor que nuestro beneficio;
> cúrese luego la profunda llaga
> del arraigado acostumbrado vicio:
> quizá con esto mudará de intento
> el hado esquivo y nos dará contento. [II, 625- 640]

Como sucedía en la mayor parte de las religiones del mundo antiguo, politeísmo y antropomorfismo son las cualidades básicas que definen el conjunto de divinidades invocadas por los numantinos. Al igual que en la Grecia clásica, los dioses de Numancia no proyectan sobre el mundo un programa teológico, ni se muestran dispuestos a juzgar a la humanidad destinándola hacia una salvación o condenación *post mortem*; es más, ni tan siquiera están presentes –a diferencia de la literatura helénica– en el desarrollo de la acción humana, encarnada en los personajes, con objeto de subrayar o intensificar su importancia. De los dioses numantinos podemos decir tan sólo que simplemente son evocados o consultados. De los elementos esenciales que configuran la imagen de una divinidad –nombre, iconografía, mitología y culto–, los numantinos apenas nos proporcionan detalles. Los dioses y númenes que presenta Cervantes en la *Numancia* son, antes que agentes o co-protagonistas de la acción, destinatarios mudos –a veces también imperceptibles– de un diálogo en el que sólo intervienen interlocutores humanos.

Por otro lado, sus invocaciones al mundo suprasensible, a través de la experiencia con el cuerpo muerto, y de la "ciencia" de Marquino, muestran más bien un carácter consultivo, informativo, una satisfacción de la curiosidad o una exigencia de conocimiento, pero en ningún momento responden directamente a la actitud del que espera recibir órdenes tajantes de un superior. Los numantinos no interrogan el parecer de los hados para obedecer ciegamente a sus resoluciones, sino que los consultan únicamente para mejorar sus condiciones de conocimiento frente a la acción que, reflexiva, voluntaria y libremente, se proponen ejecutar. En la *Numancia*, a diferencia de lo que sucedía en la tragedia antigua, la realidad trascendente no da órdenes al género humano, sino que, en todo caso, proporciona un conocimiento que apenas satisface la curiosidad; el mundo de los hados no ordena imperativamente el destino de los mortales numantinos, sino que simplemente lo revela. Así lo declara al pueblo un ciudadano anónimo[16], así se lo comunica Leoncio a Morandro[17], y así lo confirma Marquino a la asamblea de gobernadores numantinos:

> Háganse sacrificios y oblaciones
> y póngase en efeto el desafío;
> que yo no perderé las ocasiones
> de mostrar de mi ciencia el poderío:
> yo sacaré del hondo centro escuro
> quien nos declare el bien o el mal futuro. [II, 651-656]

Un discurso de estas características atenúa el poder de toda realidad trascendente a la existencia humana. La experiencia trágica que se concibe, como sucedía en la Antigüedad, como un saber, en cierta coexistencia, sobre dioses y númenes, tiene sentido únicamente cuando se tiene fe en tales dioses, y se confía en la existencia de una realidad suprasensible.

---

[16] "Quizá por ocultas vías / se ordena nuestro provecho; / que Júpiter soberano / nos descubrirá camino, / por do el pueblo numantino / quede libre del romano" (II, 771-776).

[17] "Marquino haga la experiencia entera / de todo su saber, y sepa cuanto / nos promete de mal la lastimera / suerte..." (II, 903-906).

Cervantes parece estar en este sentido muy alejado de la genuina metafísica de la tragedia antigua; los personajes de la *Numancia* pueden comprender determinados valores rituales y religiosos, pueden ofrecer todavía sacrificios en los altares de sus dioses, pero no estamos seguros de que se esfuercen demasiado en comprender qué tipo de valores teológicos operan en ellos; no hay en sus ritos una religión constituida; en el cumplimiento del culto se observa ante todo una atracción por las formas –que algunos numantinos contemplan como un espectáculo puramente teatral–, al margen de todo valor funcional en una realidad metafísica auténticamente existente. Las palabras de un numantino anónimo restituyen a la voluntad del hombre la facultad de actuar sobre el curso de los acontecimientos, modificando incluso la evolución de los mismos siempre que determinadas circunstancias lo hagan materialmente posible.

> Si tiene el Cielo dada la sentencia
> de que en este rigor fiero acabemos,
> revóquela, si acaso lo merece
> la justa enmienda que Numancia ofrece. [II, 677-680]

La intención de un planteamiento de este tipo confiere al sujeto, a diferencia de la tragedia griega, y frente al poder de un orden trascendente, una supremacía frente al *mythos* o fábula, como explicación imaginaria de una acción cuyos acontecimientos, ordenados causalmente según la inamovible disposición de los dioses, se encontraban orientados hacia un desenlace trágico, así como hacia la consecución de una experiencia catártica en el ánimo del espectador, en cierto modo tan aleccionadora como amenazante. No pretende Cervantes en la *Numancia* el amedrantamiento popular, ni tan siquiera la catarsis purificadora o moralizante del clasicismo, sino muy probablemente la dignificación del sufrimiento trágico en seres completamente humildes e inocentes. Era esta una experiencia inédita en el género de la tragedia.

En la escena segunda de la jornada segunda de la *Numancia*, las señales y agüeros son interpretados inmediatamente como signos inequívocos de fracaso numantino. Sin embargo, esta lectura de los augures, indicativa del desenlace trágico, se interpreta no como un hecho inevitable, por imperativo de los dioses, sino como consecuencia de la superioridad material del ejército romano. Los dioses no se presentan como mandatarios de una realidad trascendente, sino como intérpretes, o intermediarios reveladores, de sus secretos; diríamos incluso que los dioses desempeñan en la *Numancia* una "función hemenéutica": "que Júpiter soberano / nos descubrirá el camino" [II, 773-774]. Júpiter asume, pues, las funciones de Hermes. Su alta divinidad desciende reveladoramente, en la tragedia cervantina, a los límites de la percepción humana.

> ¿No miras cómo el humo se apresura
> a caminar al lado del poniente,
> y la amarilla llama mal sigura
> sus puntas encamina hacia el oriente?
> ¡Desdichada señal! ¡Señal notoria
> que nuestro mal y daño está presente!
> ...   .
> ¡Mal responde el agüero: mal podremos
> ofrecer esperanza al pueblo triste,
> para salir del mal que poseemos! [II, 816-842]

Percatado de los funestos augurios, el pueblo numantino no se revela ante los númenes, simplemente comunica entre sus conciudadanos el resultado de los oráculos, que asume con inquietud y resignación. Numancia no exige del poder de los dioses un cambio en el destino, pues no hay clemencia posible al no haber solución posible, ya que ante el poder romano, real y efectivamente existente, poco puede hacer el poder numinoso. Tal parece ser el mensaje de Cervantes en esta tragedia. Los dioses no pueden ayudar a los numantinos; los númenes no sirven al hombre. En este sentido, es la de Cervantes una tragedia profundamente humana, y por ello mismo, moderna. Hombres luchan contra hombres, sin intermediarios ni aliados divinos, en una guerra laica. Se observará una vez más que el cerco de Troya no es el cerco de Numancia. Una característica esencial del mundo homérico, es decir, de buena parte de la literatura de la Edad Antigua, consistía en hacer de la acción, y de sus episodios más significativos, una *fábula* cuyo resultado dependía de una intervención divina y de una responsabilidad humana. Desde el punto de vista de la poética, la *Numancia* cervantina se distancia de la primera de estas exigencias: los dioses son simplemente divinidades a las que se atribuyen agüeros en los que creen –o no creen– los personajes de la tragedia, pero en ningún momento los númenes intervienen directa o individualmente en el poema, ni de obra ni de palabra. Sin duda su silencio es, en la concepción cervantina de un mundo trágico, mucho más expresivo que su verbo. En la modernidad es central el problema de la secularización: es época de dioses huidos. Aquí radica, sin duda, una más de las cualidades que hacen de la *Numancia* una de las primeras tragedias de la modernidad, al proponer una concepción del hecho trágico profundamente diferente a la exigida por la poética antigua. La existencia humana no está ya determinada por una realidad metafísica.

El propio Escipión confía únicamente en el poder de la voluntad humana para superar los obstáculos. No hay por parte de los romanos invocaciones a los dioses, y cuando pudiéramos sospecharlas hallamos en sus palabras un mero recurso retórico y formal. No olvidemos que para Escipión "cada cual se fabrica su destino", pues "no tiene aquí Fortuna alguna parte"

(I, 157-158). Desde el punto de vista romano no existe poder superior al representado por su propio imperio; la realidad trascendente a la que se enfrenta Numancia no pertenece al mundo mítico de los dioses, ni está sancionada por sus leyes supuestamente inmutables, como exigía la tragedia antigua, sino que se encarna en hombres análogos a ellos, es decir, los romanos, quienes en este caso representan el poder de una fuerza que, si bien meramente humana, se muestra negadora y destructora de cualquier otra forma de vida que ose enfrentarse a ella o interponerse en su camino.

La secuencia protagonizada por Leoncio y Morandro, que sucede a la comprobación oficial de los augurios que acaba de llevar a cabo la comunidad del pueblo numantino, confirma, desde el ámbito de la experiencia humana individual, la intención cervantina de contraponer al poder de los dioses y la superstición metafísica la solvencia de la razón y la voluntad del hombre.

> Morandro, al que es buen soldado
> agüeros no le dan pena,
> que pone la suerte buena
> en el ánimo esforzado;
> y esas vanas apariencias
> nunca le turban el tino:
> su brazo es su estrella y signo;
> su valor, sus influencias. [II, 915-922]

Las palabras de Leoncio se encuentran, en cierto modo, muy próximas a las de la arenga de Escipión a sus soldados: la fortuna y los agüeros nada tienen que ver con la voluntad y el "ánimo esforzado" del buen militar. Una vez más la acción de una realidad trascendente queda excluida del ámbito de la acción del hombre. Sólo una voluntad humana puede vencer el poder de la voluntad humana. Una interpretación radical de estas palabras podría llegar a identificar en el discurso de Leoncio un fondo nihilista[18] inadecuado a la época en que escribe Cervantes; sin embargo, resulta imposible leer los enunciados de este personaje, concre-

---

[18] Contrástese este pasaje con la intervención nihilista del coro en *Las Troyanas* de Séneca, *ed. cit.*, vs. 370-408, donde leemos: "¿Es verdad o es que engaña a nuestro miedo la historia / de que las sombras viven tras sepultar los cuerpos? / ... / ¿es inútil confiar el alma a un funeral / o queda aún una vida más larga en la desdicha? / ¿Morimos por entero, sin que ninguna parte quede de nosotros / ... / así corremos todos en busca de los hados / y el que alcanzó los lagos por los cuales suelen jurar los dioses/ ya no está en ningún sitio / ... / Tras la muerte no hay nada y la misma muerte no es nada, / es la meta final de una veloz carrera: / que dejen de esperar los ambiciosos y de temer los que están angustiados, / el tiempo nos devora en su avidez, y el caos. / La muerte es una sola, ataca al cuerpo / y no perdona al alma..."

tamente en su diálogo con Morandro, sin percibir una declarada negación de la presencia del destino en la vida existencial del ser humano. El discurso de Leoncio enfrenta la voluntad humana con la metafísica, y niega el valor del destino y sus imperativos sobre las facultades volitivas del hombre, presididas siempre, desde el punto de vista cervantino, por el ejercicio de la libertad. Ni Edipo, ni Electra, ni Orestes, se atreverían jamás a repetir estas palabras sobre la existencia y el poder del orden moral trascendente que guiaba sus vidas:

> Que todas son ilusiones,
> quimeras y fantasías,
> agüeros y hechicerías,
> diabólicas invenciones.
> No muestres que tienes poca
> ciencia en creer desconciertos;
> que poco cuidan los muertos
> de lo que a los vivos toca. [II, 1097-1104]

En toda experiencia trágica subyace con frecuencia una estructura característica de un proceso de conocimiento, desde el que se trata de verificar una y otra vez la irreversibilidad del hecho trágico. En la *Numancia* se suceden al menos dos situaciones en las que el ser humano trata de dialogar con una realidad trascendente con objeto de acceder a un conocimiento decisivo sobre el desenlace o desarrollo de su existencia. Este tipo de situaciones comunicativas, de la humanidad a la divinidad, de la autenticidad del hombre a la incertidumbre de una metafísica siempre enigmática, responden con frecuencia a dos impulsos básicos: un anhelo de conocimiento y una resignada imploración de piedad. He aquí la causa y el efecto que el judaísmo atribuye a los más incipientes orígenes de la conducta humana, en el momento de incurrir en el pecado original, tras el cual, al disponer el ser humano de la facultad del conocimiento, queda sujeto y sometido a la furia y piedad del Dios. En la *Numancia*, el anhelo de conocimiento por parte de los personajes prima sin duda sobre la resignada imploración de piedad ante los dioses, acaso no tan intensa ni perceptible como el deseo de saber cómo ha de acabar la situación que padecen. Así, por ejemplo, en su invocación al ánima del cuerpo muerto, Marquino exige conocimiento absoluto:

> Y, pues ha de salir, salga informada
> del fin que ha de tener guerra tan cruda,
> y desto no me encubra o calle nada,
> ni me deje confuso y con más duda:
> la plática desta alma desdichada,
> de toda ambigüedad libre y desnuda
> tiene de ser ... [II, 977-984]

En la acción que llevan a cabo los personajes de la *Numancia*, el conocimiento que progresivamente adquieren del hecho trágico constituye en sí mismo una experiencia trágica; el suicidio de Marquino, como consecuencia de la confirmación de la caída de la ciudad sitiada, es preludio y vivencia individual de la tragedia colectiva, como finalmente lo será también la muerte del último numantino, Viriato, confirmación y expresión, nuevamente individual, de la voluntad unánime de todos los sitiados. No caben dudas acerca de que en la tragedia de Numancia se busca constantemente el conocimiento, en algún caso –quizá como el de Viriato–, hasta existencial, de la experiencia trágica, como acción del ser que decide destruir individualmente su propia vida. Hay una concepción de la vida humana –y a ella se atiene toda exigencia de libertad– como una realidad controlada existencialmente por determinaciones e imperativos exclusivamente humanos y, en última instancia, debidos únicamente al ejercicio de la voluntad personal. El personaje cervantino está mucho más cerca del espectador que cualquier personaje de la tragedia ática; dicho de otro modo, en la tragedia moderna la experiencia existencial está mucho más cerca del espectador que la experiencia catártica. La verdad revelada y sus posibilidades de conocimiento no proceden tanto de la realidad trascendente, que para la Edad Moderna habla desde el lenguaje de los muertos, cuanto de la voluntad de los vivos y sus ansias de libertad. He aquí las palabras de un cadáver, portavoz que escoge Cervantes para expresar y comunicar el conocimiento que posee una realidad metafísica, y en consecuencia superior a la humana, acerca del destino de los numantinos:

> Engáñaste si piensas que recibo
> contento de volver a esta penosa,
> mísera y corta vida que ahora vivo,
> que ya me va faltando presurosa;
> antes me causas un dolor esquivo,
> pues otra vez la muerte rigurosa
> triunfará de mi vida y de mi alma;
> mi enemigo tendrá doblada palma.
> El cual, con otros del escuro bando,
> de los que son sujetos a aguardarte,
> está con rabia en torno, aquí esperando
> a que acabe, Marquino, de informarte
> del lamentable fin, del mal nefando
> que de Numancia puedo asegurarte;
> la cual acabará a las mismas manos
> de los que son a ella más cercanos.
> No llevarán romanos la victoria
> de la fuerte Numancia, ni ella menos

tendrá del enemigo triunfo o gloria,
amigos y enemigos siendo buenos;
no entiendas que de paz habrá memoria,
que rabia alberga en sus contrarios senos:
el amigo cuchillo, el homicida
de Numancia será, y será su vida. [II, 1057-1080]

Añadiremos, por último, que el soliloquio final que sobre Numancia pronuncia la Fama (IV, 2408-2439), insiste igualmente en la idea clave de la acción trágica: "la fuerza no vencida", es decir, la voluntad humana no transformada, ni por la acción de los dioses, hados, o demás trascendencias sobrehumanas, ni por la, meramente humana, opresión de Roma. Así concluye la tragedia: he ahí la última expresión de una fuerza humanamente intacta.

Hallo sola en Numancia todo cuanto
debe con justo título cantarse,
y lo que puede dar materia al canto
para poder mil siglos ocuparse:
la fuerza no vencida, el valor tanto,
dino de en prosa y verso celebrarse;
mas, pues de esto se encarga mi memoria,
dése feliz remate a nuestra historia. [IV, 2432-2439]

2.3.6. *La voz de la mujer*

El personaje femenino desempeña en la acción de la tragedia un papel funcionalmente muy relevante. Las mujeres numantinas, desde una configuración completamente anónima (mujer primera, mujer segunda...), salvo en el caso de Lira, intervienen en el curso de la acción y alteran una de sus evoluciones posibles, al impedir que los hombres de Numancia se enfrenten a los romanos en un acto de suicidio que, a cambio de un instante de valor, acabaría con sus vidas, a la vez que marginaría para siempre a las mujeres de la responsabilidad que ellas mismas se exigen en la defensa de la ciudad, lo que equivaldría a entregarlas al ultraje y la esclavitud de los romanos.

Peleando queréis dejar las vidas,
y dejarnos también desamparadas,
a deshonras y muertes ofrecidas. [III, 1293-1295]

El discurso de las mujeres de Numancia desmiente y desmitifica la secular visión masculina del heroísmo épico y trágico, a la vez que exige la presencia de la mujer en la expresión dignificante del dolor y el sufrimiento del ser humano. Las numantinas no pretenden llorar, desde la supervivencia humillada, y a manos del enemigo, cual Andrómaca o Hécuba, la muerte de sus varones. Se observa una vez más que entre los numantinos no existen diferencias de ningún tipo, que obedezcan a criterios sociales, morales, estamentales, o sexuales. Así se distribuyen por igual, entre los miembros de la ciudad, los únicos alimentos de que disponen: "y, sin del chico al grande hacer mejora, / repártanse entre todos..." (III, 1438-1439). La piedad y el terror, como sentimientos que son consecuencia de situaciones extremas, tienden a disipar las diferencias entre los seres y a identificar en una sola experiencia diferentes impulsos humanos.

La voz de la mujer está dotada en la *Numancia* de atributos corales y funcionales. El hombre no está solo en la tragedia numantina, y no decide en soledad el curso de los hechos. La voz de sus esposas cambia razonablemente el desarrollo de la acción. En el teatro de Cervantes la palabra de la mujer parece más importante en la evolución de la fábula que la influencia del destino con todos sus hados. Por un lado, el hombre escucha a la mujer, por otro, numantinos como Leoncio niegan todo el valor de los augurios. En consecuencia, Teógenes, el sabio gobernante de la ciudad, decreta que "jamás en vida o muerte os dejaremos; / antes, en muerte y vida os serviremos" (III, 1408-1409). El discurso de la mujer convence, se le presta atención y reconocimiento, y en adelante "sólo se ha de mirar que el enemigo / no alcance de nosotros triunfo o gloria" (III, 1418-1419). La voz de la mujer se diferencia ahora de las voces del coro ático; en la tragedia griega el coro no intervenía en el curso de la fábula, no determinaba la evolución o el desarrollo de los hechos; acompañaba coralmente el discurso de los grandes interlocutores, atemperaba el *pathos*, confirmaba las razones de los hablantes y aconsejaba prudencia; en suma, desempeñaba una función emotiva, mas nunca discursiva o funcional, y en absoluto con capacidad de intervención en la *metabolé* de la fábula.

2.3.7. *La coralidad del personaje alegórico*

Como se ha repetido con frecuencia, los personajes alegóricos de la tragedia cervantina desempeñan funciones semejantes al coro trágico griego: informan de lo que sucede fuera de la escena, explican acciones, revelan estados de ánimo, estimulan emociones, derivan conclusiones, profetizan, etc.; muestran siempre una función emotiva, jamás discursiva o funcional, a la vez que disponen de una triple capacidad épica, reflexiva y dramática.

A las figuras alegóricas de la *Numancia* se les han atribuido diferentes funciones: en primer lugar, asumirían cualidades en cierto modo equivalentes a las del coro en la tragedia antigua; por otro lado, desde una perspectiva metateatral, se ha tratado de identificar en el personaje coral una especie de espectador privilegiado de la tragedia; se las ha considerado también como personajes que, con su percepción del drama, contribuyen a un enriquecimiento de la recepción del espectador, mediante la exposición de hechos y argumentaciones sobre situaciones futuras, de modo que ofrecerían una interpretación del texto que actuaría a su vez sobre la interpretación de los espectadores reales (transducción); en este sentido, introducirían una estructura perspectivística en la dramaturgia cervantina, alcanzando de este modo ciertos efectos polifónicos en el uso del lenguaje; finalmente, hay que reconocer que los personajes alegóricos se sitúan en cierto modo en un ámbito de transcendencia en el espacio y en el tiempo de la tragedia. Representan una realidad trascendente, a la que remiten, y a través de la cual se sitúan por encima de los hechos genuinamente humanos de la experiencia trágica. Los personajes alegóricos suplen en cierto modo la ausencia de personajes nobles, de figuras próximas al mundo elevado y aristocrático que postulaba –pensemos en la *Ilíada* y en la literatura antigua– una realidad trascendente, con la que incluso convivían los más selectos de los personajes, y sin la cual quizás la Antigüedad no podría haber llegado a concebir plenamente el espíritu de lo trágico.

El modo cervantino de emplear los parlamentos corales de los personajes alegóricos permite establecer relaciones de semejanza con el uso que de los coros hacen Eurípides y Séneca[19]: suele interpretar la acción desde principios morales o filosóficos; en muchos casos acude a paradigmas mitológicos o legendarios; se sitúa en la perspectiva de un oyente o espectador que traslada a un plano ideal aquello que percibe en la acción de los personajes; las intervenciones corales tienden a situarse entre actos, como intermedios líricos de reflexión sobre la acción trágica; y entre los temas tratados figuran algunos de los más característicos de la tragedia senequista (brevedad de la vida, riqueza y poder como fuente de desgracias, ambición, crueldad, inestabilidad de todo lo humano, etc.).

"España", como personaje alegórico, está representado por la figura de "una doncella coronada con unas torres"; el texto de la acotación parece no pretender otro valor que el funcional, el meramente necesario a la puesta en escena. El monólogo de este personaje alegórico (I, 353-440)

---

[19] Las únicas diferencias observables entre el autor griego y el romano atañen a la forma métrica (F. Rodríguez Adrados, 1983). En Eurípides el coro no interviene nunca directamente en la acción; y lo mismo sucede en las tragedias de Séneca, con las excepciones de *Las Troyanas* (vs. 67-164), *Agamenón* (vs. 586-781) y *Hércules en el Eta* (vs. 104-232), donde el coreuta sí interviene con valor funcional en el desarrollo de la fábula.

está dirigido, en primer lugar, al "cielo", como realidad trascendente y poderosa, sabedora del destino que se cierne sobre el futuro inmediato de Numancia y sobre la posteridad de la propia España, y en segundo lugar al Duero, como interlocutor que responde finalmente al discurso monológico de España. Consideremos algunas de las cualidades de este monólogo.

"España" inicia su discurso con una invocación a una realidad trascendente no muy definida: "Alto, sereno y espacioso cielo". Declara de este modo una diferencia relevante respecto al resto de los personajes que participan propiamente en la acción trágica: el personaje alegórico se sitúa en una tesitura y en una perspectiva diferente a la de los demás personajes; habla desde una dimensión ucrónica y utópica, al situarse por encima del tiempo, y al margen de cualquier forma espacial definida; mantiene una estrecha relación con una realidad trascendente de la que en cierto modo forma parte; y no se inmiscuye en el mundo verosímil de la acción trágica que enfrenta a los numantinos con los romanos, de forma que su papel en el drama es ante todo emotivo y trascendente, antes que funcional o inmanente. El imperativo "muévate a compasión mi amargo duelo" hace pensar en un llamamiento a la piedad, en clara consonancia con la catarsis de la tragedia clásica, sugerida de forma recurrente a lo largo de la *Numancia*. Los versos "pues mis famosos hijos y valientes / andan entre sí mesmos diferentes. / Jamás en su provecho concertaron / los divididos ánimos briosos", han hecho pensar a la crítica (A. Sánchez, 1992) en las diferencias seculares que han enfrentado a los españoles (judíos, moros, cristianos, guerras civiles de este y pasados siglos, etc.) El discurso de España confirma una vez más que "la amada libertad" es uno de los principales valores de la vida y la literatura cervantinas.

Hay también en el discurso monológico de este personaje alegórico cualidades propias de una voz narrativa, en la que es posible distinguir una capacidad *épica*, desde la que narra cuanto en el presente hacen los romanos frente a los numantinos, y cuanto en el futuro aguarda a la fama y celebridad del imperio español; una capacidad *reflexiva*, desde la que se introducen digresiones y reflexiones sobre el futuro de los españoles, su heroísmo y posibilidades de resistencia; y una capacidad *dramática*, que adquiere una intensa forma expresiva en las invocaciones, los recursos dialógicos y los procedimientos de apelación retórica. El monólogo de "España" adquiere por momentos tonos de elegía –frente a la proyección épica que postula el discurso del "Duero" sobre el destino de la patria–, al situar su *planto* sobre el fin de la ciudad sitiada en un contexto temporal que trasciende los límites del presente, y en un ámbito funcional al que de ningún modo pueden acceder los mortales protagonistas de la tragedia. Como intermediarios entre los demás personajes de la obra y sus posibles espectadores, las figuras alegóricas proporcionan un enfoque próximo de los hechos dramáticos, una relación más inmediata con la percepción de la experiencia trágica, y una lectura o interpretación más lírica que épica de los acontecimientos que constituyen la *fábula* del discurso, en cuya evolución o desarrollo funcional jamás intervienen.

Por su parte, la Guerra, la Enfermedad y el Hambre, constituyen una terna de personajes alegóricos cuya configuración se objetiva funcionalmente en la acotación que introduce la escena segunda de la jornada cuarta:

> Sale una mujer armada, con un escudo en el brazo izquierdo y una lancilla en la mano, que significa la Guerra; trae consigo a la Enfermedad, arrimada a una muleta, y rodeada de paños la cabeza, con una máscara amarilla, y la Hambre saldrá vestida con una ropa de bocací amarillo, y una máscara amarilla o descolorida. Pueden estas figuras hacellas hombres, pues llevan máscaras.

Es apreciable en el discurso de estos personajes la intensidad de una expresión coral trágica. Los tres se presentan formalmente a sí mismos, a la vez que se relacionan funcionalmente con los imperativos de una realidad que trasciende toda consciencia y voluntad humanas. "La fuerza incontrastable de los hados, / cuyos efectos nunca salen vanos, / me fuerza...", comienza diciendo la Guerra, en favor de Roma, y frente a la causa numantina. Una vez más se cita en la *Numancia* la supuesta omnipotencia de un mundo trascendente a la piedad humana. Cervantes es consciente de que el ser humano es incapaz de controlar el desenlace de determinados hechos, especialmente los bélicos, cuyas consecuencias inmediatas son la guerra, la enfermedad y el hambre, y cuya acción evoluciona de modo aparentemente autónomo frente a los deseos y voluntades de la existencia humana. No se niega ahora de forma absoluta el valor de un orden moral trascendente, en el que en cierto modo están implicados los personajes alegóricos, pese a que en otros momentos de la misma tragedia, por boca de Teógenes, Leoncio, o Escipión, sólo se afirma o menciona la existencia de un mundo trascendente con el fin de discutirlo o rechazarlo. De todos modos, como hemos indicado anteriormente, el mundo del más allá nunca habla, en la obra cervantina, el lenguaje de los vivos.

En efecto, estos tres personajes alegóricos ofrecen un punto de vista trascendente en la percepción de la acción trágica, visión en la que se combinan, como hemos señalado anteriormente a propósito del monólogo de "España", facultades propias de una voz narrativa, al disponer en la exposición discursiva de los hechos de una triple capacidad épica, reflexiva y dramática.

La Guerra se declara causa inderogable de tragedia y muerte (IV, 1988-1991), implicada en designios que superan cualquier voluntad humana e ignoran toda forma de piedad: "...con quien no vale ruego, mando o fueros". La crueldad es otro de sus atributos, en cierta satisfacción con el cumplimiento de sus cometidos: "De cuánto gusto me será y contento / que, luego luego, hagáis mi mandamiento". Después de configurar a la Guerra como ejecutora de "terribles y severos mandos", consumidora de "vidas y salud", y de hacerla "de tantas madres detestada en vano", Cervantes formula en la última octava una intensa declaración, desde la que podría cuestionarse la grandeza de los reinados de Carlos I, Felipe II y Fernando el Católico; a estos monarcas se alude en los últimos versos, y allí se declara que, bajo su gobierno, "la poderosa Guerra" fue "en todo el orbe de la tierra [...] llevada del valor hispano..." No habría de ser, pues, tanta, a lo ojos cervantinos, la "dulzura" y la "sazón" de tales reinados.

> Hambre y Enfermedad, ejecutoras
> de mis terribles mandos y severos,
> de vidas y salud consumidoras,
> con quien no vale ruego, mando o fueros,
> pues ya de mi intención sois sabidoras,
> no hay para qué de nuevo encareceros
> de cuánto gusto me será y contento
> que, luego luego, hagáis mi mandamiento.
> La fuerza incontrastable de los hados,
> cuyos efectos nunca salen vanos,
> me fuerza a que de mí sean ayudados
> estos sagaces mílites romanos:
> ellos serán un tiempo levantados,
> y abatidos también estos hispanos;
> pero tiempo vendrá en que yo me mude
> y dañe al alto y al pequeño ayude.
> Que yo, que soy la poderosa Guerra,
> de tantas madres detestada en vano,
> aunque quien me maldice a veces yerra,
> pues no sabe el valor desta mi mano,
> sé bien que en todo el orbe de la tierra
> seré llevada del valor hispano,
> en la dulce sazón que estén reinando
> un Carlos, un Filipo y un Fernando. [IV, 1988-1991]

Guerra, Enfermedad y Hambre mantienen entre sí una estrecha relación lógica de causalidad, progresivamente desencadenada. La última de las octavas del monólogo de la Enfermedad (IV, 1992-2015) describe, desde una facultad narrativa o épica, la acción de los numantinos de inmolarse, a la vez que explica, y en cierto modo justifica, el porqué: "quitar el triunfo a los romanos"[20].

El monólogo del Hambre (IV, 2016-2055) insiste, desde la percepción sensorial (vista, oído, etc.), en el relato de la destrucción de Numancia, iniciado por la Enfermedad, a manos de sus propios habitantes: "Volved los ojos y veréis ardiendo / de la ciudad los encumbrados techos", etc. Se ofrece desde el lenguaje del personaje alegórico un enfoque dramático de los hechos, es decir, próximo e inmediato, de la realidad trágica y sus protagonistas: la tragedia incorpora a la escenificación un valor narrativo. El personaje alegórico, que contempla determinados hechos trágicos, narra su percepción sensorial de los mismos, y exige a un posible auditorio que le acompañe en la visión trágica: "Venid: veréis que en los amados cuellos / de tiernos hijos y mujer querida...", etc. La descripción parece transcurrir *in fieri*, y un tono elegíaco impulsa en cada verso el desarrollo del monólogo. El relato contrasta con la percepción humana que de la Numancia destruida ofrece Gayo Mario al final de la tragedia. Es, pues, la del personaje alegórico una visión superior y distante del hecho trágico, quizá también intemporal y utópica, mas no por alegórica inhumana, y no por trascendente inverosímil.

> Volved los ojos y veréis ardiendo
> de la ciudad los encumbrados techos;
> escuchad los suspiros que saliendo
> van de mil tristes lastimados pechos;
> oíd la voz y lamentable estruendo
> de bellas damas a quien, ya deshechos
> los tiernos miembros en ceniza y fuego,
> no valen padre, amigo, amor ni ruego. [IV, 2016-2023]

2.3.8. *El espacio trágico*

En el cuadro segundo de la jornada segunda de la *Numancia* tiene lugar una escena, la de los augurios, que puede considerarse como ejemplo de teatro en el teatro. El pueblo numantino, y concretamente los personajes de Morandro y Leoncio, acude al sacrificio y ritual que se ofrece a los dioses con objeto de conocer cuál será el destino de Numancia. El pueblo asiste como espectador a la contemplación de un ritual trágico,

---

[20] "El Furor y la Rabia, tus secuaces, / han tomado en sus pechos tal asiento, / que, cual si fuese de romanas haces, / cada cual de su sangre está sediento. / Muertes, incendios, iras son sus paces; / en el morir han puesto su contento, / y por quitar el triunfo a los romanos, / ellos mesmos se matan con sus manos" (IV, 1992-2015).

un sacrificio a los dioses, en el seno de la acción principal de la tragedia. La acotación que indica funcionalmente la composición y actuación de la comitiva resulta por sí misma suficientemente expresiva, pues dispone los mecanismos necesarios para representar la teatralización del sacrifico dentro de la teatralización de la tragedia:

> Han de salir agora dos Numantinos, vestidos como sacerdotes antiguos, y traen asido de los cuernos en medio de entrambos un carnero grande, coronado de oliva o yedra y otras flores, y un Paje con una fuente de plata y una toalla al hombro; Otro, con un jarro de plata lleno de agua; Otro, con otro lleno de vino; Otro, con otro plato de plata con un poco de incienso; Otro, con fuego y leña; Otro que ponga una mesa con un tapete, donde se ponga todo esto; y salgan en esta scena todos los que hubiere en la comedia, en hábito de numantinos, y luego los Sacerdotes, y dejando el uno el carnero de la mano, diga: "Señales ciertas de dolores ciertos..." [II, 789].

La experiencia trágica de la Edad Moderna se aleja de la inferencia metafísica de la Antigüedad, la recuerda y reproduce, pero le resta valor. Leoncio y Morandro la contemplan como quien contempla un espectáculo teatral. Por si quedan dudas, la secuencia de los augurios se reitera con el protagonismo de Marquino y la presencia sobrenatural del cuerpo muerto. La invocación del poder metafísico y de la posible voluntad de sus designios frente a la existencia humana constituye en la *Numancia* cervantina un hecho que es objeto de *representación teatral* para los propios numantinos; el espectador del siglo XVI, como el del siglo XXI, se siente doblemente distanciado, merced a la concepción teatral de Cervantes, de la experiencia dominante de un poder moral trascendente y metafísico, cada vez más lejano en el tiempo de la historia, así como convencionalmente más distante en el espacio de la representación teatral. Un doble escenario separa en el teatro cervantino al espectador de los númenes.

Aunque todo espacio es susceptible de resultar propicio a la experiencia trágica, no es imprescindible, en principio, que esta categoría haya de participar esencialmente en el desarrollo de la acción: basta con que diseñe, y circunscriba en todo caso, el escenario en que ha de tener lugar la fábula. Sin embargo, el espacio de la *Numancia* adquiere consecuencias inmediatas y esenciales en la experiencia trágica, al transformar al protagonista en un eterno prisionero. El espacio de la tragedia delimita las posibilidades de acción y de existencia de los personajes, y hace que precisamente su existencia carezca de sentido fuera del espacio en el que se les sitúa: pueden abandonar la espacialización que se les adjudica –no jerarquizada, al contrario de lo que sucedía en la tragedia clásica–, pero no sin arriesgar radicalmente su vida, y renunciar de este modo a la experiencia de su existencia.

2.3.9. *El existencialismo*

Ante el funesto resultado de los augurios, el personaje trágico adquiere en la *Numancia* plena consciencia de su existencia mortal: "nuestros vivos remedios son mortales" (II, 894). A partir de este momento, la existencia se percibe determinada explícitamente por su final, próximo, seguro y trágico.

En la literatura épica de la Antigüedad clásica el hecho trágico se percibe como una experiencia formalmente intemporal y ahistórica; los héroes teucros y argivos que luchan por la ciudad de Ilión no muestran conciencia de su existencia en términos absolutamene humanos: lo trágico se percibe entonces como un hecho constitutivo de trascendencia divina, y como una experiencia de fundamento humano en el destino de seres absolutos. Sólo desde el teatro se concibe por vez primera la tragedia en su relación con la temporalidad y la historicidad, en un movimiento progresivo que, una vez ejecutado, no admite vuelta atrás. Sólo desde la experiencia de la tragedia griega la acción trágica resulta implicada en un proceso temporal –y por tanto esencialmente humano– de carácter irreversible. El teatro trágico occidental nos ha exigido desde entonces una concepción lineal, progresiva e irreversible, de la temporalidad humana. La Modernidad no ha hecho más que intensificar, en la experiencia trágica del ser humano, el peso de esa concepción inderogable de la temporalidad, haciéndola subjetivamente perceptible, hasta el punto de convertir el hecho trágico en una expresión de lo que ha de ser el fracaso de cada existencia temporal. En adelante, toda realidad será considerada en sí misma como algo insustituible, en el espacio y en el tiempo, de cuanto posee atributos de vida; Numancia, morada de existencias únicas, es, ante todo, una existencia insustituible. El personaje trágico, que perece en libertad, y que en libertad se entrega voluntariamente a la inmolación, pone de manifiesto posibilidades extremas de existencia humana.

Una de las condiciones de lo trágico es la *soledad* del sujeto que padece la tragedia. Es obvio que un personaje en soledad sólo puede expresarse en el discurso del soliloquio; pensemos en Hamlet, por ejemplo, y tengamos en cuenta que el mundo de la Antigüedad desconocía las cualidades de la experiencia subjetiva, por lo que sería incapaz de expresar las características propias del soliloquio de la Edad Moderna, que comenzaría, según R. Langbaum (1957), con el teatro de Shakespeare. Cervantes, maestro de los recursos dialógicos y polifónicos, todavía se sirve del diálogo con el fin de expresar lo más intenso de la experiencia trágica. De este modo, es precisamente un diálogo, entre dos numantinos anónimos (III, 1631-1687), el que, al final de la jornada tercera, constituye un discurso decisivo sobre la consciencia de la muerte y el final inmediato de la existencia humana. Se trata de una escena en cierto modo próxima a diálogos característicos de la tragedia moderna; pensemos, por ejemplo, en algunos fragmentos de los diálogos entre Vladimir y Estragón, o en la Antígona de J. Anouilh frente a la dialéctica de Creonte, o en cualesquiera personajes de Dürrenmatt. Su discurso constituye una agonizante elegía, intensamente vivida por el interlocutor, sobre la finitud de toda existencia humana.

PRIMERO: ¡Derrama, oh dulce hermano, por los ojos
el alma en llanto amargo convertida!
Venga la muerte y lleve los despojos
de nuestra miserable y triste vida.
SEGUNDO: Bien poco durarán estos enojos;
que ya la muerte viene apercebida
para llevar en presto y breve vuelo
a cuantos pisan de Numancia el suelo.
   Principios veo que prometen presto
amargo fin a nuestra dulce tierra,
sin que tengan cuidado de hacer esto
los contrarios ministros de la guerra:
nosotros mismos, a quien ya es molesto
y enfadoso el vivir que nos atierra,
hemos dado sentencia inrevocable
de nuestra muerte, aunque cruel, loable.
... ...
Vuelve al triste espectáculo la vista:
verás con cuánta priesa y cuánta gana
toda Numancia en numerosa lista
aguija a sustentar la llama insana;
y no con verde leño y seca arista,
no con materia al consumir liviana,
sino con sus haciendas mal gozadas,
pues se ganaron para ser quemadas.
PRIMERO: Si con esto acabara nuestro daño,
pudiéramos llevallo con paciencia;
mas, ¡ay!, que se ha de dar, si no me engaño,
de que muramos todos cruel sentencia.
Primero que el rigor bárbaro estraño
muestre en nuestras gargantas su inclemencia,
verdugos de nosotros nuestras manos
serán, y no los pérfidos romanos.
Han acordado que no quede alguna
mujer, niño ni viejo con la vida,
pues, al fin, la cruel hambre importuna
con más fiero rigor es su homicida.
Mas ves allí do asoma, hermano, una

> que, como sabes, fue de mí querida
> un tiempo, con extremo tal de amores,
> cual es el que ella tiene de dolores.

A continuación Cervantes introduce una de las escenas quizá más patéticas de la obra. Nos referimos a la que constituye el diálogo que protagoniza, poco antes de morir, una madre exhausta con un hijo moribundo (III, 1688-1731). Con anterioridad al teatro de Cervantes, nunca secuencias de este tipo habían sido frecuentes, y en ningún caso habían expresado tan intenso patetismo: la madre débil ante el hijo moribundo, encaminados de forma consciente y voluntaria hacia la muerte; madre e hijo son seres de condición social humilde, y a la vez protagonistas de un hecho tan duramente trágico como quizá ninguna otra obra del género había demostrado con anterioridad.

No nos hallamos ante la figura singularizada, aristocrática y épica, de Andrómaca, que implora ante Hermíone o ante Ulises por su hijo Astianacte, ni ante la legendaria y mitológica cólera de Medea frente a Jasón, al dar muerte a sus hijos, para evitar así la tutela de Glauce; no, los protagonistas cervantinos son seres sin nombre, llegan a la experiencia trágica por sí mismos, sólo como víctimas, sin haber sido en ningún momento responsables o causantes del infortunio, y sufren, sin ningún tipo de reconocimiento personal, un dolor y una desolación que a nadie preocupa, y de los que nadie se apiada. La tragedia moderna afecta también –y sobre todo– a los inocentes; no es necesario haber "errado" o haberse "equivocado" moralmente para sufrir las consecuencias trágicas (*hybris*). Este concepto de tragedia, estrechamente vinculado a la idea de responsabilidad moral, es propio de un mundo antiguo, que identificaba exclusivamente en el estamento aristocrático la posesión de un honor y de unos valores morales. La gran aportación cervantina, precisamente en uno de los momentos más conservadores de la Edad Moderna, consistió en dotar a los humildes de un protagonismo del que hasta entonces habían carecido en el ámbito de la poética y de la literatura, es decir, de unos valores morales que la estética de la Antigüedad no les había reconocido. Cervantes demuestra que los valores morales son superiores e irreductibles al estamento aristocrático, y recuerda de forma decisiva algo que, con toda su simplicidad, quizá ni antes ni entonces nadie como él supo expresar mejor: los pobres también sufren.

En este caso, la madre, como el hijo, carecen de un nombre que los identifique, y sólo una apelación común, genérica, que funciona momentáneamente como nombre propio, permite reconocerlos. La escena recuerda muchas obras que abundarán en secuencias trágicas de dramas expresionistas de la Edad Contemporánea, así como en algunas tragedias modernas, y sobre todo en piezas teatrales del siglo XX que rememoran episodios de experiencias trágicas de la Antigüedad. La secuencia con que Cervantes cierra la tercera de las jornadas de la *Numancia* tendrá larga vida en la literatura posterior, y constituye sin duda la expresión, quizá por vez primera en el teatro trágico de Occidente, de una experiencia estética eminentemente moderna y contemporánea.

Sale una mujer con una criatura en los brazos y otra de la mano.

MADRE: ¡Oh duro vivir molesto,
 terrible y triste agonía!
HIJO: Madre, ¿por ventura, habría
 quien nos diese pan por esto?
MADRE: ¿Pan, hijo? Ni aun otra cosa
 que semeje de comer.
HIJO: Pues, ¿tengo de perecer
 de dura hambre rabiosa?
 Con poco pan que me deis,
 madre, no os pediré más.
MADRE: Hijo, ¡qué pena me das!
HIJO: ¿Pues qué, madre, no queréis?
MADRE: Sí quiero; mas, ¿qué haré,
 que no sé dónde buscallo?
HIJO: Bien podéis, madre, comprallo;
 si no, yo lo compraré;
 mas, por quitarme de afán,
 si alguno conmigo topa,
 le daré toda esta ropa
 por un mendrugo de pan.
MADRE: ¿Qué mamas, triste criatura?
 ¿No sientes que a mi despecho
 sacas ya del flaco pecho,
 por leche, la sangre pura?
 Lleva la carne a pedazos
 y procura de hartarte,
 que no pueden más llevarte
 mis flojos, cansados brazos.
 Hijos del ánima mía,
 ¿con qué os podré sustentar,
 si apenas tengo qué os dar
 de la propia carne mía?
 ¡Oh hambre terrible y fuerte,
 cómo me acabas la vida!
 ¡Oh guerra, sólo venida
 para causarme la muerte!
HIJO: ¡Madre mía, que me fino!
 Aguijemos a do vamos,

>   que parece que alargamos
>   la hambre con el camino.
> MADRE: Hijo, cerca está la plaza
>   adonde echaremos luego
>   en mitad del vivo fuego
>   el peso que te embaraza.

Sin duda vivencias de este tipo han existido desde los primeros enfrentamientos bélicos entre grupos humanos, y por ello puede decirse que sean tan antiguas como el mismísimo género humano en lucha contra sí mismo, desde Troya, en el siglo XIII antes de Cristo, hasta Yugoslavia, en nuestros días. ¿Qué experiencia humana, si no algo así, proporciona credibilidad a una experiencia trágica? Sin embargo, la percepción del hecho trágico, desde el punto de vista de la existencia humana concreta, determinada por condiciones existenciales específicas de humildad e inocencia ante las causas de la tragedia en sí, no alcanza protagonismo literario al menos hasta Cervantes, y no volverá a recuperarlo, después de la *Numancia*, hasta la literatura y el arte trágicos de la Edad Contemporánea, especialmente en la Alemania post-romántica.

Hemos insistido mucho en que ninguna estructura aristocrática está presente en el modelo colectivo del pueblo numantino; tampoco el hecho heroico del que Numancia va a ser protagonista se sitúa bajo la expresión o identidad de grupo social alguno, ni de linajes o estirpes caballerescos, ni de familias aristocráticas o altos credos religiosos. Los numantinos, en el seno de una colectividad sin relieves sociales de casta, de poder o incluso de conocimiento, contribuyen a configurar un conjunto de valores que se encuentran determinados por las condiciones definitivas de su existencia, que desembocará en la autoinmolación, como sacrificio voluntario de su propia vida, al margen de toda esperanza mundana o metafísica –salvo la fama–, y de toda invocación a una posible realidad trascendente que interceda en su favor frente a los romanos.

Cervantes se refiere a los conceptos de voluntad, libertad y conciencia desde formulaciones más propias de un escritor de la Edad Contemporánea que desde los planteamientos que podríamos esperar de un dramaturgo al que su época y su contexto cultural sitúan entre los imperativos preceptistas de la poética clásica y las exigencias morales de la España contrarreformista. Las escenas religiosas y los ceremoniales rituales desempeñan en la *Numancia* una función emotiva, pero no discursiva, pues aunque forman parte del *pathos* trágico, confirmando un destino inevitable, no intervienen directamente en el curso de los acontecimientos, y no representan en la fábula de la tragedia la acción de ninguna deidad redentora.

El pensamiento existencialista había observado que las posibilidades de la vida humana se manifiestan más clara y verdaderamente en situaciones extremas de dolor, sufrimiento o soledad, que en la experiencia habitual de la vida cotidiana (K. Jaspers, 1948, W. Kaufmann, 1978). La vida en una ciudad sitiada es una vida completamente desposeída de las circunstancias humanas que resultarían naturales y necesarias en un desarrollo normal. Una ciudad sitiada no es lugar de incidencias de una existencia normal. En cierto modo todo cerco potencia la existencia que trata de destruir. Cervantes opta en la *Numancia* por una preferencia hacia este tipo de situaciones extremas, que limitan explícitamente el sentido de la existencia propia. "La *Numancia* –ha escrito a este respecto A. Schizzano (1981: 318)– existe para simbolizar una idea; y esta idea es fácilmente expresable en términos actuales. Lo que Cervantes nos ofrece en esta obra es, en definitiva, una visión fundamentalmente existencial". También autores como F. Sevilla Arroyo y A. Rey Hazas (1996: XXVII) han puesto en relación el tema de la libertad en la *Numancia* cervantina con presupuestos del existencialismo propios de la Edad Contemporánea. Consideran abiertamente que el planteamiento que confiere Cervantes a las posibilidades de libertad de los numantinos "se puede relacionar bien con el existencialismo del siglo XX [...], de ahí que no sea descabellado afirmar, desde el existencialismo, que si los numantinos escogieron la muerte, fue para afirmar su libertad esencial".

Experiencias decisivas del ser humano, situaciones familiares, acontecimientos históricos, poderes sociales, representaciones religiosas e impulsos que determinan el carácter del individuo, son medios a través de los cuales la expresión de lo trágico puede manifestarse en la existencia de la persona, contribuyendo de este modo a conformar los caracteres fundamentales de un existencialismo trágico[21], tal como lo ha concebido el pensamiento de K. Jaspers, en palabras que ilustran valiosamente la modernidad de una tragedia como *Numancia*:

> Lo trágico se le presenta a la intuición como acontecimiento que muestra lo funesto de la existencia, de la existencia del hombre, atrapada en las redes de lo envolvente que contiene la naturaleza humana [...]. El ser se manifiesta en el *fracaso*. En el fracaso no se pierde la existencia. Todo lo contrario: se hace completa y resueltamente perceptible. No existe tragedia alguna no trascendente. En la tenacidad de la mera autoafirmación, o en el naufragio frente a los dioses y el destino, existe también un trascender hacia el ser propio del hombre, que se manifiesta como tal en el ocaso [...]. El hombre halla la libera-

---

[21] El reconocimiento en la tragedia cervantina de personajes literarios en los que resalta una auténtica imagen de la existencia humana es una apreciación que, como se desprende de las citas que venimos apuntando, resulta destacada por diferentes autores: "La originalidad del teatro de Cervantes estriba en que el gran escritor se inspiró en la verdad de la vida para llevar a la escena personajes humanos, que sintiesen y hablasen como los de carne y hueso" (A. Hermenegildo, 1973: 367).

ción redentora, desapareciendo como existencia, en el acto por el que afirma su identidad. La liberación ocurre, unas veces, por el inequívoco sufrimiento que se experimenta en la ignorancia, en la capacidad de aguante y en la obstinación imperturbable (K. Jaspers, 1948/1995: 55-56).

Existe en la *Numancia* una triple concepción del personaje dramático, al que se confiere una expresión épica, relacionada con el legendario mito de la colectividad numantina; una expresión alegórica, que adquiere forma objetiva en los personajes que representan simbólicamente ideas abstractas (Enfermedad, Hambre, Fama, España, etc.); y una expresión existencial, derivada de la interpretación de aquellas formas que configuran al personaje como sujeto de experiencias particulares en el curso de la tragedia, y que, si bien se encuentran al servicio de la acción principal, pues no actúan funcionalmente sobre su desarrollo, constituyen escenas en las que la experiencia del sujeto individual supera y desplaza las posibilidades de percepción de la acción general de la tragedia (es el caso de los diálogos entre Morandro y Leoncio, sobre el amor de Lira, la autenticidad de los agüeros...; la aparición de una madre anónima con sus dos hijos hambrientos; el monólogo de Leoncio a la muerte de Morandro, etc.) A. Rey Hazas y F. Sevilla Arroyo han ilustrado con palabras muy precisas este tipo de situaciones, a las que nos referimos con más detalle más adelante, a propósito de la construcción literaria del personaje trágico.

Cervantes consigue enriquecer y potenciar la dimensión colectiva y épica de su obra dramática, haciéndola más humana, más próxima a la experiencia cotidiana de sus espectadores, y mostrando que la epopeya *no excluye los sentimientos individuales y familiares de los seres humanos*, sino que, antes al contrario, intensifica su grandeza trágica precisamente por incluirlos. Con ello, asimismo, se hace más aceptable la verosimilitud de la extraordinaria y admirable autoinmolación numantina, sin que pierda por ello un ápice de su magnitud épica (F. Sevilla Arroyo y A. Rey Hazas, 1996: XII)[22].

En su célebre ensayo sobre la tragedia, F. Nietzsche (1871) ya había establecido ciertas relaciones entre la experiencia trágica y el existencialismo.

También el arte dionisíaco quiere convencernos del placer eterno de la existencia, sólo que debemos buscar este placer no en las apariencias, sino detrás de ellas. Debemos conocer cómo todo lo que surge debe estar preparado para el ocaso lleno de sufrimiento, somos obligados a mirar dentro de los horrores

---

[22] La cursiva es nuestra. No cabe duda de que era una interesante novedad, frente a la literatura antigua, la expresión de sentimientos y vivencias particulares del personaje dramático en la percepción individual del conjunto de los hechos que constituían la fábula.

de la existencia individual, y no debemos paralizarnos de horror: un consuelo metafísico nos arranca momentáneamente del mecanismo de las figuras cambiantes. Nosotros somos realmente, durante breves instantes, el ser primordial mismo, y sentimos su indómita avidez de existencia y su indómito placer de existir (F. Nietzsche, 1871/1997: 167-168).

Hemos insistido con frecuencia en que la existencia humana no se percibe en la *Numancia* como algo que está determinado por una realidad metafísica. Voluntad y libertad son para Cervantes dos condiciones funcionales de la *existencia* humana; por su parte, la trascendencia metafísica, al menos en la acción trágica de esta obra, representa solamente una condición formal.

En consecuencia, la *Numancia* viene a demostrar que toda acción trágica, todo ejercicio que conduce a la tragedia, aunque no represente sino el fracaso de la existencia, da lugar a una intención humana que sobrevive a las ruinas del mundo destruido, y que por eso mismo constituye, real o virtualmente, una experiencia sobre la vida cuyos valores e ideales no pueden eludirse en circunstancias futuras.

No hemos pretendido hablar absurdamente de existencialismo en el teatro trágico de Cervantes, sino simplemente de personajes cuyo tratamiento formal hace pensar en la expresión de cualidades existenciales afines a un concepto actual de sujeto humano y de personaje literario, tal como el teatro de la Edad Contemporánea los presentará en su concepción moderna de la experiencia trágica. El Cervantes de la *Numancia* dota de existencia humana la épica de la experiencia trágica. Quizás haya sido el primer dramaturgo en hacer algo así en la historia literaria de Occidente.

III. LOS ENTREMESES

POÉTICA DEL DIÁLOGO EN EL TEATRO BREVE CERVANTINO

3.1. DE LA *COMMEDIA DELL'ARTE* AL ENTREMÉS

> *No poseemos, que yo sepa, ninguna monografía
> acerca de la lengua y el diálogo en los entremeses cervantinos.*
>
> E. ASENSIO[1]

A lo largo de las siguientes páginas trataremos de considerar algunas de las características más frecuentes del diálogo dramático en el teatro breve de Miguel de Cervantes, tomando como referencia los ocho entremeses publicados en 1615[2], sin olvidar posibles relaciones con algunas de las figuras y formas específicas de la *commedia dell'arte*[3], como sistema teatral en el que es posible identificar ciertas motivaciones y fuentes comunes.

El teatro medieval europeo había supuesto el desarrollo de experiencias y tentativas dramáticas libres de la preceptiva aristotélica. Del

---

[1] Cfr. su estudio preliminar a la ed. de los *Entremeses* cervantinos (Madrid, Castalia, 1978, pág. 44).

[2] Aparte de la edición de los *Entremeses* de Cervantes, anotados por Adolfo Bonilla y San Martín en 1916, en el vol. IV de las *Obras completas* de Miguel de Cervantes (Madrid, Asociación de la Librería de España, 1915-1922), pueden consultarse las ediciones de M. Herrero García (Madrid, Clásicos Castellanos, 1947), A. del Campo (Madrid, Ediciones Castilla, 1948), F. Ynduráin (Madrid, BAE, tomo CLVI, 1962), P. Palomo (Ávila, La Muralla, 1967), J.B. Avalle-Arce (Englewood Cliffs, N. J., Prentice Hall, 1970), E. Asensio (Madrid, Castalia, 1970; reeds. 1971 y 1978), J. Canavaggio (Madrid, Taurus, 1981), C. Buezo (ed. de *La Cueva de Salamanca* en *Teatro breve de los Siglos de Oro: antología*, Madrid, Castalia, 1992), N. Spadaccini (Madrid, Cátedra, 1994), F. Sevilla Arroyo y A. Rey Hazas (Barcelona, Planeta, 1987), A. Castilla (Madrid, Akal, 1997), E. Aguiar (1996), R. Llovet y J. M. Pérez Buj (1997), J. Huerta Calvo (Madrid, Edaf, 1997), J. Sanz Hermida (Madrid, Espasa-Calpe, 1998) y F. Sevilla y A. Rey (Madrid, Alianza, 1999).

[3] A. L. Stiefel, en su trabajo sobre "Lope de Rueda und das italienische Lustspiel" (*ZRPh*, 15, 1891, 320), fue uno de los primeros autores en señalar una relación de analogía entre los pasos de Lope de Rueda y ciertas obrillas versificadas de la *Accademia de Rozzi*, más precisamente con las *commedie alla villanesca*, en prosa, cuyas manifestaciones venecianas son bien conocidas. A esta tendencia se suma, a mediados del siglo XX, la interpretación del hispanista italiano C. Vian, quien en sus trabajos sobre *Il teatro "chico" spagnolo* (Milano, 1957) y en su *Storia della letteratura spagnola* (Milano, 1979, I: 183 ss), sostiene que Lope de Rueda se basaba en los *lazzi* de la *commedia dell'arte*, a los que define como breves escenas cómicas que los actores intercalaban, de forma más o menos improvisada, en los entreactos de una obra más amplia. Sobre las relaciones entre el entremés y la *commedia dell'arte*, cfr., entre otros, los trabajos de N. L. Antuono (1981), O. Arronniz (1969), A. Baffi (1978), J. V. Falconieri (1957), G. González Miguel (1979), J. Huerta Calvo (1983, 1983a), R. W. Listerman (1980) y R. Tessari (1969).

mismo modo, a lo largo de los siglos XVI y XVII, la comedia y tragicomedia italianas, los pasos o entremeses, la comedia española de capa y espada, así como algunas formas dramáticas del teatro isabelino inglés, representarán manifestaciones teatrales que de modo más o menos expresivo se desdicen de los cánones aristotélicos, frente al teatro del clasicismo francés, que persiste en sus ideales estéticos hasta el nacimiento de la Ilustración europea y el posterior agotamiento de tales modelos artísticos en la *Naturnachahmung* alemana.

Desde el siglo XV Italia vive sumida en una circunstancia política caracterizada por la fragmentación, fenómeno que va a determinar la experiencia teatral y cultural que se desarrolla en esta península mediterránea durante el siglo XVI. La *commedia dell'arte* es, en cierta medida, expresión teatral de la conciencia fragmentada y plural de la Italia de la época, en que se aprecian, en curiosa amalgama dramática, las diferentes idiosincrasias regionales y variantes dialectales que la constituyen. Se trata de un fenómeno muy diferente del que se produce en Inglaterra, España y Francia, en que un discurso monológico –más que centralista, categoría que introduce la Ilustración– de ideas y valores determina buena parte de la actividad cultural y teatral.

Los estudios de P. Szondi han tratado de demostrar que el drama de la Edad Moderna surge en el Renacimiento. El hombre se vuelve y reflexiona sobre sí mismo tras el hundimiento de la cosmovisión medieval, y elabora una realidad artística en la que se confirma y refleja como centro fundamental, "basada exclusivamente en la reproducción de la relación existente entre las personas" (P. Szondi, 1956/1994: 17). Al contrario de lo que sucedía en el mundo antiguo, especialmente en la cultura griega, el mundo exterior, objetivo, queda supeditado a las acciones y decisiones del hombre, contrastadas dialécticamente, consigo mismo (monólogo dramático) o frente a la alteridad (diálogos, doble contextualización, doble modalización...), y sólo desde esta perspectiva adquiere sentido y realidad dramática.

El teatro del Renacimiento no sólo se basa en justificaciones preceptistas, sino también, y de forma muy especial, en la intencionalidad de expresar un nuevo sistema de ideas, cuyo marco más adecuado será el de la *comedia*, como género literario y como forma de espectáculo. La comedia es efectivamente el género que ofrece mayor libertad[4] para la escenificación de las nuevas formas, temas y modos de vida de la Europa rena-

---

[4] El desarrollo del Concilio de Trento (1544-1563), cuyas actas se editan en 1564, supone en cierto modo una limitación ante las ideas renovadoras de determinadas tendencias escénicas, que afectan a la poesía dramática, especialmente la profana, y a cuestiones relativas a la ficción, la verosimilitud y la verdad literarias (A. Márquez, 1980).

centista, y desde ella se inicia una lenta y progresiva transgresión de los principios de la genología y dramaturgia clásicos.

La comedia renacentista italiana constituye un modelo teatral cuyos rasgos formales y semánticos han resultado determinantes en la configuración de importantes tendencias teatrales posteriores –la *commedia dell'arte* en Italia, los pasos o entremeses en España, así como la comedia lopesca–, donde han desembocado en confluencia con algunas de las propiedades del teatro español y portugués del siglo XVI (A. Hermenegildo, 1995).

Desde una perspectiva semántica y pragmática, podría afirmarse que la comedia italiana del Renacimiento se caracteriza por el seguimiento de la acción dramática al modo de Plauto; por la influencia de Boccaccio, manifiesta en temas y personajes tomados del *Decamerone*, adaptados a la dramaturgia del siglo XVI y seguidos por sus autores; y por su tendencia satírica, moralista y espectacular, que constituye un claro documento social y un auténtico código acerca de la burla y la comicidad[5]. Desde un punto de vista formal, este tipo de teatro muestra una acción que se complica momentánea y progresivamente con elementos inesperados; surgen personajes y tipos de aparente tinte realista, algunos de los cuales configurarán los repartos de la *commedia dell'arte*; paralelamente, el uso de la prosa sigue de cerca el modelo de Boccaccio, como forma natural de la expresión oral, a la vez que muestra un interés por ciertos rasgos realistas en el uso de hablas dialectales, expresiones populares, conductas tipificadas, etc.[6]

Por su parte, la situación del teatro español a fines del siglo XVI y comienzos del XVII permite identificar tendencias de tipo religioso (comedias de santos, representaciones de colegio...), neoclásico y humanista (Juan de la Cueva, Cristóbal de Virués...), italianizante (Encina, Naharro...), rústico y popular de carácter tradicional (farsas, autos, pasos, entremeses...), y la esencialmente nacional, que dará lugar a la comedia española tal como se configura y desarrolla en torno a Lope de Vega.

---

[5] "A partir de este momento, se empezará a hablar de actores, de cabezas de compañías que, partiendo de Italia, recorrerán toda Europa con su nueva carga expresiva. Ellos sembraron la semilla de una moderna forma de vivir el teatro, aunque este modo de subsistencia no fuera siempre el ideal. A partir de ese momento, los intérpretes empezaron a crear *tipos* en los escenarios, concretándose según sus aptitudes en papeles muy determinados" (C. Oliva y F. Torres Monreal, 1990: 117).

[6] Las *Sacras Representaciones*, piezas de tono popular y temática religiosa cuyas fuentes son *laudes* o cantos religiosos breves, difundidos por los discípulos de san Francisco, pueden identificarse como antecedentes de estas formas de teatro. Representados en Toscana desde el siglo XV por hermandades y cofradías, escenifican fragmentos de las Sagradas Escrituras, e incorporan canciones, bailes, trucos escénicos, juegos de acción, elementos de farsa, etc., en los que cada actor hablaría su dialecto de origen, como más adelante sucederá en la *commedia dell'arte*.

Diferentes géneros de teatro breve asimilan y expresan tipos y formas vinculados a la celebración cristiana del Corpus y a la pagana del Carnaval (E. Asensio, 1965). A su vez, la disposición de los entremeses da lugar a una determinada dramaturgia, relativamente codificable a través de diferentes recursos y modelos recurrentes, en que se advierte que el entremés primitivo, renacentista, y el entremés barroco, responden a modelos ideológicos y axiológicos diferentes. Los límites entre los diversos géneros de teatro breve no están claramente definidos, especialmente a lo largo del siglo XVII, período en que se produce una auténtica amalgama de géneros. Como veremos, los entremeses poseen un pasado vinculado al carnaval, y son reflejo no sólo de un modelo ideológico, sino también de una determinada concepción de la comedia y de lo cómico, así como del contexto social del público que los exalta.

3.2. El entremés como género literario y como forma de espectáculo

En el contexto del teatro moderno, el término "entremés" adquiere históricamente uso dramático desde mediados del siglo XVI, hacia 1545 y 1550, para designar breves escenificaciones protagonizadas por personajes rústicos, o de baja condición social, cuyas acciones no guardaban relación con el argumento principal de la comedia, en cuyos entreactos se representaban (E. Asensio, 1965, 1973; A. Hermenegildo, 1995; J. Huerta Calvo, 1983).

El entremés puede delimitarse por una serie de características entre las que nos interesa destacar las siguientes: es un género literario y una forma de espectáculo que se configura y desarrolla al margen de toda preceptiva aristotélica; presenta en su momento una subordinación formal y funcional a una obra dramática más amplia, la comedia, provista de una fábula seria y complicadamente vertebrada; ofrece una nueva concepción de lo cómico, que se manifiesta especialmente en la expresión verbal (diálogos), el dinamismo y la instantaneidad (acciones), y en la pantomima (signos no verbales), de claras afinidades con formas de teatro breve procedentes de Italia (*commedia dell'arte*); otorga prioridad a la representación frente al texto; y constituye una forma de teatro en la que se valora específicamente el sujeto frente a la fábula, es decir, el personaje frente a la acción, al insistir de forma recurrente en todos aquellos elementos que encuentran en el sujeto humano una referencia constitutiva, y que pueden reducirse a tres fundamentales: lenguaje, situaciones y tipos, es decir, diálogos, funciones y personajes.

Suele considerarse a Lope de Rueda como el creador del entremés, que sistematiza a lo largo del siglo XVI, como género literario y como forma de espectáculo, a partir de pequeñas piezas festivas y burlescas[1],

---

[1] Pueden identificarse antecedentes de los pasos o entremeses en algunas formas de teatro europeo, como la *commedia dell'arte*, y especialmente en algunas manifestaciones de teatro español del siglo XVI anterior a Lope de Rueda. En obras dramáticas de Juan del Encina, como *Egloga de tres pastores* y *Plácida y Victoriano*, se encuentran escenas cómicas, marginales a la acción principal, desarrolladas por personajes de baja condición. Lo mismo podría decirse de otras obras de Torres Naharro, como ha señalado J. P. W. Crawford (1915, reimpr. 1967), respecto a comedias como *Radiana* y *Tesorina*, donde pueden identificarse escenas cómicas incidentales. En este sentido, F. González Ollé (1992: 70) estima que el *Auto del Repelón* podría considerarse como un *paso*, así como *Vidriana*, de Huete, donde identifica dos jornadas semejantes a sendos pasos o entremeses: la III, de *Secreto y Gil Lanudo*, y la V, de *Perucho y Gil Lanudo*, en las que se representan duras burlas entre los personajes. Igual-

los *pasos*[2], que entroncan con formas dramáticas medievales, y que presentan a su vez sugerentes analogías con algunas de las formas y expresiones de la *commedia dell'arte* italiana. Rueda da a sus pasos renacentistas un carácter independiente y desarrolla una serie de motivos, tipos y situaciones que heredará Cervantes, cuyos entremeses serán punto de referencia para autores posteriores, en lo que se refiere sobre todo a personajes y motivos[3].

Como ha señalado recientemente J. Huerta Calvo (1995), la poética del entremés, como forma dramática inserta en la tradición de los géneros cómicos (drama satírico griego, fábula atelana latina, celebración carnavalesca...), no llega nunca a constituirse como doctrina teórica independiente y sistemática. Sólo a partir del *Arte nuevo* (1609) de Lope de Vega puede hablarse propiamente de una poética de la comedia –es decir, *comedia nueva*–, elaborada desde presupuestos que atienden a la experiencia teatral en sus más inmediatos procesos de comunicación y recepción, ante un público a partir de cuyas preferencias se instituye estéticamente un nuevo canon dramático, frente a los imperativos de la poética clasicista.

¿Qué elementos, formas y tradiciones, determinan, pues, en los comienzos de la Edad Moderna, el sentido que en ella adquiere la expresión de lo *cómico*, así como su configuración formal en las distintas modalidades que adquiere el género *comedia*? La comicidad de la *comedia nueva* llega a la dramaturgia lopesca a través de los pasos y entremeses, procedente de las formas cómicas de la Antigüedad. La evolución de lo cómico en las formas dramáticas de Occidente comprende tendencias que parten

---

mente, la escena de la *Farsa militar*, de Sánchez de Badajoz, en la que intervienen *Un ciego, un cojo y un manco*, puede considerarse también como un paso.

[2] Diferentes autores, entre ellos F. González Ollé, no establecen diferencias sustantivas entre los pasos y los entremeses: "Las obras de Lope de Rueda llamadas *pasos* por voluntad de Timoneda (como igualmente las suyas propias de la misma denominación), no constituyen una especie teatral distinta ni ofrecen diferencias esenciales con el *entremés*, designación prevalente para un género dramático en cuya evolución se encuentran insertas dichas obras" (F. González Ollé, 1992: 50).

[3] Con posterioridad al teatro menor de Cervantes se han señalado dos tendencias básicas en la evolución del entremés (E. Asensio, 1965), que representan Hurtado de Mendoza, en la línea satírico-costumbrista, hacia un entremés denominado de "figuras" (desfile folclórico de figuras con propósito satírico, de influencia quevedesca), caracterizado por la pérdida de lo carnavalesco, y Quiñones de Benavente, quien ofrece entremeses satíricos, de costumbres, enredo, burla o engaño, y otros en los que la danza o el canto dominan sobre los demás elementos. Por su parte, Quevedo es el auténtico renovador de la temática y el estilo de los entremeses en el siglo XVII, determinando su evolución hacia el baile y la mascarada, e influyendo indirectamente sobre Salas Barbadillo, Suárez de Deza y Calderón. Autores como E. Rodríguez y A. Tordera consideran que Calderón lleva el entremés a su madurez. C. Buezo, actualizando las ideas de E. Cotarelo, estima que se trata sólo de un buen imitador: "La peculiaridad de su teatro breve radica en ser un microcosmos invertido de sus obras mayores" (C. Buezo, 1992: 17).

al menos del drama satírico griego (*satirikón*)⁴, se asimilan a la fábula atelana y a los *mimos* de la latinidad⁵, y se expresan al menos hasta el siglo XV europeo a través de la farsa medieval⁶, para desembocar en el Renacimiento en formas afines a la *commedia dell'arte* italiana o a los pasos y entremeses de la península Ibérica. La subsistencia de diversas formas y manifestaciones de lo cómico, con posterioridad al mundo grecolatino, en la cultura y el folclore de Occidente, que se manifiestan en las festividades del carnaval, las procesiones del Corpus, y a través de las figuras y personajes de la *commedia dell'arte*, en mojigangas, bailes, pasos, entremeses, etc., podría considerarse, en el seno de las culturas románicas, como un eco del primitivo drama satírico y de la antigua fábula atelana.

En lo que se refiere al entremés, la mayoría de las definiciones⁷ que se han dado tratan con frecuencia de delimitar esta forma dramática aten-

---

⁴ El drama satírico es una forma literaria a la que se han referido numerosos tratadistas, a partir de un célebre pasaje de la epístola de Horacio a los Pisones (vs. 220-250), en el que el autor latino advierte que los sátiros fueron introducidos en la tragedia "incolumi gravitate jocum", con el fin de atraer al espectador mediante ciertas concesiones burlescas y cómicas. No parece que hasta el momento se hayan aclarado con suficiencia las diferencias entre la sátira escénica y la sátira poética, al estilo de Juvenal, Persio o Lucilio. El *satiricón*, o drama satírico, representaría el contraste cómico de la representación teatral de la Grecia trágica, cuyos efectos nunca podrían resultar excesivos, con objeto de no perturbar en el público la percepción de las representaciones trágicas. La única representación conservada hasta el momento de drama satírico la constituye la obra de Eurípides titulada *El cíclope*. La función del drama satírico sería la de distender los ánimos frente a la expresión trágica; entre ambos géneros acaba por producirse una escisión, que tiene como consecuencia que el drama satírico se asimile en las formas de la comedia. Desde ese momento se produce una diferencia mucho más acusada, que da origen a las dos tradiciones dramáticas más importantes: la tragedia y la comedia, modalidades que hasta ese momento "habían convivido en los antiguos rituales agrarios como formas alternativas de una misma realidad" (F. Rodríguez Adrados, 1983: 685).

⁵ La fábula atelana era una representación teatral que, en el mundo romano, junto con el *mimos latino*, vendría a desempeñar las funciones propias del drama satírico en el mundo griego.

⁶ S. de Covarrubias (1611), en su diccionario, define la farsa del modo siguiente: "representación que significa lo mismo que comedia, aunque no parece sea de tanto artificio; y de farsa, dezimos farsantes..." La oposición entre farsa y entremés, a juicio de autores como J. Huerta Calvo, "no responde a la realidad". El entremés español y la farsa europea presentan similitudes en el teatro breve primitivo del siglo XVI, analogías que disminuyen a medida que nos adentramos en el siglo XVII. En la evolución del entremés hacia una estilización y refinamiento podemos encontrar ciertas analogías con el llamando *intermedio*, propio de la literatura centroeuropea de los siglos XVII y XVIII (I. Mamczarz, 1972). El historiador francés del teatro medieval europeo, Petit de Julleville, define la farsa de modo semejante a lo que podríamos considerar entremés (*apud*. B. Réy-Flaud, 1984: 1, vid. también 55 y ss): "Petites pièces courtes, d'un comique bas, trivial, burlesque et la plupart du temps très licencieux qui cherchaient surtout à exciter le gros rire de la foule".

⁷ Entre las definiciones lexicográficas de "entremés" pueden destacarse dos especialmente relevantes desde un punto de vista historiográfico. En primer lugar, la de Sebastián

diendo a su particular brevedad y a la dependencia que mantiene respecto a la comedia, en cuyos entreactos se escenifica. Creemos que sería conveniente sintetizar más ampliamente algunos de sus rasgos formales y semánticos, que tratamos de enumerar a continuación.

1) *Al margen de toda poética dramática.* El entremés surge como un género y una forma de espectáculo que carece de modelo normativo específico. En este sentido entronca con algunas manifestaciones de teatro medieval desarrolladas al margen de la preceptiva aristotélica, y que encontrarán precisamente en las formas de teatro breve europeo de los siglos XVI y XVII su persistencia hasta el agotamiento de la poética mimética y el desarrollo de las poéticas idealistas. Inicialmente parece que es posible distinguir en el entremés una función social antes que estética, una función –a veces sólo en apariencia– de divertimiento intrascendente, para el que el formato de lo cómico ofrecía mayores posibilidades y libertades, en el contenido y en la forma. Por su naturaleza, el entremés es modelo propicio a la transgresión de reglas. La pérdida de una *poética* aristotélica consagrada a la comedia favoreció la libertad de este género en su evolución histórica, al igual que sucedió con la novela, como género postaristotélico al que tampoco está consagrada la *Poética*.

2) *Subordinación formal y funcional.* Como sabemos, la génesis del entremés parece estar determinada por el hecho de ser una pieza breve que debía ser representada en los entreactos de las comedias[8]. La dependencia de una obra dramática más amplia, la comedia, provista de una fábula seria y complicadamente vertebrada, hacía del entremés una pieza esencialmente lúdica, "pasatiempo popular entre emociones nobles", en palabras de E. Asensio, lo que estimulará sus afinidades con la tradición carnavalesca, y con todo lo que conlleva de inversión y contrapunto respecto a tendencias teatrales oficializantes, como en época de Cervantes sucedía con la comedia lopesca; con formas de teatro breve procedentes

de Covarrubias, quien en su *Tesoro de la lengua castellana o española* (1611), lo define como "una representación de risa y graciosa que se entremete entre un acto y otro de la comedia para alegrar y espaciar al auditorio". En segundo lugar, el *Diccionario de Autoridades* (1726-1739) da, un siglo más tarde, una definición que reitera, de modo muy similar, las características de la ofrecida por Covarrubias: "Representación breve y jocosa, la cual se entremete de ordinario entre una jornada y otra de la comedia, para mayor variedad, o para divertir y alegrar al auditorio". Como ha señalado a este respecto F. Lázaro Carreter (1965: 77 ss), una y otra definición insisten en tres aspectos básicos: 1) su naturaleza esencialmente cómica; 2) su subordinación formal a la comedia, en cuyos entreactos se representan; y 3) su finalidad catástica, es decir, la diversión del público.

[8] "La nota esencial y definitoria del género entremés (o *paso*) no reside en ningún rasgo intrínseco (brevedad, comicidad, costumbrismo, tipos populares, etc.) de su naturaleza, sino en la relación con otra obra dramática en la cual se incluye, sin pérdida de su autonomía interna. La denominación, sea *entremés*, sea *paso*, responde con exactitud a dicha nota" (F. González Ollé, 1992: 55).

de Italia (*commedia dell'arte*), de las que adquiere cierto prestigio, y desde las que se introduce un nuevo concepto de lo cómico; y con todos aquellos valores ideológicos y axiológicos en los que a su vez se identifica una subordinación respecto a los ideales del teatro estamentalista, que representaba entonces la comedia de capa y espada configurada por Lope de Vega.

3) *Nueva sistematización de lo cómico.* Los pasos o entremeses introducen un nuevo concepto de la expresión cómica, caracterizado por referirse a formas de conducta encarnadas en personajes bien tipificados, por reflejar ante todos ellos –especialmente ante el bobo o simple– un sentimiento de indiferencia o superioridad que favorece la recepción por parte del público, y por requerir, finalmente, el concurso social con el que sancionar, mediante la burla y la sátira, determinadas formas de conducta allí parodiadas con la complicidad del espectador. Los efectos cómicos del entremés insisten particularmente en tres aspectos:

a) La expresión verbal: La comicidad se manifiesta no tanto sobre la acción, esencialmente breve, como sobre el lenguaje. En este sentido hay un claro privilegio de la expresión verbal y del diálogo frente a la acción (*fábula*), e incluso podríamos decir que esta preeminencia se revela en una mayor atención a la representación que al texto, tal como se producía en la *commedia dell'arte*.

b) Dinamismo e instantaneidad: La brevedad de la pieza exige que la atención del espectador no decaiga ni un instante. Se recurre a todo tipo de expresiones y manifestaciones instantáneas de ruido, movimiento, persecuciones, golpes, etc., con objeto de mantener el máximo interés. Una de las consecuencias inmediatas es la presentación instantánea e ininterrumpida de situaciones ridículas y grotescas que se apuran hasta los límites.

c) Pantomima: El uso de los signos verbales y no verbales se lleva hasta el extremo, en busca del chisporroteo verbal y la expresión gestual (lenguaje, paralenguaje, kinésica y proxémica), que parece tienden a sustituir la acción dramática propiamente dicha. Al lado de estos sistemas de signos, habría que señalar el vestuario, como medio formal que permite la codificación del personaje. Los efectos estéticos así conseguidos llegan a identificarse con modalidades propias de la actividad circense, festiva, siempre popular y cómica.

4) *Prioridad de la representación frente al texto.* El ejercicio expresivo e histriónico, que se manifiesta en la representación (texto espectacular), adquiere más importancia que el discurso escrito (texto literario), de cuya fijeza y codificación se puede dudar. En última instancia, el éxito o fracaso de estas obras está con frecuencia ligado a las capacidades de la representación, y a las habilidades de los actores para mantener la atención del público y estimular los efectos cómicos de la pieza. El uso improvisado

del lenguaje dramático como proceso de comunicación en la representaciones teatrales era una característica específica de la *commedia all'improviso*, y constituía, paralelamente, como ha señalado J. V. Falconieri, uno de los rasgos determinantes del denominado "entremés de repente" (J. V. Falconieri, 1957: 85)[9]. Al igual que en la *commedia dell'arte*, la tendencia a la improvisación queda abierta, en cierto modo, en algunas modalidades del entremés, y el dominio de la representación frente al texto parece aceptable en esta forma de teatro breve[10].

5) *Valoración del sujeto frente a la fábula*. Desde la *Poética* de Aristóteles, y así se ha mantenido prácticamente hasta el siglo XIX, se consideraba que la *fábula* o acción constituía el elemento más importante de la estructura dramática, frente a los personajes, los caracteres, u otros elementos de la composición. En los entremeses, sin embargo, frente a las acciones o acontecimientos de la obra, se observa una mayor valoración del personaje, y en consecuencia del sujeto humano, como marco de referencias que permite interpretarlo, y de todos aquellos elementos y categorías que encuentran en el sujeto una referencia constitutiva, los cuales pueden reducirse a tres fundamentales: lenguaje, situaciones y tipos, es decir, diálogos, funciones y personajes.

La importancia del diálogo en el teatro de la Edad Moderna es decisiva. En el drama moderno nada se sustrae a la relación interpersonal, pues todo lo que sucede es dramático en la medida en que se ve afectado por la relación interpersonal, que se manifiesta en el teatro europeo de forma específica desde el siglo XVI. "El medio lingüístico de ese mundo interpersonal –escribe P. Szondi (1956/1994: 18)– era el diálogo. En el Renaci-

---

[9] Con anterioridad, E. Cotarelo y Mori, en su *Colección de entremeses...* (1911), había insistido precisamente en la importancia de la improvisación para delimitar la naturaleza genérica de estas piezas dramáticas, a la vez que aportaba datos y ejemplos de sumo interés, tomados en entremeses como *El astrólogo borracho* (Cotarelo, núm. 10), *Entremés de un hijo que negó a su padre* (núm. 11), o el entremés de *Melisendra* (E. Cotarelo, 1911: 195a; núm. 25), del que nos dice: "Senado muy eminente: / aquí saldrá un entremés, / que si lo mira la gente / de la cabeza a los pies, / parece que es *de repente*." Respecto a otros pasos y entremeses, E. Cotarelo aporta las siguientes acotaciones: "Aquí parecen el Villano y el Viejo que estaban escondidos"; "Aquí le hacen que enseñe la lengua por fuerza, y en esto puede el Villano decir lo que más le llegara a cuento, y luego dice el Amo..."; "Aquí lo apoda el Villano...", etc.

[10] Una prueba evidente de ello la constituye el uso frecuente de la denominada *deixis ad oculos*, es decir, la alusión a objetos que forman parte de la realidad escenificada sin mencionarlos literal o sustantivamente, sino aludiendo a ellos mediante signos deícticos cuyo referente no está en el texto, sino en la representación. Lo mismo podríamos decir de aquellos personajes que aparecen en los *dramatis personae* y que no pronuncian una sola palabra a lo largo del entremés; se trataría de personajes que reciben órdenes de los demás, pero que nunca intervienen en los diálogos, como sucede con el "mochacho" que atiende las solicitudes de Lucio al comienzo del entremés de Lope de Rueda titulado *Cornudo y contento*.

miento, tras la supresión de prólogo, coro y epílogo, y quizá por vez primera en la historia del teatro, el diálogo se convertiría (junto al monólogo, de empleo episódico y no constitutivo, pues, de la forma dramática) en el componente exclusivo del tejido dramático. En él estriba la diferencia del drama clásico respecto de la tragedia antigua, el auto medieval, el teatro universal barroco o las historias de Shakespeare. El dominio absoluto del diálogo en tanto coloquio interpersonal refleja hasta qué punto el drama consiste en el retrato de la relación interpersonal y en qué medida conoce únicamente lo que se alumbra en dicho ámbito" [11].

Las funciones o situaciones dramáticas de los entremeses vienen determinadas más por actos individuales, enmarcadas en un contexto aparentemente realista y formalmente costumbrista, que por acciones graves, sometidas a complicaciones y enredos crecientes e inesperados. La simplificación de la fábula conlleva una inmediata reducción de la acción y sus consecuencias, que con frecuencia suele ser variante de un modelo más o menos fijo en el que se basa la comicidad: un personaje astuto o inteligente trama una *peripecia* para burlarse de un simple. Se han señalado diferentes tipos de estructuras en el desarrollo de esta *peripecia*, que harían referencia a los de mera burla o enredo (acción), de cuadros costumbristas (situación), de desfile de personajes (figuras) y de enfrentamiento (debate).

El personaje, por su parte, queda reducido a un arquetipo, adecuado a la expresión de la burla social, como reflejo de una época y una cultura en la que el engaño, la apariencia, la decepción, la vulgaridad, la picaresca o el fracaso, eran formas habituales —quizá inevitables— de conducta, o meras consecuencias de tales hábitos. El número de personajes, de tres, más o menos, en los primeros pasos de Rueda, llega a incrementarse hasta cerca de los diez, en los entremeses de Cervantes y autores posteriores, en medio de los cuales el simple o bobo se convierte en una figura clave. El simple de los entremeses cervantinos no suele ser necesariamente el torpe lacayo, sino más bien un personaje que con frecuencia discute o parodia el prototipo exaltado por el teatro lopesco en la figura del cristiano viejo (*El retablo de las maravillas*), el labrador rico (*La elección de los alcaldes de Daganzo*), el soldado (*La guarda cuidadosa*), o el galán (*El vizcaíno fingido*)...[12]

---

[11] P. Szondi parece establecer una distinción entre la expresión épica y la expresión dialógica. La primera caracterizaría el teatro antiguo, mientras que la segunda determinaría el origen y desarrollo del drama moderno, desde el Renacimiento. "Desde Aristóteles los teóricos de la literatura dramática han condenado la aparición de rasgos épicos en el género" (P. Szondi, 1956/1994: 11).

[12] "El arte del entremés cervantino se define por su función antagónica frente al *Arte nuevo* que se institucionaliza en España bajo el impulso teórico-ideológico de Lope de Vega

6) *Evolución formal.* Si a Lope de Rueda parece corresponder la creación del entremés, cuya nota más destacada en su momento fue formalmente la renuncia al verso en favor de la prosa, el paso del tiempo hace que el contenido del entremés, con antecedentes en materia sentimental y sacra, se estilice y complique sensiblemente. Cervantes es autor clave en este sentido, al incrementar el número de personajes (hasta diez), diversificar el repertorio de prototipos, incorporar circunstancias urbanas propias del momento, conferir mayor calidad al diálogo, y perfeccionar la intensidad cómica —más que dramática— de la ironía y la burla social. A comienzos del siglo XVII parece triunfar en el entremés la reaparición del verso, que Cervantes utiliza en *Los alcaldes de Daganzo* y *El rufián viudo*. Suele darse la fecha de 1620 como definitiva en la implantación del verso (E. Asensio, 1965), en endecasílabos libres, silva y octosílabos, versificaciones afines al lenguaje oral .

a principios de 1600. En contraposición a ese teatro, que tiende a reflejar los mitos sociales, en los cuales se apoya ideológicamente la realidad establecida, los entremeses de Cervantes se inclinan hacia una postura crítica y desmitificadora frente a las ideologías dominantes y oficiales" (N. Spadaccini, 1994: 74).

3.3. DIÁLOGO, ENTREMÉS Y DRAMA MODERNO

Considerar el sujeto humano en su relación discursiva y funcional con otros sujetos, desde el punto de vista de sus posibilidades de expresión, comunicación e interpretación, requiere aceptar que la relación del *yo* con el mundo está siempre mediatizada por la implicación dialógica con el otro, con la alteridad. Toda palabra se concibe, pues, como una experiencia intercambiable, una experiencia compartida. Como bien sabemos, la expresión verbal de los interlocutores depende con frecuencia de determinadas propiedades lingüísticas, capaces de conferir al lenguaje los valores comunicativos de que puede disponer. Fuera del discurso lingüístico, el ser humano no puede constituirse como sujeto, pues nada de lo humano puede sustraerse al lenguaje.

Paralelamente, una lengua no se concibe sin expresión de la persona. Desde este punto de vista, el "otro" (Tú) adquiere presencia en el sujeto (Yo) mediante el lenguaje, es decir, mediante la ejecución de un acto de discurso esencialmente dialógico. La alteridad sería la presencia del *Tú*, tal como la determina nuestra experiencia lingüística. A lo largo de estas páginas trataremos de estudiar, desde los presupuestos de la teoría de la literatura, el diálogo dramático en los entremeses cervantinos, como una de las categorías básicas del discurso, que ha de comprender el texto literario y el texto espectacular, y desde la que adquiere expresión objetiva una de las formas específicas de relación interpersonal característica del teatro europeo de comienzos del siglo XVII.

El concepto del "otro", como noción de otredad o alteridad, puede considerarse inicialmente desde una postura exterior y objetiva, como sucedió en la Antigüedad griega, a la que sigue una concepción fundamentalmente cristiana, característica de la latinidad europea medieval, antes de desembocar en los planteamientos derivados del idealismo moderno, a partir del pensamiento de I. Kant y J. G. Fichte[1]. La obra lite-

---

[1] En el mundo griego no pudo existir el problema del otro, dada la unitaria concepción física y orgánica de todo el cosmos, percibido como una realidad objetiva y exterior al ser humano. Virtualmente al menos, el problema del otro nace en la historia con la vigencia social del cristianismo, determinado por la progresiva secularización de la existencia del hombre occidental durante la Baja Edad Media y el Renacimiento (hasta el siglo XIII al menos, la realidad del mundo se percibe como transida por la presencia de Dios); por el auge histórico del nominalismo de los siglos XIV y XV; y por la valoración cualitativa de la individualidad humana, de creciente importancia histórica y metafísica durante el siglo XVII, con cambios sustanciales en el modo de entender la individualidad. Por su parte, los presupuestos de una filosofía trascendental ponen de relieve la importancia de la actividad

raria de Miguel de Cervantes se sitúa precisamente en este período de comienzos del siglo XVII, determinado por el agotamiento de las concepciones sobre el sujeto afines a la epistemología realista y al modelo codificado por el cristianismo, y que no han de ser severamente discutidas por el idealismo alemán hasta casi cien años después. Diferentes autores, como M. Bajtín respecto a la novela y P. Szondi respecto al drama, han insistido en la importancia que adquiere en la literatura la expresión dialógica desde el Renacimiento europeo. Hemos insistido en la importancia de los estudios de P. Szondi, quien ha tratado de demostrar que el drama de la Edad Moderna surge en el Renacimiento.

Desde el punto de vista de la teoría literaria moderna, el diálogo puede definirse como aquella forma de expresión, naturalmente dialógica, en la que dos o más sujetos hablantes alternan su actividad en la emisión y recepción de enunciados. El diálogo constituiría de este modo un proceso verbal interactivo cuyos valores como actos de palabras estarían fijados en todos sus aspectos ilocutivos y perlocutivos (J. G. Maestro, 1994). El dialogismo, por su parte, debe entenderse como aquel proceso de comunicación en el que todos los sistemas de signos (convencionales o no), que crean sentido en el conjunto de la obra, son interpretados por un receptor. El dialogismo general de la comunicación sémica exige la existencia de al menos dos sujetos en relación comunicativa o interactiva (emisor y receptor: expresión-comunicación / interacción / interpretación-efecto *feed-back*), y que el código utilizado tenga valor social.

El diálogo dramático busca habitualmente la disposición dialéctica de los contrarios, la expresión de modalidades desajustadas y enfrentadas entre sí (saber, poder, querer *hacer*), el *agón* de presencia entre los personajes...[2] Se admite de este modo que el diálogo crea sentido en el teatro al

---

intersubjetiva en el uso del lenguaje y en la adquisición de conocimientos. Kant, sorprendentemente, apenas se ocupó de los problemas del lenguaje. Su epistemología está orientada hacia las ciencias y los fenómenos de la naturaleza, no hacia los problemas de las creaciones humanas culturales.

[2] G. Bauer (1969), en sus estudios sobre la poética del diálogo, describe cuatro tipos de expresión dialógica: 1) Modalidad cerrada y convencional de intercambio en que unas personas departen simétricamente desde premisas sociales y lingüísticas comunes (*Konventionelles Gespräch*); 2) diálogo abierto y liberado de convenciones, en el que los personajes se manifiestan impulsivamente, o sin lograr una plena comunicación recíproca (*Konventionssprengendes Gespräch*); 3) auténtico intercambio experimental y dialéctico, donde una voluntad básica de entendimiento desencadena una sucesión de opiniones cambiantes y la posibilidad de alcanzar una síntesis más amplia (*Dialektisches Gespräch*); y 4) el intercambio de enunciados como cauce no ya de unas ideas individuales bien marcadas, sino del uso del lenguaje sin más propósito que el de sostener unos modos de convivencia (*Konversation*). El teatro clásico francés constituye un ejemplo de los diálogos que hemos señalado en primer lugar, así como la obra de Cervantes, Turgenev, Balzac..., textualiza con frecuencia procesos interactivos más próximos a las características del segundo tipo. Por su parte, el discurso

originar una sucesión de desequilibrios modales entre los interlocutores, quienes se debaten entre sí como personajes dominados por su desigual grado de *poder* (posibilidad), *querer* (voluntad) y *saber* (conocimiento) actuar[3]. Veamos algunos ejemplos.

---

lírico, acaso por su tendencia a la economía y condensación expresivas, parece ajustarse con más facilidad al tercero de los modelos propuestos, como en el autodiálogo unamuniano, por ejemplo, que, a partir de supuestas antítesis y expresiones paradójicas, pretende, en la disposición dialéctica del pensamiento, la síntesis de los pareceres o la atracción de los contrarios.

[3] S. J. Schmidt (1980/1990: 70-123), en la exposición de su Teoría de las Acciones Comunicativas (Theorie Kommunikativen Handelns), distingue las denominadas "cuatro constelaciones sociales de los participantes comunicativos", y así habla de situaciones comunicativas *simétricas*, si los hablantes se encuentran en igualdad de condiciones, de modo que por la afinidad de su competencia discursiva pueden realizar acciones comunicativas semejantes o idénticas (comparten condiciones parejas de saber y poder); *asimétricas*, si los locutores se encuentran en niveles social o jerárquicamente diferentes, de modo que el uno puede dominar las capacidades del otro, desde el punto de vista de la disposición de sus saberes y poderes en el momento de hablar (desajuste en las modalidades *saber* y *poder*); *paradójicas*, si los participantes comunicativos pretenden y exigen únicamente el dominio de sus interlocutores, en actos de habla que suelen desarrollarse bien con gran volumen de sonido, bien con muy pocas, pero incisivas, palabras (disputa de *poderes*); y *complementarias*, si un hablante domina verbalmente y de forma momentánea sobre los restantes sujetos del diálogo, con la aceptación voluntaria de estos últimos, quienes pueden intervenir en cualquier momento para alterar o invertir la situación comunicativa (convergencia de *saberes*).

3.4. Diálogo y expresión dialógica en los entremeses cervantinos

Tres son las formas principales de expresión dialógica utilizadas de modo recurrente en las lenguas naturales: conversación, diálogo e interrogatorio. Las dos últimas son especialmente frecuentes en el uso literario de los lenguajes naturales, y concretamente el diálogo se presenta como específica del drama en cuanto género literario y forma de espectáculo.

El lenguaje dramático es medio de comunicación entre los personajes y medio de acción sobre el espectador. Desde Platón –J. Derrida (1967) lo ha subrayado más recientemente– sabemos que el lenguaje escrito, por el hecho de serlo, resulta difícil de definir y de interpretar. Las palabras de los personajes dramáticos, por más que algunos se empeñen en negar al teatro su dimensión literaria, no están exentas de complejidades hermenéuticas, y una clasificación formal de las modalidades del discurso resulta, cuando menos, aconsejable. Desde este punto de vista, consideramos que las principales formas de comunicación del lenguaje dramático pueden reducirse a cuatro tipos o modalidades básicas, cuya consideración ha de preceder a cualquier estudio sobre la expresión dialógica del personaje teatral. Estas formas principales de comunicación serían el soliloquio, el monólogo, el diálogo y el aparte.

El soliloquio dramático es un proceso semiósico de *expresión* (hablar: Yo → lenguaje) por el que un personaje utiliza el lenguaje en ausencia absoluta, física, locutiva y formalmente, de todo posible interlocutor. Todo soliloquio es un ejercicio lingüístico, una práctica comunicativa preparatoria del sujeto, previo a la comunicación social; el soliloquio constituye el primer ensayo comunicativo que el personaje experimenta frente a sí mismo, antes de hacerlo frente a la alteridad o comunidad social. El lenguaje del soliloquio encuentra en el sujeto su propia justificación, orientada a perfeccionar las condiciones para una comunicación posterior con otros sujetos.

El monólogo, a diferencia del soliloquio, es un proceso semiósico de *comunicación* (hablar a: Yo → Tú) por el que un personaje dramático enuncia un discurso sin la intencionalidad de obtener respuesta por parte de sus posibles interlocutores, que ocupan con frecuencia un espacio verbal de audición o silencio, y a quienes puede referirse a través de signos deícticos de segunda persona, pero que en todo caso están presentes físicamente en el contexto en el que se produce la comunicación, determinando de este modo el acto de lenguaje del emisor.

En cuanto al diálogo, ya hemos indicado que se trata de un proceso semiósico de *interacción* en el que dos o más sujetos alternan su actividad en la emisión y recepción de enunciados. Al comienzo de este capítulo hemos insistido en la importancia del diálogo como uno de los rasgos esenciales del discurso dramático, junto con su doble dimensión textual y espectacular, la polivalencia semántica de los signos verbales y no verbales, y el estatuto pragmático y ficcional del teatro como género literario y como forma destinada a una representación.

El aparte dramático constituye sin embargo un muy particular proceso semiósico de *comunicación*, que se manifiesta convencionalmente como ejercicio de pensamiento, y resulta siempre envuelto recursivamente en una estratificación discursiva superior, o acto de habla externo, bien de naturaleza interactiva (diálogo: dos o más personajes dialogan entre sí e intercambian apartes), bien de naturaleza meramente comunicativa (dialogismo: un personaje habla a otro que le responde exclusivamente con apartes)[1].

El aparte permite conocer inmediatamente la autenticidad de la experiencia del personaje dramático, revela su interior, y lo comunica al público sin otras mediaciones que las del propio lenguaje del sujeto, quien se expresa a sí mismo del modo más inmediato y eficaz en su relación con la realidad interior del *yo*. En este sentido, el discurso en aparte puede señalar momentos capitales del desarrollo de la acción, así como insistir en la expresión de determinadas circunstancias, sentimientos, movimientos, etc., de modo que signos lingüísticos que se expresan como actos de pensamiento (aparte), subrayen, confirmen o atenúen, el valor de signos actanciales o funcionales (fábula), kinésicos (interpretación, movimien-

---

[1] El término "aparté" penetra en Francia a través de Italia, al ser utilizado en 1639 por La Mesnardière en su *La poétique* (Paris, 1639, 267). El abad d'Aubignac, en su *Pratique du théâtre* (libro III, cap. 9; en ed. de Martino, 254), en nombre de la verosimilitud, se refiere con rigor al uso del aparte, al que considera como "discours faits comme en soi-même en la présence d'autrui". El *Furetière* es el primer diccionario que recoge el término, y que refiere, tras su definición, lo siguiente: "Il y a des critiques sévères qui condamnent tous les sentiments en aparté. En effet ils pèchent contre la justesse de la vraisemblance. Néanmoins ils sont excusables, pourvu qu'ils soient courts, par la néccéssité qu'on a d'en user". Más adelante, el diccionario *Trévoux* recogerá el mismo artículo que el *Furetière* (cfr. Cailhava de l'Estendoux, *De l'art de la comédie*, Paris, 1772). M. Corvin, en su *Dictionnaire Encyclopedique du Théâtre* (1991, reed. 1995), define el aparte del modo siguiente: "Mise de mots d'une pensée qui traverse l'esprit d'un personnage en présence d'un autre personnage qui ne l'entend pas, son étymologie à parte n'impliquant pas un éloignement physique; en fait, véritable adresse au public, qu'il faut informer d'un sentiment, d'une situation, d'un ridicule. Largement utilisé par les classiques qui l'ont cependant condamné pour manque de vraisemblance. Au contraire cette formule est d'usage fréquent sur la scène anglaise du XVIIIè siècle. La salle, de petites dimensions, l'avant-scène, très détachée devant une arcade et proche des spectateurs, favorisent la connivence scène-salle, la confidence, le double sens audacieux que Wyncherley et Congreve utilisèrent avec art. Plus tard, et malgré des salles plus vastes, Garrick en joua beaucoup" [G. Forestier].

tos...), proxémicos (distancias, posiciones...), tonales, etc., que se expresarían como actos de comunicación no verbales.

En este sentido, el aparte constituye un auténtico *paradiscurso dialógico* —es decir, un discurso paralelo al diálogo en el cual se inserta–, que un personaje dirige al público a propósito de otro personaje al que escucha (*feed-back*) o con el que mantiene un discurso dialogado (*interacción*), que siempre envuelve recursivamente al discurso en aparte. En el primer caso, el personaje que actúa como oyente (tú) ocupa un espacio interlocutivo de audición o recepción hacia el que habla (yo), desde el que dispone una expansión comunicativa hacia el público (el aparte), mientras que en el segundo caso, el personaje que emite el aparte se instala en un espacio interlocutivo de interacción o diálogo, dentro del cual genera un nuevo proceso de comunicación (el aparte), cuyo destinatario directo es el público, como actuante envolvente o "tercero en el diálogo"[2].

En los entremeses de Cervantes es posible identificar diferentes usos o valores funcionales de las formas del lenguaje dramático, que de manera sumaria podemos sintetizar en las siguientes realizaciones. Estas variantes, que señalamos a continuación, de la expresión dialógica en los entremeses cervantinos deben entenderse como realizaciones literarias en que se objetiva el discurso dialógico, y no como modelos teóricos invariables.

1. Aparte.
2. Soliloquio dramático de apelación retórica.
3. Monólogo dramático como instrumento de ficción.
4. Diálogo de sordos.
5. Diálogo sin expresión dialéctica.
6. Diálogo de enunciados interrogativos.
7. Diálogo de enunciados con doble valor referencial.
8. Diálogo de personajes homologables.
9. Diálogo polifónico.

3.4.1. *El discurso en aparte*

En al menos cuatro de los entremeses cervantinos –*El juez de los divorcios, El rufián viudo, El vizcaíno fingido* y *El retablo de las maravillas*– encon-

---

[2] Sería posible señalar una tercera variante en estatuto pragmático del discurso en aparte, derivada de la combinación de las dos anteriores, y que requiere la presencia en el escenario de al menos tres personajes, de tal modo que en el espacio interlocutivo constituido por el diálogo se introduce una exclusión –el aparte de un personaje (P_1) hacia otro (P_2)– y una selección –la posibilidad de que un tercer personaje (P_3) participe del aparte de P_1 hacia P_2– (J. G. Maestro, 1994a).

tramos explícitamente discursos en aparte[3]. La naturaleza monológica del discurso en aparte subraya en el lenguaje un carácter de reflexividad hacia el sujeto que lo genera. Dirigidos convencionalmente al público, y no a otros personajes de la escena, los apartes cervantinos permiten que el personaje exprese en voz alta pensamientos propios, de modo que hace saber al público que es consciente de determinados hechos, sobre los que expresa una determinada valoración.

En *El juez de los divorcios* nos encontramos con un aparte que está puesto en boca del soldado, esposo de doña Guiomar, mientras ésta declara ante el juez. Dada su extensión, resulta un tanto artificial, y más bien se asemeja a un acto de pensamiento enunciado en voz alta que a un acto de lenguaje expresado en aparte.

SOLDADO (*aparte*): Por Dios, que he de ser leño en callar y en sufrir. Quizá con no defenderme ni contradecir a esta mujer, el juez se inclinará a condenarme; y, pensando que me castiga, me sacará de cautiverio, como si por milagro se librase un cautivo de las mazmorras de Tetuán[4].

El discurso en aparte no sólo constituye una de las formas modales del lenguaje dramático, sino que en muchos casos contribuye eficazmente a la construcción de la "etiqueta semántica" del personaje. Semánticamente, el personaje dramático se configura a partir de enunciados y predicados con valor intensivo (A. Tarski, 1944), es decir, adjetivo y calificativo, que pueden proceder al menos de tres fuentes diversas: el lenguaje funcional de las acotaciones, las reflexiones del propio personaje sobre sí mismo, y los juicios aportados de forma discontinua por otros personajes. Con frecuencia, el discurso en aparte sirve en el drama a la expresión de estos dos últimos tipos de juicio semántico. En el entremés de *El rufián viudo*, con la llegada del popular Escarramán[5], Vademécum enuncia, en un discurso en aparte que presenta características de acotación, una apreciación semántica que define funcionalmente al personaje,

---

[3] En *La guarda cuidadosa* existe una declaración del soldado que podría ser considerada como aparte, ya que no se dirige explícitamente a ninguno de los personajes, sino más bien al público, en el momento en que Cristinica afirma "que son los dos de la pendencia mi sacristán y mi soldado". Entonces este último declara: "Aun bien que voy a la parte con el sacristán; que también dijo: 'mi soldado'".

[4] Para las citas de los entremeses cervantinos seguimos la edición crítica de A. Rey Hazas y F. Sevilla Arroyo, en Barcelona, Planeta, 1987.

[5] Figura literaria procedente de un referente real. Por influencia de poetas y merced a la creatividad popular, se hace de él un personaje literario y folclórico. El Escarramán literario procede de dos jácaras de Quevedo, de 1610, muy difundidas y bailadas en su época: "Carta de Escarramán a la Méndez" y "Respuesta de la Méndez a Escarramán". Cfr. a este respecto E. Asensio (1965).

al identificarlo con un soldado desertor, lo que equivale a proyectar nuevas notas y sentidos sobre la dimensión intertextual de esta figura folclórica y literaria: "A buen seguro que éste es churrullero"[6].

En una de las secuencias de *El vizcaíno fingido* observamos un revelador aparte de Brígida en el diálogo que mantiene con Cristina. Dirigidas al público, las palabras en aparte revelan que el discurso del acto de pensamiento de Brígida es completamente diferente al contenido de sus actos de habla. Tal como se sugiere desde el comienzo del entremés, Brígida es personaje mentiroso e hipócrita, y la respuesta de Cristina, su compañera de actividades prostibularias, refleja a las claras que ambas se conocen muy bien.

> BRÍGIDA: También le dije [a Solórzano] cómo vas muy limpia, muy linda, y muy agraciada, y que toda eras ámbar, almizcle y algalia entre algodones.
> CRISTINA: Ya yo sé, amiga, que tienes muy buenas ausencias[7].
> BRÍGIDA (*aparte*): Mirad quien tiene amartelados; que vale más la suela de mi botín que las arandelas de su cuello; otra vez vuelvo a decir: la ventura de las feas...[8]

Acaso en *El retablo de las maravillas* se recogen los apartes más expresivos de los entremeses cervantinos, al poner al descubierto, desde la interioridad de uno de los personajes más pacientes, el gobernador Gomecillos, la farsa de todo cuanto sucede. El gobernador es el único personaje que se confiesa a sí mismo –no ante los demás–, a través del discurso en aparte, no ver nada en el retablo. Son varios los momentos en que así se advierte:

> GOBERNADOR (*aparte*): ¡Milagroso caso es éste! Así veo yo a Sansón ahora, como el Gran Turco. Pues en verdad que me tengo por legítimo y cristiano viejo...
> GOBERNADOR (*aparte*): Basta; que todos ven lo que yo no veo; pero al fin habré de decir que lo veo, por la negra honrilla...
> GOBERNADOR (*aparte*): ¿Qué diablos puede ser esto, que aún no me ha tocado una gota donde todos se ahogan?...

---

[6] "Se llamaba soldados chorilleros o churilleros o churrulleros a los españoles en tierra italiana que estaban para partir a la guerra, pero entretanto..., cometían picardías: se les daba aquel apodo según una famosa posada napolitana llamada el Cerriglio" (recogido en la ed. de E. Asensio, 1970: 93, nota 32, y perteneciente a B. Croce, según J. H. Terlingen, en *Los italianismos en español*, Amsterdam, 1943).

[7] Cristina se refiere aquí a la "buena" disposición de su amiga Brígida para "elogiar" ante terceros a las personas ausentes.

[8] Alusión al refrán, recogido y comentado por Correas, "la ventura de las feas, ellas se la grangean".

Tres son las características que califican este uso del discurso en aparte: *rapidez, interioridad* e *incomunicación* del personaje que habla, cualidades que se confirman si pensamos en términos más genuinamente teatrales, afines a las formas cómicas (dinamismo), al drama lírico (subjetividad), o a los géneros trágicos (soledad). Cada una de estas cualidades ha sido más o menos intensificada según los géneros dramáticos, los períodos históricos, y los movimientos teatrales. En las formas cómicas, pasos, entremeses, etc., el aparte destaca por su rapidez y concisión, así como en la tragedia sobresale al subrayar la soledad e incomunicación del personaje trágico ante los imperativos del destino. Paralelamente, con el descubrimiento de la subjetividad por parte de las filosofías idealistas, el uso del aparte adquiere un valor desconocido para el teatro de los Siglos de Oro, y en todo caso nunca utilizado como recurso específico en el período áureo: la expresión de las posibilidades de la conciencia subjetiva del personaje. Tal es lo que sucederá en la comedia lacrimosa dieciochista (Marivaux, Diderot, Chaussée, Jovellanos...), en que el aparte sirve a la expresión íntima y lírica del personaje; tras la experiencia del teatro simbolista de H. Ibsen y A. Chejov, y del onirismo de A. Strindberg o A. Jarry, el uso del aparte crece y se transforma hasta confundirse con el monólogo y el soliloquio, y hacer del drama en un auto un largo aparte inflamado de lirismo y turbada subjetividad. Sin embargo, con anterioridad a la literatura ilustrada y romántica, es decir, antes de la sobrevaloración del *yo* que experimenta la estética y la filosofía desde fines del setecientos, el aparte dramático desempeña ante todo una función referencial, indicativa, y en todo caso expresiva, de la situación del personaje teatral en el seno de la acción general de la obra, esto es, de la fábula. Una vez más el énfasis de la expresión, y de las formas del discurso dramático, recae sobre la fábula, y no sobre el sujeto, sobre la acción, antes que sobre el personaje; no en vano los postulados del aristotelismo persisten irrefutables hasta las postrimerías del siglo XVIII europeo. Y así se manifiesta el aparte, especialmente en *El retablo de las maravillas* y en *El juez de los divorcios*, y también en los demás entremeses cervantinos, donde esta forma de discurso interior ilustra e informa sobre la situación del personaje ante la acción dramática, insistiendo, antes que en la incomunicación y en la interioridad, a las que inevitablemente remite, en el ritmo y en el énfasis de los hechos dramáticos, así como en la constatación particular y referencial que de los mismos adquiere el personaje, y que con frecuencia es personal, sin ser subjetiva, e informativa, sin resultar necesariamente sorprendente en sus revelaciones.

Vinculado con frecuencia a la *concisión*, el aparte es ante todo elocuencia improvisada, y se revela como la forma discursiva más natural, genuina e idiosincrásica que puede reconocerse en la forma de hablar de un personaje teatral. También se observa en el caso del *Retablo* cómo el aparte constituye en buena medida un discurso heterodoxo, no oficial, que se aleja de la ortodoxia reconocida, y que brota de modo particular de la idiosincrasia de un personaje concreto, al que el uso del aparte hace diferente y singular. De este modo el gobernador Gomecillos expresa en *El retablo...* su reacción inmediata y personal ante las consecuencias instantáneas de una acción que ha de asumir sin escapatoria posible, y que afecta a la autenticidad de su honra personal y de su legitimidad social.

El aparte constituye siempre un paradiscurso, es decir, un discurso simultáneo, y paralelo en su contigüidad, al discurso en el que se encuentra insertado, con frecuencia un diálogo entre personajes, lo que hace de él un auténtico "comentario" o "glosa" del discurso principal; se configura así un lenguaje del que se sirve el sujeto hablante, convencionalmente como acto de pensamiento[9], para apuntar, glosar o parafrasear, el discurso dominante, dentro del acto de comunicación en el que discurre el aparte. Paralelo a un discurso oficial y principal en la obra, al que se subordina enunciativamente, el aparte puede acelerar o retardar el ritmo del discurso verbal en el que se inserta, y consiguientemente repercutir en el desarrollo de la acción dramática. Prácticamente hasta la renovación del teatro europeo en el siglo XX, el aparte es una forma de expresión dramática característica de la comedia, precisamente el género dramático que menos discute la posibilidad de entendimiento y comunicación[10].

3.4.2. *El soliloquio dramático de apelación retórica*

Hemos definido anteriormente el soliloquio como aquel proceso semiósico de expresión en el que un personaje teatral enuncia un discurso sin dirigirse locutivamente a un interlocutor presente. La apelación

---

[9] No conviene olvidar, tal como señala Cervantes en el "Prólogo al lector" (1615) de las *Ocho comedias y ocho entremeses...*, que en la tragedia *Numancia*, por ejemplo, su autor no se sirve tanto del aparte, para expresar los impulsos de los personajes, como de "figuras morales", que representarían "las imaginaciones y los pensamientos escondidos del alma". Cfr. más adelante nuestro comentario acerca de esta atribución cervantina, así como las reflexiones que apuntamos de A. Valbuena Prat (1969) y E. C. Riley (1971). Ejemplos de este tipo contribuyen a situar el uso del aparte en el ámbito de la tradición cómica, antes que en las formas derivadas de la tragedia, donde también ha estado presente desde siempre, si bien con fines muy distintos a los que se pretenden en la comedia.

[10] Según P. Szondi (1956/1994: 145), "la transformación histórica del significado del aparte tal como se aprecia en los inicios de la dramaturgia moderna, se evidencia con particular claridad en los dramas de Hebbel". Szondi pone el relación el uso del aparte en Hebbel, a quien considera un precursor en el empleo moderno de esta forma de expresión dramática, con la técnica del monólogo interior característico de la novela psicologista del siglo XX. Considera que el uso del aparte en el teatro moderno se vio estimulado por las tendencias narrativas de J. Joyce y sus seguidores.

retórica en el soliloquio dramático añadiría a esta modalidad discursiva la formalización en el enunciado de un destinatario inmanente, es decir, la configuración de un mensaje determinado por la función conativa o apelativa, y la organización del lenguaje desde el punto de vista del índice de segunda persona, cuyo referente será el personaje ausente al que se destina la enunciación dramática.

En el entremés de *La guarda cuidadosa* existen dos soliloquios de estas características, ambos a cargo del soldado. He aquí el primero de ellos:

> SOLDADO: ¡Oh, mujeres, mujeres, todas, o las más, mudables y antojadizas! ¿Dejas, Cristinica, a esta flor, a este jardín de la soldadesca, y acomódaste con el muladar de un sota-sacristán, pudiendo acomodarte con un sacristán entero, y aun con un canónigo? Pero yo procuraré que te entre en mal provecho, si puedo, aguando tu gusto, con ojear desta calle y de tu puerta los que imaginare que por alguna vía pueden ser tus amantes; y así vendré a alcanzar nombre de la guarda cuidadosa.

De este modo, un personaje que permanece solo en el escenario emite un discurso que nadie escucha, y lo orienta enunciativamente hacia una segunda persona, lo que confiere a su intervención una expresión dialógica determinada formal y semánticamente por características específicas, entre las que destacan dos fundamentales: la organización de un discurso monológico en torno al índice de segunda persona, como destinatario inmanente de la enunciación (Tú: Cristina), y la proyección del sujeto de la enunciación (Yo: soldado) hacia una alteridad idealizada ("... platera la más limpia..."), como referente imaginario, bien distinto de su referente real ("moza fregona").

Toda alteridad representa locutivamente para el sujeto una ampliación de sus posibilidades de ser. En el segundo de los soliloquios del soldado la apelación retórica vuelve a identificar en la fregona Cristinica el referente de la segunda persona, en un discurso que en absoluto llega a ser oído por su destinataria inmanente, pero que constituye para el sujeto emisor una posibilidad de ser y de estar en la *alteridad* que representa su enamorada: "¡Oh platera la más limpia que tiene, tuvo o tendrá el calendario de las fregonas! ¿Por qué, así como limpias esa loza talaveril que traes entre las manos, y la vuelves en bruñida y tersa plata, no limpias esa alma de pensamientos bajos y sota-sacristaniles?"

Una situación semejante es la que se reproduce en *El rufián viudo*, también al comienzo del entremés, a título de exposición sobre lo que ha de acontecer, cuando Trampagos, solo ante la difunta Pericona, le endilga todo un planto en el que se parodian este género de discursos. Es soliloquio, y no monólogo, pues nadie acompaña a Trampagos en el escenario, y nadie recibe, ni interpreta, en escena sus palabras; la apelación retórica del soliloquio se objetiva en torno al índice de segunda persona, que remite al personaje de la difunta meretriz ("tú te has partido", "el curso de tu vida", "tu cabecera", "yo, sin ti", etc.):

> ¡Ah, Pericona, Pericona mía,
> Y aun de todo el concejo! En fin, llegóse
> El tuyo: yo quedé, tú te has partido,
> Y es lo peor que no imagino adónde,
> Aunque, según fue el curso de tu vida,
> Bien se puede creer piadosamente
> Que estás en parte [...] aun no me determino
> De señalarte asiento en la otra vida.
> Tendréla yo, sin ti, como de muerte.
> ¡Que no me hallara yo a tu cabecera
> Cuando diste el espíritu a los aires,
> Para que le acogiera entre mis labios,
> Y en mi estómago limpio le envasara!
> ¡Miseria humana! ¿Quién de ti confía?
> Ayer fui Pericona, hoy tierra fría,
> Como dijo un poeta celebérrimo[11].

3.4.3. *El monólogo dramático como discurso de ficción*

Todo discurso verificable, como sucede con el discurso histórico, por ejemplo, se basa en el axioma de existencia según el cual se reconoce que todo aquello a lo que se hace referencia debe existir o haber existido. Expresiones referenciales serían, pues, aquellas expresiones indicativas de objetos reales. Un discurso ficcional, como el literario, por ejemplo, explicable formalmente, pero no verificable o falseable vivencial o históricamente, sería aquel que utiliza expresiones referenciales para expresar objetos o realidades inexistentes, es decir, que se trataría de un discurso cuyas proposiciones no son existenciales o reales.

El uso del lenguaje dialogado como instrumento de ficcionalización de la realidad es una de las características esenciales y recurrentes de *El retablo de las maravillas*[12]. Se pretende transformar verbalmente la reali-

---

[11] Como señalan algunos de los editores de los entremeses cervantinos, este verso glosa burlescamente los referentes a uno de los romances del rey don Rodrigo, en que este último declara, en amalgama de *ubi sunt* manriqueño y *decontemptus mundi* medieval: "Ayer era rey de España / hoy no lo soy de una villa".

[12] Este entremés, quizá uno de los más populares de Cervantes, tiene mucho de discurso religioso, político y social, y constituye una fuerte sátira contra la Inquisición y sus exigencias. No sólo denuncia la subordinación del teatro a un fin comercial, en el evidente propósito crematístico de los cómicos ("si no se nos paga antes nuestro trabajo..."), pues el fraude de la actividad teatral se manifiesta en el engaño mismo del retablo, sino que inclu-

dad, con el concurso de los interlocutores del diálogo, con objeto de configurar un mundo de ficción que, sobre la existencia de determinados prejuicios y valores axiológicos, actúe sobre los sujetos hablantes hasta dominar sus formas de conducta.

La primera de estas manifestaciones la inicia Chanfalla mucho antes de estrenar las representaciones de su retablo[13], al presentarse ante los aderezados labradores como descendiente de figuras legendarias o fabulosas, afines a la magia y el encantamiento, por más que su discurso de presentación concluya con una cómica declaración referida a la falta de comediantes en Madrid, y la posibilidad que se le ofrece, en este sentido, de remediar todos los males de la corte: "Yo, señores míos, soy Montiel, el que trae el Retablo de las Maravillas. Hanme enviado a llamar de la corte los señores cofrades de los hospitales, porque no hay autor de comedias en ella, y perecen los hospitales, y con mi ida se remediará todo".

Sin embargo, la expresión más importante de ficcionalización de la realidad la constituye el monólogo de Chanfalla con el que se inicia verbalmente la representación del retablo de las maravillas. Se materializa de esta manera el recurso de la *commedia in commedia*, que, además de contar con el público real como receptor envolvente, postula dos nuevos destinatarios, hacia los que se configura el discurso de Chanfalla: el público de labriegos y pequeños burócratas, y el sabio Tontonelo, genuino compositor del retablo. El discurso de Chanfalla es, pues, un monólogo de doble apelación retórica, y no un soliloquio, si se admite la discriminación de ambos términos, ya que Chanfalla habla ante un auditorio que le escucha, y con el que no dialoga funcionalmente, aunque formalmente pueda haber expresiones o indicios de interacción. Hay, pues, dialogía sin que llegue a existir propiamente diálogo:

so se apela a una renovación del trabajo del actor, mediante la superación de fórmulas, vicios y convencionalismos, que caracterizaban las representaciones de los corrales, en favor del uso de técnicas propias de la *commedia dell'arte* (pantomimas, apariciones fantásticas, etc.) Para un análisis detenido de las raíces literarias y folclóricas del entremés *El retablo de las maravillas*, y una verificación de sus posibles relaciones intertextuales, puede verse el enxiemplo XXXII del *Libro de los enxiemplos del Conde Lucanor et de Patronio*, de don Juan Manuel, titulado "De lo que contescio a un rrey con los burladores que fizieron el panno", así como la historia XXVII del *Til Eulenspiegel*, que data de principios del siglo XVI. Esta última analogía ha sido detenidamente estudiada por M. Bataillon (1964).

[13] Como sabemos, el término *retablo* designa varios conceptos, como conjunto de figuras (pinturas, esculturas...) que representan y componen un cuadro o episodio de la historia sagrada; como obra arquitectónica, en el interior de la iglesia, que compone el ornamento y fondo del altar, representando cuadros o episodios de la historia sagrada; y como término teatral, tal como comienza a utilizarse desde el siglo XVI, con el sentido de "pequeño teatro" o "escenario", destinado a la representación de imágenes de títeres, bien de guante, bien movidos por cordel (J. E. Varey, 1957: 84 ss).

CHANFALLA: ¡Atención, señores, que comienzo! –¡Oh tú, quien quiera que fuiste, que fabricaste este Retablo con tan maravilloso artificio, que alcanzó renombre *de las Maravillas*: por la virtud que en él se encierra, te conjuro, apremio y mando que luego incontinenti muestres a estos señores algunas de las tus maravillosas maravillas, para que se regocijen y tomen placer sin escándalo alguno! Ea, que ya veo que has otorgado mi petición, pues por aquella parte asoma la figura del valentísimo Sansón, abrazado con las colunas del templo, para derriballe por el suelo y tomar venganza de sus enemigos. ¡Tente, valeroso caballero; tente, por la gracia de Dios Padre! ¡No hagas tal desaguisado, porque no cojas debajo y hagas tortilla tanta y tan noble gente como aquí se ha juntado! [...] ¡Échense todos, échense todos! ¡Húcho ho!, ¡húcho ho!, ¡húcho ho!...

El monólogo de Chanfalla continúa, y se prolonga prácticamente hasta la llegada del furrier, haciendo caso omiso de las múltiples y variadas exclamaciones, algaradas e inquietudes, de los lugareños que contemplan el retablo. Por esta razón el discurso de Chanfalla es monólogo, y no soliloquio, ya que se encuentra sometido a la interacción que le proporcionan *in fieri* los espectadores del retablo, si bien esta interacción de signos verbales y no verbales en ningún momento se convierte en diálogo. Sólo un uso monológico del lenguaje construye y destruye la ilusión dramática en los momentos de máxima tensión. Toda ficción, como expresión de sentido, proporciona un conocimiento e instituye una verdad, por débil que ésta sea. La ficción no existe sin alguna implicación en la realidad.

3.4.4. *Diálogo de sordos*

Entendemos por *diálogo de sordos* el que establecen personajes entre los que existe interacción comunicativa de tipo formal pero no funcional, es decir, que entre los sujetos hablantes se produce una alternancia en sus turnos de emisión y recepción de enunciados, pero sin que exista un principio de cooperación o *contrato fiduciario* que garantice la expresión, comunicación e interpretación del contenido proposicional de los enunciados (formalmente) intercambiados. Circunstancias de este tipo se manifiestan de forma recurrente en al menos tres entremeses cervantinos: *El juez de los divorcios*, *La elección de los alcaldes de Daganzo* y *El retablo de las maravillas*.

En este sentido, la nota más destacada de *El juez de los divorcios* es que apenas hay diálogo entre los personajes, sino apelación o invitación retórica por parte del juez a la exposición monológica del discurso de cada uno de los demandantes. El juez interroga, no dialoga; los personajes interrogados no se comunican entre sí, hablan sin escucharse, y en todo caso coinciden en la expresión de sus mutuos odios, sin tener en cuenta a su cónyuge como receptor de las réplicas, siempre dirigidas al juez, para cuya enunciación acuden a veces al discurso en aparte, como sucede con el soldado ante doña Guiomar, al que antes nos hemos referido.

De las tres formas de expresión dialógica que pueden identificarse en el discurso lingüístico, *conversación*, *diálogo* e *interrogatorio*, en el entremés de *La elección de los alcaldes de Daganzo* sólo se manifiestan dos de ellas, la conversación y el interrogatorio, precisamente aquellas que más se distancian de la expresión de la comunicación lingüística en grado pleno: el diálogo.

En *La elección de los alcaldes de Daganzo*, personajes[14] como el bachiller Pesuña[15], el escribano Pedro Estornudo[16] y los regidores Panduro[17] y Alonso Algarroba[18], se presentan sucesiva y alternativamente mediante un proceso de interacción que se caracteriza por un ritmo dinámico, de expresión chispeante y cómica. Sin embargo, pronto se advierte que los personajes apenas dialogan entre sí; entre los interlocutores no existe un principio de cooperación o *contrato fiduciario* que coordine las referencias locutivas; se registra una pluralidad de enunciaciones, pero no un diálogo estable o uniformemente desarrollado. Ni tan siquiera en la escena en que se lleva a cabo la presentación de los candidatos, Humillos[19],

---

[14] Casi todos los personajes de este entremés son caracterizados individualmente con un nombre común, a modo de mote o apodo, que funciona como propio. Este recurso, de pretendido efecto cómico, está presente desde Juan del Encina, en el *Auto del Repelón* (Piernuco), y en la *Farsa llamada Paliana* (en la que el "simple" se llama Juan Jarro); también lo hallamos en López de Yangüas (Apetito), y en los pasos de Lope de Rueda, como *El deleitoso* (Cebadón), *Registro de representantes* (Porquerón, Buenalma...), etc.

[15] El término "pesuña" constituye una referencia que hace pensar en animales de pata hendida, con pie encerrado en pezuña, como el burro, el cerdo, el buey, la vaca, el carnero... Este personaje, bachiller, se muestra petulantillo y torpe, y con las connotaciones de su nombre, su título resulta depreciado.

[16] El apelativo denota una reacción violenta y ruidosa en el personaje, cuyo carácter es fácilmente irritable y enojoso.

[17] Denominación que simula la expresión de pedazo de pan duro, "mendrugo", con el sentido figurado de tonto, zoquete, rudo, torpe. El personaje es incapaz de pronunciar correctamente los vocablos que no forman parte de su modo habitual de expresión.

[18] La "algarroba" designa una vaina dura y seca, de color castaño, usada en España como alimento del ganado. El personaje de este nombre reproduce expresiones artificiosas, de tipo conceptista, en obstinado afán por demostrar su limpieza de sangre. Es quien presenta a los candidatos, identificando a cada uno de ellos con una actividad: Berrocal, por sus habilidades vináticas; Jarrete, por su torpeza en la caza de pájaros; Humillos, por saber remendar zapatos; y Rana, por tener buena memoria, especialmente en lo que se refiere a "las coplas del antiguo y famoso perro de Alba", poema antisemita.

[19] Francisco de Humillos es el primero de los candidatos examinados. El apelativo de "humillos" haría pensar en los posibles "humos" del personaje, en el sentido de altivez, presunción, vanidad, relacionadas con castas y linajes, socialmente hablando. Este aspecto haría pensar en que puede no ser cristiano viejo, pues si lo fuera, se comportaría como un

Jarrete[20], Berrocal y Rana, podría hablarse propiamente de diálogo, dado que lo que se produce realmente es un interrogatorio. Sólo se observa enunciación sin diálogo. Hay un efecto cómico inmediato que reside en las palabras (refranes, frases hechas, tratamiento caricaturesco de los rústicos, etc.), al que hay que añadir una intención satírica y una actitud reflexiva, crítica, en suma, por parte del autor. Se está discutiendo algo más que una forma de hablar, y es una forma de convivencia, una actitud ante la resolución de problemas en conflicto[21].

Si observamos el esquema secuencial que se desarrolla en el entremés, se advierte la existencia de cuatro situaciones funcionales básicas, representadas las dos primeras por las supuestas autoridades que han de seleccionar a los candidatos, y por el interrogatorio al que se somete a estos últimos, separadas ambas secuencias de la cuarta y última, que introduce la imprecación y el manteo del sacristán, por una tercera secuencia, intermedia o de transición, que representa la llegada de los músicos. El conjunto resultante es de una perfecta simetría, pues los cuadros primero y último reproducen un diálogo de sordos en el que todos los personajes hablan sin que ni uno solo de ellos logre responder correctamente a lo que dice el vecino; paralelamente, la secuencia central evita toda relación dialogada entre los personajes, pues, pese a mantener una relación de interacción entre los interlocutores, ediles y candidatos, la forma del interrogatorio sustituye a la del diálogo.

1. Diálogos: Pesuña, Estornudo, Panduro y Algarroba.
    a) Leves disputas de presentación.
    b) Presentación verbal de los candidatos.
    c) Decisión de hacer entrar a los candidatos para examinarlos.
2. Entrada de los candidatos: Humillos, Jarrete, Berrocal y Rana.
    a) Interrogatorio de Humillos.

---

rústico ingenuo, confiado en su identidad y en sus orígenes, y no en su procedencia social. En adelante, Humillos no volverá a mencionar los nombres de sus ascendientes, sino que basará sus méritos en no saber leer, y en declararse obsesivamente cristiano viejo.

[20] Jarrete es el nombre que, según Covarrubias, se da a "lo alto de la pantorrilla que junta con la corva", y por extensión a la carne procedente de los corvejones de la vaca ternera, especialmente dura y nervada. Personaje caracterizado por su particular torpeza y bastedad, Jarrete hace profesión de cristiano viejo, dice estar aprendiendo a leer (aunque ha de llevarle tiempo aún...), y se declara capaz de una serie de habilidades, frustradas al cabo por su propia torpeza.

[21] "En este sentido, el entremés podría verse como una parodia en su totalidad: la plaza de Daganzo, donde se puede suponer que sucede la acción, es presentada como "pequeña Corte" en la que observamos el tipo de justicia, la corrupción, el sistema de selección para los cargos públicos, la ignorancia y la petulancia de gobernantes y gobernados, parodia de la Corte verdadera y real, parodia de la vida española" (A. Castilla, 1997: 28).

b) Interrogatorio de Jarrete.
c) Interrogatorio de Berrocal.
d) Interrogatorio de Rana.
3. Entrada de los músicos: tres canciones.
4. Entrada del sacristán, imprecando a los presentes.
   a) Decisión de manteo, dada por el bachiller.
   b) Respuesta conminatoria (no dialogada) de Rana.
   c) Retirada de los músicos; se prorroga la elección.

El lenguaje que utilizan los personajes del entremés se atiene básicamente a formas lingüísticas que respetando la interacción y la alternancia en los procesos de enunciación, nunca llega a ser propiamente un discurso dialogado, que avance coherentemente mediante el concurso de las secuencias verbales expresadas por varios hablantes, pues con frecuencia no se cumple el principio de cooperación, o contrato fiduciario, por el que los interlocutores deciden orientar sus intervenciones hacia un *propos* o tema común, y ni tan siquiera se observan mínimamente las máximas conversacionales de cantidad, cualidad, relación y modalidad (H. P. Grice, 1975).

Entre las formas lingüísticas manejadas de modo preferencial por estos personajes, y que contribuyen de manera determinante a convertir en un diálogo de sordos todo proceso de interacción y alternancia de enunciados, se encuentra el uso conceptista del lenguaje, basado con frecuencia en la reproducción de expresiones populares y refranísticas, que se introducen en el discurso a modo de cuñas o consignas, las cuales cierran numerosas posibilidades de diálogo ("que todo saldrá a cuajo", saldrá bien, a gusto; "mas echémoslo a doce, y no se venda", hacer algo sin tener en cuenta las consecuencias; "de buen rejo", de buen modo, etc.); lo mismo podríamos decir del uso recurrente de interjecciones, jaculatorias, anacolutos y juramentos populares ("Por San Junco", juramento villanesco a un santo fantástico[22]; "¡Cuerpo del mundo!", por "¡Cuerpo de Cristo!", juramento eufemístico; "¡Por San Pito...!", etc.); o determinadas construcciones en anadiplosis, de forma semejante a las usadas por Lope de Rueda en buena parte de sus pasos, que contribuyen a cerrar sintácticamente el discurso del interlocutor, confirmando sus últimas palabras, con objeto de no prolongar la comunicación o el diálogo.

---

[22] Este tipo de expresiones eran frecuentes en el "sayagués", jerga usada por los pastores del teatro de Encina, Lucas Fernández, y otros autores del siglo XVI, y que se perpetúa en la literatura entremesil del siglo XVII. Cfr. Frida Weber de Kurlat (*Lo cómico en el teatro de Fernán González de Eslava*, Buenos Aires, 1963), quien considera que en *La elección de los alcaldes de Daganzo* se produce una desintegración del sayagués, que quedaría reducido a unas cuantas fórmulas y convenciones.

ESCRIBANO: Basta;
No quiere Dios, del pecador más malo,
Sino que viva y se arrepienta.
ALGARROBA: Digo
Que vivo y me arrepiento...

Rana, el cuarto de los candidatos presentados, que puede quizá considerarse como uno de los personajes más destacados del entremés, presenta intervenciones que no son propiamente diálogos teatrales, sino que resultan más bien largos relatorios o monólogos muy extensos[23]. En este personaje hay una clara disociación entre su forma de ser, tan torpe como la de los demás, y su forma de hablar, de cierta calidad retórica, lo que hace pensar que sus discursos son resultado de memorización, monotonía o automatización. Habla, pues, como una rana: sus frases parecen estar muy elaboradas, si bien sus discursos se manifiestan como relatorios previamente aprendidos[24].

Si consideramos su parlamento ante Algarroba, Panduro y Estornudo, observamos que se trata de una intervención nada dialógica, al igual que las de los demás personajes, lo que invita a pensar que apenas existe un auténtico diálogo en todo el entremés. Todos hablan, nadie escucha; tales son las condiciones ideales para un diálogo de sordos. De hecho, el lenguaje no sirve para elegir un nuevo alcalde, y el proceso de selección queda suspendido.

Como Rana,
Habré de cantar mal; pero, con todo,
Diré mi condición, y no mi ingenio.
Yo, señores, si acaso fuese alcalde,
Mi vara no sería tan delgada
Como las que se usan de ordinario;
De una encina o de un roble la haría,
Y gruesa de dos dedos, temeroso
Que no me la encorvase el dulce peso
De un bolsón de ducados, ni otras dádivas,
O ruegos, o promesas, o favores,
Que pesan como plomo, y no se sienten

---

[23] "En los dos monólogos de Rana, la calidad de sus conceptos y de su estilo produce un desajuste, una desarmonía, entre el orador y sus oyentes (una vez más, en Cervantes, el recurso del teatro dentro del teatro), artísticamente justificados por la caracterización del personaje" (A. Castilla, 1997: 28).
[24] La reacción de los regidores ante las declaraciones de Rana encuentra analogías con fuentes procedentes de los *Dísticos morales* de Catón. Se trata de ideas sobre moral y justicia, asimiladas y expresadas por Cervantes, y que habían sido difundidas por Erasmo, y citadas frecuentemente por Luis Vives, especialmente en sus *Diálogos* (cfr. N. Spadaccini, 1994).

> Hasta que os han brumado las costillas
> Del cuerpo y alma; y, junto con aquesto,
> Sería bien criado y comedido,
> Parte severo y nada riguroso;
> Nunca deshonraría al miserable
> Que ante mí le trujesen sus delitos;
> Que suele lastimar una palabra
> De un juëz arrojado, de afrentosa,
> Mucho más que lastima su sentencia,
> Aunque en ella se intime cruel castigo.
> No es bien que el poder quite la crianza,
> Ni que la sumisión de un delincuente
> Haga al juez soberbio y arrogante.

Con la llegada del sacristán, "muy mal endeliñado", la acción cobra una nueva expresión. El sacristán impreca a los presentes por la forma de comportarse:

> SACRISTÁN: Señores regidores, ¡voto a dico,
> Que es de bellacos tanto pasatiempo!
> ¿Así se rige el pueblo, noramala,
> Entre guitarras, bailes y burcos?

Y de forma tan cómica como súbita, sin prestar la mínima atención a sus palabras, el bachiller Panduro decide mantear al sacristán. No media ningún diálogo entre los personajes; aún cuando el clérigo no ha acabado de hablar, el bachiller Pesuña irrumpe en un imperativo:

> BACHILLER: ¡Agarradle, Jarrete!
> JARRETE: Ya le agarro.
> BACHILLER: Traigan aquí una manta; que, por Cristo,
> Que se ha de mantear este bellaco,
> Necio, desvergonzado e insolente,
> Y atrevido además.

En este contexto tiene lugar la intervención que Rana dirige al sacristán[25], y que como en casos anteriores se expresa igualmente en un largo párrafo, como si se tratara de un discurso previamente memorizado o

---

[25] Como es bien sabido, el sacristán representa la única posibilidad de sátira contra el clero. Los personajes del entremés adoptan una actitud anticlerical frente al sacristán, que termina en fiesta después de la burla y el manteo, frente a lo que sucede, por ejemplo, en *El retablo de las maravillas*, donde los rústicos simulan hipócritamente sus sentimientos por temor a la Inquisición, atenuando el efecto cómico, en favor de cierta amargura, y bajo una represión evidente.

ensayado. Rana arremete contra el clérigo en un peculiar discurso polifónico que se sirve de términos eclesiásticos, como si se tratara de ejercer un hechizo sobre el sacristán[26]. En la imprecación de Rana pueden observarse dos notas fundamentales, que son la recurrencia de imperativos modales y epistémicos, es decir, enunciativos e interrogativos, así como el uso retórico de la estructura "pregunta + autorrespuesta", que tiende a negar en el interlocutario –en este caso el sacristán– toda capacidad y competencia para dar respuesta a lo que se le pregunta:

>
> RANA: Dime desventurado: ¿qué demonio
> Se revistió en tu lengua? ¿Quién te mete
> A ti en reprehender a la justicia?
> ¿Has tú de gobernar a la república?
> Métete en tus campanas y en tu oficio;
> Deja a los que gobiernan, que ellos saben
> Lo que han de hacer, mejor que no nosotros.
> Si fueren malos, ruega por su enmienda;
> Si buenos, porque Dios no nos los quite.

Con la retirada de los músicos a casa del bachiller se prorroga la elección para el día siguiente. El uso del lenguaje no ha servido a la elección de edil; los personajes han hablado entre sí, pero no se han escuchado, y por tanto no ha sido posible el diálogo. El entremés termina en canto, que es otra de las formas primordiales de comunicación sin diálogo.

> BACHILLER: Quedarse ha la elección para mañana [...]
> GITANOS: ¿Cantaremos, señor?
> BACHILLER: Lo que quisiéredes.

Algo semejante sucede en *El retablo de las maravillas*, entre los personajes que componen la audiencia de Chirinos y Chanfalla, y entre este público y el furrier que anuncia la llegada de las tropas: hablan, pero no dialogan; interactúan verbalmente, pero no se comunican entre sí. El final del entremés confirma el triunfo de la burla y la incomunicación, merced a la ignorancia, a la intolerancia y al miedo.

Hay, desde los primeros cuadros, un auténtico diálogo de sordos entre los personajes que fingen ver el retablo. Durante el monólogo de Chanfalla, los personajes que contemplan el retablo vacío, fingen ver lo que les cuen-

---

[26] Rana dirige una imprecación al sacristán, que autores como A. Castilla (1997: 26) consideran como un discurso exorcizante, "usando términos eclesiásticos, a la manera de exorcismo, o de tradicional admonición desde el púlpito", y otros como F. Ynduráin (1962: 21) consideran que este mensaje constituye un "sensatísimo programa de relaciones entre Iglesia y Estado, desde el pintoresco ambiente de la aldea en su versión de entremés".

tan, mediante expresiones lingüísticas muy individualizadas, que a falta de referentes reales crean su propia referencialidad lingüística, según sus personales competencias modales y contextuales. Los personajes no se comunican entre sí, y no dialogan, pues ninguno de ellos declara a su vecino la verdad de lo que ve. El conjunto discursivo de estos personajes difícilmente podría someterse a una interacción dialógica concertada, ya que ninguno de ellos ve realmente nada de cuanto está diciendo: el único referente común es la palabra de Chanfalla y Chirinos, y la única pulsión que los identifica, el miedo, cuya consecuencia primera es la incomunicación.

> CHIRINOS: Esa manada de ratones que allá va, deciende por línea recta de aquellos que se criaron en el arca de Noé; dellos son blancos, dellos albarazados, dellos jaspeados y dellos azules; y, finalmente, todos son ratones.
> CASTRADA: ¡Jesús! ¡Ay de mí! ¡Ténganme, que me arrojaré por aquella ventana! ¿Ratones? ¡Desdichada! Amiga, apriétate las faldas, y mira no te muerdan. ¡Y monta que son pocos! ¡Por el siglo de mi abuela, que pasan de milenta!
> REPOLLA: Yo sí soy la desdichada, porque se me entran sin reparo ninguno. Un ratón morenico me tiene asida de una rodilla. ¡Socorro venga del cielo, pues en la tierra me falta!
> BENITO: Aun bien que tengo gregüescos: que no hay ratón que se me entre, por pequeño que sea.

Finalmente, es posible identificar un nuevo diálogo de sordos entre el furrier y el público del retablo. La llegada del militar precipita los hechos hacia la confusión final; Benito Repollo y Pedro Capacho lo creen judío, dado que no ve las "maravillas" del retablo, ni es capaz de apreciar los entusiasmos del baile de Herodías con el sobrino de Repollo. Los personajes no se aclaran entre sí, y no logran entenderse, ya que no se escuchan, y en consecuencia nada se comunican; nadie explica los hechos a su interlocutor, y nadie confía en el lenguaje –ni en el sujeto del lenguaje– como medio de entendimiento. El pueblo ataca al furrier como si se tratara de un judío, y éste se defiende sin entender nada de lo que sucede, salvo las injurias que afectarían a su linaje supuestamente bastardo. Sólo es posible hablar de apelaciones, interjecciones e imperativos, desprovistos de realización dialógica.

> BENITO: ¡Eso sí, sobrino, cánsala, cánsala; vueltas y más vueltas; ¡vive Dios, que es un azogue la muchacha! ¡Al hoyo, al hoyo! ¡A ello, a ello!
> FURRIER: ¿Está loca esta gente? ¿Qué diablos de doncella es ésta, y qué baile, y qué Tontonelo?
> CAPACHO: ¿Luego no ve la doncella herodiana el señor Furrier?
> FURRIER: ¿Qué diablos de doncella tengo de ver?
> CAPACHO: Basta: de *ex illis es*.

GOBERNADOR: De *ex illis es*, de *ex illis es*.
JUAN: Dellos es, dellos el señor Furrier; dellos es.
FURRIER: ¡Soy de la mala puta que los parió; y, por Dios vivo, que, si echo mano a la espada, que los haga salir por las ventanas, que no por la puerta!
CAPACHO: Basta: de *ex illis es*.
BENITO: Basta: dellos es, pues no vee nada.
FURRIER: ¡Canalla barretina! ¡Si otra vez me dicen que soy dellos, no les dejaré hueso sano!
BENITO: Nunca los confesos ni bastardos fueron valientes; y por eso no podemos dejar de decir: dellos es, dellos es.
FURRIER: ¡Cuerpo de Dios con los villanos! ¡Esperad!

3.4.5. *Diálogo sin expresión dialéctica*

La expresión dialógica es a veces posible sin enunciación dialéctica, sin un enfrentamiento explícito entre los personajes interlocutores. Esta es acaso la nota más destacada de los diálogos de *El rufián viudo*, en que la interacción constituye una forma de expresión dialógica caracterizada precisamente por la falta de enunciación dialéctica. Todos los personajes se avienen a estar de acuerdo en todo. En ningún momento los diálogos representan enfrentamiento o divergencia entre los interlocutores, no hay dialéctica, sino síntesis de pareceres, conformidad y aceptación. Son diálogos simétricos, en cuanto a las posiciones locutivas de los interlocutores, y peculiarmente polifónicos, respecto a la variedad de registros populares y coloquiales que amalgama, especialmente en lo que se refiere al lenguaje de germanía. Desde este punto de vista, el entremés no ofrece situaciones de enfrentamiento, genuinamente dramáticas, sino más bien lúdicas y festivas, en torno a la parodia del rufián que antes de enterrar a su difunda meretriz se busca una nueva. La figura de Escarramán contribuye a expresar y a confirmar con su presencia esta síntesis de pareceres con la que concluye felizmente el entremés.

Piezas como *El rufián viudo*, quizá uno de los entremeses más afines al sainete decimonónico, permiten ilustrar, en el teatro y en la literatura, las diferencias entre el discurso dialógico y el discurso dialéctico, diferencias que se irán incrementando a medida que nos acerquemos al teatro del siglo XX. Dialógica y dialéctica no sólo son disciplinas distintas, son también diferentes modalidades de representar formalmente los procesos de interacción y comunicación humana.

El diálogo de la tragedia griega era básicamente un ejercicio dialéctico, en el que las partes en *agón* disputaban sus razones frente a los imperativos y exigencias del destino, que se sobreponía inevitablemente a la voluntad del hombre, llevándolo a su destrucción. Es esta una forma de teatro que sirve en buena medida a las posibilidades de conocimiento y reflexión del ser humano respecto a los límites de su libertad frente a imperativos morales de orden metafísico. El mundo medieval sobre todo, y en cierto modo también el Renacimiento europeo, representa uno de los momentos más sobresalientes en la relación de la dialógica y la dialéctica, establemente ajustadas en la expresión e interpretación de las acciones y relaciones intrapersonales, que el teatro ha de asumir como referentes inmediatos en la construcción de la *fábula*. Sin embargo, a medida que avanza la Edad Moderna se desarrollan en la concepción poética de la *fábula* determinados desajustes, cada vez más crecientes, que afectan directamente a las relaciones que en el discurso literario mantienen la dialógica y la dialéctica. El siglo XVII desemboca en una crisis de valores a la que la experiencia de la Ilustración europea tratará de dar una respuesta. El esfuerzo científico y crítico de los ilustrados pretende separar el análisis de los Hechos (conducta humana, ciencia, técnica...) del análisis de los Valores (entonces vigentes: Ley Natural asumida como Ley Positiva, inmutabilidad del Orden Moral o Religioso, etc.), en medio de una tradición en ruinas, como lo era entonces la civilización europea.

El teatro acusa intensamente estas transformaciones, y registra una discriminación cada vez más notoria entre la lógica de una argumentación destinada a justificar principios tradicionales, morales, metafísicos, etc. (*dialéctica*), y la relación interactiva entre sujetos que tratan de expresar formas de conducta cada vez más particulares e idiosincrásicas (*diálogo*), si bien a través de modalidades desajustadas en su grado de *poder*, *querer* y *saber* a la hora de ejecutar una acción determinada (*fábula*). Se configura de este modo un teatro que conduce hacia la crisis del diálogo en el drama moderno. En primer lugar, el diálogo se sustrae a la *dialéctica*, es decir, a la salvaguardia de los principios lógicos que fundamentan (en algunos casos se suponía que metafísicamente) los valores e ideales de una civilización (novela y teatro cervantinos); en segundo lugar, el diálogo se sustrae a la *interacción*, denunciando la soledad e incomunicación del personaje moderno (tragedia shakespeariana), y convierte el discurso del sujeto teatral en un autodiálogo que avanza mediante el recurso de pregunta y autorrespuesta –adubitaciones o aporías–, para aproximarse cada vez más en su desarrollo a un teatro que alcanza los límites del lirismo y el onirismo (A. Strindberg), al generar un soliloquio que en algunos casos se diluye en una larga acotación, confundiendo el discurso del personaje con la palabra del dramaturgo (S. Beckett).

El diálogo que mantienen los personajes dramáticos de la Edad Moderna (siglos XVI a XVIII aproximadamente) sirve, entre otros aspectos, a la coordinación de la fábula, en un desarrollo de episodios esencialmente interpersonales. Es la época de un teatro que hace referencia a un mundo de relaciones genuinamente interpersonales, a las que el diálogo confiere una forma objetiva, como discurso lingüístico y literario, interpretable sígnicamente (semiología) por relación a una experiencia de mundo que aún se supone común y relativamente uniforme. El teatro de la Edad Contemporánea, posterior a la experiencia de la Ilustración y el Romanticismo europeos, tiende a presentar un concepto de personaje determinado por el peso de la subjetividad, y en la que el propio sujeto, el pasado, y la naturaleza, representan las dimensiones y experiencias más relevantes; la interiorización de hechos pretéritos, así como las consecuencias presentes de acciones vividas en momentos anteriores de la existencia individual, junto con la idealización momentánea del pasado, constituyen los motivos artísticos más recurrentes. En la potenciación de su experiencia interior, de su subjetividad y capacidad de recordación, el individuo tiende a disgregarse del grupo; la fábula dramática deja de ser interpersonal para tornarse *intrapersonal*, y el diálogo cede muchas de sus motivaciones y relevancias a las formas del monólogo y el soliloquio dramáticos. Pensemos en los dramas de Chejov, Ibsen y Strindberg: el lenguaje no sirve para hacer que la acción avance, pues con frecuencia no hay acción, sino simplemente para recordar el pretérito; el lenguaje no se proyecta sobre la dialéctica del presente, pues sólo ilustra o ilumina, desde perspectivas más o menos íntimas y subjetivas, un pasado inasequible y frustrante.

Por su parte, el drama del siglo XX se caracteriza por haber introducido en la concepción del sujeto una fuerte disgregación en la expresión de la conciencia del personaje moderno (desdoblamientos, complejo del doble, duplicidad de la conciencia, expresiones especulares del *ego*, etc.) Se produce una disgregación del yo, una expresión discrecional del personaje teatral; la fábula dramática tiende a recaer en el narrador (teatro épico), y el diálogo, el monólogo y el soliloquio, dan lugar a formas de discurso referido, a la vez que se debilitan en favor de sistemas de signos no verbales, expresados frecuentemente en el lenguaje funcional de las acotaciones.

En suma, podríamos decir que la crisis del diálogo en el discurso dramático, que se inicia con el siglo XVII europeo, y que concluye con la erosión y disolución de las formas dialógicas en el teatro moderno, surge en el momento en que el diálogo dramático se sustrae de la dialéctica y de la defensa retórica de las concepciones lógicas heredadas de la Antigüedad, a la vez que se inicia en la búsqueda de nuevas formas de expresión e interpretación de las relaciones interpersonales, basadas en una concepción moderna del sujeto humano y del personaje literario, algo a lo que en absoluto son ajenos la novela y el teatro cervantinos.

3.4.6. *Diálogo de enunciados interrogativos*

Los personajes cervantinos saben muy bien que toda pregunta exige por parte de su interlocutor no sólo una información, sino una información formalizada y modalizada por el interlocutario a quien se dirige la pregunta, y cuyo modo de enunciación impone siempre la dirección en que debe realizarse la respuesta. Todo ello explica y justifica que la información no pueda existir como experiencia aislada o independiente. La información siempre es resultado de un discurso intercambiado, compartido. Como sabemos, la comunicación, como el conocimiento, es una actividad cooperativa, y su éxito depende de la intensidad y la eficacia de esta cooperación[27].

En los entremeses cervantinos son muy frecuentes los diálogos fundamentados en enunciados o discursos interrogativos. Uno de los ejemplos más representativos es el que constituye, en *La elección de los alcaldes de Daganzo*, la valoración de los méritos de los candidatos, que se verifica dialógicamente a través de formas locutivas afines al interrogatorio. En la secuencia en que habla Jarrete no hay diálogo, sino apenas una respuesta monológica del labrador al imperativo del bachiller: "Jarrete diga ahora / Qué es lo que sabe..." El rústico revela que está aprendiendo a leer, que goza de buena salud, y que es cristiano viejo. El siguiente, Berrocal, interviene a instancias de una pregunta del bachiller Panduro: "¿Qué sabe Berrocal?" Es quizá uno de los candidatos más brutos, especialmente en el uso del lenguaje, que resulta de gran bajeza; sólo muestra una habilidad, la de ser catador de vinos. Puede ser que esté incluso ebrio en el momento de referir sus propios méritos. En el caso de Humillos se manifiesta con más claridad, dada la extensión del parlamento, por parte del bachiller, quien pregunta, y del rústico, quien responde, la conversión del diálogo en un proceso interrogativo, cuyo contenido insiste siempre en tres rasgos principales: tener a gala no saber leer, conocer de memoria cuatro oraciones, y declararse obstinadamente cristiano viejo.

BACHILLER: ¿Sabéis leer, Humillos?
HUMILLOS: No, por cierto,
Ni tal se probará que en mi linaje
Haya persona de tan poco asiento,
Que se ponga a aprender esas quimeras,

---

[27] En determinadas secuencias de *La elección de los alcaldes de Daganzo* existen personajes que parecen renunciar a la interacción, y disponen una forma de expresión autodialógica por la que el propio personaje se hace preguntas que él mismo responde, con frecuencia en modos y registros exagerados, siempre de consecuencias cómicas. Se trataría de un procedimiento afín a las llamadas figuras dialécticas de la retórica, como la *communicatio*, la *correctio* o la *interrogatio*, y también podría identificarse con la denominada aporía o adubitación: "Bachiller: ¿Juntámonos aquí para disputas / Impertinentes? ¡Bravo caso es éste...!; Algarroba: ¿Qué es *sorbe*, sorbe-huevos? Orbe diga / El discreto Panduro, y serle ha sano; Algarroba: ¿Qué diré de Francisco de Humillos? / Un zapato remienda como un sastre. / Pues ¿Pedro de la Rana? No hay memoria / Que a la suya se iguale..."

	Que llevan a los hombres al brasero,
	Y a las mujeres a la casa llana.
	Leer no sé, mas sé otras cosas tales,
	Que lleva al leer ventajas muchas.
BACHILLER:	Y ¿cuáles cosas son?
HUMILLOS:	Sé de memoria
	Todas cuatro oraciones, y las rezo
	Cada semana cuatro y cinco veces.
RANA:	Y ¿con eso pensáis de ser alcalde?
HUMILLOS:	Con esto, y con ser yo cristiano viejo,
	Me atrevo a ser un senador romano[28].

Acaso más que ningún otro entremés, el titulado *La guarda cuidadosa*[29] presenta, de forma muy recurrente y expresiva, el uso de enunciados interrogativos en la construcción dialógica del personaje, al menos en lo que se refiere a la relación interpersonal del sujeto dramático, destinados a verificar (o indagar en) la identidad y las intenciones actanciales de los interlocutores: "¿Te conjuro que me digas quién eres y qué es lo que buscas por esta calle?", exigirá al comienzo de la pieza el soldado al sacristán[30]. El personaje se interroga acerca de la alteridad, de la expresión objetiva y exterior del *otro* sujeto interlocutor, pero no de su experiencia interior sobre del mundo en que vive. Toda pregunta dirigida a la alteridad trata de pronunciarse sobre su disposición externa, nunca sobre su experiencia subjetiva. El lenguaje del diálogo sigue todavía tratando de descifrar realidades objetivas y cualidades exteriores del sujeto, fundamentalmente actanciales.

---

[28] Las declaraciones de Humillos, zapatero e iletrado, representan las consecuencias del ataque a la razón y los valores del conocimiento. Cualquier avance o desarrollo de las nuevas ideas podía convertirse en objeto de persecución inquisitorial. Es sabido que en la España de los Siglos de Oro la vida intelectual se asociaba con frecuencia con los judíos conversos.

[29] Como es bien sabido, el tema de este entremés posee antecedentes medievales, que remiten a los enfrentamientos amorosos entre el clérigo y el caballero, el hombre de armas y el de letras, contienda recreada por Cervantes desde una interpretación humorística con rasgos aparentemente realistas. El entremés es de estructura sencilla, afín en cierto modo a la *commedia dell'arte*, al estar constituido por una serie de escenas breves, con dos personajes fundamentales –que se alternan y sustituyen–, el uso de pantomimas, y la intervención final del conjunto. El despliegue o desfile de personajes, breve pero preciso, del buhonero, el santero y el zapatero, puede considerarse como un precedente o expresión del entremés de desfile de figuras, que alcanzará en Quevedo su máxima expresión, ya en el seno del siglo XVII.

[30] El entremés se inicia con una apelación interrogativa e inquisitiva –que rebaja y desprecia al interlocutario ("sombra vana")– del soldado al sacristán, que ha de ser comienzo de una serie de imperativos epistémicos presentes a todo lo largo de la pieza: "¿Qué me quieres, sombra vana?".

Se observa que los enunciados interrogativos convierten o aproximan el diálogo a un interrogatorio, a través del cual un personaje trata de alcanzar seguridad en sí mismo mediante la adquisición de información o conocimiento sobre la identidad y las competencias del otro. Es lo que sucede en el primero de los diálogos que mantienen el soldado y el sacristán. El personaje más débil e inseguro fundamenta su comunicación en la apelación interrogativa, y en lugar de dominar y dirigir el proceso interactivo es guiado y subyugado por el interlocutario en el uso del lenguaje, a la vez que resulta decepcionado en sus expectativas.

SOLDADO: ¿Has hablado alguna vez a Cristina?
SACRISTÁN: Cuando quiero.
SOLDADO: ¿Qué dádivas le has hecho?
SACRISTÁN: Muchas.
SOLDADO: ¿Cuántas y cuáles?
SACRISTÁN: Dile una destas cajas [...]
SOLDADO: ¿Qué más le has dado?
SACRISTÁN: En un billete envueltos, cien mil deseos de servirla.
SOLDADO: Y ella, ¿cómo te ha correspondido?
SACRISTÁN: Con darme esperanzas propincuas de que ha de ser mi esposa.
SOLDADO: Luego, ¿no eres de epístola?
SACRISTÁN: Ni aún de completas.

En los tres diálogos sucesivos que el soldado mantiene con el santero Andrés, el buhonero Manuel y el zapatero Juan, se reproduce siempre el mismo esquema, basado en apelaciones interrogativas que tratan de verificar la identidad del personaje y su intención actancial.

SOLDADO [al santero]: ¡Hola, amigo Santa Lucía! Venid acá. ¿Qué es lo que queréis en esta casa? [...]
SOLDADO [al buhonero]: Tranzaderas, o como os llamáis, ¿conocéis aquella doncella que os llamó desde la ventana?
UNO: Sí conozco. Pero, ¿porqué me lo pregunta vuesa merced?
SOLDADO: ¿No tiene muy buen rostro y muy buena gracia? [...]
SOLDADO [al zapatero]: Señor bueno, ¿busca vuesa merced algo en esta casa?

A este mismo modelo interrogativo responden las formas de presentación del soldado ante el amo de Cristina. Tales preguntas, apelaciones e interrogaciones, parecen remitir a un mundo en el que los personajes se desconocen entre sí, desconfían mutuamente, y se sitúan en contextos y modalizaciones lingüísticos muy diferentes y distantes:

AMO: Galán, ¿qué quiere o qué busca a esta puerta?
SOLDADO: Quiero más de lo que sería bueno, y busco lo que no hallo. Pero, ¿quién es vuesa merced, que me lo pregunta?
AMO: Soy el dueño de esta casa.

SOLDADO: ¿El amo de Cristinica?
AMO: El mismo.

De modo semejante, la expresión dialógica de *El retablo de las maravillas* está caracterizada en buena medida por el uso de enunciados interrogativos o imperativos epistémicos (J. Hintikka, 1977), en los que es posible distinguir al menos dos propiedades o valores fundamentales. En primer lugar, determinan habitualmente una relación de dominio por parte de los personajes que responden (Chirinos y Chanfalla), frente a los que preguntan (cortejo de labradores y administradores, alcalde, regidor, gobernador...), al contrario de lo que suele ser convencionalmente más frecuente en este tipo de relación dialógica, ya que quien pregunta formula su discurso desde una modalidad (querer, saber, poder) que domina, desde un contexto que conoce, y desde una competencia que le permite elaborar una estrategia locutiva más eficaz que la del interlocutario. Todas estas cualidades de la expresión dialógica corresponden a Chirinos y a Chanfalla, más que a los restantes sujetos hablantes. En segundo lugar, los enunciados interrogativos[31] expresan una fuerte ridiculización de los personajes representados por los labradores ricos, a los que caracterizan su ingenuidad, sus prejuicios y su orgullo. Todo enunciado interrogativo comporta sobre el interlocutor efectos perlocutivos que, en principio, pueden reducirse a dos: bien limitar las posibilidades modales, contextuales o de competencia del interlocutario, bien ampliar todas sus facultades comunicativas para integrarse en la *dialéctica* del proceso *dialógico*. En *El retablo de las maravillas* domina la primera de estas tendencias, siempre en favor de Chirinos y Chanfalla.

Algo semejante en el uso del diálogo sucede en *La Cueva de Salamanca*, en la relación comunicativa que mantienen Leonarda y Cristina con el estudiante. Este diálogo refleja el proceso verbal de dos personajes que utilizan el lenguaje para identificar a un tercero, verificar qué provecho o daño puede causarles su presencia en la casa, y comprobar hasta qué punto pueden fiarse de él para guardar el secreto de sus intenciones adúlteras. Nada de esto se plantea directamente, sino a través de locuciones e interrogaciones cuya ambigüedad dificulta en muchos casos el entendimiento y la comunicación entre los personajes interlocutores.

---

[31] Piénsese en algunas intervenciones del gobernador ("Yo soy el Gobernador. ¿Qué es lo que queréis, buen hombre?"; "Y bien, ¿qué es lo que queréis, hombre honrado?"; "¿Y qué quiere decir *Retablo de las Maravillas* ?") o de Benito Repollo ("¿Se llamaba Tontonelo el sabio que el retablo compuso?"). A cada una de estas preguntas ambos burladores responden con evasivas, falsas adulaciones o exultantes falacias sobre su identidad, en las que se amalgama realidad y ficción.

Sería posible distinguir en el diálogo, que más bien resulta un interrogatorio, al menos dos momentos principales: 1) Presentación: Leonarda y Cristina interrogan –más que dialogan– al estudiante acerca de su identidad y procedencia; 2) Verificación: ambas mujeres tratan de verificar su grado de discreción, con objeto de no ser descubiertas en su intento de adulterio. Leonarda le interpela directamente sobre su capacidad de discreción, anunciándole de este modo que puede ser testigo de formas de conducta que el decoro social exige ocultar, y que por tanto requieren su silencio y discreción, cuestión que el estudiante parece entender rápidamente.

> LEONARDA: [...] Y, en esto del guardar secreto, ¿cómo le va? Y, a dicha, ¿es tentado de decir todo lo que vee, imagina o siente?
> ESTUDIANTE: Así pueden matar delante de mí más hombres que carneros en el Rastro, que yo desplegue mis labios para decir palabra alguna.

Desde el punto de vista de los sujetos hablantes, se observa que el desarrollo del diálogo está condicionado por tres tendencias básicas, orientadas a: 1) asegurar la identidad personal del interlocutor en cada una de las posiciones modales y contextuales de los actos de comunicación e interacción; 2) la capacidad de cada uno de los hablantes para elaborar conjeturas acerca de lo que quieren decir sus respectivos interlocutarios, especialmente en lo que se refiere al valor referencial de sus enunciados; y 3) a sistematizar el conjunto de todos aquellos elementos pragmáticos que resultan determinantes en el desarrollo del proceso comunicativo (contexto, presuposiciones, implicaturas, referencias comunes...).

Un ejemplo de ese uso dialógico y de su ambigüedad en el lenguaje lo demuestra la pregunta de Cristina acerca de si "sabe pelar", es decir, acerca de sus habilidades como pinche (pelar volatería), que el estudiante confunde con "estar sin pelo", es decir, por extensión, "estar sin dinero":

> CRISTINA: Venga acá, amigo: ¿sabe pelar?
> ESTUDIANTE: ¿Cómo si sé pelar? No entiendo eso de saber pelar, si no es que quiere vuesa merced motejarme de pelón, que no hay para qué, pues yo me confieso por el mayor pelón del mundo.

En esta misma línea discurre uno de los más peculiares diálogos que adquiere el formato del interrogatorio en el entremés cervantino; nos referimos al diálogo que mantienen en *El viejo celoso* Cristina y doña Lorenza. Las mozas sopesan, y se interrogan mutuamente al respecto, la posibilidad de incurrir en adulterio[32], con la consiguiente burla frente al

---

[32] Sobre este entremés se han apuntado varias fuentes e influencias, procedentes de la literatura oriental, los *Fabliaux* medievales, y la quinta novela de la primera parte de Mateo

vejete Cañizares, y la intervención final de Ortigosa, asegurando el éxito de la aventura, que basan en su propia astucia. Las duda s de doña Lorenza tratan de ser contrarrestadas por su sobrina con los alicientes de la burla y la "holgura".

>   LORENZA: ¿Y la honra, sobrina?
>   CRISTINA: ¿Y el holgarnos, tía?
>   LORENZA: ¿Y si se sabe?
>   CRISTINA: ¿Y si no se sabe?
>   LORENZA: ¿Y quién me asegura a mí que no se sepa?
>   ORTIGOSA: ¿Quién? La buena diligencia, la sagacidad, la industria; y, sobre todo, el buen ánimo y mis trazas.

3.4.7. *El doble valor referencial del diálogo dramático*

Convencionalmente puede admitirse que la dimensión dialógica de la referencia está estrechamente unida a la dimensión referencial del diálogo. En este sentido conviene distinguir en todo discurso dialogado al menos dos tipos de enunciados: los que se adaptan a situaciones comunicativas preexistentes, desde el punto de vista de las referencias manejadas, y los que generan situaciones comunicativas nuevas, al introducir en la expresión dialógica valores referenciales igualmente nuevos.

En *La Cueva de Salamanca*[33] encontramos uno de los rasgos más recurrentes del uso dialógico del lenguaje en los entremeses: la modalidad

---

Bandello (S. Zimic, 1967: 29-41), así como de las relaciones intertextuales con una de las novelas ejemplares (1612-1613) del propio Cervantes, *El celoso extremeño*. El desenlace de la novela *El celoso extremeño* es completamente afín a la ortodoxia católica: Carrizales cree consumado el adulterio de Leonora, que sin embargo no ha llegado a sus límites (Leonora ingresa en un convento, Carrizales se muere de pena, y el galán Loaysa, del disgusto, se va a las Indias). El entremés de *El viejo celoso*, pese a su desenlace inmoral desde el punto de vista de la ortodoxia católica, parece expresar ante todo una burla hacia aquellas formas de conducta que no se atienen a las exigencias naturales de la vida. Son numerosas las obras literarias que ofrecen un planteamiento semejante (intertextualidad), en ocasiones inspiradas por un mismo pensamiento moral e ideológico.

[33] Como han señalado diferentes críticos y editores de los entremeses, el título hace pensar en un eufemismo, por Universidad de Salamanca, merced a la burla que astutamente elabora el estudiante para resolver la situación final. No hay que olvidar que el personaje prototipo del *estudiante* es figura que remite con frecuencia a alguien adiestrado en el arte "salmantica" o adivinatoria, de procedencia y poderes mágicos. Tampoco hay que olvidar el contexto histórico de la magia como disciplina de estudio, ya que durante la Edad Media era considerada como una de las siete artes liberales, y como tal se impartía en la Universidad de Salamanca. E. Asensio relaciona la creencia popular, según la cual en la Cueva de Salamanca se leía secretamente nigromancia (G. Correas, 1627), con los "demonios lugareños" de las fiestas del Corpus Christi. M. García Blanco (1951: 73-109) ha estudiado el tras-

ambigua del diálogo, con un doble valor referencial, de manera que la misma formalización de un contenido, como el que hace Cristina en la primera de las secuencias, puede ser entendido al menos de dos modos diferentes, según la competencia modal de los personajes, como es el caso de Leonarda (astuta y embaucadora) y Pancracio (simple y burlado)[34]. Hay un desajuste de las modalidades, *saber / no saber*, y una doble contextualización, *fidelidad / infidelidad*, entre ambos interlocutores, Leonarda y su marido, que remite a una diferente valoración de los contenidos referenciales, y hace posible la burla. Es éste un procedimiento que consiste en declarar abiertamente la verdad, de modo que jamás será interpretada como mentira, ante la falta de competencias modales y referentes contextuales que permitan verificarla como tal. Así, por ejemplo, al partirse Pancracio, Cristina, su sirvienta, le dice, como en efecto sucederá: "Vaya, señor, y no lleve pena de mi señora, porque la pienso persuadir de manera a que nos holguemos, que no imagine en la falta que vuestra

fondo tradicional del tema. En este entremés, y en *El retablo de las maravillas*, las creencias populares relacionadas con actividades mágicas son objeto de burla y crítica. La actitud de Cervantes coincide así con la de otros dramaturgos, como Rojas Zorrilla, Calderón o Ruiz de Alarcón (quien tiene una obra del mismo título: *La cueva de Salamanca*). J. Caro Baroja ha hecho observaciones muy valiosas sobre el modo en que determinadas ideas racionalistas entran en España, durante el siglo XVII, a través de obras de creación literaria.

[34] Este entremés se articula a lo largo de seis diálogos entre los diferentes personajes, que rematan en una canción final entre el sacristán y el barbero, en que se exalta la reconciliación como ejemplo del tópico *omnia vincit amor*, vigente en la literatura europea de principios del siglo XVII. La canción con la que termina el entremés preludia y atempera el final de la obra, en verso octosílabo y estrofa romanceada de rima consonante en -anca; los antecedentes de estas canciones pueden encontrarse en los recitados que se intercalaban, o servían de cierre, a las obras dramáticas de Juan del Encina, Lucas Fernández y Torres Naharro. En las formas breves de teatro cómico, las estrofas cultas, como el soneto, reciben un tratamiento jocoso, del mismo modo que el romance consonantado. Los versos en eco, de cabo roto, o en esdrújulos, contribuyen a una finalidad humorística, propia de la búsqueda barroca por lo artificioso. Se dramatiza el tema de la infidelidad, desde una perspectiva cómica y burlesca, que recae sobre el marido crédulo y supersticioso, como responsable del adulterio. El tema fue muy difundido en la literatura europea del siglo XVI, y cuenta con señalados antecedentes, como los *fabliaux* franceses, la *novella* italiana, y la segunda novela en el séptimo día del *Decamerone* de Boccaccio. Vid., a este respecto, el trabajo de E. Asensio en que se compara el entremés de *La cueva de Salamanca* con la farsa de Hans Sachs titulada *Der fahrende Schueler mit dem Teufelsbanne* (*El escolar andariego y el conjuro del diablo*), de 1551. Sobre otras tradiciones relacionadas con el entremés (Juan Bobo, el marido crédulo, el estudiante salmantino tracista...), vid. A. M. Espinosa (*Cuentos populares españoles*, Madrid, 1947, t. 1, págs. 90 ss.) En lo que se refiere a la comedia italiana del Renacimiento, es posible hablar de una primera generación configurada por tres grandes autores de la primera mitad del siglo XVI: Maquiavelo (1469-1527), Ariosto y Aretino. Cfr. especialmente el argumento de *La Mandrágora* (1518) de Maquiavelo en relación con el entremés de *La Cueva de Salamanca*, y téngase en cuenta que aquella obra constituye un modelo de comedia renacentista: procedencia clásica, moralización, ironía y diversión, tema de la libertad en el amor, marido viejo y adulterio de la esposa con un joven de su edad...

merced le ha de hacer". Y efectivamente así se intentará. Este es uno de los principales procedimientos o recursos dramáticos del lenguaje de los entremeses, engañar con la verdad, junto con el poliformismo o variedad formal de registros expresivos (idiolectos, dialectos, latinismos, jergas...), en constante amalgama con las exigencias literarias propias del género.

Como resulta fácilmente observable, tanto los personajes, auténticos prototipos en la mayoría de los entremeses (viejos celosos, torpes labriegos, lacayos astutos, rufianes y mozas con ánimo de burla...), como la trama argumental, a veces de temática amorosa, tomada del clasicismo, y que permitía con facilidad articular cualquier historia, son algunos de los rasgos utilizados por la *commedia dell'arte*, al igual que otros elementos como la música, la danza o las canciones. Entremeses españoles y *commedia dell'arte* italiana acuden a ciertos aspectos realistas para connotar circunstancias de actualidad, más que para lograr un retrato de prototipos real y efectivamente existentes, por más que los entremeses se acerquen al realismo a través del costumbrismo[35].

Durante estos diálogos, las intervenciones del estudiante llevan al extremo las posibilidades de uso del lenguaje desde modalidades ambiguas. Pancracio es el único personaje que carece de las referencias suficientes para entender las palabras del estudiante en su sentido literal. Se declara una verdad que no es entendida como tal. El receptor, en este caso Pancracio, está determinado por una competencia modal y contextualmente limitada por los demás personajes, que se apoyan en esta circunstancia para ejecutar sus burlas con toda la amplitud que les permite su astucia.

ESTUDIANTE: [...]; pero no sé yo si estas señoras serán tan secretas como yo lo he sido...

Y algo más adelante, de forma mucho más intensa, dice, con un doble sentido, verdadero y falso a la vez, fingiendo un conjuro que haga aparecer en forma de diablos al Sacristán y al Barbero:

---

[35] Autores como F. González Ollé consideran que personajes como el *simple*, figura principal y específica de los entremeses, "no puede ser considerada, en absoluto, realista" (F. González Ollé, 1992: 31), ya que las situaciones absurdas y grotescas a las que da lugar son abiertamente inverosímiles: "Estimo superfluo insistir, dentro de una caracterización global de los pasos, que personajes, acciones y situaciones de ellos no pueden ser considerados, en gran parte, realistas [...]. Esos tipos, en su desenvolvimiento escénico, con frecuencia resultan muy deformados. Además, Rueda, debo insistir, incorpora otros (el *simple*, el fanfarrón), más característicos, más decisivos literariamente, que no proceden de la observación ambiental –son inexistentes en la realidad cotidiana– cuanto de la creación o de la tradición literaria" (F. González Ollé, 1992: 32).

ESTUDIANTE: Vosotros, mezquinos, que en la carbonera
Hallastes amparo a vuestra desgracia,
Salid, y en los hombros, con priesa y con gracia,
Sacad la canasta de la fiambrera;
No me incitéis a que de otra manera
Más dura os conjure. Salid; ¿qué esperáis?
Mirad que si a dicha el salir rehusáis,
Tendrá mal suceso mi nueva quimera.

Hora bien, yo sé cómo me tengo de haber con estos demonios humanos: quiero entrar allá dentro, y a solas hacer un conjuro tan fuerte, que los haga salir más que de paso; aunque la calidad destos demonios, más está en sabellos aconsejar, que en conjurallos.

Leonarda sigue las burlas del estudiante en su misma clave, aventurando incluso declaraciones que juegan igualmente con el sentido literal y burlesco de las palabras, especialmente ante su marido:

PANCRACIO: Yo digo que, si éste sale con lo que ha dicho, que será la cosa más nueva y más rara que se haya visto en el mundo.
LEONARDA: Sí saldrá, ¿quién lo duda?, pues ¿habíanos de engañar?

Lo mismo podríamos decir de Cristina, quien exclama, al ver salir al Sacristán y al Barbero, la expresión de "pobres diablos", jugando con el sentido literal del término y la frase hecha:

CRISTINA: ¡Ay, señores! Quédense acá los pobres diablos, pues han traído la cena; que sería poca cortesía dejarlos ir muertos de hambre, y parecen diablos muy honrados y muy hombres de bien.

La intervención del estudiante demuestra que la improvisación es efectivamente otro de los rasgos característicos de la expresión dialógica y del lenguaje de los entremeses. Este recurso se encuentra en buena parte de las fuentes del teatro breve europeo de los siglos XVI y XVII. Existían antecedentes de improvisación, como sabemos, en la representación teatral de las atelanas y los mimos; la novedad de los actores de la *commedia dell'arte* radica en que ellos actuaban sobre esquemas o argumentos predeterminados en los *canovacci*[36]. En Italia, esta nueva formulación teatral, la *commedia dell'arte*, asimila desde muy temprano cualquier otra

---

[36] Los *canovacci* eran guiones o esquemas de la acción teatral que utilizaban los actores para improvisar sobre ellos en la representación. Se conservan algunos, como los cincuenta *canovacci* publicados en 1611 por Flaminio Scala, la recopilación de Antonio Passanti, de 1699, o los recogidos por Placido Adriani, en el denominado manuscrito de Biancolelli o *zibaldone*.

forma del género cómico. Triunfa la denominación de *commedia dell'arte*, que le dan sus principales representantes, frente a otros términos, como *commedia popolare*, para diferenciarla de la erudita, commedia *a soggetto* ("à canevas"), o *commedia all'improviso*, que, insistiendo en la improvisación, expresan la esencia de lo que es la forma y el lenguaje de esta modalidad de teatro cómico.

En *La guarda cuidadosa* los personajes tienden a utilizar determinadas expresiones que persisten en su polivalencia semántica a lo largo del desarrollo del diálogo. Por ejemplo, el doble sentido del verbo "deshonrar", en el diálogo entre Cristina, Amo y Ama, alcanza efectos muy cómicos.

AMA: Y, ¿hate deshonrado alguno dellos?
CRISTINA: Sí, señora.
AMA: ¿Cuál?
CRISTINA: El sacristán me deshonró el otro día, cuando fui al rastro.
AMA: ¿Cuántas veces os he dicho yo, señor, que no saliese esta muchacha fuera de casa; que ya era grande, y no convenía apartarla de nuestra vida? ¿Qué dirá ahora su padre, que nos la entregó limpia de polvo y paja? ¿Y dónde te llevó, traidora, para deshonrarte?
CRISTINA: A ninguna parte, sino allí en mitad de la calle.
AMA: ¿Cómo en mitad de la calle?
CRISTINA: Allí, en mitad de la calle de Toledo, vista de Dios y de todo el mundo, me llamó de sucia y de deshonesta, y de poca vergüenza y de menos miramiento, y otros muchos baldones de este jaez; y todo por estar celoso de aquel soldado.
AMO: Luego, ¿no ha pasado otra cosa entre ti ni él sino esa deshonra que en la calle te hizo?
CRISTINA: No por cierto, porque luego se le pasa la cólera.
AMA: ¡El alma se me ha vuelto al cuerpo, que le tenía ya casi desamparado!

A diferencia de otros ejemplos de polivalencia semántica, como los que se dan en *La Cueva de Salamanca*, las referencias polivalentes presentes en *El vizcaíno fingido* repercuten más sobre la construcción semántica del conjunto de la obra que sobre la funcionalidad del diálogo en situaciones concretas. En el caso de *La cueva de Salamanca* las referencias polivalentes están en el diálogo y afectan al diálogo, y son los personajes los responsables de su enunciación, así como los destinatarios de sus implicaciones perlocutivas; en el caso de *El vizcaíno fingido* este tipo de polivalencias están en el diálogo y afectan a toda la obra, de modo que los personajes actúan como meros mediadores del discurso autorial, y el lector se configura como el destinatario selecto de la perlocución.

Son frecuentes los casos de polivalencia semántica en el diálogo inicial que mantienen Cristina y Brígida. Dice Cristina: "no era bien que un coche igualase a las no tales con las tales"; no queda claro si alude a la diferencia entre las prostitutas y las mujeres que no lo son, o si pretende distinguir las mujeres que poseen títulos de nobleza de las que no los tienen. Más adelante, Brígida afirma respecto a los consejos de Cristina: "y en verdad que los pienso poner en práctica, y pulirme y repulirme, y dar el rostro a pie..."; no queda claro si la expresión *dar la cara* se utiliza en su sentido literal (enfrentarse con alguien) o figurado (asumir las consecuencias de las propias acciones), o incluso si puede tratarse de una alusión a las consecuencias de la citada ley o pragmática, que exigía a las mujeres llevar el rostro descubierto al viajar en carruajes.

El mismo tipo de duplicación en el valor referencial de las palabras del diálogo se encuentra en la explicación del platero ante Cristina acerca de la autenticidad de la cadena: "si vuestra merced la compra y se la dan sin hechura no perderá nada en ella" (*sin hechura* puede significar bien "mano de obra", bien "fechoría"). El diálogo prolonga el doble sentido, y concluye del modo siguiente:

CRISTINA: Alguna hechura me ha de costar, pero no mucha.
PLATERO: Mire cómo la concierta la señora vecina que yo le haré dar, cuando se quisiere deshacer della, diez ducados de hechura.

Este procedimiento de conferir doble valor referencial a la expresión dialógica encuentra en *El viejo celoso* su constitución más evidente. El despliegue del guadamecí que lleva Ortigosa a casa de Cañizares permite que tras él se cuele el joven con el que Lorenza comete el adulterio. En ese momento, Cristina, tomando como referencia de sus palabras no la tela de cuero, como cree su amo, sino al galán que acaba de entrar en casa, dice: "Señor tío, yo no sé nada de rebozados; y si él ha entrado en casa, la señora Ortigosa tiene la culpa; que a mí, el diablo me lleve si dije ni hice nada para que él entrase. No, en mi conciencia; aun el diablo sería si mi señor tío me echase a mí la culpa de su entrada".

La consumación del adulterio es comunicada literalmente y en presente por Lorenza, desde un espacio latente. Es todo un ejemplo de cómo engañar con la verdad, merced a la doble contextualización de los sujetos que intervienen en el diálogo. Lorenza declara la verdad –a la que se incorpora progresivamente Cristina– en que no cree Cañizares, porque no puede explicársela, ni sus competencias modales y contextuales se lo permiten.

LORENZA: ¡Si supieses qué galán me ha deparado la buena suerte! Mozo, bien dispuesto, pelinegro y que le huele la boca a mil azahares.
CRISTINA: ¡Jesús, y qué locuras y qué niñerías! ¿Está loca, tía?
LORENZA: No estoy sino en todo mi juicio; y en verdad que, si le vieses, que se te alegrase el alma.

CRISTINA: ¡Jesús, y qué locuras y qué niñerías! Ríñala, tío, porque no se atreva, ni aun burlando, a decir deshonestidades.
CAÑIZARES: ¿Bobeas, Lorenza? ¡Pues a fe que no estoy yo de gracia para sufrir esas burlas!
LORENZA: Que no son sino veras; y tan veras, que en este género no pueden ser mayores.
CRISTINA: ¡Jesús, y qué locuras y qué niñerías! Y dígame, tía, ¿está ahí también mi frailecito?
LORENZA: No, sobrina; pero otra vez vendrá, si quiere Ortigosa la vecina.
CAÑIZARES: Lorenza, di lo que quisieres, pero no tomes en tu boca el nombre de vecina, que me tiemblan las carnes en oírle.
LORENZA: También me tiemblan a mí por amor de la vecina.
CRISTINA: ¡Jesús, y qué locuras y qué niñerías!

3.4.8. *El diálogo de personajes homologables*

Hemos insistido anteriormente en que una de las características del entremés consistía, a nuestro juicio, en la mayor valoración del personaje frente a la acción, del sujeto frente a la fábula. En efecto, el entremés potencia cualidades básicas de la constitución arquetípica del personaje, cualidades que hacen referencia específica al lenguaje, a las situaciones y a los tipos, es decir, al diálogo, la función y el carácter del personaje. Sin embargo, no conviene olvidar que toda concepción del sujeto anterior a los sistemas de pensamiento que se desarrollan a partir de la experiencia de la Ilustración y el Romanticismo europeos, y el personaje dramático de la Edad Moderna constituye en este sentido un ejemplo canónico, está determinada por la perspectiva exterior (no hay introspección) y por la relación interpersonal (no hay intersubjetividad), de modo que el diálogo se configura como aquella forma de discurso, única y exclusiva, que da forma objetiva a la diferencia de identidades con las que se contrasta el sujeto hablante, es decir, la relación de identidad y diferencia que se observa entre el *yo* y la *alteridad*. Los interlocutores de los diálogos dramáticos de la Edad Moderna dialogan y se comunican sus respectivas identidades desde la alteridad mutua, es decir, del *yo* al *tú*, pero sin penetrar jamás en la conciencia del interlocutor; en consecuencia, en ningún caso la comunicación discursiva llega a ser comunicación interdiscursiva o intersubjetiva, sino que simplemente se mantiene como una relación objetivamente interactiva y referencial.

Todo diálogo es una forma de competición entre los interlocutores, y por eso mismo es también una forma de coalición entre ellos. Una de las condiciones formales del diálogo es asegurarse de que el sujeto oyente está dispuesto a continuar, es decir, que el lenguaje del interlocutario sigue la enunciación del interlocutor, para complementarla o discutirla.

Toda palabra compartida, es decir, sometida a un proceso dialogado, experimenta una doble limitación, debido a una condición formal que exige compatibilidad con el discurso de la alteridad, y a una condición semántica de información que exige aportaciones inéditas o pertinentes al desarrollo de la interacción. Desde este punto de vista, hablaremos de diálogo de personajes homologables para referirnos a aquel tipo de diálogo que puede establecerse entre personajes que desarrollan una misma acción, es decir, de personajes que actúan de forma pareja o conjunta, como si se tratara de una sola individualidad (Solórzano y Quiñones, Cristina y Brígida, etc.), y que comparten por ello una misma funcionalidad en la obra, al encontrarse en sincretismo actancial. Por esta razón podemos decir que son personajes funcionalmente homologables, pues, aunque no lo sean formalmente, al poseer nombres específicos y distintos, etiqueta semática particular, notas intensivas propias, etc., comparten y desarrollan en el drama una misma y única acción.

El entremés de *El vizcaíno fingido* constituye un ejemplo especialmente representativo de este fenómeno, al mostrar una de las propiedades genuinas que adquiere el diálogo dramático en la literatura europea anterior al Romanticismo, y que consiste en el uso del diálogo –uso introducido en la literatura moderna desde el teatro del Renacimiento– como medio o instrumento para dar forma objetiva a la *relación interpersonal*, más que como forma de expresión de *conflictos intrapersonales*, procedimiento mucho más característico de la literatura del siglo XX, período que incorpora al discurso lírico, dramático y narrativo, múltiples procedimientos autodialógicos. En el siglo XIX, la expresión de los conflictos personales se apoya formalmente en la construcción y desarrollo del monólogo dramático, cuyos antecedentes modernos más genuinos se han identificado en el teatro de Shakespeare.

El vizcaíno fingido es un entremés en el que la expresión dialógica se apoya en parejas de personajes, que actúan con frecuencia en estrecho sincretismo, al constituir expresiones funcionalmente simétricas y complementarias, solidarias en el desarrollo de una misma acción. Es lo que sucede, por ejemplo, con las parejas que forman Solórzano y Quiñones, Cristina y Brígida, etc., de modo semejante a lo que ocurre con Chirinos y Chanfalla en *El retablo de las maravillas*, o con doña Lorenza y Cristinica en *El viejo celoso*. Los ejemplos podrían multiplicarse, así en los entremeses como en las comedias de Cervantes, y así también en la mayor parte de las obras dramáticas de sus contemporáneos, de Lope a Quiñones, de Virués a Rojas Zorrilla. Recuérdense a este respecto las palabras que Cristina dice de su compañera Brígida a Solórzano: "Diga vuestra merced lo que quisiere, que la señora doña Brígida es tan mi amiga, que es otra yo misma". La literatura romántica no hubiera requerido probablemente cuatro personajes para desarrollar la fábula de *El vizcaíno fingido*, pues le hubieran bastado dos, burlador y burlada, y antes hubiera acudido al aparte y al monólogo dramático, como medio de expresión del pensamiento individual, que a este tipo de diálogo, de personajes homologables, proyectado simétricamente entre dos personajes sincréticos, que constituyen una sola entidad funcional, de doble denominación, pero desarrollada verbalmente en un único y común proyecto actancial.

El mismo tipo de ejemplos podemos aducirlos respecto a la pareja que forman Solórzano y Quiñones. Desde el momento en que aparece en escena el fingido vizcaíno, Solórzano no hace sino repetir con otras palabras las que pronuncia, imitando o parodiando la sintaxis del vascuence, su compañero Quiñones. He aquí el discurso y metadiscurso de una pareja de personajes que actúa como un solo personaje, desde el que se dispone coordinadamente, bajo el señuelo de la traducción, la acción verbal e interactiva de dos registros enunciativos.

QUIÑONES: Vizcaíno, manos bésame vuestra merced, que mándeme.
SOLÓRZANO: Dice el señor vizcaíno que besa las manos de vuestra merced y que le mande [...].
QUIÑONES: Pareces buena, hermosa; también noche esta cenamos; cadena quedas, duermes nunca, basta que doyla.
SOLÓRZANO: Dice mi compañero que vuestra merced le parece buena y hermosa; que se apareje la cena; que él da la cadena, aunque no duerma acá, que basta que una vez la haya dado.

El diálogo, como discurso interactivo de naturaleza lingüística y literaria, es la única posibilidad humana de acceso al Ser. Sin embargo, prácticamente hasta el nacimiento en el siglo XVIII de las filosofías idealistas, el único *yo* al que se accedía a través del diálogo, en el drama, el ensayo o la novela, era un *yo* de naturaleza esencialmente exterior y objetiva. El concepto de persona que se deriva del pensamiento aristotélico es el de un ser que sólo tiene conciencia de sí mismo como objeto, como hecho exterior a sí propio, como alteridad, y en ningún caso como sujeto, nunca como *yo*. No en vano el mundo y la cultura griegos se caracterizaron por la hegemonía del sentido de la vista sobre los demás sentidos[37]. El teatro europeo de la Edad Moderna constituye desde este punto de vista un

---

[37] En sus escritos sobre el pensamiento dialógico, M. Buber considera que el ser humano reflexiona sobre sí mismo en la medida en que se siente inseguro en el mundo que habita. Hay épocas históricas en las que el hombre se siente más seguro en su mundo cultural, social, comunicativo, político, etc., que en otras. En la soledad, aislamiento, inseguridad del exterior, el ser humano encuentra las mejores condiciones para cobrar plena experiencia de sí mismo: "Cuando se disipa una imagen del mundo, esto es, se acaba la *seguridad* en el mundo, pronto surge un nuevo interrogar por parte del hombre que se siente inseguro, sin hogar, que se ha hecho cuestión de sí mismo" (M. Buber, 1942/1995: 33).

poderoso ejercicio verbal, cuyo resultado es un discurso en el que la *dialógica* comienza a separarse progresivamente de la *dialéctica*, a diferencia de lo que sucedía en la tragedia de la Antigüedad, para apoyarse en la *interacción*, y expresar de este modo un concepto de personaje que, como sujeto que mantiene con otro sujeto inmediato y afín estrechas relaciones formales y funcionales (amo / criado, galán / amada, gobernador / escribano, caballero / escudero, etc.), sirve de soporte a diálogos que hacen del personaje y su interlocutor entidades complementarias en el desarrollo funcional de la fábula. La Europa de los siglos del Renacimiento confía en que el hombre individual no tiene en sí la esencia del hombre, ni como ser moral ni como ser pensante. El ser del hombre se halla sólo en la comunidad dialógica, en la unidad del hombre con el hombre, una unidad que se apoya básicamente en la realidad polifónica de la analogía y la diferencia entre el yo y el tú, identidad y diversidad que sólo puede verificarse y objetivarse a través del diálogo y de la relación interpersonal. He aquí una auténtica lección de antropología que el teatro de los siglos XVI y XVII tratará de explicar, a costa de mantener unidas, en la expresión del personaje, la dialógica y la dialéctica, una dialéctica en franca decadencia, cada vez más inerte y más indefinida[38].

En suma, los personajes homologables instituirían un diálogo allí donde el drama de la Edad Contemporánea transcribiría un soliloquio dramático, o un monólogo interior, si habláramos de la novela moderna. Representan ante todo un desdoblamiento de la identidad, que permite dar forma objetiva a un acto de pensamiento, y convertirlo de este modo en un acto de habla interactivo, es decir, en un diálogo, que sus interlocutores han articulado como un solo discurso, en el que es posible discernir, junto a la voz del *yo*, la voz de su *alter-ego*.

3.4.9. *El diálogo polifónico*

No es posible dejar de insistir una vez más en la polifonía característica de la expresión dialógica de los entremeses cervantinos. La obra de M. Bajtín (1965) ha puesto en relación un determinado modo de formali-

---

[38] M. Buber dedicaría buena parte de su pensamiento, en obras como *Yo y tú*, a tratar de demostrar que la dimensión existencialista del sujeto debe ser considerada desde una dialógica, y no desde una dialéctica, y aún menos desde una dimensión monológica como la que atribuye al pensamiento de M. Heidegger. Es interesante advertir, a este respecto, que K. Marx no acoge en su concepto de sociedad la relación real entre el yo y el tú, como entidades realmente diferentes, y por eso opone a un individualismo ajeno a la realidad un colectivismo no menos irreal. Probablemente Marx se situó en la dialéctica sin haber pasado por la dialógica.

zar la expresión comunicativa de los textos literarios con una determinada concepción de la vida humana afín a una tradición que la modernidad ha identificado con lo carnavalesco, y ha tratado de demostrar paralelamente que las formas estéticas son resultado y expresión de hechos sociales a los que el arte da un sentido y un tratamiento específicos. Es ésta una forma de comprender el lenguaje a través del discurso, para comprender el discurso a través de la comunicación.

El modo representativo de la descripción y la narración épicas, el discurso histórico y científico, son considerados formas monológicas de lenguaje, al lado de otras formas de lenguaje (carnaval, fábula menipea, comedia atelana, novela polifónica...) en que se identifican fenómenos dialógicos, intertextuales y polifónicos. El teatro europeo posterior al Renacimiento no sólo se basa en justificaciones preceptistas, sino también, y de forma muy especial, en la intencionalidad de expresar un nuevo sistema de ideas, cuyo marco más adecuado será el de la *comedia,* como género literario y como forma de espectáculo. Lo cómico se convierte de este modo en la categoría teatral que ofrece mayores libertades para la escenificación de las nuevas formas, temas y modos de vida de la Europa renacentista, y desde ella se inicia una lenta y progresiva transgresión de los principios de la genología y dramaturgia clásicos, así como de toda una serie de aspectos afines al modo de sociedad autoritaria, ajena a la expresión carnavalesca, polifónica y menipea, de los hechos humanos y sus posibilidades de fabulación.

Los entremeses de Cervantes muestran una especial conexión con elementos procedentes de la fábula menipea, como son la mezcla lo cómico y lo trágico; la crítica social y política; la liberación del lenguaje de determinadas exigencias y anquilosamientos históricos; la audacia en la invención filosófica e imaginativa; la presencia de elementos míticos, simbólicos, mágicos, hechizantes; expresiones grotescas afines a un naturalismo a veces macabro; la presencia de determinados escenarios como lupanares, prisiones, ferias, tabernas, y de personajes afines a estos lugares, como soldados, ladrones, rufianes, meretrices, etc.

Por todas estas razones son frecuentes en los entremeses de Cervantes ejemplos de distorsión lingüística (vulgarismos, latinismos errados, sintaxis "vizcaína"...), puestos en boca de personajes rústicos, tal como sucedía en los pasos de Lope de Rueda, y con anterioridad, en el teatro español y portugués del siglo XVI. Es recurso cómico recurrente, del que se derivan determinadas implicaciones que a veces afectan a la claridad y fluidez de los procesos comunicativos habituales, y desde el que se expresa la ridiculez a la que el teatro breve cervantino somete la figura prototípica del labrador rico, exaltada y dignificada en la comedia de Lope de Vega.

La tipificación dialectal en el caso de la *commedia dell'arte,* o idiolectal en el caso del entremés, constituye otro de los rasgos frecuentes en la caracterización del personaje. El actor aporta toda su capacidad y saber acerca de la expresión popular, la variante dialectal y regional, en la caracterización del personaje de la *commedia dell'arte* y sus medios expresivos. Tradición y lengua confluyen, y el personaje se identifica por su modo de hablar: *Arlequino* y *Brighella* de Bérgamo, *Pantalone* de Venecia, el *Dottore* de Bolonia, el *Capitano* de Nápoles...

En el caso de los entremeses, el uso, por parte de un personaje, de una lengua distinta de la que emplean los demás, puede servir para ocultar su identidad (vizcaíno), mostrar su malicia (germanía), o manifestar presunción (latín deturpado, en el caso de médicos, abogados, sacristanes...) En *La Cueva de Salamanca*, el Sacristán hace un uso paródico de los registros cultos del lenguaje, y con frecuencia, desde el punto de vista de la comunicación, su discurso genera una falta de entendimiento y coordinación entre los interlocutores, tal como le declara Leonarda:

> SACRISTÁN: ¡Oh, que en hora buena estén los automedones y guías de los carros de nuestros gustos, las luces de nuestras tinieblas, y las dos recíprocas voluntades que sirven de basas y colunas a la amorosa fábrica de nuestros deseos!
> LEONARDA: ¡Esto solo me enfada dél! Reponce mío: habla, por tu vida, a lo moderno, y de modo que te entienda, y no te encarames donde no te alcance.

Ejemplos de esta naturaleza pueden encontrarse fácilmente en cualquiera de los ocho entremeses, desde el lenguaje de germanía habitual en los personajes de *El rufián viudo*, hasta la pluralidad de registros identificables en *La elección de los alcaldes de Daganzo*, pasando por toda una variedad pluriestilística y pluritonal presente en *El retablo de las maravillas, La guarda cuidadosa* o *El vizcaíno fingido*. Todo ello explica y justifica las cualidades de un lenguaje conceptista, basado con frecuencia en expresiones populares y refranísticas ("que todo saldrá a cuajo", es decir, saldrá bien, a gusto; "mas echémoslo a doce, y no se venda", por "hacer algo sin tener en cuenta las consecuencias"; "de buen rejo", es decir, de buen modo); el uso recurrente –como ya hemos indicado– de interjecciones, jaculatorias, anacolutos, juramentos populares, etc. ("por San Junco"; "¡Cuerpo del mundo!", por "¡Cuerpo de Cristo!", como juramento eufemístico...); la frecuente deformación de vocablos cultos y populares, con una finalidad cómica ("la luenga se os deslicia", por "la lengua se os desliza"; "presomís", por "presumís"; "a pies jontillas", por "a pies juntillas"; "Dígannoslo", por "dígannoslo"; "Distinto", por "instinto"), etc.

Los ejemplos de distorsión lingüística (vulgarismos, latinismos errados, sintaxis "vizcaína"...) son muy frecuentes en los entremeses de Cervantes, puestos en boca de personajes rústicos, tal como sucedía en los pasos de Lope de Rueda, y con anterioridad, en el teatro español y portugués del siglo XVI. He aquí un ejemplo más, que vemos en *El retablo de las maravillas*, entre los interlocutores Capacho y Benito Repollo, en el diálogo inicial con Chanfalla y Chirinos:

BENITO: Sentencia ciceronianca, sin quitar ni poner un punto.
CAPACHO: *Ciceroniana* quiso decir el señor alcalde Benito Repollo.
BENITO: Siempre quiero decir lo que es mejor, sino que las más de las veces no acierto.

Más adelante, en la misma secuencia, hallamos otro ejemplo, igualmente entre los mismos personajes:

CHIRINOS: [...] No, señores; no, señores; *ante omnia* nos han de pagar lo que fuere justo.
BENITO: Señora Autora, aquí no os ha de pagar ninguna Antona ni ningún Antoño; el señor regidor Juan Castrado os pagará más que honradamente, y si no, el Concejo. ¡Bien conocéis el lugar, por cierto! Aquí, hermana, no aguardamos a que ninguna Antona pague por nosotros.
CAPACHO: ¡Pecador de mí, señor Benito Repollo, y qué lejos da del blanco! No dice la señora Autora que pague ninguna Antona, sino que le paguen por adelantado y ante todas las cosas, que eso quiere decir *ante omnia*.
BENITO: Mirad, escribano Pedro Capacho, haced vos que me hablen a derechas, que yo entenderé a pie llano. Vos, que sois leído y escribido, podéis entender esas algarabías de allende, que yo no.

Una de las características del entremés en su evolución del siglo XVI al XVII es el paso de la prosa al verso. Esta transformación, que en cierta medida remite a una preferencia del deleite frente a la verosimilitud, no resta al discurso del entremés su singular valor polifónico. Como ha escrito en este sentido J. Huerta Calvo (1995: 96), "a pesar de la pérdida de verosimilitud que el uso del verso impone, el entremés, tanto en su versión renacentista como en su versión barroca, es una especie de caja de resonancia del lenguaje oral de la época. Ningún otro género nos ofrece un muestrario tan variado de hablas individuales, sociales, profesionales y jergas de todo tipo, convenientemente distorsionadas por los espejos cóncavos y convexos de la farsa".

A. Hermenegildo, al referirse a este tipo de diálogos teatrales en los que participan personajes carnavalescos, como bufones, graciosos, locos, bobos, etc., ha considerado a estos procedimientos como recursos que disponen la destrucción de la lógica del lenguaje: "El loco festivo recupera así una libertad total que corre el evidente riesgo de la incomprensión del destinatario y de la desocialización del emisor", y que "implica la destrucción de la norma lingüística dominante" (A. Hermenegildo, 1995: 14-15). Se trata, pues, de signos carnavalescos que determinan un modo muy particular de uso del lenguaje, basado con frecuencia en la transgresión de una regla reconocida y en la deturpación de un discurso lingüístico dominante, en algunos casos hasta llegar a los límites mismos de la comprensión, al poner a prueba las capacidades del público o del lector, y de la incomprensión, en lo referente a la relación verbal que los personajes mantienen entre sí a lo largo de la fábula[39].

---

[39] Este fenómeno apuntado por Hermenegildo ha sido identificado como *fantasía verbal*, según la denominación introducida por Robert Garapon en su estudio de 1957 sobre el teatro medieval.

IV. Las comedias

Límites y posibilidades de la poética experimental cervantina

4.1. LOS LÍMITES DE LA CREACIÓN LITERARIA CERVANTINA

Una creación humana como la literatura, presidida por la libertad, puede a veces verse limitada por el uso y ejercicio de ciertas formas y funciones inherentes a ella –como los géneros literarios, por ejemplo–, por ciertas competencias específicas del autor o del lector, en los procesos de creación, difusión e interpretación de la obra literaria, o por determinados imperativos o exigencias procedentes de tal o cual tendencia, escuela o teoría poética. La creación literaria cervantina no parece haber encontrado, en el género de la novela y en la forma de los entremeses, límites insuperables; sin embargo, en el ejercicio de la práctica teatral referido a la comedia, la obra de Cervantes, que parte de la poética clásica, y pretende una renovación del teatro atenta a un determinado concepto de calidad estética y a unos principios tradicionales de verosimilitud y lógica en el arte, no parece haber alcanzado, según los tópicos del conservadurismo crítico, los mismos logros que en la narrativa o las formas de teatro breve.

Consideramos, desde nuestro punto de vista, que las principales dificultades que encuentra la comedia cervantina en sus tentativas de renovación dramática, de superación de sus propios objetivos experimentales (J. Canavaggio, 1977), se deben a dos limitaciones básicas, que atenúan y perturban el logro de las innovaciones pretendidas por Cervantes, y que proceden, en primer lugar, de los *imperativos lógicos* de la poética clásica, a la que Cervantes sigue desde demasiado cerca en su ideal de que un arte de calidad es un arte adecuado a una determinada expresión de lógica y verosimilitud; y en segundo lugar, al triunfo social, político y estético, de los postulados de la comedia nueva configurada por Lope de Vega.

Ahora bien, ¿por qué esta experiencia de renovación sí se manifiesta y triunfa en la novela, y en las formas del teatro entremesil, pero no en la comedia, donde se queda en una tentativa de renovación experimental? Como se ha demostrado, los personajes de la comedia cervantina no atraviesan por la experiencia del idealismo (A. Castro, 1925)[1], ni por la poesía

---

[1] Desde la publicación de *El pensamiento de Cervantes* de A. Castro, la crítica cervantina ha interpretado la modernidad de la obra de Cervantes como resultado de una psicología creadora precursora de muchos de los postulados fundamentales de la Edad Contemporánea, en torno esencialmente al idealismo epistemológico y al relativismo metodológico, frente a cualquier enfoque o forma de arte que nos aproxime a una visión pretérita del mundo, de tipo realista o absolutista, en la epistemología y los valores del conocimiento. Para algunos estudiosos, una interpretación de este tipo, derivada esencialmente de la obra

de la experiencia del personaje (R. Langbaum, 1957), del mismo modo que sucede en las creaciones narrativas, o incluso entremesiles, y no deja de ser sugerente que hayan sido precisamente estos géneros, la novela y el entremés, que ni nacieron ni se desarrollaron nunca bajo las exigencias de la poética clásica, aquellos en los que Cervantes encuentra mejores condiciones para el ejercicio de la creación literaria.

Desde este punto de vista, trataremos de demostrar, en lo que se refiere al personaje, que la renovación que se experimenta y triunfa en la novela cervantina, que no del mismo modo en la comedia, se explica porque Cervantes no logra superar los imperativos lógicos exigidos por una poética clásica de la literatura, que ha sido elaborada para la explicación y percepción de un mundo antiguo, en el que el personaje está determinado y delimitado por su construcción lógica en una serie de categorías que afectan a los siguientes aspectos: a) el uso regulado del lenguaje según valores objetivos definidos moral y estamentalmente (principio del decoro); b) la estructura de los hechos (fábula) como expresión de una acción externa a la voluntad del sujeto, desarrollada en unas determinadas condiciones temporales y espaciales (unidades de acción, tiempo y lugar); c) la configuración del personaje como una realidad que ha de ajustarse a la correspondencia armónica entre la inmutabilidad de los Hechos naturales, sociales y políticos, y los Valores morales y religiosos, cuyo fundamento es meramente metafísico (preexistencia de un orden moral inmutable y objetivo del que la voluntad humana sería una consecuencia); d) la constitución del personaje como sujeto de formas de conducta que siguen esquemas lógicos y causales, característicos de una etapa histórica y prototípicos de una determinada sociedad (el personaje literario como arquetipo lógico de comportamientos sociales); y e) la lógica de las diferentes formas del lenguaje teatral (soliloquio, monólogo, diálogo y aparte), que dispone en el drama la constitución discursiva de sujetos de ficción, y cuya enunciación revela y objetiva únicamente la expresión externa del personaje y su evolución en la acción (*metabolé*), antes que cualquier forma de experiencia subjetiva[2].

---

de A. Castro, debe matizarse, pues muchos de estos "postulados vanguardistas" del arte cervantino pueden explicarse como exigencias estéticas, más que ideológicas, inmanentes en muchos casos a impulsos y valores específicos del siglo XVII. "He intentado hacer ver –escribe sobre esta cuestión A. Close (1993: 103)– que dichas transformaciones obedecen a motivos "de oficio" –es decir, artísticos– más bien que ideológicos, y que aun los rasgos más "modernos" del arte cervantino –por ejemplo, el fundarse en un diálogo crítico y creador entre géneros literarios– se vinculan con supuestos mentales que tienen plenos derechos de ciudadanía en el siglo XVII".

[2] En otro lugar nos hemos ocupado más resumidamente de los aspectos que aquí apuntamos; cfr., en este sentido, J. G. Maestro, "Poética del personaje en las comedias de Cervantes", VIII Coloquio Internacional de la Asociación de Cervantistas, El Toboso, 23-26 de abril

Creemos, pues, que la obra de Cervantes se orienta hacia la superación de estos imperativos lógicos procedentes de la poética clásica, y así lo consigue en la novela, pero no en la comedia, donde todo un proyecto preceptista limita las posibilidades de su propia tentativa literaria, cuya expresión creativa es la que conocemos en las comedias conservadas. A esta limitación, que podemos considerar de tipo inmanente, pues parece depender de las propias competencias cervantinas, hay que añadir otra de tipo exterior o trascendente, y es la que representa el triunfo de la comedia nueva de Lope de Vega, auténtica y triunfal renovación de muchos aspectos de la poética antigua en lo que al nuevo arte teatral se refiere. No se trata tanto de que tales limitaciones se hayan producido de un modo u otro, sino de que se hagan perceptibles y explicables tal y como se produjeron.

de 1998, en prensa, de aparición en *Cervantes. Bulletin of the Cervantes Society of America*, vol. 27, núm. 4, año 1999.

4.2. El teatro experimental de Cervantes entre la *lógica* de la poética clásica y los *códigos* de la comedia nueva

Desde nuestro punto de vista, la experimentalidad del teatro cervantino[1] se ve limitada, como trataremos de indicar, por una serie de conceptos procedentes de la poética clásica, que se imponen de forma sistemática desde el Renacimiento italiano como una preceptiva estética[2], y que siguen esquemas lógicos y causales en la explicación, desarrollo e interpretación del discurso literario; por otro lado, sabemos que el éxito de la comedia lopesca, con sus códigos estéticos, sociales y morales, limitó decisivamente las posibilidades experimentales del teatro cervantino[3].

En capítulos importantes de la obra literaria de Cervantes se encuentran consideraciones determinantes sobre una poética del drama, caracterizada por su afinidad con la preceptiva clásica y sus explícitas objeciones a la estética teatral de la comedia nueva. Aunque las referencias a la cuestión teatral, desde planteamientos estéticos y poéticos, resultan fre-

---

[1] Cervantes escribe un conjunto de obras dramáticas que, frente a los usos escénicos instaurados por Lope de Vega, ha sido considerado por estudiosos como J. Canavaggio como una auténtica tentativa de teatro experimental: "un théâtre à naître: un théâtre que notre temps est prêt à investir de ses doutes, de ses angoisses, peut-être aussi de ses raisons de croire et d'espérer" (J. Canavaggio, 1977: 450). En la misma línea se sitúa la valoración de estudios más recientes, llevados a cabo por autores como F. Sevilla, a partir del análisis de las ideas poéticas de Cervantes sobre el teatro de su tiempo: "Todas sus declaraciones sobre el particular lo definen como un tratadista de corte clásico, de remota raigambre aristotélica, pero abiertamente proclive a la innovación experimental" (F. Sevilla, 1986; y como editor de *El rufián dichoso*, 1997: 31).

[2] La teoría literaria en la España de los Siglos de Oro progresa muy poco hasta el último cuarto del siglo XVI. El mayor impulso de la poética literaria penetra en España, como en el resto de Europa, a través de Italia. La literatura se considera entonces un discurso de fuerza social poderosa, de modo que sus principios estéticos y sus fines sociales preocupan con cierta intensidad a preceptistas y moralistas. No obstante, en España las consideraciones por la preceptiva literaria no alcanzan el interés que llegarán a tener en Italia y Francia.

[3] "Tuve otras cosas en que ocuparme; dejé la pluma y las comedias, y entró luego el monstruo de naturaleza, el gran Lope de Vega, y alzóse con la monarquía cómica; avasalló y puso debajo de su juridición a todos los farsantes; llenó el mundo de comedias propias, felices y bien razonadas, y tantas, que pasan de diez mil pliegos los que tiene escritos, y todas (que es una de las mayores cosas que puede decirse) las ha visto representar, o oído decir, por lo menos, que se han representado; y si algunos, que hay muchos, han querido entrar a la parte y gloria de sus trabajos, todos juntos no llegan en lo que han escrito a la mitad de lo que él sólo" (M. de Cervantes, "Prólogo al lector" [1615], *Ocho comedias y ocho entremeses*, Madrid, Alianza, 1997, vol. 13: 14, en ed. de F. Sevilla y A. Rey).

cuentes en la producción literaria cervantina, se considera que existen al menos tres momentos en los que se aborda este problema de forma amplia y relevante. Se trata, según la cronología de la publicación de tales textos –algo que por otro lado no nos aclara demasiado acerca del momento de su composición–, del capítulo XLVIII del *Quijote* de 1605, del "Prólogo al lector" de la edición de 1615 de las *Ocho comedias y ocho entremeses*, y del comienzo de la jornada segunda de *El rufián dichoso* (II, 1209-1312), en el acto que corresponde al diálogo entre los personajes alegóricos de la Comedia y la Curiosidad[4].

Autores como M. Vitse (1995) proponen que el estudio de las controversias éticas sobre la licitud del teatro puede considerarse dentro del capítulo correspondiente a una poética del drama, por su implicación en las teorías estéticas sobre el teatro, así como en los procesos sociales e históricos de su recepción, y en los contenidos, morales o lúdicos, relativos a la finalidad del arte dramático[5]. En la misma línea parecen situarse los postulados de F. Florit Durán (1995) sobre la cuestión de la poética teatral de los Siglos de Oro, que considera de primordial interés y actualidad, y respecto a la cual sugiere algunas líneas básicas de investigación[6]. Desde

---

[4] Como ha observado E. Riley (1962/1971: 18 ss), Cervantes no hace referencia en sus escritos a ninguna autoridad específica de la poética literaria, con la que se sienta singularmente identificado, salvo los nombres habituales de Platón, Aristóteles y Horacio, autores que estaban en la mente y en la pluma de cualesquiera escritores del momento. Respecto a las ideas que sobre poética Cervantes nos ha dejado más o menos dispersas en sus obras de creación literaria, E. Riley ha insistido en su particular recurrencia y en su excesivo énfasis: "Aunque muchas de estas opiniones son lugares comunes y algunas son *idées reçues* de poca importancia, aparecen con demasiada frecuencia, y en gran parte de los casos con demasiado énfasis, para que podamos desecharlas como una especie de adorno intelectual, que, por otra parte, carecería de sentido" (E. Riley, 1962/1971: 23).

[5] "A estas alturas, será fuerza comprobar lo mismo que en el campo de la controversia ética las relativas carencias que afectan a la historia de las "ideas estéticas" del Seiscientos, más concretamente de aquellas que informan la poética del teatro áureo. Tan lamentable fenómeno podría explicarse por la misma naturaleza del corpus textual de la "preceptiva áurea", con su relativa pobreza –si se la compara con el corpus de otras dramaturgias contemporáneas–, con su fragmentarismo y más que frecuente asistematización expositiva, y, por fin, con su dispersión en textos de naturaleza muy diversa" (M. Vitse, 1995: 277).

[6] "No obstante este manifiesto interés, está aún por editar críticamente buena parte del corpus de escritos de preceptiva y de polémicas sobre el teatro de los siglos XVI y XVII. Los trabajos de Cotarelo y de Sánchez Escribano-Porqueras Mayo nos han ofrecido un abundante corpus textual que es digno reconocer y agradecer, pero resulta necesario reunir, acaso en un solo trabajo, un conjunto de escritos, lo más amplio posible, que tenga en cuenta, aparte, los criterios ya extendidos, los siguientes puntos: a) la innegable relación entre la controversia ética y la polémica estética; b) la necesaria distinción entre las contribuciones claramente originales y las que se limitan a repetir aspectos ya tratados en otros textos; c) el imprescindible cuidado textual y la útil anotación filológica a la hora de editar las obras; d) la incorporación al corpus de escritos de los textos más significativos que guarden relación con la controversia en torno a la licitud de la ficción novelesca" (F. Florit, 1995: 291-292).

esta perspectiva, vamos a considerar brevemente algunas de las ideas poéticas de Cervantes apuntadas en estos textos, con objeto de verificar la aplicación, que este autor hace en su creación literaria, de modelos de interpretación caracterizados por el dominio del pensamiento lógico y especulativo, heredado de la poética antigua, y característico del pensamiento aristotélico[7].

La valoración que Cervantes hace por boca del canónigo, en el capítulo XLVIII de la primera parte del *Quijote*, de la comedia de su tiempo, puede interpretarse a partir de su implicación en tres ámbitos fundamentales de la pragmática de la comunicación literaria en los Siglos de Oro, referidos prioritariamente a la importancia de la *preceptiva clásica*, especialmente en lo que se refiere al principio del decoro y las unidades de lugar y de tiempo, como marco de referencia para la estética de la creación literaria; al *principio lógico de verosimilitud*, de formulación aristotélica, en el que se cifra y objetiva para Cervantes el logro de la calidad artística de una obra narrativa o dramática; y a la *función del receptor* en el proceso de la comunicación social que supone, en la España del siglo XVII, el espectáculo teatral de la comedia, cuya expresión debe amalgamar, según la tradición horaciana a la que parece apuntarse Cervantes, valores morales y didácticos[8].

---

[7] Cfr. a este respecto los tratados y textos sobre poética en los siglos XVI y XVII, como los de L. Alfonso de Carvallo (1602); la *Poética de Aristóteles traducida de latín* (1623), de Juan Plablo Mártir Rizo; *Teatro de los teatros* (Madrid, 1690), de F. A. Bances Candamo; F. Cascales (1617); el cap. XLVIII de la primera parte del *Quijote*; *El enano de las musas...* (1654), de A. Cubillo de Aragón; *El viaje de Sannio* (1585), de Juan de la Cueva; la *Aprobación del reverendo padre Fray Manuel Guerra y Ribera a la Verdadera V Parte de Calderón* (Madrid, 1682); F. Lope de Vega (1609); *Philosophia antigua poética* (1596), de L. López Pinciano. Vid. también a este respecto los estudios de A. García Berrio (1975, 1977-1980), M. Menéndez Pelayo (1883), E. Riley (1962), F. Sánchez Escribano y A. Porqueras Mayo (1965), A. Porqueras Mayo (1985, 1986, 1989, 1990), M. Vitse (1988, 1995) e I. Arellano (1995: 146-161), así como las referencias que apuntamos en la bibliografía final sobre poética dramática aurisecular.

[8] Sobre la licitud de los valores morales y didácticos del teatro, así como sobre la creación de una autoridad censora acerca de ellos, cfr. el texto anónimo de los *Diálogos de las comedias*, cuyos comentarios están en relación con esta polémica. El manuscrito original se conserva en el Archivo General de Simancas (*Patronato Real*, Legajo 15-3), y aunque no lleva fecha pueda datarse en torno a 1620 (cfr. la ed. de L. Vázquez, *Revista Estudios*, Madrid, 1990). Se observa en esta época una fuerte presión antihedonista en la vida social. En efecto, la mayor parte de los diálogos tienen como objeto la controversia ética sobre el teatro, especialmente desarrollada en los tres primeros, donde se mencionan principios recurrentes en otros escritos polémicos de este género: 1) se admite la conveniencia y la legitimidad de la diversión humana, como principio reconocido y sacralizado por santo Tomás de Aquino (*ludus est necessarius ad conservationem vitae*); 2) paralelamente se reconoce que el arte dramático *in se* constituye una actividad humana completamente lícita desde el punto de vista contrarreformista, e incluso noble, desde la perspectiva cristiana; y 3) se otorga un gran interés a la discusión de todas aquellas cuestiones relacionadas con la dimensión social del teatro, su poder de atracción e influencia sobre los ánimos y voluntades del público. En

Estas que ahora se usan, así las imaginadas como las de historia, todas o las más son conocidos disparates y cosas que no llevan pies ni cabeza, y, con todo eso, el vulgo las oye con gusto, y las tiene y las aprueba por buenas, estando tan lejos de serlo, y los autores que las componen y los actores que las representan dicen que así han de ser, porque así las quiere el vulgo[9], y no de otra manera; y que las que llevan traza y siguen la fábula como el arte pide, no sirven sino para cuatro discretos que las entienden, y todos los demás se quedan ayunos de entender su artificio (*Quijote*, I, 48)[10].

Cervantes parece apoyarse en la poética clásica no con una intención exclusivamente normativa, sino abiertamente instrumental[11], con objeto de hacer asequible, desde los medios de percepción que proporcionan las teorías clásicas, los procesos de creación y comunicación del hecho literario. "Mirad –escribe a propósito de las tragedias de Leonardo de Argensola– si guardaban bien los preceptos del arte, y si por guardarlos dejaron de parecer lo que eran y de agradar a todo el mundo". Paralelamente, al considerar que "la imitación es lo principal que ha de tener la comedia"[12], Cervantes parece estar absolutamente convencido de que la verosimilitud es el principio que mejor asegura la calidad estética de la literatura[13]; la consideración de los hechos de la vida real desde la perspectiva

---

conjunto, el autor anónimo de los *Diálogos de comedias* reflexiona sobre una serie de reformas que tomarían como referencia temas y argumentos de las Sagradas Escrituras, las cuales propone como medio para superar los supuestos excesos de la comedia de corte lopesco, cuyo éxito no parece agradarle demasiado.

[9] Resulta inevitable pensar en los versos del Lope del *Arte nuevo*: "Y escrivo por el arte que inventaron / los que el vulgar aplauso pretendieron; / porque, como las paga el vulgo, es justo / hablarle en necio para darle gusto" (F. Lope de Vega (1609), en F. Pedraza (ed.), 1994: II, 247, vs. 45-48).

[10] En las citas de las obras de M. de Cervantes seguimos la edición de las *Obras completas*, de F. Sevilla y A. Rey, Madrid, Alianza, 1996-1997. En el caso del *Quijote*, citamos según la edición de F. Rico (Barcelona, Crítica, 1998).

[11] En efecto, las observaciones de Cervantes recogidas en estos pasajes han sido interpretadas por varios autores no tanto como un deseo por reproducir y asumir la preceptiva aristotélica, y propugnar de este modo una imitación de los clásicos, como de plantear una tentativa de innovación, desde la estética clásica, en una práctica teatral que salvaguardara en la comedia la verosimilitud y la calidad artística. En este sentido se pronunciaba F. Sevilla (1986: 226) al afirmar, refiriéndose al *Quijote* (I, 48), que "en el texto de 1605 Cervantes habla desde una óptica clásica de nuevo cuño (quizás inspirada en las teorías del Pinciano), abierta a todo tipo de innovaciones. Se trata –a lo que se me alcanza– de una conciencia estética respetuosa para con los preceptos heredados, sin que ello impida modificarlos y renovarlos, siempre y cuando el proceso adulterador vaya respaldado por un soporte artístico y no sobrepase los límites de lo razonable".

[12] Tal es uno de los principios esenciales de la *Poética* de Aristóteles: "La tragedia es imitación, no de personas, sino de una acción y de una vida" (Aristóteles, *Poética*, 1450a 16-18).

[13] Habiendo de ser la comedia, según le parece a Tulio, espejo de la vida humana, ejemplo de las costumbres y imagen de la verdad, las que ahora se representan son espejos de disparates, ejemplos de necedades e imágenes de lascivia" (*Quijote*, I, 48). Esta referencia

de la lógica causal, como marco de referencia que permite componer la acción literaria (*fábula*) e interpretar sus cambios y evoluciones (*metabolé* y *peripecia*), se impone como un esquema funcional refrendado por la poética clásica, de modo que cualquier intento de inversión o transformación en el arte del principio lógico de verosimilitud resulta para Cervantes completamente incomprensible: "¿Cómo es posible que satisfaga a ningún mediano entendimiento que [...] fundá[n]dose la comedia sobre cosa fingida, atribuirle verdades de historia, y mezclarle pedazos de otras sucedidas a diferentes personas y tiempos, y esto, no con trazas verisímiles[14], sino con patentes errores de todo punto inexcusables?"

De los tres imperativos que la poética clásica parece imponer en la creación y percepción cervantina del teatro, la lógica de los principios del decoro y de las unidades de lugar y de tiempo, y la coherencia relativa al concepto de verosimilitud, así como la función del público ante la dimensión lúdica y moral del teatro, es quizá este último el que ofrece a Cervantes la experiencia más decepcionante, dado el comportamiento social y popular que hizo posible el éxito teatral de la comedia nueva. Aunque por boca del canónigo dice Cervantes "no quiero sujetarme al confuso juicio del desvanecido vulgo", admite que "no está la falta en el vulgo, que pide disparates, sino en aquellos que no saben representar otra cosa". Se abre aquí el camino hacia una declaración de las interpretaciones cervantinas sobre el valor final de la literatura, afín a los postulados horacianos de instrucción y deleite.

> El principal intento que las repúblicas bien ordenadas tienen, permitiendo que se hagan públicas comedias, es para entretener la comunidad con alguna honesta recreación, y divertirla a veces de los malos humores que suele engendrar la ociosidad[15] [...]; porque, de haber oído la comedia artificiosa y bien

---

está atribuida por Diomedes a Marco Tulio Cicerón, para quien la comedia, en frase conservada por Elio Donato, "est imitatio vitæ, speculum consuetudinis, imago veritatis", tal como se recoge en *Familiaria in Terentium prænotamenta per Publii Tenentii Aphri... comedia* (Roma, 1502, f. viir; cfr. A. Carreño, 1998: 554, nota 124). Se refleja de este modo, una vez más, la importancia que Cervantes concede a la verosimilitud en el arte, como reflejo de la vida, en la representación de una acción que ha de seguir un proceso causal en su planteamiento y desarrollo. Cfr. también a este respecto el *Arte nuevo* (vs. 123-126) de Lope de Vega: "Por eso Tulio las llamaba espejo / de las costumbres y una viva imagen / de la verdad, altíssimo atributo, / en que corre parejas con la historia".

[14] La referencia, de nuevo, está en la *Poética* aristotélica: "Y también resulta claro por lo expuesto que no corresponde al poeta decir lo que ha sucedido, sino lo que podría suceder, esto es, lo posible según la verosimilitud o la necesidad [...]. De esto resulta claro que el poeta debe ser artífice de fábulas más que de versos, ya que es poeta por la imitación, e imita las acciones. Y si en algún caso trata cosas sucedidas, no es menos poeta; pues nada impide que algunos sucesos sean tales que se ajusten a lo verosímil y a lo posible, que es el sentido en que los trata el poeta" (Aristóteles, *Poética*, 1451a 32-34 y 1451b 27-29).

[15] "Aut prodesse uolunt aut delectare poetae / aut simul iucunda et idonea dicere uitate" (Horacio, *De arte poetica liber*, vs. 333-334).

ordenada, saldría el oyente alegre con las burlas, enseñado con las veras, admirado de los sucesos, discreto con las razones, advertido con los embustes, sagaz con los ejemplos, airado contra el vicio y enamorado de la virtud; que todos estos afectos ha de despertar la buena comedia[16] en el ánimo del que la escuchare, por rústico y torpe que sea; y de toda imposibilidad es imposible dejar de alegrar y entretener, satisfacer y contentar, la comedia que todas estas partes tuviere mucho más que aquella que careciere dellas, como por la mayor parte carecen estas que de ordinario agora se representan (*Quijote*, I, 48).

Inevitablemente, Cervantes contempla el teatro europeo del siglo XVII con los ojos del siglo XVI[17], lo percibe desde la lente –que ya empieza a ser deformante fuera de la literatura francesa– de la poética clásica, es decir, de la *poética del significado* (R. Langbaum, 1957). La obra de W. Shakespeare postula por entonces una *poética de la experiencia*, cuya influencia no se recibe en la dramaturgia francesa hasta finales del siglo XVII, y en la literatura española –menos interesada por referencias dramáticas exteriores– prácticamente hasta la Edad Contemporánea.

La "poética del significado" haría referencia a una teoría de la literatura basada en un saber esencialista, en una epistemología diríamos "realista" –los universales son reales– de fundamento aristotélico, y que permanece vigente hasta el siglo XVIII. Desde este punto de vista, se admite que la literatura anterior a la experiencia de la Ilustración europea, tiene como referente una moral metafísicamente objetiva, en la que los sucesos (*fábula*) o la estructuración de los hechos, se desarrollan y perciben de acuerdo con leyes propias, independientemente de voluntad humana alguna. Los hechos que se imponen al sujeto parecen disponer de una legalidad inmanente, que triunfa de modo inalterable sobre los deseos e intenciones del personaje.

---

[16] "Comedia es fábula que, enseñando afectos particulares, manifiesta lo útil y dañoso a la vida humana", y "comedia es imitación actiua hecha para limpiar el ánimo de las passiones por medio del deleyte y risa" (Pinciano, *Philosophia*, IX; Carballo, III, 17).

[17] Cervantes considera que el teatro lopesco tiene entre sus principales consecuencias "que gente ignorante se admire y venga a la comedia; que todo esto es en perjuicio de la verdad y en menoscabo de las historias, y aun en oprobio de los ingenios españoles; porque los estranjeros, que con mucha puntualidad guardan las leyes de la comedia, nos tienen por bárbaros e ignorantes, viendo los absurdos y disparates de las que hacemos" (*Quijote*, I, 48). Si consideramos esta afirmación desde una perspectiva comparatista sobre la literatura de su tiempo, la situación del teatro europeo y de la teoría literaria del siglo XVII, parece admisible suponer que Cervantes se encuentra más próximo a la poética clasicista sistematizada desde el quinientos, al menos desde el punto de vista de su desarrollo teórico, que a las transformaciones introducidas desde el seiscientos en la práctica de la comedia. Paralelamente, no hay que olvidar, respecto a los "estranjeros, que con mucha puntualidad guardan las leyes de la comedia", según Cervantes, las palabras de Lope de Vega: "[...] y me dexo / llevar de la vulgar corriente adonde / me llamen ignorante Italia y Francia" (*Arte nuevo*, vs. 364-366).

Por otro lado, identificamos en la "poética de la experiencia" un enfoque de los hechos literarios basado en una epistemología de corte idealista y empirista, que se desarrolla desde la Ilustración y el Romanticismo europeos, como consecuencia de la separación o discriminación entre los Hechos (percepción causal, entendida como discurso inmutable, de los sucesos que estructuran la *fábula*) y los Valores (interpretación autoexpresiva o lírica que la experiencia del *sujeto* hace de la percepción de la realidad). Se constituye así una literatura que persigue la verdad empírica de la vivencia del hombre moderno, cuyos referentes no pueden ser expresados como categorías objetivas, y que antes de describir o nombrar es preferible dramatizar. Tales planteamientos privilegian un determinado tipo de signos literarios (índices de primera persona, autobiografismo, monólogo dramático...), y una determinada forma o género literario (*Bildungsroman*, diarios, literatura epistolar, novela autobiográfica, teatro simbolista, lírica de la vivencia o *Erlebnislyrik*...) Todo se orienta, pues, en la creación literaria, a adoptar y expresar perspectivas que emanan del sujeto para explicar los hechos. La poesía de la experiencia es la literatura propia de una época sin significados objetivamente verificables, en la que los hechos significan "en la medida en que proporcionan al personaje central un *motivo de experiencia*" (R. Langbaum, 1957/1996: 271).

El personaje teatral de la Antigüedad –Edipo, Media, Antígona...– se atiene a un orden moral inmutable, de naturaleza trascendente al sujeto y de implicaciones resueltamente religiosas, míticas o rituales. La tragedia griega constituye un modelo genuinamente referencial de esta tendencia, en la que el teatro se presenta como la escenificación y fabulación de un sacrificio, en medio del cual la figura del ser humano, sometido a rigores inalterables que conducen al fracaso, desempeña el papel fundamental.

En el teatro de la Edad Moderna, al menos desde las formas dramáticas comprendidas entre la comedia humanista del Renacimiento italiano y los primeros dramas influidos por el pensamiento y la sensibilidad de la Ilustración europea, el personaje se atiene a un orden moral igualmente inmutable, también de naturaleza trascendente al sujeto, pero basado en este caso, más que en la experiencia religiosa y la observación de referentes teocráticos, en exigencias y convenciones de orden social, estamental y político. La comedia nueva de Lope de Vega constituye en la literatura española uno de los modelos más expresivos de esta tendencia dramática. En el teatro isabelino inglés, sin embargo, los personajes de Shakespeare encarnan conductas individuales y muy personalizadas, que parecen adaptarse a un orden moral preexistente y objetivo, orden que se pretende inmutable, y del que está excluido el éxito de los comportamientos singulares, subjetivos o individualistas, aunque a algunos de estos personajes dramáticos sí les sea posible hablar –que no triunfar– desde la práctica de sus propios puntos de vista.

De este modo se explica que el personaje shakespeariano pueda monologar desde criterios personales, y que paralelamente, sin embargo, no siempre pueda triunfar al actuar al margen de los dictámenes de un orden moral y social que, aunque permita declaraciones subjetivas, como las que se manifiestan en los monólogos del teatro isabelino inglés, no tolera fácilmente mutaciones estamentales o individuales. Si Hamlet no representara una voluntad que individualmente se niega a cumplir con el imperativo del orden moral entonces vigente, desde el que se le exige que asesine a su tío Claudio, por boca de la espectral autoridad paterna, y en nombre de la restitución de unos valores y un honor que deben permanecer inalterados para seguridad estamental del mundo que le ha tocado vivir, sin duda el propio Hamlet habría matado a su tío en la escena segunda del acto primero, y la tragedia no se habría planteado tal como la conocemos, como un conflicto entre la voluntad, más o menos inconsciente, del individuo, y los imperativos –para el mundo de entonces completamente lógicos– de un orden moral trascendente, desde cuya metafísica se organizaban las vidas y voluntades humanas.

¿Cuál es, pues, el papel y la aportación estéticos del teatro de Cervantes en los valores históricos y supranacionales de este contexto literario? Creemos, en este sentido, que la dramaturgia cervantina se sitúa entre una limitación y una tentativa de renovación. La limitación es de una doble naturaleza: por un lado, desde un punto de vista formal, sus comedias se atienen irregularmente a las exigencias de la poética clásica y, desde un punto de vista semántico o referencial, asumen de modo muy inestable, y no sin discusión, los imperativos lógicos derivados de un orden moral trascendente, configurado desde la Edad Antigua, y que estará vigente hasta la Ilustración europea. La tentativa de renovación también ofrece una doble perspectiva, orientada por un lado a las superaciones formales de la preceptiva clásica, respetando siempre los ideales de la verosimilitud y la lógica funcional de los sucesos (fábula), y discutiendo de forma irónica y sutil principios relativos al decoro o a las unidades de tiempo y lugar; por otro lado, desde criterios funcionales, semánticos y referenciales, Cervantes trata de plantear un intento de renovación del teatro que no pase por los postulados de la comedia nueva, y que constituya a la vez una alternativa a los códigos estéticos y axiológicos del arte lopesco. Tales tentativas de renovación cervantina, que sí prosperan en la novela, en el entremés, y en la tragedia, no alcanzan en la comedia el éxito deseado.

Cervantes logra en la novela –y en la *Numancia*– lo que Shakespeare en la totalidad de su obra teatral: la construcción de personajes cuya voluntad individual se impone formal y funcionalmente, estética y axiológicamente, a los imperativos éticos y referenciales del mundo antiguo, a las exigencias religiosas, políticas y estamentales, de un orden moral trascendente que trató de regular, hasta la Ilustración europea, toda forma de conducta individual. Cervantes inaugura en la novela europea, al configurarla como género literario, una "poesía de la experiencia", del mismo modo que hará Shakespeare al crear en el personaje del drama isabelino las cualidades existenciales del sujeto de la Edad Contemporánea. De no haber sido por la excesiva afinidad mostrada hacia la preceptiva clásica, y la incapacidad para superar en el formato de la comedia española del XVII los imperativos lógicos del orden moral heredado de la Antigüedad –y fortalecido por la axiología lopesca de la comedia nueva–, es posible que Cervantes hubiera podido demostrar en su teatro cómico no entremesil mayores logros, sin duda afines o semejantes a los del drama shakespeariano. Tratemos de justificar algunas de estas afirmaciones.

Si consideramos algunas de las múltiples ideas, apuntadas en el "Prólogo al lector" de las *Ocho comedias y ocho entremeses* (1615), sobre poética e historia del teatro, comprobamos que, al margen de los –hoy ampliamente anotados– comentarios sobre su propia obra, y sus autoatribuciones respecto a la originalidad de la comedia nueva, Cervantes insiste en la percepción y valoración del teatro y de lo cómico desde el punto de vista de la labor de Lope de Rueda, vinculada a la experiencia del entremés, y del contexto dramático del siglo XVI, en el que se sitúa la primera etapa del teatro cervantino[18].

[...] que se vieron en los teatros de Madrid representar *Los tratos de Argel*, que yo compuse; *La destruición de Numancia* y *La batalla naval*, donde me atreví a reducir las comedias a tres jornadas, de cinco que tenían[19]; mostré, o, por

---

[18] Tradicionalmente, la crítica ha venido distinguiendo dos etapas en el teatro de Cervantes: la primera, de 1580 a 1587, constituida por el período de composición de una serie de comedias, de las que se conserva *El trato de Argel* y algunas atribuciones, además de *La Numancia*; y la segunda, representada por la fecha de 1615, y que correspondería a la composición de las ocho comedias y ocho entremeses, "nuevos" y "nunca representados". J. Canavaggio (1977) ha señalado en sus trabajos tres etapas en el teatro cervantino. A la primera etapa (1581-1587), anterior al triunfo teatral de Lope de Vega, pertenecen obras como *Los tratos de Argel* (1583), la tragedia *Numancia* (1585) y la obra atribuida titulada *La Jerusalém*. La segunda etapa (1587-1606) estaría representada por una época de contratos esporádicos, con Rodrigo Osorio, según se desprende de la existencia de tales documentos, y aquí se incluirían las más antiguas de las *ocho comedias*, entre las que figurarían *La casa de los celos*, *El laberinto de amor* y acaso *El rufián dichoso*. La tercera etapa (1606-1610) comprende el período de regreso definitivo a Madrid, durante el cual escribe la mayor parte de las *Ocho comedias* editadas en 1615.

[19] La autoatribución cervantina de reducir a tres las jornadas de las comedias, "de cinco que tenían", ha sido muy discutida, pues, con anterioridad a Cervantes, dramaturgos como C. de Virués y A. Rey de Artieda la habían reivindicado para sí; a su vez, Juan de la Cueva se vanagloria, en el *Ejemplar poético* (Epístola III), de haber reducido las jornadas de cinco a cuatro: "Que el un acto de cinco le he quitado, / que reducí los actos en jornadas, / cual vemos que es en nuestro tiempo usado"; por otro lado, como ha demostrado A. Morel Fatio

mejor decir, fui el primero que representase las imaginaciones y los pensamientos escondidos del alma, sacando figuras morales[20] al teatro, con general y gustoso aplauso de los oyentes; compuse en este tiempo hasta veinte comedias o treinta, que todas ellas se recitaron sin que se les ofreciese ofrenda de pepinos ni de otra cosa arrojadiza; corrieron su carrera sin silbos, gritas ni barahúndas[21].

El siglo XVI representa para Cervantes el período de las únicas comedias representadas[22], que su autor recuerda satisfactoriamente como una

---

(1901: 393), ya en el siglo XVI F. de Avendaño había dividido en tres jornadas su *Comedia Florisea* (1551); paralelamente, N. Alonso Cortés apunta que Antonio Díez también había ensayado esta novedad en la centuria quinientista, en la composición de su *Auto de Clarindo*. Además, cuando Cervantes se inicia en el arte dramático, las comedias ya constaban habitualmente de cuatro actos, y no de cinco; de hecho, *El trato de Argel* consta de cuatro jornadas en el manuscrito 14630 de la Biblioteca Nacional de Madrid y de cinco en la copia de Sancha, así como la *Numancia* consta de cuatro. Del mismo modo, la que hasta ahora se considera primera comedia lopesca, *Los hechos de Garcilaso de la Vega y el moro Tarfe*, nos ha llegado en cuatro actos. En el *Arte nuevo de hacer comedias* el propio Lope atribuye a C. de Virués la reducción de las comedias a tres jornadas ("El capitán Virués, insigne ingenio, / puso en tres actos la comedia, que antes / andava en cuatro, como pies de niño..." [vs. 215-217]); a este respecto, F. Pedraza (1994: 374) anota que "Lope dice eso probablemente porque en el prólogo de *La gran Semíramis* de Virués, que se imprimió al mismo tiempo y en la misma imprenta que el *Arte nuevo*, se puntualizaba: *...advierto / que esta tragedia, con estilo nuevo / que ella introduze, viene en tres jornadas / que suceden en tiempos diferentes...*" (cfr. E. Juliá Martínez, 1929: I, 25-26).

[20] Como han señalado diferentes comentaristas y editores de este prólogo, si las palabras sobre los personajes alegóricos y los "pensamientos escondidos" se entienden en un sentido literal, semejante atribución también resulta discutible, pues "figuras morales" habían sacado al teatro, con anterioridad a Cervantes, autores como López de Yanguas, Sánchez de Badajoz, Cueva, Artieda, Argensola y Virués, entre otros. E. Riley (1971) ha dedicado un artículo a esta cuestión, y afirma que la idea de Cervantes es la de afirmar no que él haya sido el primero en servirse de figuras alegóricas para el teatro, sino en haberlas utilizado para expresar las imaginaciones y los pensamientos escondidos de los personajes. Con anterioridad a E. Riley, A. Valbuena Prat había escrito: "Cervantes, entre otras innovaciones dramáticas, se envanecía de ser "inventor" de las figuras morales [...]. Si lo que entendemos por "figuras morales" son abstracciones, de virtudes o vicios, o personajes semejantes, es claro que el último teatro medieval, está lleno de ellos, especialmente en las *moralités* francesas. En España, las encontramos en bastantes piezas del *Códice de Autos Viejos*, claramente anterior a la producción cervantina. Pero el gran autor, repetimos, ha hablado de las "imaginaciones y los pensamientos escondidos del alma" –es decir, lo que hoy llamaríamos "subconsciente"–, y en esto sí que fue original, y extraordinariamente precursor [...]. Nada tiene que ver con esto la tradición medieval y posmedieval de sus tan distintas figuras morales, que es la que habría de perdurar, y no la cervantina, en las abstracciones corporeizadas de los Autos. Aunque la forma literaria sea más bien premiosa y pobre, Cervantes intuye algo muy importante, y se convierte en precursor de un teatro que tardaría siglos en madurar" (A. Valbuena Prat, 1969: 14).

[21] Cfr. ed. de F. Sevilla y A. Rey (1997: XIII, 13-14).

[22] Esta es una etapa que biográficamente comprende los años que van desde su regreso del cautiverio de Argel hasta el comienzo de sus actividades como comisario real de abas-

etapa en la que ha podido lograr de los empresarios cierta atención para su teatro[23]; a este período parece limitar básicamente el alcance de sus consideraciones, a la vez que se muestra incapaz de nuevas reflexiones sobre el teatro del siglo XVII, al margen de reconocer el éxito de la comedia lopesca, y ya sin insistir, siquiera nuevamente, en sus objeciones, demostrando y asumiendo en cierto modo que en lo referente al teatro los tiempos le han sobrepasado[24]. En su "Prólogo al lector" Cervantes describe el marco de referencias que determina su experiencia teatral: en lo que se refiere a autoridades, Lope de Rueda; a formas dramáticas, el entremés, como género libre de preceptivas; a personajes y tipos, todos de amplias proyecciones sociales y literarias (simple, rufián, pastor, vizcaíno, villano rico, soldado, personajes alegóricos, etc.); en cuanto a for-

---

tos al servicio de Antonio de Guevara. Este período se caracteriza por ser anterior al triunfo del teatro lopesco, que durante estos años, 1580 y 1587, inicia su andadura hacia la codificación de lo cómico en el teatro español del siglo XVII. Los textos teatrales cervantinos de esta etapa están próximos a la tragedia neosenequista, en la línea de Andrés Rey de Artieda, Cristóbal de Virués, Lupercio Leonardo de Argensola, Juan de la Cueva, Jerónimo Bermúdez..., y cuyas características se perfilan en torno a un núcleo o trama de carácter histórico o legendario, protagonizado por personajes ilustres, a los que acompañan personajes secundarios que se definen por su valor funcional (mensajero, consejero, coros, pedagogo, alegorías...), en un esquema estructurado en secuencias épicas y episódicas, débilmente interrelacionadas, y con frecuencia dotadas de cierta autonomía.

[23] "Muy posiblemente, los triunfos logrados fueron modestos, las aportaciones introducidas de poca relevancia y los títulos compuestos bastante menos numerosos" (F. Sevilla, 1997: 16). En efecto, pese a la referencia cervantina, meramente numérica, de que fueron veinte o treinta las comedias escritas, de su primera etapa apenas se han conservado diez o doce títulos. En la *Adjunta* en prosa al *Viaje del Parnaso* Cervantes cita como suyos los siguientes textos, que no se han conservado, por el momento, si exceptuamos *La Jerusalén*: *La gran Turquesca*, *La batalla naval*, *La Jerusalén*, *La Amaranta o la del mayo*, *El bosque amoroso*, *La única y la bizarra Arsinda*. En un contrato firmado por Cervantes con el empresario Gaspar de Porres, el 5 de marzo de 1585, se alude al título de dos comedias, *La Confusa* y *El trato de Constantinopla y la muerte de Selim*, que el dramaturgo se comprometía a entregar para su representación, la primera, "dentro de quince días de la fecha de esta carta", y la segunda, "para ocho días antes de la Pascua de Flores". Sobre la cuestión de las atribuciones cervantinas, vid. entre otros los trabajos de S. Arata (1995: 51-75), quien atribuye a Cervantes la comedia titulada *La Jerusalén*, editada por este estudioso en *Criticón* (54, 1992: 9-112).

[24] "Algunos años ha que volví yo a mi antigua ociosidad, y, pensando que aún duraban los siglos donde corrían mis alabanzas, volví a componer algunas comedias, pero no hallé pájaros en los nidos de antaño; quiero decir que no hallé autor que me las pidiese, puesto que sabían que las tenía; y así, las arrinconé en un cofre y las consagré y condené al perpetuo silencio. En esta sazón me dijo un librero que él me las comprara si un autor de título no le hubiera dicho que de mi prosa se podía esperar mucho, pero que del verso, nada; y, si va a decir verdad, cierto que me dio pesadumbre el oírlo, y dije entre mí: "O yo me he mudado en otro, o los tiempos se han mejorado mucho"; sucediendo siempre al revés, pues siempre se alaban los pasados tiempos" (M. de Cervantes (1615), "Prólogo al lector", *Ocho comedias y ocho entremeses*, en *Obras completas*, Madrid, Alianza, 1997, vol. 13: 13-14. Ed. de F. Sevilla y A. Rey).

mas de comunicación dramática, "unos coloquios", abiertos a la expresión polifónica que dispone el propio Cervantes para sus entremeses; y en lo que se refiere a la puesta en escena de la historia o fábula, nada de "tramoyas ni desafíos", ni apariciones "por lo hueco del teatro", limitado como está a "una manta vieja, tirada con dos cordeles de una parte a otra".

> En el tiempo de este célebre español –escribe Cervantes refiriéndose a la experiencia teatral de Lope de Rueda–, todos los aparatos de un autor de comedias se encerraban en un costal, y se cifraban en cuatro pellicos blancos guarnecidos de guadamecí dorado, y en cuatro barbas y cabelleras y cuatro cayados, poco más o menos. Las comedias era unos coloquios, como églogas, entre dos o tres pastores y alguna pastora; aderezábanlas y dilatábanlas con dos o tres entremeses, ya de negra, ya de rufián, ya de bobo y ya de vizcaíno: que todas estas cuatro figuras y otras muchas hacía el tal Lope con la mayor excelencia y propiedad que pudiera imaginarse. No había en aquel tiempo tramoyas ni desafíos de moros y cristianos, a pie ni a caballo; no había figura que saliese o pareciese salir del centro de la tierra por lo hueco del teatro, al cual componían cuatro bancos en cuadro y cuatro o seis tablas encima, con que se levantaba del suelo cuatro palmos; ni menos bajaban del cielo nubes con ángeles o con almas. El adorno del teatro era una manta vieja, tirada con dos cordeles de una parte a otra, que hacía lo que llaman vestuario, detrás de la cual estaban los músicos, cantando sin guitarra algún romance antiguo[25].

Autores como M. A. Buchanan (1938), A. Valbuena Prat (1969), R. Ruiz Ramón (1967), M. García Martín (1980) o L. F. Díaz Larios (1988), han señalado algunas de las constantes que definen la práctica teatral de Cervantes, y han hablado a este respecto de enfoque novelesco de los hechos, autobiografismo, distanciamiento de la figura del gracioso, estatismo en la acción, exceso de detalle en las acotaciones, etc. Otros estudiosos, como A. Castro (1925), E. Riley (1973), S. Zimic (1992) o F. Sevilla y A. Rey (1997), han insistido en la estrecha relación, existente en la práctica teatral cervantina, entre vida y literatura, presidida siempre por una exigencia de verosimilitud en cualquier tentativa experimental[26]. Es, pues, el de Cervantes, un teatro que trata de expresar desde los principios de la verosimilitud[27] la complejidad de la vida real. Los trabajos de F. Sevilla (1986, 1997) sobre la teoría y práctica teatrales de Cervantes

---

[25] Cfr. ed. de F. Sevilla y A. Rey (1997: XIII, 12-13).
[26] Para Cervantes "el arte y la vida deben mantener una relación de mutua dependencia, de recíprocos estímulos vivificantes" (S. Zimic, 1992: 21).
[27] "Las historias fingidas tanto tienen de buenas y de deleitables cuanto se llegan a la verdad o la semejanza della, y las verdaderas tanto son mejores cuanto son más verdaderas" (*Quijote*, I, 62) y "todas estas cosas no podrá hacer el que huyere de la verisimilitud y de la imitación, en quien consiste la perfección de lo que se escribe" (*Quijote*, I, 47).

demuestran que, en medio de una gran variedad y diversidad de realizaciones literarias[28], las ideas de poética cervantina que guardan mayor uniformidad, al menos a lo largo de la producción literaria de su autor, son las que insisten en su preocupación por la calidad artística de la literatura, por las tentativas de renovación experimental de la preceptiva clásica, y por los excesos a que se sometía el formato tradicional de la comedia como género literario y como forma de espectáculo.

Como sabemos, el teatro cervantino no cumple regularmente con la observación rigurosa de los principios clásicos, ni tampoco rechaza de forma absoluta o definitiva algunos de los planteamientos de la comedia nueva. Sí es cierto que Cervantes no acepta la figura del gracioso tal como es codificada por Lope de Vega en su comedia, si bien admite el personaje cómico, como el sacristán en *Los baños...*, Madrigal en *La gran sultana*, o Buitrago en *El gallardo español*, etc...; también es cierto que ante la comedia de Lope, Cervantes parece haber dado primacía al texto frente a la representación, al escribir un teatro interesado en expresar la autenticidad de la vida real, que acaba siendo editado en lugar de representado; por otro lado, Cervantes parece adaptarse sólo en cierto modo a la fórmula de la comedia nueva en los cambios de espacio, en la falta de atención de la unidad de tiempo, y en la tendencia a eludir la representación de determinados hechos en favor de su relación o referencia verbal, dando de este modo prioridad al sujeto frente a la fábula, y al monólogo frente a la acción, es decir, al lenguaje dramático frente a las funciones o situaciones dramáticas. La lectura del diálogo entre la Comedia y la Curiosidad, al comienzo de la jornada segunda de *El rufián dichoso*, puede ilustrar y explicar algunos de estos desequilibrios cervantinos entre la poética del teatro y la creación teatral propiamente dicha.

CURIOSIDAD: Comedia.
COMEDIA: Curiosidad,
¿qué me quieres?
CURIOSIDAD: Informarme
qué es la causa por que dejas
de usar tus antiguos trajes,
del coturno en las tragedias,
del zueco en las manuales
comedias, y de la toga

---

[28] En colaboración con A. Rey, F. Sevilla (1987: 24) señala a este respecto que "ciertamente no podemos decir que exista una nueva fórmula escénica en esta dramaturgia, ni siquiera que haya una fórmula general válida para todas las piezas (ni aun para las de una época), y ello porque nos encontramos ante una experiencia literaria diversa y múltiple, que se modifica con cada nueva obra que sale del taller teatral, que cambia incesantemente, una y otra vez".

en las que son principales;
cómo has reducido a tres
los cinco actos que sabes
que un tiempo te componían
ilustre, risueña y grave;
aora aquí representas,
y al mismo momento en Flandes;
truecas sin discurso alguno
tiempos, teatros, lugares.
Véote, y no te conozco.
Dame de ti nuevas tales
que te vuelva a conocer,
pues que soy tu amigo grande.

COMEDIA: Los tiempos mudan las cosas
y perfeccionan las artes[29],
y añadir a lo inventado
no es dificultad notable.
Buena fui pasados tiempos,
y en estos, si los mirares,
no soy mala, aunque desdigo
de aquellos preceptos graves
que me dieron y dejaron
en sus obras admirables
Séneca, Terencio y Plauto,
y otros griegos que tú sabes.
He dejado parte dellos,
y he también guardado parte,
porque lo quiere así el uso,
que no se sujeta al arte.
Ya represento mil cosas,
no en relación, como de antes,
sino en hecho, y así, es fuerza
que haya de mudar lugares;
que como acontecen ellas
en muy diferentes partes,
voime allí donde acontecen,
disculpa del disparate.
Ya la comedia es un mapa

---

[29] Parece que Cervantes admitiera que la innovación teatral es legítima si la alteración de los preceptos clásicos queda justificada por razones estéticas. No obstante, la declaración de que si los tiempos cambian, deben cambiar también las reglas del arte, constituye un argumento anticlasicista que probablemente ya resultaba tópico en la época en que esribe Cervantes: Tácito lo había utilizado en su *Diálogo de los oradores* (XIX), Quintiliano en su *Institutio Oratoria* (II, XII, 2), J. de la Cueva en su *Ejemplar poético* (III, vs. 523-525), etc.; cfr. a este respecto E. Riley (1962/1971: 34-52).

| | donde no un dedo distante
verás a Londres y a Roma,
a Valladolid y a Gante.
Muy poco importa al oyente
que yo en un punto me pase
desde Alemania Guinea
sin el teatro mudarme;
el pensamiento es ligero:
bien pueden acompañarme
con él doquiera que fuere,
sin perderme ni cansarse [...][30]. |
|---|---|
| CURIOSIDAD: | Aunque no lo quedo en todo,
quedo satisfecho en parte,
amiga; por esto quiero,
sin replicarte, escucharte. |

"El diálogo de nuestra comedia [entre Comedia y Curiosidad] –escriben F. Sevilla y A. Rey (1987: 285)– se explica como simple autojustificación de una práctica teatral fruto de una teoría dramática vacilante y confusa"[31]. Como tratamos de sostener en estas páginas, creemos que tales vacilaciones se deben a la doble limitación que experimenta la creación teatral cervantina, entre la "lógica" de la preceptiva clásica y los "códigos" de la comedia lopista. Como sabemos, *El rufián dichoso* es pieza hagiográfica que representa la incursión cervantina en las comedias de santos. En ella aparecen personajes alegóricos (Comedia y Curiosidad), y episodios en cuya verosimilitud insiste Cervantes de forma constante[32], mientras que paralelamente se consta la falta de observación de las uni-

---

[30] "*El rufián dichoso* –escribe F. Sevilla (1997: 30)– ofrece, en concreto, un ejemplo arquetípico de alteración de las unidades, siempre cimentada en fundamentos estéticos; en este caso, de naturaleza histórica e impuestos por el género (la comedia de santos)".

[31] En otro lugar, F. Sevilla (1986: 236) considera que este fragmento debe entenderse como "una simple concesión ocasional a las modas dramáticas. Una concesión alentada por el soporte estético que la configuración del *Rufián dichoso* suministra para su realización; explicable, no porque Cervantes haya cambiado diametralmente de sentir dramático, sino precisamente porque se mantiene en su línea de pensamiento habitual. Está fuera de lugar, entonces, ver en el texto una palinodia de su propia ideología dramática pasada, mucho menos una claudicación ante la moda impuesta por Lope y sus seguidores".

[32] En la jornada II, entre los versos 1643 y 1644, Cervantes señala una acotación en que indica la entrada de Ana Treviño, un médico y dos criados, y a continuación declara que "todo esto es verdad de la historia". Más adelante, en el momento en que se produce la visión ante el padre Cruz, antiguo rufián, y fray Andrés, entre los versos 1743 y 1744, dice la acotación que "todo esto desta máscara y visión fue verdad, que así lo cuenta la historia del santo"; poco después, entre 1759 y 1760, se insiste en que "todo esto fue así, que no es visión supuesta, apócrifa ni mentirosa"; en la jornada tercera, se lee entre 2265 y 2266: "Entranse todos, y salen dos demonios; el uno con figura de oso, y el otro como quisieren. Esta visión fue verdadera, que ansí se cuenta en su historia".

dades clásicas, contrariando así algunos de los postulados cervantinos en materia de poética teatral. Se hace aquí imprescindible la lectura del capítulo cuarenta y ocho de la primera parte del *Quijote*, donde Cervantes censuraba la falta de crédito y veracidad de muchas comedias, humanas y divinas, entonces al uso. Al contrastar las ideas de Cervantes sobre poética teatral con su realización literaria en las comedias, se justifican las palabras de diversos autores que han coincidido en calificar a su teoría dramática de "vacilante y confusa" (A. Cotarelo, 1915: 349 ss; J. Canavaggio, 1977: 46-53; F. Sevilla y A. Rey, 1987: 284-285), y que han insistido también en afirmar que el diálogo entre la Comedia y la Curiosidad no debe leerse como una plena aceptación de la preceptiva dramática del *Arte nuevo* de Lope de Vega, del mismo modo que las ideas sobre la poética de la comedia, expuestas en el capítulo cuarenta y ocho de la primera parte del *Quijote*, no deben entenderse como una adhesión absoluta y definitiva a la preceptiva clásica.

¿Cómo pueden explicarse, pues, todos estos desequilibrios o irregularidades entre la teoría y la práctica dramáticas de Cervantes? Podría admitirse acaso que este parlamento, situado al comienzo de la segunda jornada de *El rufián dichoso*, se fundamenta, más que en razones que traten de explicar las fórmulas de una poética cervantina adaptada a los códigos lopescos, en la necesidad particular que en esta comedia siente el propio Cervantes de justificar la quiebra de los principios clásicos (unidad de tiempo y lugar, lógica en el desarrollo de los personajes, decoro, coherencia en el desarrollo de la fábula...), que en otros textos, referidos a capítulos de poética literaria, el mismo autor había censurado de forma muy explícita. Incluso creemos que tal vez puedan apuntarse otras razones, quizás de mayor alcance, y que apuntarían en cierto modo a una crisis cervantina frente a los ideales de la poética clásica, desde el punto de vista de su vinculación con una percepción lógica y verosímil de los componentes de la *fábula* literaria, al menos en lo que se refiere al pensamiento, la elocución y los caracteres, tal como los consideraba Aristóteles. La teoría literaria clásica actuaría así como una limitación frente a toda tentativa renovadora que tratase de superar sus preceptos en nombre de cualquier forma de *Arte nuevo*.

No hay que olvidar que el pensamiento aristotélico, desde el que se elaboran fundamentos que para la poética occidental estarán vigentes hasta el siglo XVIII, era de naturaleza filosófica y lógica, es decir, de tipo eminentemente especulativo y deductivo. Los fundamentos de la *Poética* de Aristóteles, principalmente el de *mímesis*, como principio generador del arte, así como la formulación de las leyes estructurales y teleológicas sobre la tragedia, en torno a los conceptos de *fábula* y *catharsis*, respectivamente, constituye la aplicación a la literatura de modelos de interpretación caracterizados por el dominio del pensamiento lógico y especulativo, característico del modo de conocimiento empleado por los griegos, y desarrollado en el Occidente europeo hasta la llegada de la Edad Moderna.

El concepto de *fábula*, tal como lo delimita Aristóteles, reconoce en la esencia de la tragedia secuencias lógicas de acontecimientos, que exigen a su vez caracteres igualmente lógicos, es decir, arquetípicos, en lugar de caracteres reales. El sujeto de la tragedia griega clásica es un sujeto esencial, nunca existencial, al estar desposeído de circunstancias y exigencias vitales inmediatas, y sigue esquemas lógicos y causales en sus formas de relación y desarrollo.

Desde la Ilustración y el Romanticismo, como consecuencia de la ruptura entre los Hechos (científicos, naturales, reales...) y los Valores (subjetivos, humanos, psicológicos...) que secularmente los habían interpretado, la literatura y sus modos de comprensión se entienden como una especie de contrapunto frente a la ciencia y la filosofía, es decir, como una expresión alternativa frente al discurso de los hechos lógicos y especulativos, como una crítica a las formulaciones. Aristóteles, por su parte, siempre había concebido el discurso de las artes que imitaban mediante el lenguaje como un objeto de conocimiento entregado a la observación lógica y especulativa, asequible a la comprensión mediante formulaciones filosóficas. Desde tales presupuestos, basados esencialmente en una observación lógica y especulativa del discurso literario, desde el que se reproduce miméticamente el orden moral y metafísico del que parece estar investida la naturaleza, la poética clásica se impone, al menos hasta el siglo XVIII, sobre cualquier transformación de la preceptiva, lo que explicaría las limitaciones que experimentan en la comedia las tentativas cervantinas de renovación, tan próximas en todo momento a la poética clásica. Veamos ahora cómo actúa Cervantes, desde el ámbito de la creación literaria, ante tales limitaciones teóricas, con objeto de verificar en qué consisten formal y funcionalmente sus tentativas de renovación teatral.

4.3. Tentativas de renovación teatral en la poética de la comedia cervantina

En lo referente al personaje literario, Cervantes logra en la novela una renovación decisiva y paradigmática, que no alcanza sin embargo la misma trascendencia en géneros teatrales como la comedia –no diríamos lo mismo de la *Numancia* ni de los entremeses–, debido a la exigencia de una serie de preceptos o imperativos lógicos procedentes de la poética clásica. La sistematización e interpretación que los tratadistas de la Edad Moderna hacen de la preceptiva antigua impone una serie de limitaciones que, en el caso de la creación teatral cervantina, resultarán determinantes, ya que no sólo explican la afinidad de Cervantes hacia los postulados de la poética clásica, y sus controversias y reticencias frente al mundo cerrado de la comedia lopesca, sino porque además han contribuido a limitar formal y funcionalmente sus tentativas de renovación, a partir de criterios fundamentados en una determinada idea de la lógica y la verosimilitud del arte, procedentes de la tradición clásica, y concebidos genuinamente para la explicación y percepción del mundo antiguo. Al contrario de lo que sucede en la novela, el teatro de Cervantes parece debatirse entre la expresión moderna de un mundo existencial en plural libertad y la facticidad de un orden moral inmutable y trascendente al sujeto, heredado de la Antigüedad y cerrado a percepciones renovadoras.

Desde este punto de vista, consideramos que es posible identificar al menos cinco aspectos de la poética clásica que limitan formal y funcionalmente la estética experimental del teatro cervantino. No hay que olvidar que Cervantes asume referencialmente estos cinco postulados de la poética clásica, precisamente porque su deseo se cifra, y aquí reside la originalidad de su estética y de sus tentativas de renovación, en presentarlos con frecuencia transformados desde presupuestos formales y funcionales. Cervantes se basa en el decoro, en los conceptos clásicos de fábula y caracteres, en la configuración arquetípica de los personajes, en el uso tradicional de las formas de lenguaje dramático (monólogo, diálogo, aparte), etc., no para presentarlos formal y funcionalmente tal como los recibe de la tradición antigua, tal como los percibe el mundo clásico para el que fueron formulados, sino que los transforma en cada una de sus obras con pretensiones renovadoras, aunque no logre en el conjunto de su producción teatral una configuración –que sí consigue Lope de Vega– definitiva o sistemática, a la que en todo caso no se le puede negar su valor intencional y experimental. He aquí las cinco limitaciones de la preceptiva clásica a las que se enfrenta la estética experimental del teatro cervantino.

1. La limitación de la expresión del personaje en el uso del lenguaje: el *decoro* frente a la *polifonía*.
2. La devaluación y subordinación del sujeto en la *fábula*, como principio estructural y teleológico de los hechos.
3. La construcción del personaje como resultado de la voluntad de un orden moral trascendente e inmutable.
4. La reducción del personaje teatral a un arquetipo lógico de formas de conducta.
5. La negación de la experiencia subjetiva del personaje en las formas del lenguaje dramático.

La concepción e interpretación del personaje teatral en un sentido moderno está determinada por la superación de la teoría aristotélica de la mímesis, como principio generador del arte, y la progresiva aceptación de las poéticas derivadas del pensamiento idealista, confirmadas por la experiencia estética de la Ilustración y el Romanticismo europeos. Sólo de este modo puede explicarse que el *decoro*, como una concepción estamentalmente regulada del uso del lenguaje —y de la cultura—, ceda su lugar a la polifonía, como expresión social de las cualidades existenciales del personaje; paralelamente, los conceptos de *fábula* y *sujeto* se someten a una nueva interpretación, de modo que el personaje protagonista del drama deja de ser el agente aristotélico de la acción, para ser considerado e interpretado como el creador de su significado actancial y funcional; en consecuencia, los Hechos constitutivos de la realidad humana dejan de explicarse desde la percepción, moralmente inmutable, del orden natural —cuya mímesis se rechaza— ideado por dioses y mitos, y comienzan a ser interpretados desde los *Valores* (psico)lógicos del sujeto individual; el personaje teatral deja de estar reducido a un arquetipo lógico de formas de conducta, renuncia a ser el mero representante de una categoría moral, religiosa o política, para convertirse en una entidad superior e irreductible al agente de la trama, al estar dotado de una conciencia que excede las posibilidades de la fábula; finalmente, el personaje utilizará todas las formas disponibles del lenguaje (monólogo interior, soliloquio dramático, diálogo, aparte, etc.) para afirmar, comunicar e incluso imponer, la experiencia de su percepción subjetiva de los hechos.

La crítica tradicional anterior al Romanticismo había considerado al personaje teatral como agente de acciones, en la medida en que se enfrentaba a sus dificultadas para vencerlas, crearlas o sucumbir en ellas. Las filosofías idealistas introducen un nuevo concepto del sujeto y de la persona[1], desde el que se pretende identificar en el personaje teatral una

---

[1] No resultará ocioso recordar aquí que las interpretaciones sobre Hamlet, Macbeth o Falstaff, por ejemplo, comienzan a insistir en la dimensión profunda, enigmática y comple-

expresión de inteligencia y de voluntad que supere las exigencias de la *fábula*, y que al mismo tiempo demuestre cómo el personaje toma conciencia de sí mismo, mediante la reflexión sobre sus propios actos y desde la inmanencia de su propio discurso (monólogo dramático).

A partir de aquí, la comprensión del personaje se convierte para la teoría literaria moderna en un ejercicio complejo, inacabable, caracterizado por la segmentación, la discontinuidad o discrecionalidad, la síntesis, etc., de sus elementos constitutivos. En este proceso histórico y evolutivo de interpretación, el personaje parece eludir toda formulación final definitiva, crece en calidad estética y complejidad antropomórfica, y parece asumir en sus posibilidades de significación todo cuanto ha sido pensado y sentido sobre él como *persona ficta*.

4.3.1. *Limitación de la expresión del personaje en el uso del lenguaje: el decoro frente a la polifonía*

El concepto de *decorum* o *aptum*, tal como lo denominaron los latinos, procede de la retórica de los sofistas[2], es matizado por el pensamiento socrático[3], en torno al principio de la mímesis, y resulta considerado por

---

ja, de estos personajes desde el último tercio del siglo XVIII, especialmente desde 1770, coincidiendo con la década de mayor difusión europea del *Werther* goethiano, que encuentra en la tradición sentimentalista inglesa uno de sus mejores campos de influencia.

[2] Los sofistas impartían un tipo de enseñanza basado en un saber enciclopédico y destinado a la formación intelectual del individuo, desplazando así el interés del pensamiento filosófico de la cosmología a la antropología, es decir, del mundo de la naturaleza al mundo del hombre. La educación del individuo perseguía una finalidad retórica, orientada a actuar formal y emocionalmente sobre la voluntad del oyente, actividad para la cual era imprescindible alcanzar un determinado grado de *areté*, o virtud, que se lograba en la facultad de armonizar el contenido moral del discurso (*inventio*) con la estructuración del pensamiento (*dispositio*) y su expresión en el lenguaje (*elocutio*).

[3] Sócrates representa la introducción de la crítica racional y especulativa, hasta entonces limitada a problemas teológicos y cosmológicos, en el ámbito de las estructuras sociales y la conducta humana del mundo griego. El pensamiento socrático considera que el uso del lenguaje debe estar orientado al conocimiento de la verdad, y entiende que la mímesis artística, como facultad capaz de reproducir emociones, debe comunicar aquellas que resulten más adecuadas al cuidado del alma como principio genuino de la vida intelectual y moral. La mímesis debe, en consecuencia, reproducir mediante el lenguaje aquellas emociones que mejor expresen la virtud humana, siempre en adecuada armonía con el resto de las facultades del sujeto y las partes del discurso. Esta relación, que los griegos llamarán de "adecuación", entre las emociones virtuosas del sujeto con el fondo moral del discurso y sus formas de expresión mediante el lenguaje, pasa a la estética y poética latinas bajo el concepto de *decorum* o *aptum*, desde una visión del mundo que se atiene una antropología de la conducta social, y cuyos ideales pedagógicos se orientan hacia el logro y la expresión de la virtud individual, la *areté*, como máximo bien.

Aristóteles, en sus tratados de *Retórica* y *Poética*, como la adecuación o armonía entre la virtud del sujeto, los valores morales y emocionales de su discurso, y el equilibrio formal de las diferentes partes del mismo. La valoración que hace Aristóteles del concepto del decoro está determinada por las referencias platónicas recogidas en el *Gorgias*[4]. A partir de la elaboración de Platón, Aristóteles maneja fundamentalmente dos ideas, de tipo estructural y teleológico respectivamente. En primer lugar, Aristóteles habla de la necesaria *analogía* o "proporción" de los elementos que componen la expresión del discurso y su *dispositio;* en segundo lugar, se basa en la idea de finalidad, como integración de los elementos retóricos en un todo, cuyo desarrollo ha de alcanzar la expresión adecuada de todas sus propiedades formales y referenciales (*prâgma, êthos* y *páthos*).

Al referirse en su *Poética* a los caracteres, Aristóteles señala en ellos cuatro cualidades, relativas a la bondad o virtud moral, la adecuación[5], la semejanza y la consecuencia. En cierto modo, todas estas cualidades tratan de contribuir, desde presupuestos lógicos y causales, a la configuración del personaje desde el punto de vista de la coherencia y armonía en sus modos de presentación, actuación y expresión, con objeto de alcanzar lo que los latinos llamarían *decorum* o *aptum*.

En su *Retórica* (1408a 10-36), Aristóteles se refiere de nuevo con el término de "adecuación" *(tò prépon [prépousa léxis])* al concepto que los romanos denominarán *decorum,* y que constituye una de las nociones básicas de toda su obra, así como de la historia de la retórica en general. Alude aquí Aristóteles al concepto de *Harmóttousa,* tal como lo menciona en la *Poética* (15, 1454a 16-34), y señala que el carácter (*êthos*) de un personaje de tragedia es *harmótton* cuando es conforme con sus condiciones naturales y sociales[6]. De este modo se cumple la armonía, adecuación o

---

[4] Las ideas platónicas sobre la adecuación y proporción de las partes del discurso se encuentran en el diálogo titulado *Gorgias* (especialmente 503e), acerca del cual aún hoy día se discute si está dedicado a la retórica o a la moral. Su objetivo, como declara Olimpodoro al comienzo, es "discutir sobre los principios morales que nos conducen al bienestar político", en una época en la que el término griego *rhéetôr* servía lo mismo para designar al político que al orador (Platón, 1987).

[5] "Lo segundo, que sea apropiado; pues es posible que el carácter sea varonil, pero no es apropiado a una mujer ser varonil o temible" (Aristóteles, *Poética*, 15, 1454a 16-34). En otra parte de la *Poética*, la correspondiente a los "consejos a los jóvenes", Aristóteles vuelve sobre el concepto de la adecuación, insistiendo en este caso en sus relaciones con la elocución retórica: "Es preciso estructurar las fábulas y perfeccionarlas con la elocución poniéndolas ante los propios ojos lo más vivamente posible; pues así, viéndolas con la mayor claridad, como si presenciara directamente los hechos, el poeta podrá hallar lo apropiado, y de ningún modo dejará de advertir las contradicciones" (*Poética*, 17, 1455a 22-27).

[6] "La expresión será adecuada siempre que exprese las pasiones y los caracteres y guarde analogía con los hechos establecidos. Ahora bien, hay *analogía* si no se habla desmañadamente de asuntos que requieren solemnidad, ni gravemente de hechos que son banales, ni

decoro, del personaje, en lo que se refiere al *carácter,* cuya segunda cualidad es "que sea apropiado" (*Poética,* 15, 1454a 22).

Algunos comentaristas del *Ars Poetica* de Horacio, como C. O. Brink (1971) o A. García Berrio (1977-1980), consideran que el concepto del *decoro* constituye el referente principal y estructural de la *Epistola ad Pisones.* Horacio alude al decoro al recomendar la unidad y estructuración orgánica de la obra literaria (vs. 1-13), y al insistir en la importancia de la unidad en la construcción de la fábula (vs. 41-45). Sus principales ideas a este respecto remiten a la armonía entre el estilo empleado por el poeta y los efectos que se pretenden lograr en el auditorio, al equilibrio entre las intenciones del autor y los resultados conseguidos, y a la adecuación entre el metro empleado y el género literario elegido.

El decoro queda así configurado para la teoría literaria posterior como el principio determinante de la caracterización de los personajes, en relación con la edad, la condición social, y los ideales aristotélicos de coherencia y adecuación entre las leyes estructurales y teleológicas que organizan la *fábula,* como categoría principal de la tragedia, según el principio estético de la mímesis.

La sistematización normativa que de la poética antigua llevan a cabo los preceptistas del Renacimiento italiano, en los comienzos de la Edad Moderna, convierte al *decorum* latino en una de las categorías esenciales de la teoría literaria clasicista, que habría de estar vigente en dominios culturales como el francés y el alemán (*Naturnachahmung*) hasta la llegada de la estética romántica. En torno al concepto del decoro se articula toda una preceptiva que encuentra en el personaje literario, y en la construcción formal de sus referentes estéticos, las mejores condiciones para su desarrollo, orientado a conservar y consolidar "adecuadamente" un orden moral y político, desde el que se exige al individuo unas determinadas formas de conducta y desde el que se regulan todos los impulsos

---

se le ponen adornos a una palabra sencilla [...]. Por otra parte, la expresión *refleja las pasiones,* si, tratándose de un ultraje, se muestra llena de ira; si de actos impíos y vergonzosos, cargada de indignación y reverencia religiosa; si de algo que merece elogios, con admiración; y si de algo que excita la compasión, con humildad. E igualmente en los demás casos [...]. Finalmente, esta misma exposición fundada en signos es también *expresiva del talante,* cuando le acompaña <una expresión> ajustada a cada género y a cada modo de ser. Llamo aquí género al que corresponde por la edad –como, por ejemplo, el de un niño, el de un hombre maduro y el de un anciano–, y por ser mujer y hombre, o de Laconia o Tesalia. Y *modo de ser* a aquello según lo cual cada uno es de una determinada manera en su vida, pues no a todo modo de ser corresponde que las vidas sean de la clase que son. Por lo tanto, si se dicen las palabras apropiadas al modo de ser, se representará el talante, puesto que desde luego no suelen hablar de la misma manera el rústico y el instruido". En consecuencia, para Aristóteles, la expresión adecuada o decorosa del discurso amalgama la *lexis,* como construcción formal, con los hechos sustantivos denotados (*hypokeimênê pragmata*), así como el talante del orador (*êthos*) y las pasiones implicadas en el asunto de su discurso (*páthê*).

de expresión social (sujeto de acciones adecuadas al orden social, interlocutor de diálogos organizados según la disposición de los códigos sociales, destinatario de valores ideológicos y religiosos apropiados a la estabilidad estamental de la época, etc.)

A la preceptiva renacentista debemos la interpretación moderna del decoro como la "correspondencia entre la condición o índole de un personaje y las acciones y modo de hablar que se le atribuyen en una obra literaria" (F. Lázaro Carreter, 1953/1992: 128-129). Nos parece ésta una de las definiciones más precisas y completas que pueden manejarse del decoro, como concepto en el que se aglutinan cuatro categorías esenciales de la poética clásica, que han determinado la creación literaria desde la Antigüedad grecolatina hasta la Ilustración europea, y que afectan 1) al Ser del personaje literario, es decir, a la ontología del sujeto, delimitada por su armonía con los hechos naturales y sus valores sociales, por relación a los que se establece en el personaje la *adecuación* de los caracteres; 2) al Sujeto de las acciones literarias, mediante una construcción y tipificación del personaje completamente subordinada a las exigencias lógicas de un modo de actuar; 3) a la Fábula, como principio estructural y teleológico de las acciones literarias; y 4) al Lenguaje literario, como medio que regula formal y estamentalmente la expresión del personaje y su relevancia social.

Sin embargo, pese a la sistematización que la Edad Moderna hace de la preceptiva clásica, situando al sujeto en un orden moral definido, en el que el linaje determina el ser del individuo, a la vez que le exige un determinado comportamiento social y estamental, codificado con frecuencia en una galería de personajes arquetípicos, y sancionado en un uso del lenguaje moralmente reglamentado y socialmente jerarquizado, desde la época medieval se desarrolla una literatura en la que diferentes tipos de personajes comienzan a distanciarse cada vez más de las exigencias formales y funcionales del decoro. Se trata de creaciones literarias afines a las formas narrativas y a los géneros cómicos, modalidades ambas que no se vieron involucradas en los objetivos normativos de las poéticas clásicas. En los *Enxiemplos* entre el conde Lucanor y Patronio, en el Decamerone de Boccaccio, en *The Canterbury Tales* de Chaucer[7], y más tarde en las formas polifónicas de la novela renacentista, así como en las múltiples

---

[7] Buena parte de los personajes de la obra de Chaucer encarnan los ideales de un mundo que anhela libertad. Personajes como la comadre de Bath y el Bulero desean la realización de un ideal que sólo mucho tiempo después tratará de conseguir el Romanticismo, la liberación del sujeto de las moralidades de la Iglesia y del Estado. Como ha destacado a este respecto H. Bloom (1994), el bulero es predecesor de todos los personajes literarios occidentales determinados por el nihilismo, desde él mismo, pasando por los personajes depravados de Shakespeare, como Yago en *Otelo* o Edmundo en *El rey Lear*, hasta la obra de Dostoievski, con individuos como Svidrigáilov.

expresiones que adquiere en el teatro medieval la farsa, la comedia y lo carnavalesco, a través de las *fêtes de foules* francesas, los juegos del *Boy-Bishop* o los *Folk-plays* ingleses, la posterior *commedia dell'arte* italiana, y los pasos o entremeses del siglo XVI español, etc., encontramos ejemplos decisivos en los que el personaje literario rompe progresivamente el *decorum*, bien desde presupuestos formales, en favor de un discurso claramente polifónico, desde el punto de vista de la comunicación formal y dialógica (pensemos en los personajes del *Quijote*, o de la literatura rabelaisiana por ejemplo); bien desde presupuestos funcionales o actanciales, en favor del desarrollo de acciones contrarias a los imperativos del orden moral entonces vigente (piénsese en algunos de los protagonistas de *The Canterbury Tales*, como el bulero o la comadre de Bath, en el misántropo shakespeariano de *Timón de Atenas*, etc.).

Las formas de la literatura polifónica (narraciones medievales, novela cervantina, personajes nihilistas[8], expresión lúdica de la vida en la *commedia dell'arte*, dialéctica social de pasos y entremeses, etc.) logran, en su desarrollo hacia la Edad Contemporánea, la fragmentación de "la armónica concordancia de todos los elementos que componen el discurso"[9] –en su más amplio sentido– del personaje. De este modo, el uso particular, subjetivo[10], existencial diríamos, de la palabra del personaje acaba

---

[8] El personaje nihilista es el principal agente de la acción en la denominada por G. Steiner (1996) "tragedia absoluta". *Timón de Atenas*, de Shakespeare, representa en este sentido una obra de referencia: la misantropía es tal que el cosmos todo se convierte en objeto de una condena definitiva por parte del protagonista, ni una sola acción queda sin ser dolorosamente castigada, cualquier impulso noble es objeto de burla y escarnio, y todo acto constituyente de existencia humana –nacimiento, continuidad de la especie, educación intelectual...– es interpretado como provocación absurda que conduce al dolor y la traición. Los personajes nihilistas alcanzan en Shakespeare un punto de inflexión determinante en su evolución hacia la Edad Contemporánea, a partir del mundo católico, en pletórico desorden, que refiere la literatura de *The Canterbury Tales*.

[9] Tal es la definición que da H. Lausberg del concepto de decoro, al manejar la noción de discurso en su más amplia acepción, e implicar tanto las partes integrantes de la expresión consigo mismas (*prépon* interno), como la propia expresión formal con las exigencias y circunstancias sociales del discurso (*prépon* externo) (H. Lausberg, 1960, § 258). La virtud de lo *prépon*, como expresión, en su relación con los contenidos morales del discurso, equivale a lo que la retórica latina llamaba *decorum*, o *aptum* (Fortunato, *Ars Rhetoricae*, III, 8), *accomodatum* (Quintiliano, *Institutio Oratoria*, VIII, 1, 1), o el *quid deceat decorum* de la expresión (Cicerón, *De oratore*, XXI, 70-71).

[10] Respecto a la formalización de la subjetividad en la creación del personaje moderno, H. Bloom identifica en la obra de Chaucer un catálogo de personajes literarios que, desde su punto de vista, constituye el referente literario sobre el que actúa la imaginación shakespeariana, y desde el que consigue su aportación más original: "la representación del cambio dentro de cada personalidad dramática": "Chaucer se anticipa en varios siglos a la interioridad que asociamos al Renacimiento y a la Reforma: sus hombres y mujeres comienzan a desarrollar una conciencia de sí mismos que sólo Shakespeare supo transformar en ese oírse a sí mismo casualmente, el asombro que eso provoca, y el nacimiento de la voluntad

por imponerse a los postulados de la poética clásica que, sistematizada como preceptiva desde el Renacimiento italiano, organiza en torno al antiguo concepto del decoro una valoración moral y estamental del individuo, en sus posibilidades comunicativas (formales) y actanciales (funcionales), es decir, en lo que se refiere a la interpretación de los sucesos de la fábula, y a la percepción de su experiencia subjetiva sobre tales hechos.

El discurso polifónico se configura como una amalgama dialógica y contrastada de lenguajes (registros lingüísticos, literarios, culturales...), en los que se objetivan formal y funcionalmente las más diversas variantes diatópicas, diafásicas y diastráticas, desde las que se dispone una determinada percepción de la *realidad del mundo* y de la *experiencia del sujeto* en la vivencia de ese mundo. El lenguaje polifónico se enfrenta inevitablemente con las exigencias preceptistas que el principio del decoro exige al discurso poético –y retórico– tradicional. Las doctrinas clásicas sobre el estilo, de las que el decoro forma parte esencial, conformaban una visión idealista del mundo que, desde el experimentalismo que la investigación científica comienza a desarrollar en torno al 1600, inicia un largo período de crisis y decadencia. El mundo moderno no puede percibirse formalmente del mismo modo que el mundo antiguo; la experiencia antropológica de la modernidad es una experiencia, estética y científicamente, diferente de la que ofrecía y representaba la Edad Antigua, a cuya disposición e interpretación habían sido destinados –y elaborados– aquellos principios explicativos.

Quizá no resulte exagerado afirmar que el discurso polifónico que surge en la estética Edad Moderna representa incluso una de las condiciones formales que hace posible el proceso de *existencialización* experimentado por el sujeto de la Edad Contemporánea. La experiencia existencial del personaje que protagoniza buena parte de los dramas y narraciones literarias del mundo contemporáneo no puede comprenderse plenamente con independencia del discurso polifónico, como forma de lenguaje que, vinculada a la génesis y evolución del concepto de sujeto con posterioridad a la Ilustración y el Romanticismo, ha proporcionado a la expresión humana las mejores condiciones formales para su expresión idiosincrásica y existencial. La obra de M. Bajtín nos ha recordado que las formas estéticas son expresión y resultado de hechos y formas sociales. El paso de una concepción esencialista, monolítica, tradicional, del sujeto, a una visión existencialista, compleja y plural en el

---

de cambio. Incipiente en algunos momentos en los *Cuentos de Canterbury*, esta anticipación de lo que después de Freud llamamos psicología profunda, en contraste con la psicología moral, llevó a Shakespeare a una plenitud que Freud, como ya he observado, sólo pudo codificar y prosificar" (H. Bloom, 1994/1996: 124).

relieve de sus caracteres, es obra de la modernidad, y no cabe duda de que en este proceso el discurso polifónico ha constituido un ejercicio decisivo en cuanto al desarrollo de las posibilidades del lenguaje, de la comunicación y de la estética, en el seno de una experiencia humana individual y colectiva. La obra de Cervantes no ha sido ajena a este ejercicio polifónico, como a estas alturas se nos ha repetido tantas veces, y ha contribuido de modo específico a disponer condiciones formales decisivas para la configuración esencial del personaje en la literatura moderna. La novela y el teatro de Cervantes han contribuido activamente a que la polifonía del lenguaje sirviera formalmente de expresión discursiva y social a la configuración de un prototipo humano característico de la Modernidad.

Desde este punto de vista, un personaje que rompe el decoro es un personaje que rompe las limitaciones formales y funcionales impuestas por la metafísica antigua a su modo personal de hablar y de actuar, y que discute además, desde su experiencia personal, la validez del orden moral desde el que se exigen y justifican tales imperativos. Cervantes, que teóricamente al menos se declara partidario del decoro en lo relativo al personaje teatral, siguiendo los preceptos de la poética antigua, por momentos parece abandonarlos totalmente en la creación literaria de sus personajes narrativos —pensemos en los diálogos de Sancho con su mujer al principio de la segunda parte de la novela (*Quijote*, II, 5)—, e incluso en las comedias, donde también son numerosos los testimonios de ironía respecto al cumplimiento del decoro por parte de algunos personajes[11].

Aunque teóricamente Cervantes pone en boca del canónigo toda una declaración en favor del decoro —"Y ¿qué mayor [disparate] que pintarnos un viejo valiente y un mozo cobarde, un lacayo retórico, un paje consejero, un rey ganapán y una princesa fregona?" (*Quijote*, I, 48)—, la práctica de la creación literaria, tanto dramática como narrativa —si bien en esta última mucho más intensamente—, se aproxima más al ejercicio polifónico que al rigor estamental del decoro. Con declaraciones como las del canónigo, Cervantes consigue ante todo desorientarnos respecto a la realidad de su práctica literaria, y demostrarnos, paralelamente, que su vinculación con la poética clásica es más bien teórica y formal, pues en la

---

[11] E. Riley se lamentaba en 1962 de las escasas explicaciones cervantinas a propósito del concepto del decoro: "Es lástima que Cervantes, al hablar de la división clásica de los estilos, no diga lo suficiente para hacer que su actitud respecto a ella resulte clara. Pero lo que probablemente sucede es que, lo mismo que el noventa por cien de los escritores españoles de la época, tampoco él tenía opiniones muy claras sobre ese asunto. Es una lástima, porque la extraña forma en que él observa e incumple a un mismo tiempo dicha doctrina es de gran importancia para sus escritos" (E. Riley, 1962/1971: 209). Y más adelante —pág. 227—, el mismo autor llega incluso a advertir que "Cervantes expresa su repugnancia ante el estilo uniforme y el decoro absoluto".

mayoría de los casos la libertad de la creación literaria –sobre todo narrativa– desmiente el ejercicio imperativo de la preceptiva tradicional –más próxima a la práctica de sus obras teatrales–. E. Riley, en sus estudios sobre la teoría literaria cervantina a propósito de la novela, se ha expresado a este respecto con una claridad que resulta igualmente ilustrativa a propósito del tratamiento del decoro que Cervantes esgrime en sus comedias.

> Cervantes pone al descubierto, en el Quijote, la insuficiencia de dicha doctrina, no haciendo caso omiso de ella, sino manipulándola. Sus alusiones a este tema [decoro], sin embargo, se reducen a ser poco más que un reconocimiento de su existencia [...]. El *Quijote* nos da una perspectiva irónica desde la cual la antigua visión del mundo se combina con otra esencialmente moderna, en que coexisten los ideales exaltados en el más bajo materialismo como partes, distintas pero inseparables, de la experiencia humana (E. Riley, 1962/1971: 230).

En *El trato de Argel*, una de las comedias conservadas de su primera etapa[12], Cervantes cumple rigurosamente con el decoro en la expresión formal y funcional de cada uno de los personajes, en la línea de una dramaturgia neosenequista[13], atenta a la verosimilitud, y a la consecución de determinados efectos que, por su expresión moral o doctrinal, logren la admiración del público. Sin embargo, en comedias como *El gallardo español*, Cervantes presenta personajes que cumplen decorosamente con un determinado concepto de honra y valentía, como el moro Alimuzel[14] o el

---

[12] J. Canavaggio (1977) sitúa la fecha de composición de esta comedia entre 1581 y 1585.

[13] A los rasgos característicos de la dramaturgia neosenequista, como la técnica épica y episódica, o el empleo de personajes secundarios con un valor meramente funcional, como mensajeros (Sebastián), confidentes (Fátima de Zahara), coro (esclavos), autoridad real (Hasán, rey)..., Cervantes ofrece, desde el género de la comedia, aportaciones de interés, al incrementar el número de personajes (hasta 38, frente a los 15 ó 20 habituales en las comedias prelopistas de la época); al presentar los personajes mediante denominaciones que se atienen al grupo familiar (padre, madre, hijo...), social (soldado, esclavo, cautivo, rey, señor...), o racial (moro, cristiano, turco, español, etc.), y no a su función dramática, como sucedía en el teatro prelopista; paralelamente, Cervantes no construye la trama a partir de personajes tomados de la leyenda o la historia, sino de un sistema social formalmente verosímil, desde sus referentes realistas, cuyos protagonistas son personajes particulares y ficticios (F. Sevilla y A. Rey, 1997, III, 8-11).

[14] En el momento de retar a Fernando de Saavedra se presenta de forma modesta, declarando el móvil amoroso de la acción, y reconociendo la celebridad del militar cristiano al que solicita enfrentarse: "Alimuzel soy, un moro / de aquellos que son llamados / galanes de Melïona, / tan valientes como hidalgos. / No me trae aquí Mahoma / a averiguar en el campo / si su secta es buena o mala, / que Él tiene deso cuidado. / Tráeme otro Dios más brioso, / que es tan soberbio y tan manso, / que ya parece cordero, / y ya león irritado" (I, 151-162).

cristiano Fernando de Saavedra[15], frente a otros de mayor complejidad y riqueza, como el perverso Nacor, quien rompe completamente, movido por los celos, la cobardía y la traición, el decoro que se esperaría de alguien de su condición.

Nacor es el personaje que traiciona a Alimuzel con la pretensión de conseguir el amor de Arlaxa. Se le considera descendiente del profeta Mahoma, por lo que recibe el nombre o dignidad de *jarife*, que le supone una distinción noble y sagrada, y le protege socialmente de cualquier tipo de agresión ante los demás moros. Se presenta a sí mismo como infeliz, cobarde y acosado, de carácter medroso y perverso, poseído por los celos, y arrastrado por el deseo de venganza y el ejercicio de la traición. Finalmente, cuando huye con Arlaxa, forzando la voluntad de la mora, es asesinado por los propios españoles, quienes atacan el destacamento turco que él mismo les permitió identificar.

> Mahoma, ya que el Amor
> en mis dichas no consiente,
> muéstrame tú tu favor:
> mira que soy tu pariente,
> el infelice Nacor.
> Jarife soy de tu casta,
> y no me respeta el asta
> de Amor que blande en mi pecho,
> un blanco a tus tiros hecho,
> do todas sus flechas gasta.
> Y más, y no sé qué es esto,
> que, con ser enamorado,
> soy de tan bajo supuesto,
> que no hay conejo acosado
> más cobarde ni más presto.
> Desto será buen testigo
> el ver aquí mi enemigo
> dormido, y no osar tocalle,
> deseando de matalle
> por venganza y por castigo.
> Que esté celoso y con miedo,
> por Alá, que es cosa nueva.
> ¿Llegaré o estarme he quedo?
> ¿Cortaré en segura prueba
> este gordïano enredo?

---

[15] "Y así a ti te desafío, / don Fernando el fuerte, el bravo, / tan infamia de los moros / cuanto prez de los cristianos" (I, 183-186).

Que si éste quito delante,
podrá ser que vuelva amante
el pecho de Arlaxa ingrato.
Muérome porque no mato;
oso y tiemblo en un instante (I, 357-386).

Nacor es un personaje construido desde la influencia, consciente o no, del pensamiento de Maquiavelo; sin alcanzar no obstante la profundidad psicológica de los traidores del teatro isabelino, confirma en todo caso que la experiencia humana puede conducirse mediante conclusiones lógicas hacia formas de conducta que se justifican por sí mismas: "que, por reinar y por amor no hay culpa / que no tenga perdón y halle disculpa" (II, 1389-1390). La valoración que de este personaje hacen tanto Arlaxa –"Tengo a Nacor por traidor" (II, 1613)– como los militares españoles, por boca de Martín, es la del prototipo del traidor y falsario: "Cubre el traidor sus malas intenciones / con rostro grave y además sincero, / y adorna su traición con las razones / de que se precia un pecho verdadero" (II, 1415-1418). En su doblez, Nacor es personaje que *dice* una cosa y *hace* otra, rompiendo toda adecuación o armonía entre el discurso y la fábula. Participa en cierto modo de los impulsos que mueven a los personajes llamados nihilistas, que quebrantan toda tentativa de autenticidad o armonía con el discurso oficial de su tiempo. Baste recordar, en este sentido, el episodio en que Nacor revela su intención de traicionar a Alimuzel a los ojos de Arlaxa, y dice "sí, haré", cuando su intención real es, deliberadamente sin mentir, no declarar una verdad que hará a la mora considerar cobarde a Alimuzel: "[...] Sí haré. / (*Aparte*) Sentirá Arlaxa la mengua / que tanto al cristiano amengua, / haciéndole della alarde; / vos quedaréis por cobarde, / o mal me andará la lengua" (I, 332-336).

Hasta hace relativamente pocos años *La casa de los celos* había sido considerada una comedia cervantina disparatada y desafortunada[16], en la que se amalgaman las influencias caballeresca y pastoril[17]. Hoy día, estudiosos como F. Sevilla y A. Rey (1997: 41-42) sostienen una interpretación fundamentalmente lúdica de la comedia, cuyo objetivo sería provocar la

---

[16] En esta línea se sitúan las interpretaciones críticas de M. Menéndez Pelayo (1883), R. Schevill y A. Bonilla (1915-1922), e incluso F. Ynduráin (1962). Sólo en época muy reciente, los trabajos de J. Canavaggio (1977), F. Meregalli (1981), E. H. Friedman (1981), S. Zimic (1992), F. López Estrada (1987-1988), J. Casalduero (1951), P. Ruiz Pérez (1991), y F. Sevilla y A. Rey (1997), entre otros, han superado las valoraciones tradicionales, y han propuesto otro tipo de interpretación, que tratan de examinar con mejor atención una comedia cuya lectura no satisface ni confirma las expectativas que podrían esperarse de una obra dramática del Siglo de Oro, ni tampoco puede ser considerada desde los planteamientos del teatro decimonónico.

[17] Es decir, "las dos tradiciones de la literatura ficticia más prestigiadas de la época" (F. Sevilla y A. Rey, 1997: 32).

risa mediante la elaboración de una crítica hacia el tipo de personajes (míticos, bucólicos, épicos, etc.) y espacios (arcádicos, alegóricos...) que se retratan en el curso de la obra. El resultado de todo ese mundo caballeresco y pastoril, mágico y ficticio, será el de una acción degradada por los celos, la vanidad y la petulancia[18]. En la misma línea interpretativa pueden situarse los trabajos de P. Ruiz, quien considera que en *La casa de los celos y selvas de Ardenia* se contrasta, desde el título, el mito caballeresco y el mito pastoril (J. Canavaggio, 1988: 141-157), desde una perspectiva irónica de naturaleza dialéctica, para insistir de este modo en el paralelismo de su disolución[19]. De este modo, hoy día parece admitirse que *La casa de los celos* presenta, desde formas dramáticas eminentemente lúdicas, las características de la disolución de un doble modelo ideal –originariamente renacentista, referido al mito de las literaturas caballeresca y pastoril[20]–, que no pueden considerarse al margen de principios y afinidades preceptivas, en ellas implicados, y que afectan a la lógica del lenguaje (decoro) y de la acción (fábula) de los personajes protagonistas (sujeto). Tal es lo que ofrece el mundo barroco de la Europa del siglo XVII: la disolución de las utopías y los preceptos renacentistas.

Pese a lo que sucede en *El rufián dichoso*, en que un único personaje –Cristóbal de Lugo– rompe todas las expectativas discursivas y actanciales, en *Los baños de Argel* la pluralidad de personajes crea una polifonía que no altera en absoluto el decoro del conjunto. Una de las principales características de *El rufián dichoso* como comedia cervantina es que, por las exigencias de su trama y por las condiciones de sus personajes, la teatralización de la historia rompe toda posibilidad de salvaguardar los

---

[18] "*La casa de los celos*, en fin, es una comedia perfectamente coherente, de sentido metaliterario, que pone en solfa las tradiciones caballerescas y pastoriles que utiliza, las parodia y se ríe de ellas, acentuando el tono cómico con una serie de personajes, situaciones y juegos lingüísticos, conforme a las prácticas usuales en el teatro quinientista. Bien es cierto que el sentido desmitificador y paródico de la comedia no busca sólo la carcajada del espectador, pues bajo el humorismo yace siempre una crítica seria, dirigida contra la petulancia, la superficialidad y el egotismo de estos personajes ejemplares mitificados por la literatura" (F. Sevilla y A. Rey, 1997: 41-42).

[19] Desde el título de la comedia se oponen de modo equivalente referentes constitutivos de uno y otro mito: casa / selva, lo urbano / lo rural; lo caballeresco / lo pastoril, la civilización / la naturaleza... La amalgama de elementos procedentes de la literatura caballeresca y la literatura pastoril está en los orígenes de las canciones populares pastoriles (F. López Estrada, 1987-1988: 212), y había sido ampliamente desarrollado con anterioridad a Cervantes por Feliciano de Silva.

[20] "El contraste entre el ideal y la realidad se articula en la comedia en forma paródica, pues los ideales corresponden a los formulados por la literatura renacentista. A partir de estos procedimientos imitativos de inversión que supone la parodia literaria cervantina, *La casa de los celos* pone en cuestión no sólo los ideales renacentistas representados por la caballeresca y la bucólica, sino también las propias realizaciones literarias que les dieron forma" (P. Ruiz Pérez, 1991: 670).

principios clásicos relativos a las unidades de tiempo y lugar, así como a la preceptiva del decoro y de la verosimilitud, cuyas alteraciones tratan de justificarse en todo momento[21]. Hay no obstante, inevitablemente, un contraste manifiesto entre las ideas de poética clasicista, con las que parece identificarse Cervantes (*Quijote*, I, 48), y la práctica literaria de *El rufián dichoso*.

Aún así, las evoluciones, relaciones y transformaciones que experimenta Cristóbal, en su conversión de rufián en santo, están custodiadas por un cierto decoro, atento a los criterios de verosimilitud artística, que trata de mantener Cervantes desde el principio de la comedia[22]. Pese a disponer de toda la retórica, indumentaria y acompañamiento propios de un rufián, Lugo rechaza con humildad[23] las tentativas amorosas de una mujer adinerada y casada (I, 238-390), practica la caridad con un ciego (I, 630-650), reprueba las inquietudes lujuriosas de Antonia (I, 886-889), y concluye la primera jornada rezando (I, 1135-1205)..., de modo que su expediente de maldades queda muy atenuado[24]. En suma, Cer-

---

[21] En la jornada II, entre los versos 1643 y 1644, Cervantes señala una acotación en que indica la entrada de Ana Treviño, un médico y dos criados, y a continuación declara que "todo esto es verdad de la historia". Más adelante, en el momento en que se produce la visión ante el padre Cruz, antiguo rufián, y fray Andrés, entre los versos 1743 y 1744, dice la acotación que "todo esto desta máscara y visión fue verdad, que así lo cuenta la historia del santo"; poco después, entre 1759 y 1760, se insiste en que "todo esto fue así, que no es visión supuesta, apócrifa ni mentirosa"; en la jornada tercera, se lee entre 2265 y 2266: "Entranse todos, y salen dos demonios; el uno con figura de oso, y el otro como quisieren. Esta visión fue verdadera, que ansí se cuenta en su historia".

[22] Recuérdese a este respecto la declaración que hace de él el alguacil (I, 504-524), ante su protector Tello de Sandoval, al presentarlo como un joven cuyas peripecias no pasan de diabluras: "[...] Otras cien mil diabluras. / Esto de valentón le vuelve loco: / aquí riñe, allí hiere, allí se arroja, / y es en el trato airado del rey el coco; / con una daga que le sirve de hoja, / y un broquel que pendiente tray al lado, / sale con lo que quiere o se le antoja: / es de toda el hampa respetado, / averigua pendencias y las hace, / estafa, y es señor de lo guisado; / entre rufos, él hace y él deshace, / el corral de los Olmos le da parias, / y en el dar cantaletas se complace" (I, 504-524). A este respecto, F. Sevilla (1997: 59) escribe en el prólogo a su edición de *El rufián dichoso* que "otra vez nos equivocaríamos si no reparásemos en las semillas de santidad que lleva dentro el valentón. Cervantes, atento a preservar el decoro de su personaje, que sabe llamado a la vida ascética y a la muerte santa, se cuida muy mucho de ponernos en antecedentes, alternando sus fechorías con el ejercicio de la virtud".

[23] "Yo soy un pobre criado / de un inquisidor, cual sabes, / de caudal, que está sin llaves, / con libros abreviado; / vivo a lo de Dios es Cristo, / sin estrechar el deseo, / y siempre traigo el baldeo / como sacabuche listo; / ocúpome en bajas cosas / y en todas soy tan terrible, / que el acudir no es posible / a las que son amorosas; / a lo menos, a las altas, / como en las que en ti señalas: / que son de cuervo mis alas" (I, 311-325).

[24] De este modo, el propio Cristóbal afirma: "Estas y otras cosas tales / hago por mi pasatiempo, / demás que rezo algún tiempo / los psalmos penitenciales; / y, aunque peco de ordinario, / pienso, y ello será ansí, / dar buena cuenta de mí / por las de aqueste rosario" (I, 792-821).

vantes intenta dramatizar de forma verosímil[25] una trayectoria vital[26]. Llevado finalmente a América por Tello de Sandoval, Lugo ingresa en un convento de la orden de Santo Domingo, y se convierte así en el padre Cristóbal de la Cruz. El protagonista de la comedia se instala de este modo en una vida de santidad, cumpliendo rigurosamente con el decoro que de ella se exige, según las palabras del prior de la congregación:

> El es un ángel en la tierra, cierto,
> y vive entre nosotros de manera
> como en las soledades del desierto;
> no desmaya ni afloja en la carrera
> del cielo, adonde, por llegar más presto,
> corre, desnudo y pobre, a la ligera;
> humilde sobre modo, y tan honesto,
> que admira a quien le vee en edad florida
> tan recatado en todo y tan compuesto.
> En efecto, señor, él hace vida
> de quien puede esperar muerte dichosa,
> y gloria que no pueda ser medida.
> Su oración es continua y fervorosa;
> su ayuno, inimitable, y su obediencia,
> presta, sencilla, humilde y hacendosa.
> Resucitado ha en la penitencia
> de los antiguos padres, que en Egipto,
> en ella acrisolaron la conciencia (II, 1448-1465).

En la comicidad y el ludismo que preside la acción de *La gran sultana*, existen al menos tres personajes que asumen y discuten irregularmente el concepto del decoro a lo largo de su desarrollo actancial y discursivo. Se trata del Gran Turco, que cumple rigurosamente con el decoro que le compete como rey; del renegado Salec, personaje oscuro y distante que rechaza toda expresión de identidad; y de Madrigal, quien pese a hacer las veces de *gracioso* no puede reducirse, por razones que explicaremos

---

[25] El espíritu de la Contrarreforma exigía que en las comedias de santos la biografía del personaje se expresara de forma verosímil, en paralelismo con los hechos verdaderos (cfr. J. Casalduero, 1951/1974: 105 y ss).

[26] Con objeto de conferir verosimilitud a la ficción de la comedia, Cervantes acude a las fuentes históricas. La más importante parece ser la *Historia de la fundación y discurso de la provincia de Santiago de México, de la Orden de Predicadores, por las vidas de sus varones insignes, y casos notables de la Nueva España*, publicada hacia 1597 por Agustín Dávila Padilla. En esta obra se dedican catorce capítulos a la "Vida maravillosa del santo F. Cristóbal de la Cruz" (libro II, caps. XV-XXVIII, 474-572), joven sevillano llamado Cristóbal de Lugo, que por su mala vida fue encomendado por sus padres al inquisidor Tello de Sandoval, y que finalmente llegó a ser prior y provincial en Santiago de México, obrando varios milagros. La realidad hacía, pues, verosímil, lo imposible.

en su lugar, a este prototipo lopesco. Nos ocuparemos ahora de los dos primeros, para referirnos más adelante, al tratar de la reducción del personaje teatral a un arquetipo lógico de formas de conducta, a la configuración formal y funcional de Madrigal.

El Gran Turco es presentado en la primera escena de la primera jornada, desde el punto de vista de Roberto y Salec, con la imagen y el decoro que corresponden a un rey, y así se mantendrá, con energía y liberalidad hasta el final de la comedia: "Por cierto, él es mancebo de buen talle, / y que, de gravedad y bizarría, / la fama, con razón, puede loalle / ... / el Turco se detiene mesurado, / señal de piedad como de alteza" (I, 34-36 y 41-42). Sin embargo, el personaje que ofrece mayor relevancia –precisamente por no revelar nada acerca de su propia identidad– es Salec, del que apenas sabemos que es un cristiano renegado, que actúa con cierta solicitud, pero siempre desde el desengaño y el escepticismo. Salec es personaje que podría inscribirse en el intertexto literario de los nihilistas, caracterizado por la renuncia o negación a su identidad originaria, y por el rechazo manifiesto a toda explicación o clarificación de su pasado, de su ética y de su personalidad presente; actúa sumido en la incredulidad, bajo un atemperado resentimiento, como revela en el diálogo que mantiene inicialmente con Roberto:

SALEC: Aquí todo es confusión,
         y todos nos entendemos
         con una lengua mezclada
         que ignoramos y sabemos.
         De mí no te escaparás,
         pues cuando te vi, al momento
         te conocí.
ROBERTO: ¡Gran memoria!
SALEC: Siempre la tuve en extremo.
ROBERTO: Pues ¿cómo te has olvidado
         de quién eres?
SALEC: No hablemos
         en eso agora; otro día
         de mis cosas trataremos:
         que si va a decir verdad,
         yo ninguna cosa creo.
ROBERTO: Fino ateísta te muestras.
SALEC: Yo no sé lo que me muestro... (I, 178-193).

En este breve diálogo que mantienen el cristiano Roberto y el renegado Salec, que a nuestro modo de ver puede considerarse como germen de lo que con el paso del tiempo ha de llegar a ser en la literatura occidental el *personaje nihilista*, se advierte una constante negación de formas y posibilidades de conducta, a las que acompaña una apología de la amalgama, el contraste y la confusión, en los procesos mismos de diálogo y comunicación, hecho que claramente favorece la expresión polifónica frente a cualquier tentativa de claridad, adecuación o decoro verbales. Ante todo Salec declara el dominio de la confusión en el entendimiento, frente a cualquier otra forma de comunicación: "aquí todo es confusión / y todos nos entendemos..."; defiende la utilidad social de un discurso verbal no uniforme, no "acordado" entre sí, ni "subordinado" a nada en particular, sino mezclado, amalgamado, disperso, y en consecuencia, polifónico: "con una lengua mezclada..."; y finalmente se revela como un personaje capaz de las negaciones más recurrentes y sistemáticas: niega contradictoriamente el conocimiento del lenguaje ("...una lengua... / que ignoramos y sabemos..."), niega toda memoria o capacidad de recuerdo acerca de su propia persona, al responder con el silencio a los requerimientos de Roberto ("...¿cómo te has olvidado / de quién eres?..."); niega toda creencia, humana o metafísica ("yo ninguna cosa creo..."); niega la posibilidad de reconocimiento presente de su propia identidad ("Yo no sé lo que me muestro..."); y niega, por último, la posibilidad de comunicación ("No hablemos...").

El laberinto de amor es la comedia en la que Cervantes discute con mayor ironía y habilidad la autenticidad y el valor del principio del decoro. Tal es lo que consigue, por ejemplo, al presentar a Anastasio con una indumentaria propia de villano –duque en hábito de labrador– en el momento en que pronuncia ante Dagoberto uno de los mejores –y escasísimos– discursos en favor de la libertad humana contenidos en el teatro español del siglo XVII. Así, uno de los interlocutores le confirma "Por Dios, que habéis hablado largamente, / y que, notando bien vuestro lenguaje, / es tanto del vestido diferente, / que uno muestra la lengua y otro el traje" (I, 214-217). Por otro lado, con objeto de comprobar la importancia del decoro como forma que regula los modos de conducta, basta recordar que Dagoberto, hijo del duque de Utrino, acusa –como enamorado despechado– falsamente a Rosamira, ante su padre, el duque Federico de Novara, de amancebamiento, con un hombre de inferior condición social: "Digo que en deshonrado ayuntamiento / se estrecha con un bajo caballero" (I, 62-63).

Paralelamente, Julia y Porcia, que se hacen llamar respectivamente Camilo y Rutilio, al fingirse dos mozos villanos ("que a la misma verdad engañaremos" [I, 807]), van como pastores de camino a Novara, donde se encuentran con Manfredo y unos cazadores, quienes les hacen observaciones acerca del decoro de su condición, permitiendo a Cervantes ironizar sobre la autenticidad de un principio estético que el propio dramaturgo dice respetar[27].

---

[27] En efecto, y aquí reside la complejidad literaria de la ironía cervantina, en otros lugares de la misma comedia Cervantes se atiene a los cumplidos del decoro, de forma tal que en la presentación de Manfredo, duque y galán que formará pareja con Julia, se expresan

MANFREDO:	En verdad que parecen de ciudad vuestros nombres y el estilo, y que en ellos, y aun en él, poco es, mentís villanía (I, 459-463). ... ...
CAZADOR 1:	Y aun vosotros, de caudal mayor del que habéis mostrado; sino, dígalo el lenguaje, y el uno y otro pellico (I, 480-484).

En *La entretenida*, todos los personajes parecen cumplir con el decoro[28] que les corresponde por su condición social, desde un punto de vista formal o discursivo, pero no así desde los presupuestos actanciales o funcionales, ya que la comedia, finalmente, representa una auténtica disolución funcional del personaje dramático: Torrente, Muñoz, Dorotea, Cristina, Clavijo, don Francisco, don Silvestre y hasta Marcela, parecen desertar del escenario, al no disponer de ninguna posibilidad de concertar sus acciones e intenciones. No existe ningún tipo de armonía en el desarrollo actancial de los personajes y el orden moral y argumental codificado en la comedia nueva.

Al referirnos a la *poética del significado* (R. Langbaum, 1957), hemos insistido en que el rango estamental equivalía al reconocimiento público y convencional de la jerarquía moral. Las categorías sociales se interpretan como categorías morales, porque en ellas se objetivan las expectativas sobre el comportamiento de los sujetos, definidos por relación a un código de privilegios y deberes, desde los que se pretende determinar el grado de vicio o virtuosismo. De este modo, el decoro prescribía paralelamente los límites sociales y morales del personaje. En *Pedro de Urdemalas* Cervantes ironiza, con mayor intensidad que en ninguna otra comedia, sobre la autenticidad de estas prescripciones basadas en el decoro. El caso de Belica / Isabel es quizá el más expresivo.

De Belica[29] dice Maldonado al de Urdemalas que "Una gitana, hurtada, / la trujo; pero ella es tal, / que, por hermoza y honrada, / muestra

---

fielmente los presupuestos estamentales y diastráticos propios de su condición, así como con el prototipo de belleza masculina: "ANASTASIO: ¿Y es Manfredo galán? CIUDADANO 2: Es un Narciso / según que sus retratos dan la muestra, / y aún le va bien de discreción y aviso" (I, 9-12).

[28] Parece ser Torrente, el criado de Cardenio, el personaje que mejor cumple con el decoro que corresponde a su condición de villano, al presentarse en la primera jornada comiendo un membrillo toledano, pues "come el rico cuando ha gana, / y el pobre, cuando lo tiene" (I, 276-277), y reconociendo ante su amo que tales hábitos pueden ser tomados "por deshonra o por disgusto" (I, 282).

[29] "Como siempre en Cervantes, los nombres son altamente significativos. Aquí ni el primero (Belica) ni el segundo (Isabel) es la obra de la mujer misma. Ella no se nombra; la

que es de principal / y rica gente engendrada" (I, 580-583), con lo que se advierte acerca de su origen noble, y se mantiene así el decoro del personaje. He aquí un rasgo muy característico de Cervantes, que es la presentación de una de las propiedades de la poética antigua, en este caso relativa al decoro y estatuto del sujeto, encarnado en una categoría, el personaje, que resulta discutida formal y funcionalmente –pues se pone de manifiesto nada menos que en una gitana–, pero no referencialmente, ya que no se niega el decoro, sino que se señala su existencia como tal, y se juzga al personaje en función de esa ley estamental, en virtud de la cual se regula una determinada conducta social, así como aquellas formas de lenguaje que se admiten y reconocen en cada ámbito diastrático.

En la presentación que Belica hace de sí misma ante el rey, Cervantes despliega una grave ironía frente a las exigencias del decoro, al poner en boca de la moza la declaración de ser gitana bien nacida, y añadir acto seguido, no obstante, que no sabe quién es su padre (II, 1657-1658).

BELICA: Soy gitana bien nacida.
REY: ¿Quién es tu padre?
BELICA: No sé.

Si alguna definición esencial admite el personaje teatral del Siglo de Oro es aquella que resulta de su ascendencia familiar y de su situación social o estamental. El linaje determina el ser, y la trayectoria del personaje Belica / Isabel es clara muestra de ello. El ser del sujeto reside en la exterioridad de sus manifestaciones, en una realidad ajena a la individualidad o intimidad del propio sujeto, que se objetiva en la hidalguía o la villanía, en la limpieza de sangre o en la pertenencia al credo judío, y que en todo caso se impone siempre desde fuera a la voluntad de la persona, mediante una concurrencia de discursos que impiden toda declaración abiertamente subjetiva. La realidad exterior, en forma de moral política y religiosa, determina el ser interior y la identidad particular de la persona. Esta cuestión está relacionada con el principio del decoro desde el momento en que se exige en el personaje un modo de hablar y de comportarse adecuado a una posición social o cultural moralmente sancionada. Así se explica que Belica, una vez convertida en Isabel por el reconocimiento de su alcurnia, se olvide fríamente de los gitanos con los que pasó toda su vida[30]. En este tipo de teatro el ser del sujeto sigue estando

nombran. Dicho de otra manera, ella no es sino el sitio donde convergen varias prácticas discursivas, una construcción, primero de gitanos y luego de aristócratas" (C. Johnson, 1995: 15).

[30] "MALDONADO: Señora Belica, espere; / mire que soy Maldonado, / su conde. BELICA: Tengo otro estado / que estar aquí no requiere. / Maldonado, perdonadme, / que yo os hablaré otro día. / INÉS: ¡Hermana Belica mía! / BELICA: La reina espera; dejadme" (III, 3116-3123).

todavía determinado por realidades ajenas a sus condiciones existenciales.

Quebrantar los postulados del decoro, tal como lo concebían los antiguos, mediante planteamientos que demuestren la superioridad moral de una persona frente a otra socialmente superior, es una formulación específica de la modernidad posterior a la Ilustración, característica de la literatura de la experiencia. Sólo cabe reconocer que los pueblos antiguos no se plantearon disimilitudes entre categorías sociales y morales, o simplemente "no las consideraron apropiadas para la literatura" (R. Langbaum, 1957/1996: 352).

Otro de los aspectos sorprendentes en cuanto al tratamiento del decoro en *Pedro de Urdemalas* es el que se refiere al comportamiento del rey frente a Belica. No es el noble poderoso, sino el mismo monarca, el sujeto de acciones un tanto livianas con el personaje que representa la gitana, perteneciente al estamento más bajo de la villanía de la época. El lector se encuentra nada menos que con el rey como sujeto de intrigas amorosas con una gitana, en presencia de la reina como celosa consorte, y a pesar de la posible relación incestuosa que implicaría una relación con su propia sobrina[31]. Un planteamiento de tales características no sólo parece distanciarse irónicamente de los rigores del decoro, imputables a un monarca del siglo XVII, sino que además no parece adecuarse en absoluto al mundo referencial codificado en la comedia de Lope de Vega, hasta el punto de que este episodio –y así se ha apuntado– podría leerse como un discurso que discute e ironiza sobre el sistema de acciones y valores característico de la comedia nueva.

SILERIO: La reina viene.
REY: Mira que estés prevenido,
y tan sagaz y advertido
como a mi gusto conviene;
porque esta mujer celosa
tiene de lince los ojos.
SILERIO: Hoy gozarás los despojos
de la gitana hermosa (II, 1823-1830).

---

[31] Dice el rey a este respecto, sobre la gitana Belica, una vez que la reconoce como sobrina: "En cualquier traje se muestra / su belleza al descubierto: / gitana, me tuvo muerto; / dama, a matarme se adiestra. / El parentesco no afloja / mi deseo; antes, por él / con ahínco más cruel / toda el alma se congoja" (III, 2960-2967). Incluso más adelante, su propio consejero Silerio parece animar sensiblemente en el rey posibles inquietudes incestuosas y adúlteras: "No te aflijas, que no es tanto / el parentesco que impida / hallar a tu mal salida" (III, 3112-3114).

Paralelamente, las transformaciones del personaje protagonista, Pedro de Urdemalas, se suceden hasta el final de la comedia, en que decide hacerse representante de comedias: "Sin duda, he de ser farsante, / y haré que estupendamente / la fama mis hechos cante" (III, 2812-2814). Lógicamente, no hay decoro que soporte tal variedad de mutaciones, pero Cervantes no llega a expresar polifónicamente todo lo que este personaje teatral puede revelar funcionalmente. Y así, Pedro de Urdemalas encuentra en su última transformación el ejercicio más adecuado a las formas mutantes de su personalidad, que permanece desconocida o inasequible en sus aspectos genuinamente subjetivos. El sujeto se disuelve lúdicamente en la expresión y percepción de sus cambios formales: "Ya podré ser patriarca, / pontífice y estudiante, / emperador y monarca: que el oficio de farsante / todos estados abarca" (III, 2862-2866). En este sentido deben entenderse las palabras que dirige finalmente a Belica, una vez que se reconoce en la gitana su origen noble: "Famosa Isabel, que ya / fuiste Belica primero; / Pedro, el famoso embustero / ... / el Pedro de Urde, su nombre, / ya es Nicolás de los Ríos / ... / de gitano convertido / en un famoso farsante / ... / Hay suertes de mil maneras, / que, entre donaires y burlas, / hacen señores de burlas, / como señores de veras. / Yo, farsante, seré rey / cuando le haya en la comedia, / y tú, oyente, ya eres media / reina por valor y ley" (III, 3016-3043). Conviene recordar finalmente los versos de Pedro ante la actitud de Belica tras rechazar a Maldonado e Inés, los gitanos con quienes ha vivido toda la vida:

> La mudanza de la vida
> mil firmezas desbarata,
> mil agravios comprehende,
> mil vivezas atesora,
> y olvida sólo en un hora
> lo que en mil siglos aprende (III, 3130-3135).

Nada hay más inquietante para la moral del siglo XVII español que la experiencia del cambio. La interpretación que la preceptiva renacentista hizo del decoro permitió en muchos aspectos una tentativa de conservación en todo lo referente a las formas de expresión del sujeto, y a su regulación estamental, en lo relativo a las formas sociales de conducta. Hemos indicado que los antiguos juzgaban jerárquicamente a la persona, y también retóricamente (decoro), por la importancia o trascendencia de la acción que ejecutaba, de acuerdo con un criterio moral externo y objetivo. Para la modernidad resulta muy difícil juzgar un modo de acción como superior a otro. La pertinencia y la calidad de los hechos suelen residir en lo que el personaje decide ser, o no ser, para resolver la situación; lo único que parece justificar sus actos es la sensibilidad y complejidad del modo en que adopta existencialmente la decisión de actuar, es decir, de experimentar personalmente las consecuencias de su propia conducta. El personaje moderno no se identifica por su rango estamental o su decoro expresivo, sino por el modo a través del cual da sentido a sus actos, por el modo de juzgar su propia forma de conducta; más que ejecutar acciones, el sujeto las experimenta: el propio Hamlet se identifica no tanto por ejecutar la venganza que se le encomienda como acción (fábula), sino por experimentarla como sujeto.

4.3.2. *Devaluación y subordinación del* sujeto *en la* fábula, *como principio estructural y teleológico de los hechos*

Consideremos ahora la emergencia y devaluación del *sujeto* en la *fábula* del teatro cervantino. La Edad Moderna constituye la primera experiencia importante relativa a la expresión del sujeto como principio explicativo del cosmos, a partir de un pensamiento eminentemente especulativo y metafísico, procedente de la Antigüedad, y construido desde presupuestos lógicos para la explicación y percepción de un mundo antiguo. Hasta la experiencia de la Ilustración y el Romanticismo europeos la expresión subjetiva del individuo no alcanza plenas posibilidades de desarrollo, en ámbitos tan decisivos como la epistemología, la estética o la moral. La preeminencia que la poética clásica, esencialmente aristotélica, apoyada en el principio de mímesis, confería a la *fábula* frente a los *caracteres* del sujeto, explica la subordinación del personaje a un orden o "trama" moral superior, así como la consiguiente devaluación del concepto de sujeto en la explicación y reconocimiento causal de los hechos humanos, vigente plenamente hasta el soliloquio del drama shakespeariano, y no superada hasta el nacimiento de las poéticas idealistas y el abandono de la mímesis como principio explicativo del arte.

El concepto de *fábula*, vigente en la dramaturgia europea posterior al Renacimiento italiano, está determinado por la sistematización preceptiva que de la poética aristotélica hicieron los tratadistas del *cinquecento*. Aristóteles había delimitado la *fábula* como un concepto explicativo de la experiencia trágica –género literario y forma de espectáculo–, relativo a la estructuración o disposición de los hechos, y determinado por la *mímesis* o imitación, como principio generador del arte, y por la *catharsis* o purgación de las pasiones, como final generador de la tragedia[32].

---

[32] "Es, pues, la tragedia imitación de una acción esforzada y completa, de cierta amplitud, en lenguaje sazonado, separada cada una de las especies de [aderezos] en las distintas partes, actuando los personajes, y no mediante relato, y que mediante compasión y temor lleva a cabo la purgación de tales afecciones" (Aristóteles, *Poética*, 6, 1449b 24-28). La interpretación aristotélica propone para el análisis de la tragedia leyes de dos tipos: a) *estructura-*

Aristóteles configura la *fábula* como la parte más importante de la tragedia, como categoría esencial y necesaria, de modo que a ella se subordinan los restantes elementos[33], según los planteamientos lógicos y funcionales de causalidad y verosimilitud[34] que describe en la *Poética* (6, 1450a 15, 1450a22-23, 1450a 29-32, 1450a 38).

De este modo, para la poética de la Edad Moderna, desde la que Cervantes escribe su teatro, la fábula es parte formal y funcionalmente esencial del drama, desde el punto de vista de los presupuestos lógicos, formales y causales en que se había basado la descripción, desarrollo y comprensión aristotélicas de la experiencia trágica[35]; la fábula sigue determinada por la *mímesis* como principio generador del arte, y por una determinada teleología moral de implicaciones metafísicas (la religión) y políticas (el estado), como fin generador y ordenador de las conductas o

les, cuyo centro es el *mythos*, fábula, acción o estructuración de los hechos, a la que se subordina el resto de los elementos de la tragedia; y b) *funcionales*, ordenación teleológica de los elementos hacia una finalidad catártica, que provoca, en la experiencia del espectador que contempla el hecho trágico, la amalgama de los sentimientos de piedad y temor.

[33] En las partes de la tragedia Aristóteles distingue las denominadas cuantitativas, de carácter secundario –prólogo, episodio y parte coral, con párodo, extásimo y éxodo (12, 1452b 14-27)–, y las cualitativas, de carácter primario, entre las que figuran la *fábula*, como parte esencial; los *caracteres*, cuya configuración se subordina siempre a la fábula o acción dramática (6, 1450a 16-22), lo que revela la concepción (reducción) aristotélica del personaje como actuante; el *pensamiento*, expresado o representado por los sujetos que actúan (6, 1450a 6-7; 1450b 6); la *elocución*, o expresión locutiva del personaje, mediante palabras en prosa o verso (6, 1450a 13-16); y la *música* y el *espectáculo*, como elementos no verbales, que constituyen para Aristóteles "aderezos" o partes secundarias en la tragedia. Se observa que Aristóteles privilegia claramente el texto frente a la dimensión espectacular del teatro; incluso en su concepción de lo trágico, claramente noética, estima que todo aparato externo, como accesorio que es, en exceso, podría perturbar al espectador la comprensión de la tragedia, a la que concibe discursivamente como proceso de conocimiento y como purgación de las pasiones, a través de una experiencia racional y catártica.

[34] "Y también resulta claro por lo expuesto que no corresponde al poeta decir lo que ha sucedido, sino lo que podría suceder, esto es, lo posible según la verosimilitud o la necesidad" (Aristóteles, *Poética*, 9, 1451a 37-39). No hay que olvidar que muchos de los conceptos lógicos y estructurales que maneja Aristóteles (*Poética*, 8, 1451a 30-37; 9, 1452a 2; 9, 1452a 23; 1459a 17-30) proceden del pensamiento platónico, desde el que se formulan observaciones sobre la relación sintáctica que dispone la sucesión entre los principios, medios y fines de un todo; igualmente, antecedentes de estos presupuestos se hayan en el concepto estético de *simmetrya*, propuesto por la filosofía pitagórica para la interpretación global e interrelativa de una totalidad.

[35] Aristóteles designa con el concepto *mythos* la fábula como imitación de una acción; como composición, estructuración y ordenación de los hechos; y como elaboración artística de un determinado tipo de acontecimientos (6, 1450a 4, 1450a 5, 1450a 15-16), es decir, que amalgama lo que la moderna teoría de la literatura, especialmente desde la escuela morfológica alemana y el formalismo ruso, entre las poéticas formales y funcionales, discrimina entre *historia*, sucesión cronológica de los hechos, y *discurso*, formalización estética de los hechos.

impulsos humanos. En torno a este concepto de *fábula* se disponen estructuralmente los demás elementos del drama, al constituir una realidad orgánica determinada por la unidad lógica, la coherencia formal y la interrelación causal o necesaria de sus distintas partes, la elocución, el pensamiento y los caracteres, es decir, las formas del lenguaje dramático, los valores ideológicos y axiológicos, y la construcción del personaje.

Como sabemos, Aristóteles sólo estableció en la *Poética* la unidad de acción[36], no las de tiempo[37] y lugar[38], que fueron sistematizadas como preceptivas por los tratadistas del Renacimiento y el Neoclasicismo. Aristóteles justifica la conveniencia de unidad en la acción, en la lógica funcional de la causalidad y la verosimilitud que ha de determinar el desarrollo de los episodios de la fábula, integrados coherentemente –y no de una forma azarosa o meramente sucesiva– en una totalidad, "pues nada impide que algunos sucesos sean tales que se ajusten a lo verosímil y a lo posible, que es el sentido en que los trata el poeta" (*Poética*, 9, 1451b 30-33).

En la parte de la *Poética* correspondiente a los "consejos a los jóvenes", Aristóteles vuelve sobre el concepto de la adecuación, insistiendo en este caso en sus relaciones con la elocución retórica del personaje, siempre al servicio estructural y compositivo de la acción (*fábula*)[39]. Aristóteles considera el *carácter* como el modo de ser de un personaje, es decir,

---

[36] "Es preciso, por tanto, que, así como en las demás artes imitativas una sola imitación es imitación de un solo objeto, así también la fábula, puesto que es imitación de una acción, lo sea de una sola y entera, y que las partes de los acontecimientos se ordenen de tal suerte que, si se traspone o suprime una parte, se altere y disloque el todo; pues aquello cuya presencia o ausencia no significa nada, no es parte alguna del todo" (Aristóteles, *Poética*, 8, 1451a 30-37).

[37] Aristóteles no estableció la unidad de tiempo tal como la han configurado preceptivamente los tratadistas y comentaristas del clasicismo, sino que únicamente señala, al comparar la tragedia y la epopeya, que esta última está limitada en el tiempo, y suele tener una extensión mayor, mientras que la tragedia procura reducir su acción a una revolución solar, o excederla sensiblemente (5, 1449b 12-14). Aristóteles simplemente parece constatar la concentración de la acción dramática como una de las características particulares de la composición trágica, como un fenómeno habitual que se deriva de la concepción estructural de la fábula y su orientación teleológica hacia la catarsis.

[38] Nada dice Aristóteles explícitamente de la unidad de lugar. Sin embargo, los tratadistas del clasicismo, apoyándose en un pasaje del capítulo veinticuatro de la *Poética*, creyeron justificada su formulación. Aristóteles se refiere una vez más a las diferencias entre la tragedia y la epopeya, y advierte que "la epopeya tiene, en cuanto al aumento de su extensión, una peculiaridad importante, porque en la tragedia no es posible imitar varias partes de la acción como desarrollándose al mismo tiempo, sino tan sólo la parte que los actores representan en la escena" (Aristóteles, *Poética*, 24, 1459b 24-26).

[39] "Es preciso estructurar las fábulas y perfeccionarlas con la elocución poniéndolas ante los propios ojos lo más vivamente posible; pues así, viéndolas con la mayor claridad, como si presenciara directamente los hechos, el poeta podrá hallar lo apropiado, y de ningún modo dejará de advertir las contradicciones" (Aristóteles, *Poética*, 17, 1455a 22-27):

aquello que determina la facultad de decisión del sujeto para actuar de un modo u otro[40]. Entre las propiedades que, como delimitación del concepto de *sujeto*, Aristóteles atribuye a los caracteres, se encuentran algunos aspectos determinantes de la poética teatral que asume Cervantes a lo largo del siglo XVI[41]. En primer lugar, se dispone que los caracteres deben presentarse subordinados a la fábula, es decir, a la disposición de los hechos más apropiada para producir el efecto deseado en el público, que como hemos dicho presenta implicaciones morales y sociales, de tipo religioso y político. Queda así formulada la reducción, devaluación o subordinación, del personaje a la acción, del sujeto a la fábula[42]. Paralelamente, el carácter del personaje se define en relación a una condición actancial que sitúa al sujeto en una posición de decisión ante los hechos de la fábula, que habrán de desembocar, de forma lógica y verosímil, en un desenlace adecuado al orden social y moral. Existe, pues, el reconoci-

---

[40] "Llamo aquí fábula a la composición de los hechos, y caracteres, a aquello según lo cual decimos que los que actúan son tales o cuales" (*Poética*, 6, 1450a 4-6); y más adelante añade: "Carácter es aquello que manifiesta la decisión, es decir, qué cosas, en las situaciones en que no está claro, uno prefiere o evita" (Aristóteles, *Poética*, 6, 1450b 8-10).

[41] Aristóteles, al referirse en su *Poética* a los caracteres, señala en ellos cuatro cualidades, relativas a la bondad o virtud moral, la adecuación, la semejanza y la consecuencia. En cierto modo, todas estas cualidades tratan de contribuir, desde presupuestos lógicos, a la configuración del personaje desde el punto de vista de la coherencia y la armonía en sus modos de presentación, de actuación y de expresión, con objeto de alcanzar lo que los latinos llamarían *decorum* o *aptum*, tal como hemos indicado anteriormente: "En cuanto a los caracteres, hay cuatro cosas a las que se debe aspirar. La primera y principal, que sean buenos. Habrá carácter si, como se dijo, las palabras y las acciones manifiestan una decisión, cualquiera que sea; y será bueno, si es buena. Y esto es posible en cada género de personas; pues también puede haber una mujer buena, y un esclavo, aunque quizá la mujer es un ser inferior, y el esclavo, del todo vil. Lo segundo, que sea apropiado; pues es posible que el carácter sea varonil, pero no es apropiado a una mujer ser varonil o temible. Lo tercero es la semejanza; esto, en efecto, no es lo mismo que hacer el carácter bueno y apropiado como se ha dicho. Lo cuarto, la consecuencia[1]; pues, aunque sea inconsecuente la persona imitada y que reviste tal carácter, debe, sin embargo, ser consecuentemente inconsecuente. Un ejemplo de maldad de carácter sin necesidad es el Menelao del *Orestes*; de carácter inconveniente e inapropiado, la lamentación de Odiseo en la *Escila* y el parlamento de Malanipa, y de carácter inconsecuente Ifigenia en Áulide, pues en nada se parece cuando suplica y cuando la vemos luego" (Aristóteles, *Poética*, 15, 1454a 16-34). Formulación resueltamente lógica, la última de estas cualidades exige que el carácter del personaje sea, desde el punto de vista del desarrollo de la acción, coherente o consecuente con los rasgos semánticos, definitorios o descriptivos, que se han dado de él. La lógica de la fábula, y del sujeto, exige, pues, consecuencia entre la identidad del personaje y su forma de actuar, entre su construcción formal y su desarrollo funcional.

[42] "Y los personajes son tales o cuales según el carácter; pero, según las acciones, felices o lo contrario. Así, pues, no actúan para imitar los caracteres, sino que revisten los caracteres a causa de las acciones. De suerte que los hechos y la fábula son el fin de la tragedia, y el fin es lo principal en todo" (Aristóteles, *Poética*, 6, 1450a 19-24).

miento de una tentativa de libertad humana, limitada *a posteriori* por los imperativos de un orden moral trascendente.

Creemos que la preeminencia que hace Aristóteles de la *fábula* como categoría fundamental de la tragedia, frente a los caracteres o personajes, debe entenderse como una selección lógica y especulativa. Así lo entendieron los tratadistas del *cinquecento*, y así se transmite la sistematización de tales ideas, que recibe Cervantes como resultado de la interpretación de la poética clásica. La inversión de estas categorías, es decir, considerar que el *sujeto* de la obra es más importante que las *acciones* que ejecuta, porque las acciones antes que ejecutadas son *experimentadas* por el propio sujeto, supone hacer una lectura psico-lógica, subjetiva, de los hechos, una lectura moderna, en la que nunca pensaron los escritores de la Edad Antigua. Para los pueblos antiguos, las personas se clasificaban o jerarquizaban según la importancia (moral) de la acción que ejecutaran, a cuya expresión retórica y poética correspondía un grado de decoro congruente con la trascendencia de la acción, en la verosimilitud de la estructura literaria y en la lógica de la jerarquía social.

La lectura psico-lógica favorece la preeminencia del sujeto sobre la fábula, al contrario que la interpretación meramente lógica o especulativa del hecho literario. La modernidad interpreta la acción, la fábula de la literatura, la estructuración de los hechos, no como algo ejecutado por el sujeto, sino como algo *experimentado*, vivido, "existencializado" por el personaje. Se pasa, pues, de una moral objetiva, lógica, especulativa, pública, a una moral subjetiva, personal, psico-lógica, individual, por relación a la cual los actos del sujeto adquieren un sentido, que no viene impuesto por la lógica inmanente de los acontecimientos.

Diríamos, siguiendo a R. Langbaum (1957/1996: 356 ss), que, en el sentido moderno de la interpretación literaria, el drama europeo de los siglos XVI y XVII reside más bien en una imitación de los caracteres, que no de la acción, de los personajes. La tragedia griega presentaba la voluntad del sujeto como un agente de la legalidad inmanente del destino; el drama europeo de la Edad Moderna, sobre todo a partir del teatro shakespeariano, representa la voluntad del sujeto como agente de sí mismo ante la "(i)legalidad trascendente" de una moral metafísica cada vez más discutida. Como tratamos de demostrar, el teatro de Cervantes se mueve entre los imperativos de la poética clásica, que sitúan al sujeto dominado por la estructura de los hechos de la fábula, y las tentativas de renovación del teatro moderno, que construye un prototipo humano determinado por la expresión de su experiencia personal ante el desarrollo de los acontecimientos, a los que sólo la vivencia del sujeto confiere un sentido.

De este modo, desde finales del siglo XVIII, coincidiendo con la decadencia de los dogmas de la estética del clasicismo y los preceptos aristotélicos sobre la mímesis como principio generador del arte, los conceptos de fábula y sujeto se someten a una nueva interpretación, de modo que los personajes protagonistas del drama dejan de ajustarse al modelo de agente aristotélico de la acción, para ser considerados e interpretados como los creadores de su significado.

La concepción e interpretación del personaje teatral en un sentido moderno, hacia el que creemos trata de apuntar la creación teatral cervantina, no queda definido teóricamente hasta la experiencia de la Ilustración europea y la poética literaria elaborada por el Romanticismo. No se advierte antes de este período que la personalidad *real* de un personaje (subjetividad de la conciencia) pueda ser diferente de su personalidad *aparente* (objetividad de la fábula), lo que equivale a admitir que un autor puede dotar a un personaje de ingenio, dignidad o valentía, para ridiculizarlo, para hacer de él una criatura innoble, o para presentarlo simplemente en su apariencia externa como un cobarde.

El personaje de la Antigüedad ofrecía una expresión esencial del sujeto, una visión esencialista de lo humano, de la que estaban excluidos cualesquiera valores existenciales que remitieran a condiciones vitales inmediatas, subjetivas, personales. El personaje de la tragedia griega carecía de "existencia", en favor de una "esencia" en la que se resolvían todos sus movimientos actanciales. Se produce una rigurosa coincidencia o sincretismo entre la esencia del personaje, que absorbe y disipa toda posibilidad de existencia particular, y el orden moral trascendente, en una síntesis, casi cósmica, diríamos, que resulta por completo inalterable. En este orden moral, preestablecido por una realidad sobrehumana, preexistente y trascendente a toda experiencia de la persona, se impone una forma de *ser* hacia la que ha de conducirse teleológicamente toda forma de *existir*. El orden moral se impone al sujeto como un objetivo ineludible hacia el que han de dirigirse, para cumplirlo, todas las formas y expresiones de su conducta. Los valores morales-objetivos-esenciales anulaban los valores personales-subjetivos-existenciales.

Hasta la estética post-ilustrada y romántica no se considera que los hechos son expresiones significantes de la voluntad del sujeto, es decir, que la acción significa lo que los personajes hacen de ella, y no a la inversa, como sucedía en la tragedia griega. Este principio confirma que los sucesos carecen de una lógica inherente: la legalidad inmanente de la fábula que sometía de modo inmutable todas las posibilidades humanas es destruida, y el sujeto actúa en una libertad que es consciente de sus expresiones existenciales, movido por la lógica y la subjetividad de formas de conducta que se justifican por sí mismas. El significado de los hechos (dramáticos) no está determinado por la Ley Natural que creía "poner" al personaje en su sitio, asignándole un lugar en el cosmos, sino que es el sujeto mismo el que adquiere su significado (dramático), en su naturaleza propia y genuina, frente a hechos, o a fabulaciones de hechos, que adquieren sentido a partir de la experiencia y la razón del sujeto. La interpretación del personaje en el sentido moderno se sintetiza en una idea básica, que consiste en discriminar Fábula y Sujeto, es decir, acción y personaje, así como los elementos y referentes constitutivos de uno y otra: la acción, la fábula, puede convertir a un personaje en un cobarde, en un indigno, en un valiente, etc., pero esto no significa nada, a menos que el personaje actúe movido por una conciencia, por una pulsión, por un deseo, por una reflexión..., de cobardía, indignidad, o valor, etc. El personaje debe, pues, *experimentar* subjetivamente aquello que *ejecuta* funcionalmente[43].

El teatro de Cervantes se debate entre la aceptación y superación de los postulados de la preceptiva clásica, frente a una estética de la modernidad aún no formulada literariamente, pero que el propio Cervantes, en sus comedias, intenta en cierto modo diseñar, sin el éxito decisivo que alcanza en la narrativa. En suma, las comedias cervantinas construyen un personaje teatral que se mueve entre los imperativos del mundo antiguo y los deseos de un mundo moderno que aún no ha dado nombre a muchos de sus impulsos. De este modo, el personaje cervantino de las comedias no siempre es superior e irreductible a un agente de la trama (Aristóteles), y aunque muy poco o nada tiene que ver con un estímulo de simpatía cuyos actos susciten piedad o terror (tragedia griega), el personaje no se limita a una expresión histórica o legendaria de su naturaleza como figura dramática (neosenequismo), ni se manifiesta como un simple representante de una categoría moral (religiosa o política) trascendente a lo humano (comedia lopista). Sin embargo, el personaje cervantino de la comedia tampoco está dotado de una conciencia capaz de exceder las exigencias y posibilidades argumentales de la fábula (Shakespeare), y muy pocas veces parece poseer una vida fuera de la trama, semejante a la de algunos personajes del teatro isabelino inglés. El personaje teatral cervantino sigue siendo en muchos casos un ser inmutable, antes que una criatura a la que puedan perturbar las reflexiones sobre su propia experiencia.

De este modo se explica que, embebido en los postulados a través de los que la Edad Moderna sistematiza y asume la poética antigua, Cervan-

---

[43] "El juicio existencial del personaje, y no el juicio moral, acabó disolviendo la estructura dramática, al negar la autoridad del argumento, haciendo que la obra, desde una lectura psicológica, dependa para su éxito, como el monólogo dramático, de un personaje central con un punto de vista lo suficientemente definido como para dar sentido y unidad a los sucesos, con una inteligencia, voluntad y pasión lo suficientemente poderosas, con una fuerza imaginativa suficiente como para crear la obra entera delante de nuestros ojos, y darle una densidad y una atmósfera, una inercia íntima, una vida" (R. Langbaum, 1957/1996: 294).

tes se declare por momentos resuelto partidario de las unidades clásicas: "Porque, ¿qué mayor disparate puede ser en el sujeto que tratamos que salir un niño en mantillas en la primera cena del primer acto, y en la segunda salir ya hecho hombre barbado? [...]. ¿Qué diré, pues, de la observancia que guardan en los tiempos en que pueden o podían suceder las acciones que representan, sino que he visto comedia que la primera jornada comenzó en Europa, la segunda en Asia, la tercera se acabó en África, y ansí fuera de cuatro jornadas, la cuarta acababa en América, y así se hubiera hecho en todas las cuatro partes del mundo?" (*Quijote*, I, 48). Sin embargo, una vez más, la práctica de su creación literaria, especialmente en comedias como *La entretenida* y *Pedro de Urdemalas*, desmiente la teoría de los imperativos preceptistas.

El seguimiento cervantino de la poética clásica es mucho más acusado en las primeras comedias. Así, por ejemplo, en *El trato de Argel*, una realidad trascendente a la que remiten los cambios y evoluciones de la fábula (*metabolé* y *peripecia*) parece anular la libertad del sujeto dramático. El personaje invoca con frecuencia el poder de un dios católico y contrarreformista del que hace depender el desarrollo de los hechos, su fabulación o estructuración, sin que la voluntad humana disponga de mayores libertades reconocidas. Las diferentes formas de lenguaje dramático remiten a esta relación de dominio de los hechos de la fábula sobre la experiencia del sujeto, de modo que la acción del personaje adquiere sentido por relación a la estructura de los acontecimientos, no por la expresión de su propia voluntad ante los hechos.

En *El gallardo español*, la construcción de la fábula potencia y exterioriza la expresión de un prototipo ideológico de sujeto dramático encarnado en la figura ideal de Fernando de Saavedra. Parece que todos los demás elementos, personajes y formas, se disponen *estructuralmente* para favorecer y justificar la construcción del personaje protagonista, en el que trata de fundamentarse un determinado orden moral y estamental, así como también se articulan *teleológicamente* para favorecer un determinado desenlace que ratifica la estabilidad social. Pese a que desde un punto de vista *formal*, los procedimientos *estructurales* de la comedia se distinguen sensiblemente de los códigos del teatro lopesco, la orientación *teleológica* es muy semejante al modelo barroco de Lope. El principal sujeto dramático, sin carácter existencial, absorbe funcionalmente a todos los demás personajes, con objeto de justificar a través de la estructura de los hechos (fábula) las ideas encarnadas en el protagonista (sujeto).

Aunque la comedia de *El gallardo español* presenta algunos rasgos propios del renacimiento y el humanismo[44], como la exigencia de libertades

---

[44] F. Sevilla y A. Rey consideran que *El gallardo español* es una comedia que se sitúa entre los rasgos del teatro cervantino de la primera etapa (1580-1587), especialmente en lo

individuales frente a los imperativos de la autoridad patriarcal (que en la figura de don Juan de Valderrama oprime los deseos amorosos de su hermana Margarita), es innegable que como tal comedia se sitúa en el siglo XVII, etapa barroca, determinada por el desengaño y el desencanto de muchas de las tentativas humanistas, lejos de la pureza y perfección deseadas, todo lo cual remite a una peripecia actancial en la que los personajes necesitan, para sobrevivir en las turbulencias que perturban el orden estamental, político y religioso, acudir al engaño y la confusión, por medio de situaciones equívocas, simulación de identidades falsas, recursos como el disfraz, ocultación del nombre propio, diálogo elusivo de la verdad, discursos en aparte, etc.[45]

En las últimas décadas parece haber triunfado la tesis según la cual comedias como *La entretenida*, o también *Pedro de Urdemalas*, constituyen una *parodia* del modelo dramático codificado en la comedia lopesca (J. B. Avalle-Arce, 1959; J. L. Flecniakoska, 1972; E. M. Friedman, 1981; F. J. López Alfonso, 1986). Desde nuestro punto de vista, estimamos que esta interpretación, sin ser desacertada, es más bien resultado de una lectura cervantina ampliamente desarrollada en el siglo XVI, y muy mediatizada por el conocimiento de la experiencia literaria que enfrenta a Cervantes con Lope de Vega. De este modo, se tiende a ver en la literatura de aquél una expresión dialéctica de la de éste, lo que ha llevado a desplazar en cierto modo la importancia, esencial a nuestro modo de ver, que adquiere en este terreno la estrecha –y contradictoria- relación de Cervantes con la poética clásica (aceptada en la teoría y desmentida en la práctica). Considerar a *La entretenida*, o a *Pedro de Urdemalas*, como una *parodia* del modelo de la comedia lopesca es más bien un ejercicio –contrastado– de lectura, una interpretación mediatizada por un conjunto de conocimientos sólo asequibles desde

---

que se refiere al prototipo de dos parejas protagonistas (galán / dama), y las novedades que incorpora Lope de Vega a la comedia de enredo característica del siglo XVII español. Esta interpretación sigue y confirma los estudios de J. Canavaggio (1977) sobre el teatro de Cervantes, al que este crítico define como "la elaboración progresiva de una dramaturgia experimental". Cervantes se movería entre la aceptación, o concesión, en lo que se refiere a la creación literaria, y el rechazo, en relación a la poética o preceptiva teatral, del código instaurado por Lope de Vega para la comedia de su tiempo, insistiendo especialmente en el rechazo de cuantos excesos le parecen convencionales y rígidos estereotipos, los cuales distancian la obra literaria de la auténtica expresión artística que exige la complejidad de lo real.

[45] "Desde una perspectiva temática la estructura de la obra sigue unas pautas barrocas, muy próximas a las de Lope, según las cuales, parte de una situación de armonía entre la fama personal del héroe y el cumplimiento de sus deberes colectivos, esto es, parte de una situación perfecta de orden seiscentista; se desequilibra la unidad en beneficio de la libertad individual, se rompe el orden establecido, y, tras una serie de intrincadas peripecias, vuelve la armonía de lo público y lo privado y se restaura el orden inicial" (F. Sevilla Arroyo y A. Rey Hazas, 1997: 22).

la experiencia investigadora del siglo XX, antes que el reconocimiento de una intención autorial explícita por parte del propio Cervantes[46]. De este modo, como tratamos de demostrar, la composición del teatro cervantino se mueve entre las exigencias y los imperativos de la poética clásica, los postulados artísticos e ideológicos de la comedia nueva, y las tentativas de renovación, que en géneros como la novela le llevan a un éxito reconocido, y que en el teatro no consigue alcanzar, limitado como lo estaba por la estética de la Antigüedad, limitación que no logra superar fácilmente, y la estética de la Modernidad, por así llamarla, que, representada de forma triunfal por Lope de Vega, no logra convencerle en absoluto.

Respecto a la transgresión cervantina de las normas funcionales que articulan la *fábula* en la comedia nueva conviene tener en cuenta algunas observaciones. El hecho de que Cervantes no conceda al desarrollo de la historia o trama un final que concluya según los presupuestos habituales (matrimonio, triunfo del enredo, indulto de la burla, lances de honor...), como sería de esperar en la lógica actancial de las comedias de capa y espada, puede entenderse como la expresión deliberada de una inadecuación entre la estructura de los hechos (fábula), que en principio deberían atenerse a un orden moral transcendente, desde el que adquieren *a priori* el sentido de su desarrollo, y la experiencia particular de los actuantes o personajes que protagonizan tales hechos (sujeto). La acción desmiente la tipología de los caracteres, porque el sujeto se resiste a someterse a los códigos de la fábula. Parece que Cervantes rechazara en estas últimas comedias la definitiva construcción del personaje como resultado de la voluntad de un orden moral trascendente e inmutable, de modo que probablemente discute esa relación de identidad o armonía entre Hechos naturales, sociales o políticos, y Valores morales, religiosos o estamentales, tal como los confirma y codifica el teatro lopesco.

Son varios los rasgos actanciales que determinan funcionalmente el desenlace de *La entretenida* desde presupuestos contrarios a la lógica de la comedia nueva. En primer lugar, no triunfa el embuste pergeñado por Muñoz, Cardenio y Torrente, ya que la presencia y el comportamiento del auténtico Silvestre de Almendárez, que aparece en la jornada III de la

---

[46] En relación con este aspecto, I. Arellano (1995: 52) señala la siguiente observación, que conviene tener en cuenta: "Hay, sin embargo, que señalar que muchas dimensiones irónicas están ya en la Comedia nueva: considerar que en la comedia de enredo lopiana los padres son siempre honorables garantes del honor, rígidamente mantenido, etc., es adoptar una visión muy reducida, y ciertamente errónea, que conduce a nuevos desvíos. Cervantes ofrece, sin duda, un juego complejo, con notas de burla, ironía y parodia, pero en ese sentido no habría una radical innovación ni un enfrentamiento "programático" con la comedia nueva, que explota no menos esos elementos. Para defender al teatro de Cervantes no es preciso ignorar la propia flexibilidad y apertura de los modelos dramáticos que al final predominarán en el Siglo de Oro".

comedia, lo desmiente abiertamente. No triunfa, pues, el embuste, una de las principales características funcionales de la comedia de enredo, lo que puede interpretarse en cierto modo como una desmitificación de la burla que sirve de eje a la acción, de la licencia poética que justifica su posible inverosimilitud como recurso funcional, y de sus más que probables implicaciones en los elementos, procesos y personajes cómicos de la pieza: "Yo soy, señor don Antonio, / vuestro primo verdadero, / y de ser éste embustero / darán claro testimonio / mis papeles y el retrato / de mi señora Marcela" (III, 2940-2945).

En segundo lugar, como tantas veces se nos ha repetido, la comedia no acaba en matrimonio. Ninguna de las posibles parejas que han mantenido una intriga amorosa acaba en matrimonio: Cristina con Quiñones, Ocaña o Torrente; Antonio con Marcela; Ambrosio o Silvestre con la hermana de Antonio, también llamada Marcela... ¿Existe aquí un intento de desmitificación de la relación matrimonial convenida a través de formas de conducta lúdicas y azarosas, mediatizada por el poder económico o la riqueza patriarcal? No deja de ser, en todo caso, una muestra más de cómo el sujeto dramático no se atiene a al código preceptivo de la comedia lopesca.

D. Antonio:	... el Pontífice no quiso conceder dispensación entre mi primo y mi hermana (III, 2986-2988).
Cristina:	¿No ha de haber un casamiento en esta casa jamás?
Ocaña:	Tú, Cristina, le harás, si te ajustas a mi intento.
Cristina:	Yo me ajusto al de Quiñones.
Quiñones:	Pues yo no me ajusto al tuyo.
Cristina:	¿Tú, para no ser mi cuyo, hallas razón?
Quiñones:	Y razones.
Cristina:	Ocaña, si me deseas, vesme aquí.
Ocaña:	No es mi linaje tal, que lo que arroja un paje escoja yo, ni tal creas (III, 3000-3011).

En tercer lugar, conviene advertir que el engaño no queda impune por parte de los burlados, quienes por boca de Marcela condenan lenitivamente la farsa de Muñoz, Torrente y Cardenio[47]. El enredo, que en la

---

[47] Recuérdense en este sentido las palabras de Marcela: "Con licencia de mi hermano / y de mi primo, yo quiero / sentenciar al escudero / y al gran embustero indiano. / Trocará

comedia nueva proporciona con frecuencia el eje fundamental de la trama, se censura aquí como una broma de discutible gusto, que sin faltar al decoro social, no cumple con las exigencias que facilitan la verosimilitud y la autenticidad de la convivencia.

Finalmente el espectador asiste a una auténtica disolución funcional del personaje teatral. La comedia termina con una especie de deserción del personaje, pues cada uno de ellos va abandonando progresivamente el escenario después de reconocer verbalmente su fracaso en el desarrollo de las acciones e intenciones que se había propuesto. El personaje se disgrega, se disuelve, desde el punto de vista del desarrollo de la acción, y así, devaluada o anulada su funcionalidad en la fábula, el personaje sólo puede desaparecer. Los personajes de la comedia nueva de Lope triunfan al triunfar sus acciones, dado que el sujeto *es* en la medida en que es expresión de un personaje que actúa por relación al orden moral del que adquiere sentido.

TORRENTE: Siento en aqueste desastre
sólo el perder a Cristina.
MUÑOZ: Camina, Muñoz, camina,
pobre, sin bayeta y sastre.
(Entrase.)
DOROTEA: Sin Marcela, don Antonio,
se entra amargo el corazón.
(Entrase.)
D. SILVESTRE: Y yo sin dispensación.
(Entrase.)
CRISTINA: Cristina sin matrimonio.
(Entrase.)
CLAVIJO: Yo seguiré de mi amigo
los pasos, medio contento.
(Entrase.)
D. FRANCISCO: Yo alabaré el pensamiento
de don Antonio, a quien sigo.
(Entrase.)
MARCELA: Yo quedaré en mi entereza,
no procurando imposibles,
sino casos convenibles
a nuestra naturaleza.
(Entrase.)
OCAÑA: Esto en este cuento pasa:
los unos por no querer,
los otros por no poder,
al fin ninguno se casa (III, 3064-3085).

la mano el juego / a cuyas leyes me arrimo, / y él se salga della luego. / Lleve su vergüenza mayor / que puede tomar Amor / de invenciones como aquéstas. / A Muñoz le doy la pena / que da el arrepentimiento / y el destierro" (III, 320-334).

Desde el punto de vista de la funcionalidad, la comedia *Pedro de Urdemalas* se caracteriza por alterar y discutir la codificación de los hechos y acciones tal como los presenta la comedia nueva de Lope de Vega[48]. Consideremos algunas de las acciones y funciones que, frente a la comedia lopesca, Cervantes transforma en el planteamiento y desarrollo de la trama.

Cuando Maldonado propone a Belica el matrimonio con Pedro de Urdemalas, en el que la igualdad prima ante cualquier otra pretensión posible, la dama rechaza al galán: "Cásate, y toma tu igual, / porque es el marido tal / que te ofrezco, que has de ver / que en él te vengo a ofrecer / valor, ser, honra y caudal" (II, 1580-1584). Belica rehúsa esta relación, sugiriendo mayores pretensiones: "¿No se te ha ya traslucido / que el que a grande no me lleve / no es para mí buen partido?" (II, 1555-1557). La interpretación funcional de hechos como éste –rechazo de la dama al galán propuesto– discute el esquema codificado en la comedia lopesca, al disponer que la comedia no concluya en matrimonio. Aunque hay dos parejas que finalmente quedan concertadas, tal como declara el alcalde a Pedro: "Clemente y Clementa están / muy buenos, sin ningún mal, / y Benita con Pascual / garrida vida se dan" (III, 3152-3154), la intervención de Pedro de Urdemalas, con la que se cierra la obra, insiste ante el público en desmitificar los finales prototípicos de la comedia nueva: "y verán que no acaba en casamiento, / cosa común y vista cien mil veces" (III, 3169-3170).

Por otro lado, no podemos olvidar aquí algo en lo que hemos insistido con anterioridad, en relación con el decoro del monarca, quien coquetea libremente con la gitana Belica, lo que quizá pueda entenderse por parte de Cervantes como una expresión de ironía sobre el sistema de acciones y valores característico de la comedia nueva. No es posible eludir la declaración final acerca de la observancia de las unidades de tiempo y espacio. Cervantes insiste hasta en los últimos versos de esta comedia en el cumplimiento de las unidades de tiempo y lugar, dando muestra una vez más de las diferencias que caracterizan su afinidad con la preceptiva clásica, el interés por las tentativas de renovación teatral, y su distancia frente a los modelos de Lope:

---

[48] La crítica cervantina ha distinguido tradicionalmente en *Pedro de Urdemalas* (F. Sevilla y A. Rey, 1987: 632) dos aspectos principales: en primer lugar, el hecho de que Cervantes subraye como mérito, al final de la pieza, que la comedia no termine en matrimonio (III, 3167) y que se hayan respetado las unidades de tiempo y espacio (III, 3169-3174); en segundo lugar, que la trama de la comedia se organiza en torno a dos peripecias fundamentales, que se corresponden con los personajes de Belica (tras cuya acción se sitúan los referentes de la novela griega, *Amores de Teágenes y Cariclea*, y un célebre episodio de Timoneda, perteneciente a *Patrañuelo* [XI]), y Pedro de Urdemalas (personaje tradicional y folclórico, arquetipo del tracista proteiforme).

"... ni que parió la dama esta jornada,
y en otra tiene el niño ya sus barbas,
y es valiente y feroz, y mata y hiende,
y venga de sus padres cierta injuria,
y al fin viene a ser rey de un cierto reino
que no hay cosmografía que le muestre.
Destas impertinencias y otras tales
ofreció la comedia libre y suelta,
pues llena de artificio, industria y galas,
se cela[49] del gran Pedro de Urdemalas" (III, 3171-3180).

4.3.3. *El personaje como resultado de la voluntad de un orden moral trascendente*

Hemos visto hasta el momento cuestiones de poética que, determinantes en la producción literaria cervantina, explican la literatura como expresión de una acción externa del sujeto y sobre el sujeto. Esta "acción externa", que desde la sistematización renacentista de la poética antigua se explica y justifica normativamente para la Edad Moderna, se impone al ser humano desde un sistema de valores bien definido, y determinado desde la más temprana Antigüedad por sus implicaciones metafísicas, en el ámbito de la moral, de la religión y de la política. Este orden moral, construido desde civilizaciones previas a la cultura grecolatina, y destinado a la explicación de un mundo antiguo, es rehabilitado en la etapa sin duda más avanzada de la Edad Moderna, el siglo XVII europeo, con objeto de contribuir al reconocimiento y conservación, especialmente en dominios culturales como el español, de valores que se corresponden genuinamente con las edades Antigua y Media.

Los fundamentos de este orden moral, que se impone a la voluntad del sujeto como una realidad trascendente e inmutable, se basaban en una metafísica que hace crisis en la experiencia de la Ilustración europea, especialmente desde la sistematización del pensamiento Idealista, justificado por I. Kant desde 1781, a partir de las filosofías racionalistas y empiristas. La desintegración de la metafísica tradicional en el siglo XVIII, en la que se había basado hasta entonces la organización y comprensión de la historia de la humanidad, no sólo tiene consecuencias morales, políticas y religiosas, sino también, y muy principalmente, *poéticas*. Vamos a ver a continuación en qué medida el teatro de Cervantes contribuye a discutir y a confirmar, frente al declarado apoyo de la comedia lopista, y la resistencia a tal conservadurismo de algunos de los héroes shakesperianos,

---

[49] Cfr. la propuesta de J. Casalduero (1951), quien sugiere la forma "cese la".

ese orden moral, trascendente e inmutable, que trata de imponerse bajo nuevas formas morales, estéticas y políticas, sobre la civilización y el arte europeos del siglo XVII.

El sentido aristotélico del drama, en vigor hasta el siglo XVIII, como hemos indicado, concibe la literatura como expresión de una *acción externa* al sujeto. Los hechos *significan* por relación a una moral públicamente admitida, absolutamente extrovertida hacia dioses y demás trascendencias sobrehumanas. El teatro, escenificación de sacrificios humanos, dependía estructuralmente de la creencia en un único sistema moral objetivo, trascendente e inmutable, válido en sí mismo, e impuesto en su legalidad inmanente al sujeto humano, que nada puede hacer por transformarlo.

La Ilustración, como sistema de pensamiento epistemológicamente idealista, que separa la Modernidad del horizonte moral tradicional, epistemológicamente realista, que constituía la Antigüedad, introduce en el teatro y sus posibilidades de expresión dramática, como género literario y como forma de espectáculo, transformaciones esenciales, que constituyen características paradigmáticas en el desarrollo histórico de la literatura teatral, algunos de cuyos antecedentes pueden identificarse ya en el Renacimiento, con la aparición del drama moderno[50].

Con anterioridad al movimiento que constituye la Ilustración, no se concibe la existencia en el ser humano de puntos de vista propios, personales, que sean resultado de una visión del mundo igualmente particular o individualista, sino como una posición variable o relativa, pero siempre dentro de una escala moral públicamente codificada, establecida como algo inmutable, e igualmente aceptada por héroes, villanos y nobles. Deben considerarse, a este respecto, las siguientes palabras de R. Langbaum:

> El personaje del drama tradicional, lejos de dejarse atrapar enteramente en su perspectiva particular, tiene siempre presente la perspectiva general de donde extrae el juicio de sus acciones. Esta es la diferencia crucial que nos separa de tanta literatura pre-ilustrada, y que nos empuja, a juicio de los críticos, a malinterpretar "románticamente" cuando leemos. Nos resulta difícil comprender la resignación que reina entre los condenados por Dante al infierno, o que la simpatía de Dante hacia Francesca no implique una crítica al juicio

---

[50] Para los románticos, los hechos significan "en la medida en que proporcionan al personaje central un *motivo de experiencia*" (R. Langbaum, 1957/1996: 271), es decir, una explicación de la experiencia. La literatura romántica, y el drama como una de las formas específicas de la literatura, representa una posibilidad de expresión y encuentro de la *persona*, en este caso del sujeto creador, del sujeto que construye un texto para construirse y explicarse a sí mismo, ante la alteridad humana en constante transformación y ante la discutidamente objetiva naturaleza exterior.

divino contra ella, o que nuestra simpatía por el héroe trágico no deba implicar un crítica a los dioses y a sus criterios. Aparentemente, el orden moral se aceptaba como algo inamovible, del mismo modo en que hoy aceptamos el orden natural; y la combinación de sufrimiento y aquiescencia era probablemente el secreto de la antigua emoción trágica –una emoción de la que hablamos mucho pero que, sospecho, se nos escapa[51]. Y es que hemos sido educados en una exigencia concreta, la de que toda perspectiva particular debe conducirse a su conclusión lógica, hacia valores que se justifican solos. Sin embargo, el personaje tradicional se representa a sí mismo sólo de manera parcial, pues también colabora en la exposición del significado moral de la obra. Interpreta su historia personal con el fin de reforzar el orden moral (R. Langbaum, 1957/1996: 275-276).

De la lectura de estas palabras de Langbaum se extraen importantes conclusiones. Se admite, en primer lugar, que hasta la llegada de la Ilustración, el personaje teatral interpreta su historia y su acción personales justificando siempre el orden moral preestablecido en el que se le exige habitar; en segundo lugar, se observa que la Ilustración, y sobre todo el Romanticismo, han educado[52] al hombre en la idea de que toda experiencia humana, toda vivencia personal, debe conducirse mediante conclusiones lógicas hacia formas de conducta que se justifican por sí mismas. Hoy nos parece cierto que el teatro de Shakespeare constituye un eslabón decisivo en esa cadena que explica la evolución del personaje de la tragedia antigua al drama moderno; también hoy nos parece evidente aceptar que el teatro lopesco no nos acerca en absoluto a la explicación de la psique del personaje contemporáneo; sin embargo, conviene preguntarse cuál es la contribución del teatro cervantino en este terreno, cómo se objetiva formalmente en los límites de su arte dramático la expresión del personaje frente al orden moral –que tan brillantemente se desarrolla en la novela–, y por qué no evoluciona en sus formas experimentales hacia nuevas concepciones del personaje dramático, y hacia modelos literarios más amplios e igualmente válidos.

---

[51] La "combinación de aquiescencia y sufrimiento", de la que habla R. Langbaum como "probablemente el secreto de la antigua emoción trágica", puede entenderse como referencia a la orientación teleológica de la tragedia, en la experiencia catártica, que combina el terror y la piedad, es decir, la aceptación del error o desmesura, anunciada al hombre por el destino que marca el dios, y el horror del sufrimiento, dolor y castigo, que la punición de esos mismos dioses impone al ser humano.

[52] Este es el resultado de una educación que comienza con el empirismo inglés y el racionalismo cartesiano, y que encuentra antecedentes en el concepto de fe personal esgrimido por la Reforma, asesorada por la hermenéutica, la filología y la teología protestantes, como conjunto de orientaciones básicas para el desarrollo de la Ilustración europea. A todas estas tendencias habría que añadir, en este contexto, un antecedente indiscutible: la obra de Nicolás Maquiavelo.

R. Langbaum (1957) considera la Ilustración europea como el resultado de un esfuerzo científico y crítico al que mueve el deseo de separar los *Hechos* (conocimiento científico y técnico de la naturaleza, de las conductas humanas...) de los *Valores* entonces vigentes (Ley Natural asumida como Ley Positiva, inmutabilidad de el Orden Moral o religioso, estamentos sociales, política, etc.), en una tradición en ruinas, como, a su juicio, era entonces la civilización europea[53]. De este modo, el *Fausto* de Goethe es un discurso en el que el protagonista construye todo el poema con el deseo de desarrollar una ley que permita justificar sus actos; es decir, una ley que permita al individuo explicar sus deseos y formas de conducta, y juzgarlos, sin la exigencia de acudir a ese orden moral impuesto de modo inmutable desde la Antigüedad más temprana, y que asumido en los incipientes comienzos del Renacimiento italiano por figuras como Dante, discuten tiempos después personajes tan decisivos como Don Quijote, Hamlet o el propio doctor Fausto.

Los personajes de Dante confirman la existencia y la exigencia de una ley que fundamenta inalterablemente un orden moral y religioso, justificado en sí mismo y perfecto en su inmanencia. Hamlet y Fausto representan personajes que no son capaces de desarrollar esa ley que permita la explicación de sus actos; el primero reflexiona sobre tales posibilidades, incluso llega a apuntarlas en varios de sus soliloquios, pero fracasa en el modo de ejecutar decisiones que nunca parecen llegar. Fausto, por su parte, llega incluso más lejos en sus pretensiones, al rebelarse contra la inmutabilidad, no ya de un orden moral o religioso, estamental o mítico, sino nada menos que de un orden natural, el del tiempo; al ser incapaz de hallar leyes o formas de conducta que permitan mutaciones en el orden natural de los hechos humanos, el resultado es de fracaso, dado que nadie puede revertir a su juventud. Don Quijote sí desarrolla una ley que permite justificar sus actos, pero esa ley, la del ideal caballeresco realizado en la persona de Alonso Quijano, es completamente ficticia, y además, dolorosamente burlada.

---

[53] El mismo autor considera al Romanticismo como un movimiento de extrema voluntad y deseo, que nace cuando la literatura de fines del siglo XVIII percibe las peligrosas consecuencias de una visión científica del mundo. El Romanticismo sería en este sentido el intento del hombre moderno por reintegrar Hecho y Valor, tras haber rechazado los viejos valores en la experiencia de la Ilustración europea, como fundamentos de un orden moral inmutable implicado en las ideas de la Antigüedad. "Individuos superiores de intelecto dieciochesco se convirtieron en románticos cuando descubrieron en su interior la nueva facultad imaginativa. Emprendieron la tarea de reconstrucción decimonónica sólo cuando, enfrentados al mundo sin sentido que heredaron de la Ilustración, descubrieron en su interior la voluntad y el poder de transformarlo, otorgándole sentido. El nuevo Mito hubo de forjarse, a golpe de intuición imaginativa, en los tres ámbitos centrales de la realidad: el pasado, la naturaleza y el sujeto" (R. Langbaum, 1957/1996: 68).

Desde el siglo XVII, particularmente desde el pensamiento cartesiano (1637), el individuo siente que la realidad lo va abandonando progresivamente, los objetos se tornan cada vez más dudosos en su supuesta legalidad inmanente, y el sujeto, a falta de seguridad en su vida exterior, se atiene a los límites de su conciencia, a un aislamiento interior cada vez más sofisticado, merced a la sucesivas reflexiones que desde distintos órdenes vienen produciéndose sobre las potencias de la voluntad, la imaginación y el deseo, cualidades principales de la subjetividad humana.

R. Abirached (1978) ha insistido en la idea de que, pese a la diversidad de los sistemas teatrales de la Europa Occidental, el personaje dramático apenas experimenta cambios sustanciales hasta las poéticas y las literaturas del romanticismo[54]. El teatro griego clásico había reproducido materialmente en el personaje una imagen del mundo, la sociedad y la persona, integrada en un orden moral que es seguido muy de cerca, desde los fundamentos metafísicos de un sistema político, por teatros nacionales como el español, y que resulta muy sutilmente discutido en el teatro isabelino inglés por los referentes formales del drama shakespeariano.

De algún modo, la *commedia dell'arte*, que representa a un personaje durante su proceso de construcción, entregado por entero a las competencias del actor, había puesto entre paréntesis los enfoques realistas de la vida, y pareció suspender las relaciones de fuerza que pesaban en la sociedad del momento a cambio de manifestar la astucia de personajes como Arlequín, el ánimo –quizás iluso– de la revancha, la inversión de las jerarquías de poder, la victoria del criado u otros personajes frente a la censura moral, las limitaciones sociales, la presión o estrechez psicológica, frente a las posibilidades de la imaginación individual, etc. Y no hay que olvidar que buena parte de las comedias europeas de los siglos XVI, XVII y XVIII reproducen los esquemas, los estereotipos y la distribución de papeles propios de la *commedia dell'arte*.

Los límites entre lo trágico y lo cómico dejan de percibirse, y así, el ser humano se sitúa, por un lado, ante la tragedia clásica, que ofrece del personaje datos sobre su nacionalidad, situación familiar y pasión dominante, y somete con frecuencia al protagonista a una autoridad (paternal, teocrática, etc., siempre de implicaciones trascendentes), limitado por un

---

[54] "De sa naissance jusqu'au XVIIIè siècle, le théâtre européen a certes fonctionné selon des modalités extrêmement diverses, en théorie comme en pratique, mais sa définition globale n'a jamais varié. Le but de la représentation est constamment demeuré d'imiter les actions des hommes, par le truchement des comédiens, à travers un espace et un temps figurés, devant un public invité à ajouter foi aux images ainsi construites; cette mimésis, qui est une activité de l'imaginaire s'exerçant sur le réel, en vise pas simplement à donner du plaisir, mais aussi à affirmer ou à affermir un savoir" (R. Abirached, 1978/1994: 89).

compromiso o fidelidad (conyugal, civil, política, moral, etc.), e implicado en una serie de circunstancias condicionantes de tipo familiar o social[55]. Por otro lado, el personaje cómico no se individualiza, no adquiere rasgos ni conciencia subjetiva hasta el siglo XVIII; hasta entonces suele ser –y hay excepciones– un personaje plano y prototípico; suele disponer de un nombre común que funciona como propio, y que refleja su estatuto, empleo o carácter, para hallarse actancialmente situado en el contexto de una vida cotidiana, más o menos familiar, social o doméstica.

En este contexto, el teatro español del Siglo de Oro parece asumir como función garantizar un equilibrio en el mundo tal como Dios –o mejor, la idea de Dios que entonces se sostiene por los grupos dominantes– quiere, y el rey garantiza. Hay que evitar que la acción de algunos hombres pueda poner en peligro el orden exigido a una sociedad estamental por cuya supervivencia se vela[56].

La naturaleza humana es insuficiente por sí misma para (auto)gobernarse, lo que justifica, a los ojos del siglo XVII, el sometimiento de la voluntad humana al orden moral trascendente, desde el que pretende reglamentarse la vida del individuo, así como la construcción de personajes dramáticos que respondan a este prototipo. Se explica de este modo la *inferencia metafísica* en el teatro, con una novedad en este caso que nos parece importante, y es la que se refiere a su implicación –hasta entonces limitada a los géneros trágicos[57]– en la comedia. Toda expresión estética

---

[55] Hasta la aparición del drama burgués, no se plantea en el teatro el estado civil del personaje. Los sistemas y paradigmas teatrales procedentes del clasicismo (tragedia, comedia griegas, *commedia dell'arte*...) no plantean respecto al personaje problemas de este tipo, sino que se limitan a adjudicarle un nombre propio (o común), una situación social, y unos rasgos biográficos más o menos eventuales.

[56] "A tal fin se echaba mano del eficaz instrumento de la monarquía absoluta, probablemente puesto en marcha para disciplinar el movimiento de desarrollo conocido por el Renacimiento, y que en las nuevas circunstancias de la crisis del XVII se aplicaría para someter los diferentes factores que pudieran levantarse contra el orden vigente. Así, la monarquía absoluta se convierte en principio, o tal vez mejor, como en otra ocasión hemos dicho, en clave de bóveda del sistema social: estamos ante el régimen de absolutismo del Barroco, en el que la monarquía culmina un complejo de intereses señoriales restaurados" (J. A. Maravall, 1975/1986: 71).

[57] Esta *inferencia* en lo trágico de una realidad metafísica y trascendente a la existencia del sujeto, merece la siguiente confirmación y comentario de G. Steiner (1996/1997: 113): "De todos los géneros literarios occidentales, y éste es especialmente occidental, el drama trágico es el que más difícilmente puede separarse de la religión. Lo poco que conocemos de sus orígenes nos pone en contacto con rituales y recintos sagrados. El contenido mítico que subyace al teatro trágico griego, en el neoclásico y en casi todo el producido en el siglo XX, se basa en encuentros con agentes sobrenaturales del destino, con visitaciones transcendentes, con intervenciones "no humanas" de orden ambiguo o destructivo. El agnosticismo del drama shakesperano con respecto a lo teológico y a lo metafísico es innegable. Como ya vimos, está relacionado con el modelo tragicómico. No obstante, en este punto la asun-

de la experiencia trágica, desde sus orígenes hasta la modernidad del siglo XX, parece estar estrechamente relacionada con el mundo de la religión, el mito o la creencia del más diverso signo. Por el contrario, no resulta tan sencillo justificar, en algunos casos ni tan siquiera demostrar, la misma inferencia metafísica y teológica, presente en la tragedia, en géneros literarios y formas de espectáculo como la comedia. Algunas "comedias" del teatro español de los Siglos de Oro, obras como *Noche de Reyes*, de Shakespeare, las piezas de teatro de Chejov, o construcciones operísticas como la mozartiana *Cosí fan tutte*, formulan con cierta recurrencia posibles implicaciones metafísicas en las formas de la comedia.

En el teatro antiguo casi todo es monista, casi todo tiene una sola naturaleza y una sola consecuencia. Así se mantiene aún en la comedia de Lope de Vega, y sin embargo nada de eso existe ya en Shakespeare, donde casi nada es monista. J. A. Maravall ha escrito a este respecto una cita que vale la pena recuperar íntegramente:

> Sin duda, en el Barroco había una tendencia a lograr una inmovilización o, cuando menos, a imponer una dirección a las fuerzas de avance que el Renacimiento había puesto en marcha. Pero, en la pugna entre una y otra tendencia, las fuerzas expansivas que se trataba de contener eran de tal energía que, más pronto o más tarde –casos, respectivamente de Inglaterra y de Francia–, acabaron ganando la partida. Shakespeare o Ben Jonson no representan una cultura que hiciera imposible la revolución industrial. Racine o Molière tal vez contribuyeron a preparar los espíritus para la fase renovadora del colbertismo. Pero de las condiciones en que se produjo el teatro de Lope o el de Calderón y que en sus obras se reflejaron –con no dejar de ser ellos modernos–, no se podría salir, sin embargo, hacia un mundo definitivamente moderno, rompiendo el inmovilismo de la estructura social en que el teatro de uno y otro se apoyaba (J. A. Maravall, 1975/1986: 77).

En este sentido, la pregunta que debemos hacernos aquí consiste en saber cuál es la aportación cervantina en este terreno, es decir, hasta qué punto el personaje de las comedias de Cervantes es, o no es, una construcción en que se refleja y objetiva la voluntad de un orden moral trascendente, elaborado en la Antigüedad, y justificado por la sistematización normativa de la poética clásica desde el Renacimiento europeo.

Son principalmente tres los símbolos que, en el teatro español de los Siglos de Oro, representan el sometimiento del sujeto a las exigencias metafísicas de un orden moral trascendente: el Dios contrarreformista, el

ción de que el destino humano sufre limitaciones e interposiciones de un orden que va más allá de lo empírico y de lo racional es imperiosa. No puede haber un *Hamlet* sin el Fantasma, un *Macbeth* sin las Brujas. El mundo del *Lear* está materialmente atestado de fuerzas y agentes extraños al hombre".

Monarca absolutista, y la Honra como legitimidad social del individuo. En *El trato de Argel* Cervantes ofrece claros ejemplos de estas tendencias. En la jornada segunda de la obra, Aurelio invoca a un dios contrarreformista, representante de una realidad moral trascendente al sujeto, y capaz de anular toda voluntad y toda tentativa de libertad en las formas de conducta del personaje: "¡Padre del cielo, en cuya fuerte diestra / está el gobierno de la tierra y cielo, / cuyo poder acá y allá se muestra / con amoroso, justo y sancto celo...!" (II, 285-298)[58]. Ejemplos de este tipo están presentes, de modo prácticamente idéntico, en todo el teatro español de los siglos XVI y XVII[59]. Sin embargo, en relación con el tema del honor, la postura de Cervantes admite expresiones literarias muy sensiblemente diferentes.

¿Cómo explicar, entonces, las alusiones al honor contenidas en la primera jornada de *El trato de Argel*? Describe Cervantes en esta comedia, por boca del moro Mamí en su diálogo con otro moro que hace las veces de mercader, cómo los navíos argelinos apresan a los españoles al contar con más velocidad por el mayor número de remeros, y cómo en tales extremos los españoles prefieren ser apresados antes que remar como galeotes. ¿Se cuestiona en estos versos un determinado modo de entender el concepto del honor, esencial en el teatro lopesco y en la sociedad española de los Siglos de Oro?[60]

[58] Lo mismo podría decirse de las declaraciones del "Padre" a la "Madre" en el momento en que los miembros de esta familia cristiana son separados y vendidos como esclavos a los moros: "¡Sosegad, señora, el pecho; / que si mi Dios ha ordenado / ponernos en este estado, / El sabe por qué lo ha hecho! /... / Dejad, señora, cumplir / lo que el alto cielo ordena" (II, 886-890 y 893-894).

[59] "A diferencia de griegos e ingleses, los poetas dramáticos españoles poseen un repertorio de respuestas hechas, aplicables a todas las situaciones humanas. Hay ciertas preguntas –aquellas, precisamente, que se refieren al hombre y a su puesto en el cosmos– que nuestros poetas no se hacían, o para las que tenían ya listas las contestaciones que da la teología católica" (O. Paz, 1956/1993: 209).

[60] "La crítica latente contra la religión del honor es evidente, la necesidad práctica de no sujetarse siempre a él, también lo es. Pero el texto no lo dice, sino que se limita a dejar abierta la puerta de su lectura en este sentido. Y ello porque precisamente en España el honor era algo más que una mentalidad extendida desde la nobleza hasta el pueblo, algo más que una convención social y cultural básica, casi una norma sagrada. De ahí las precauciones para criticarlo, aunque sólo fuera ocasionalmente y en situaciones muy concretas: porque se podía poner en cuestión el pilar fundamental de la sociedad española. No pretendía eso nuestro autor: simplemente, quería que la honra se subordinara a las exigencias de la libertad, principio mucho más sagrado para Cervantes que el del honor" (F. Sevilla y A. Rey, 1997: III, 33). Vid., en relación con el tema del honor, entre otros trabajos, los de J. Artiles (1969), J. Cañas Murillo (1995), A. Castro (1916; 1961/1989: 193-225), G. Correa (1958), J. M. Díez Borque (1976), E. Forastieri (1977: 59-88), C. A. Jones (1958), D. R. Larson (1977), J. A. Madrigal (1977), J. A. Maravall (1972, 1978), R. Menéndez Pidal (1943), H. J. Neuschäfer (1973), H. T. Oostendorp (1969), A. Rey Hazas (1991), A. del Toro (1985, 1998) y R. Wellek (1963).

Pero allá tiene la honra
el cristiano en tal extremo,
que asir en un trance el remo
le parece que es deshonra;
y, mientras ellos allá
en sus trece están honrados,
nosotros, dellos cargados,
venimos sin honra acá (I, 851-858)[61].

Fernando de Saavedra, en *El gallardo español*, representa la visión esencial del personaje dramático desposeído de sus circunstancias vitales inmediatas; el teatro barroco, especialmente a través de la comedia lopesca, codifica al sujeto dramático por relación a una exigencia estamental y moral, de orden político y social, frente a los imperativos metafísicos, de orden religioso y de proyección universal, característicos de la tragedia griega; en el teatro español del Siglo de Oro el sujeto sigue siendo lo que la fábula dispone que sea, de modo que la acción, como expresión exterior y única del sujeto, es toda la expresión de que dispone el personaje, ajeno con frecuencia a su propia voluntad individual.

Como admiten la mayor parte de los comentaristas que se han ocupado de la cuestión durante los últimos años, *La casa de los celos* presenta, de forma dramática y lúdica, la disolución de las utopías renacentistas, especialmente en lo referente a los mitos caballeresco y pastoril. F. Lázaro Carreter (1969) ha hablado de un "síndrome barroco" con objeto de expresar la percepción de la distancia y descomposición de los grandes

---

[61] No deja de ser ilustrativo el contraste entre esta referencia cervantina al concepto del honor, con el tratamiento que esta misma noción de "honra" adquiere en el teatro lopesco, así como la ironía cómica a la que, no demasiados años después, en 1660, Molière somete el concepto de honor conyugal, en el soliloquio de la escena XVI de *Sganarelle*, en la que el protagonista dice, al creer que su mujer le engaña con otro hombre: "Corramos, pues, a buscar a ese bigardo que me hace frente. Probemos nuestro valor al vengar nuestra afrenta. Ya aprenderéis, bergante, a reír a mi costa y, sin ningún respeto, a hacer cornudo a un hombre. (*Vuelve después de haber dado unos pasos*). Poco a poco, si os place; este hombre tiene cara de poseer una sangre ardiente y el alma algo levantisca, y podría, añadiendo afrenta tras afrenta, cargar de leña mi espalda como ha hecho con mi frente. Odio de todo corazón los espíritus coléricos y siento un gran cariño por los hombres pacíficos; no soy pegón por miedo a ser pegado, y el genio manso es mi gran virtud. Mas mi honor me dice que es preciso, sin remisión, tomar venganza de tal afrenta. ¡Pardiez! Déjemosle decir cuanto le plazca, ¡y al diantre el tal honor, que, sin embargo, no hará nada en este caso! Una vez que me haga el valiente y que un acero, por mi inquietud, me haya atravesado de una mala estocada la pelleja, decidme, honor mío: ¿os hará eso engordar? La tumba es un lugar harto melancólico y demasiado malsano para los que temen al miedo. Y, por mi parte, creo, después de bien pensado todo, que más vale ser cornudo que difunto" (cfr. Molière, *Sganarelle ou le cocu imaginaire* (1660), en *Obras completas*, Madrid, Aguilar, 1991: 154-155. Ed., trad. y estudio de J. Gómez de la Serna).

tópicos y valores renacentistas. En este sentido, *La casa de los celos* no expresaría tanto la relación existente entre la percepción de los hechos del siglo XVII, y los valores que permiten interpretarlos, cuanto la consideración a la que desde el mundo barroco se someten las formas y valores del siglo XVI.

El largo parlamento con el que Cristóbal de Lugo concluye en *El rufián dichoso* la primera jornada, al exponer individualmente, y sin intervenciones milagrosas de ningún género, su deseo de reflexionar sobre sí mismo, desde las palabras "Solo quedo, y quiero entrar / en cuentas conmigo a solas" (I, 1150-1151), se han interpretado como la expresión racional de una decisión personal[62], en el ejercicio de una libertad que toma como punto de partida al Dios católico, al fin y al cabo como realidad trascendente a toda acción humana (A. Sánchez, 1990, 1992). No han faltado estudiosos que hayan reprochado a esta comedia una falta de equilibrio entre la primera jornada y las siguientes. F. Sevilla lo ha discutido razonadamente, insistiendo en la amalgama de episodios lúdicos, religiosos o virtuosos, a lo largo de las tres jornadas (rechazo de relaciones con la mujer casada, generosidad con el ciego, etc., en la jornada primera; juego de naipes entre los frailes Antonio y A: II, 1413-1447; mascarada de los demonios disfrazados de ninfas: II, 1744-1815; juego de argolla y de esgrima entre Antonio y A: II, 2316-2399, etc.) Entre otros referentes, la ilación de los episodios de la primera jornada, con los sucesivos de las jornadas segunda y tercera, se justifica por su apelación a un orden moral trascendente, cuya existencia permite explicar coherentemente la trayectoria vital del protagonista, integrada en una fábula que, a cambio de cumplir con un código moral, se permite amplias libertades poéticas.

El laberinto de amor es la comedia de Cervantes que mejor representa la actitud del autor ante los imperativos de un orden moral que exige al sujeto renunciar a su voluntad y a sus modos de conducta, al crear determinados personajes, como Anastasio, que *actúan* precisamente para demostrar la falta de coherencia existente en un sistema moral que no es capaz de explicar ni resolver determinadas formas de conducta, que en última instancia no existirían si no existiera un orden moral tan restrictivo.

Anastasio se configura como un personaje que, al censurar la conducta de Dagoberto, intercede por la libertad individual del sujeto, en este

---

[62] No hay que olvidar, al lado de esta interpretación, la observación señalada por J. Talens y N. Spadaccini en las notas a su edición de la comedia: "El personaje cervantino se aleja tanto de las fuentes históricas como de las comedias de santos en boga, puesto que su salvación se debe menos a su devoción y a su penitencia, o a la intervención de la gracia Divina, que a su solitaria y racional decisión de cargar con los agobios del prójimo sin promesa previa de medro espiritual" (J. Talens y N. Spadaccini, 1983/1994: 58-59).

caso Rosamira, frente a las consecuencias que la perversión de determinados impulsos humanos, como los celos, pueden provocar en la convivencia de los hechos sociales y los valores morales, al disponer un enfrentamiento entre el ser humano y el orden moral trascendente encargado de juzgar la conducta humana. El discurso de Anastasio es un rechazo explícito de toda forma de conducta que estimule el enfrentamiento entre la acción humana particular y los valores morales que la juzgan, y constituye por consiguiente una tentativa en favor, no de la transformación de un orden moral, que se estima inmutable, sino de una forma de conducta que, asegurando la convivencia, haga más amplios y asequibles los límites de la libertad. He aquí el discurso de Anastasio (I, 174-207).

> Por esta acusación que a Rosamira
> has puesto tan en mengua de su fama,
> este rústico pecho, ardiendo en ira,
> a su defensa me convida y llama;
> que, ora sea verdad, ora mentira
> el relatado caso que la infama,
> el ser ella mujer, y amor la causa,
> debieran en tu lengua poner pausa.
> No te azores, escúchame: o tú solo
> sabías este caso, o ya a noticia
> vino de más de alguno que notólo,
> o por curiosidad o por malicia.
> Si no lo sabías, mal mirólo
> tu discreción, pues, no siendo justicia,
> pretende castigar secretas culpas,
> teniendo las de amor tantas disculpas.
> Si a muchos era el caso manifiesto,
> dejaras que otro alguno le dijera:
> que no es decente a tu valor, ni honesto,
> tener para ofender lengua ligera.
> Si notas de mi arenga el presupuesto,
> verás que digo, o que decir quisiera,
> que espadas de los príncipes, cual eres,
> no ofenden, mas defienden las mujeres.
> Si amaras al buen duque de Novara,
> otro camino hallaras, según creo,
> por donde, sin que en nada se infamara
> su honra, tú cumplieras tu deseo.
> Mas tengo para mí, y es cosa clara,
> por mil señales que descubro y veo,
> que en ese pecho tuyo alberga y lidia,
> más que celo y honor, rabia y envidia.
> Perdóname que hablo desta suerte,
> si es que la verdad, señor, te enoja (I, 174-207).

Esta declaración de Anastasio ofrece importantes notas intensivas sobre Dagoberto, al que define como personaje que trata de asumir el papel de una justicia moral trascendente al sujeto, en su pretensión de castigar "culpas secretas"; se le reprocha su falta de honradez, prudencia y discreción, a la hora de formular acusaciones tan ofensivas; se confirma que el discurso de Dagoberto obedece a impulsos innobles, como el rencor y la envidia; más adelante se habla de los celos, incluso del despecho, por el amor no correspondido de Rosamira; en consecuencia, el personaje se apoya en un orden moral conservador, con objeto de encontrar amparo para satisfacer su despecho y su resentimiento, causados por el rechazo de Rosamira, a quien trata de destruir.

Cornelio, criado de Anastasio que no se comporta como un gracioso, sino como personaje que juzga, desde los presupuestos de las leyes del mundo antiguo, formas de conducta que para su amo requieren una nueva valoración, trata de justificar, mediante la represión de la libertad, toda forma de conducta que suponga una transgresión del orden moral. Cornelio pertenece a ese grupo de personajes que no son capaces de desarrollar, ni piensan en intentarlo, una ley que permita justificar aquellos actos humanos no reconocidos en ese sistema moral trascendente al sujeto. Anastasio, por su parte, trata de disponer una forma de conducta que, sin quebrantar el orden moral ni sus leyes, permita al individuo explicar sus deseos y formas de actuar, así como juzgarlos, sin la exigencia de acudir a ese orden moral impuesto de modo inmutable desde la Antigüedad más temprana. He aquí el discurso de Cornelio a Anastasio, que este último califica de "razones vanas y estudiadas", aconsejándole que olvide a Rosamira, sospechosa de hallarse amancebada con un villano, precisamente cuando estaba prometida en matrimonio a Manfredo:

> Advierte y mira
> que ya no es Rosamira Rosamira:
> las trenzas de oro y la espaciosa frente,
> las cejas y sus arcos celestiales,
> el uno y otro sol resplandeciente,
> las hileras de perlas orientales,
> la bella aurora que del nuevo Oriente
> sale de las mejillas, los corales
> de los hermosos labios[63], todo es feo,
> si a quien lo tiene infama infame empleo.
> La buena fama es parte de belleza,
> y la virtud perfecta hermosura;

---

[63] Desmitificación y desencanto de la belleza femenina característica del Renacimiento.

que, a do suele faltar naturaleza[64]
suple con gran ventaja la cordura;
y, entre personas de subida alteza,
amor hermoso a secas es locura.
En fin, quiero decir que no es hermosa,
siéndolo, la mujer no virtüosa[65].
Rosamira, en prisión; la causa, infame;
tú, disfrazado y muerto por libralla;
ignoras la verdad; ¿y quies que llame
justa[66] la pretensión desta batalla? (I, 690-711).

El duque Federico de Novara, padre de Rosamira, es el personaje que representa la autoridad ejecutora del orden moral trascendente al sujeto, y así, cumpliendo con los imperativos del sistema moral, dispone la ejecución de su propia hija, a menos que algún caballero no desmienta con las armas la acusación de Dagoberto. Se confirma una vez más que para la España del siglo XVII la victoria por las armas lo es absolutamente todo. El carcelero de Rosamira le comunica lo sentenciado por el duque, su padre, de quien Cervantes, por boca de Manfredo, salvaguardando el decoro de quien ordena la ejecución de su propia hija, dice: "que sé que el duque es muy bueno, / y que traición ni ruindad, / si no es razón y bondad, / jamás albergó en su seno" (I, 934-937).

Orden es de tu padre que te pongas
mañana, cuando salgas a la plaza,
al triste, temeroso, amargo trance,
este manto que ves, de dos colores.
Ha ordenado también que te acompañen
la mitad de su guarda con insignias
de dolor y tristeza, y que asimismo
vaya la otra mitad de gala y fiesta.
Al lado izquierdo has de llevar, señora,
al verdugo, blandiendo el terso acero,
instrumento mortal que te amenaza
a muerte irreparable si, por dicha,
venciere Dagoberto en tu deshonra.
De verde lauro una corona hermosa
al diestro lado ha de llevar un niño,

---

[64] El sujeto, la naturaleza y el pasado serán los tres impulsos fundamentales del Romanticismo; en el Barroco, por su parte, la naturaleza se identifica con el sujeto en la medida en que lo absorbe y le impone un orden moral, del que depende el ser o la esencia del individuo; la persona deja de ser persona en la medida en que se sustrae a las exigencias de los fundamentos naturales del orden moral.

[65] La belleza física se identifica con la belleza y la pureza del alma virtuosa.

[66] En efecto, no puede considerarse justa la pretensión de liberar a quien ha quebrantado la estabilidad moral del orden social.

para que del suceso que resulte,
alegre o triste, o ya el cuchillo corra
por tu bella garganta, o ya tus sienes
del vitorioso lauro veas ceñidas.
Esto vengo a decirte, y no otra cosa (III, 2158-2177).

Rosamira, falsamente acusada por Dagoberto de mantener relaciones con otro hombre cuando estaba prometida a Manfredo, es paradigma del personaje cuya construcción resulta de la voluntad de un orden moral que, trascendente al sujeto, exige de él asumir determinadas consecuencias sociales (castigo, ingreso en un convento, enfrentamiento bélico, etc.) ante formas de conducta que pongan en peligro una determinada idea del honor. Ante la acusación de Dagoberto, Rosamira no pronuncia ni una sola palabra, de modo que su silencio y posterior desmayo son entendidos como una confirmación de los hechos que le atribuye la calumnia. Su propio padre aplica aquí los imperativos de este orden moral, inmutable y trascendente, que exige la reclusión inmediata y ejecución posterior de todo sujeto capaz de provocar cambios o tentativas de renovación en el sistema: "Llévenla como está luego a esta torre, / y en ella esté en prisión dura y molesta, / hasta que alguna espada o pluma borre / la mancha que en la honra lleva puesta" (I, 143-146).

Se observa de este modo, cómo desde el punto de vista del intertexto literario y del contexto social, el personaje teatral de la comedia española del siglo XVII está determinado por la idea del honor específica de este período. En este contexto, el ser de la persona está determinado por la *honra*, es decir, por la capacidad de integración del sujeto y sus formas de conducta en los imperativos de un orden moral y estamental trascendente a la persona, inmutable en sus exigencias, y basado en un conjunto de creencias y valores exclusivamente metafísicos, que el siglo XVIII y la experiencia de la Ilustración europea acabarían por discutir y superar.

Existe en *La entretenida* una intervención de Marcela, apuntalada por una firme declaración de su hermano Antonio, relativa al honor, que constituye quizá el discurso más intensamente lopesco y menos cervantino de esta comedia, a la vez que revela, una vez más, hasta qué punto Cervantes se debate en la práctica teatral entre los valores axiológicos de la comedia nueva y las tentativas de renovación, a partir de los postulados de la poética clásica, del arte literario, como discurso desde el que ha de ser posible ofrecer una nueva explicación y percepción de la realidad humana y social del momento.

MARCELA: La desventura mayor,
           mas espantosa y temida,
           es la de perder la vida.
D. ANTONIO: Primero es la del honor (II, 1128-1131).

En el caso de la última de las comedias editadas por Cervantes, *Pedro de Urdemalas*, uno de los rasgos más destacados del personaje en relación con el orden moral que lo trasciende, nos lleva a considerar al menos un doble valor en la construcción sintáctica y semántica del protagonista: 1) por un lado, se observa la mutación actancial y accidental –pocas veces funcional, y nunca definitiva–, del personaje, en un mundo determinado por las exigencias e imperativos de un orden moral trascendente, profundamente conservador en todas sus formas de explicación y percepción de la vida humana; 2) por otro lado, asistimos a la desmitificación y devaluación de un personaje exaltado por los demás, en su valor y habilidad para resolver todo tipo de situaciones adversas, y que sin embargo abandona, por inconstancia o cobardía, la resolución de muchas de ellas.

En este sentido, por la doble naturaleza que acabamos de apuntar, Pedro de Urdemalas es personaje característico y representativo de una tentativa dramática que, como la de Cervantes, se sitúa inestablemente entre los postulados de la comedia nueva de Lope, las exigencias formales de la preceptiva clásica, y los intentos de renovación personales del propio Cervantes que, como creador literario, construye personajes cuyas acciones y pensamientos tienen en muchos casos como objetivo la expresión de un cambio en la percepción del mundo en que viven, así como un deseo de superar explícitamente muchas de las limitaciones e imperativos de sus valores morales. Este último objetivo se cumple plenamente en el teatro de W. Shakespeare, especialmente en obras como *Hamlet*, en la que el protagonista se enfrenta voluntaria e individualmente a las exigencias vengativas de un orden moral trascendente, que le responsabiliza de la solución de un conflicto que él no ha motivado, a la vez que le conmina a resolverlo, y le impulsa hacia una formulación criminal desde la cual han de subsanarse todos los problemas que atañen a la moral de la sociedad, siempre a costa de la moral del individuo.

4.3.4. *Reducción del personaje teatral a un arquetipo lógico de formas de conducta*

La construcción del personaje teatral como un arquetipo lógico de formas de conducta, es decir, como un ente de ficción determinado formalmente por su valor actancial en el desarrollo funcional de la fábula, es una característica que procede de la *Poética* de Aristóteles, desde la que se reconoce que el sujeto de las acciones dramáticas es (y está) implicado en la evolución de la fábula según criterios lógicos de funcionalidad, causalidad y verosimilitud[67].

---

[67] "Y también en los caracteres, lo mismo que en la estructuración de los hechos, es preciso buscar siempre lo necesario o lo verosímil, de suerte que sea necesario o verosímil que

Baste recordar el pasaje de la *Poética*, anteriormente indicado, en el que Aristóteles formula las cuatro cualidades del *carácter*, relativas a la bondad (o virtud moral), adecuación, semejanza y consecuencia, en el modo de actuar del personaje, para confirmar, en cierto modo, que todas estas cualidades tratan de contribuir, desde presupuestos lógicos, a una construcción del personaje coherente y armónica en sus modos de presentación, de actuación y de expresión, con objeto de lograr el *decoro* o *adecuación* necesarios como ideal estético (Aristóteles, *Poética*, 15, 1454a 16-34).

Desde la poética aristotélica se formula una concepción esencialmente funcionalista del personaje. Al afirmar que "los que imitan imitan a hombres que actúan" (1448a, 1), Aristóteles considera que en la tragedia el principal *objeto de imitación* es "una acción esforzada y completa", encarnada en un actante ("actuando los personajes, y no mediante relato"). De estas palabras se desprende que "los hombres que actúan", como sujetos de la acción trágica, imitan (o actúan) no como hombres[68], es decir, personas reales, sino como *sujetos funcionales*, cuyas acciones han de evolucionar a través de secuencias lógicas, causales y verosímiles.

La teoría aristotélica del personaje literario se construye sobre una reflexión acerca del objeto de la mímesis en las artes verbales, esto es, la acción (*fábula*), de la que los personajes son sujetos y objetos, dado que realizan acciones y reciben sus consecuencias, y por relación a la cual se definen ante todo como *actantes*, pues, "hacen la imitación actuando" (1449b 31). El personaje queda, de este modo, subordinado al objeto principal de la mímesis verbal, la acción, y definido por su participación en ella, de la que es ancilar representante.

Además, Aristóteles distingue, a propósito de la acción del personaje, que es el objeto de la imitación trágica, dos causas naturales de las acciones, a las que denomina pensamiento (*diánoia*) y carácter (*êthos*)[69]. Dispone estos elementos en relación jerárquica, y se refiere en primer lugar a los caracteres, a los que define, por relación a la fábula, como conjunto de

tal personaje hable u obre de tal modo, y sea necesario o verosímil que después de tal cosa se produzca tal otra" (Aristóteles, *Poética*, 17, 1454a 33-37).

[68] Con frecuencia, Aristóteles ha insistido en que el poeta no imita directamente a los hombres, sino a sus acciones (1449b 36; 1450a 4, 16; 1450b 3; 1451a 31; 1452a 13; 1462b 11). Igualmente, esta idea se registra en Platón, en la *República* (X, 603c 2), donde leemos: "la mímesis poética imita, decimos, a hombres que actúan".

[69] "Una acción [...] supone algunos que actúan, que necesariamente serán tales o cuales por el carácter y el pensamiento (por éstos, en efecto, decimos también que las acciones son tales o cuales), dos son las causas naturales de las acciones: el pensamiento y el carácter, y a consecuencia de éstas tienen éxito o fracasan todos. Pero la imitación de la acción es la fábula, pues llamo aquí fábula a la composición de los hechos, y caracteres, a aquello según lo cual decimos que los que actúan son tales o cuales, y pensamiento, a todo aquello en que, al hablar, manifiestan algo o bien declaran su parecer" (1449b 36-1450a 7).

cualidades de los sujetos que actúan: "la fábula es, por consiguiente, el principio y como el alma de la tragedia; y, en segundo lugar, los caracteres" (1450a 38-39). A continuación, distingue entre el agente (*prátton*), que es una exigencia de la acción, y el carácter (*êthos*), que es una sustancia, una cualidad en sí, no definible por relación a otros elementos.

Por último, Aristóteles se ocupa del pensamiento, que designaría el razonamiento del personaje sobre realidades que no afectarían directamente a su condición humana[70], frente al carácter, que remite a la responsabilidad del sujeto, ante la necesidad de tomar una decisión sobre el modo de actuar, frente a hechos en los que se encuentra profundamente implicado.

En suma, Aristóteles concibe el personaje como un conjunto de rasgos complejos, de los cuales unos son constitutivos de su personalidad, los caracteres (*êthos*), como elementos determinados por la cualidad, no por la relación, y otros, como el pensamiento (*diánoia*), que se derivan de su participación en el desarrollo de la acción, en su condición de agente (*prátton*), resultan delimitados por su relación con la fábula. En consecuencia, la principal formulación de la poética aristotélica sobre el personaje dramático es su concepción funcional, es decir, el personaje como agente de la fábula, el sujeto como actante.

La evolución de la concepción funcional del personaje en las formas de la comedia, como género literario y como forma de espectáculo, estará mediatizada por numerosos aspectos que no interfieren de igual modo en los géneros trágicos. Todo lo que tiene que ver con el humor, la parodia, la risa, el carnaval, la subversión, etc., de los diferentes aspectos de la realidad, y que no penetra en la estética de la tragedia, es asimilado ampliamente en las diferentes formas artísticas y populares de los géneros cómicos, en un desarrollo, con frecuencia, libre de toda preceptiva. Surgen de este modo nuevas ideas y realizaciones en la concepción del personaje, como el *clown* del teatro inglés, las emblemáticas figuras de la *commedia dell'arte*, o el *gracioso* de la comedia española del XVII, por citar algunos ejemplos canónicos. Ante esta circunstancia, se ha planteado en muchos casos la exigencia, o conveniencia, de ofrecer sistematizaciones o tipologías del personaje, explicativas de los distintos autores, movimientos, géneros, teatros nacionales, etc., que han dado lugar a resultados más o menos discutibles o eficaces, según los criterios utilizados, y según los contextos dramáticos a los que se hace referencia.

Los personajes de la *commedia dell'arte*, en cierta medida expresión teatral de la conciencia fragmentada y plural de la Italia de la época, en la que se amalgaman idiosincrasias regionales y variantes dialectales con

---

[70] Los razonamientos puramente científicos u objetivos, por ejemplo los matemáticos, no manifiestan "carácter", pero sí "pensamiento".

impulsos satíricos entregados al movimiento, la burla y la improvisación, constituyen una galería de figuras que representan una concepción paródica de prototipos sociales, es decir, una imitación burlesca de determinados valores y relaciones, realmente dominantes en la sociedad a la que remiten, y que cada actor codificaba formal y funcionalmente mediante la expresión de varios sistemas de signos. Durante los siglos XVI, XVII y XVIII, formas y géneros cómicos de la literatura europea se servirán ampliamente de los esquemas y estereotipos de la *commedia dell'arte*[71], cuyos personajes principales respondían a la siguiente tipología, ampliamente divulgada, en la que se distinguen los amos, como personajes en los que se parodia alguna forma de poder: *Pantalone*[72], *Il Capitano*[73] e *Il Dottore*[74]; los criados[75], como *Arlecchino*[76], *Brighella*[77], *Pulcinella*[78], o figuras

[71] Es especialmente interesante a este respecto el artículo sobre "Arlequín español", de J. Huerta Calvo, donde reflexiona sobre algunos aspectos concomitantes en relación con los temas y, más en particular, con los personajes, que se advierten entre la *commedia dell'arte* y el entremés. El paso de la *commedia dell'arte* italiana al entremés español es en cierto modo el tránsito de un idealismo, lúdico y paródico, a un realismo crítico en su comicidad. "Los paralelismos establecidos entre la *commedia dell'arte* y el entremés permiten advertir cierto influjo de aquélla en la composición del elenco de *dramatis personae* de éste [...]. Muchas de las coincidencias y aproximaciones entre ambos géneros son debidas a la pertenencia a un código cultural común, en este caso la literatura de tipo carnavalesco, con raíces en la fiesta teatral de la Antigüedad" (J. Huerta Calvo, 1983: 797).

[72] *Pantalone* (Pantaleón) representa el prototipo de veneciano enriquecido por el comercio marítimo (viejo gruñón, tacaño, libidinoso a ratos, eternamente engañado...) Originariamente era llamado *Magnífico*. Suele tener una hija casadera, que representa a uno de los enamorados; va acompañado de un *zanno*, que lo introduce en peligros para él insospechados. Viste gran capa negra, a la que cubre un largo jubón encarnado; su máscara es negra, y sobre ella destaca una perilla de chivo blanca, bajo una nariz ganchuda. Representa el poder económico, y como tal es objeto de burla. *Pantalone* podría compararse con el "vejete" del entremés, pues comparten dos rasgos esenciales: avaricia e impotencia sexual.

[73] *Il capitano* (el Capitán) no es exactamente amo, ni tampoco criado, y aún menos enamorado (aunque sí lo pretende). Procede de Nápoles. Entre sus posibles apellidos figuran *Spavento, Scaramuccia, Fracassa, Spaccamonti, Brandimarte, Matamoros, Basilisco, Martebellonio, Rinoceronte*... Prototipo del militar español, ya retirado, irónico terror de las pobres gentes, etc., parece proceder del sentir italiano hacia la presencia de los militares españoles en sus tierras. Reúne las características del tradicional *miles gloriosus*: fanfarronería, pusilanimidad y cobardía. Su indumentaria es la característica del oficial español del siglo XVI: sombrero de plumas, exagerado espadón y voz profunda y sobrecogedora. Encarna la parodia sobre el poder militar. El *Capitano* puede encontrar su variante correspondiente en la modalidad hispánica del soldado maltrecho, fanfarrón y cobarde con frecencia, arruinado tras sucesivas campañas militares e inútiles promesas de prosperidad.

[74] *Il dottore*, descendiente del "Dossennus" campanudo, encarna la escolástica más obstinada. Con frecuencia, su nombre es *Graciano*. Procede de Bolonia, en cuya Universidad se supone ha estudiado, pese a su supina ignorancia. Habla en ocasiones latín macarrónico. Es personaje que sirve de burla o rasgo crítico al humanismo, del que se despega la *commedia dell'arte*. Viste de negro, con amplio lechugino blanco que le rodea el cuello; casquete negro, y sobre él sombrero también negro de desproporcionadas alas anchas. Lleva máscara, que

femeninas como *Colombina*[79]; y finalmente los amantes[80], o *innamorati*, que solían ser la pareja de enamorados, de nombres bucólicos (Rosana y Florindo, Isabel y Octavio...), hijo o hija de *Pantalone* o del *Dottore*.

Los pasos y entremeses, como forma literaria y espectacular que se configura y desarrolla al margen de toda preceptiva aristotélica, presentan en sus orígenes una subordinación formal y funcional a una obra dramática más amplia, la comedia, a la vez que ofrecen en su género una nueva concepción de lo cómico, que se manifiesta especialmente en la expresión verbal de los diálogos, el dinamismo y la instantaneidad de las acciones, y en

---

es prolongación de la de Pantaleón. El doctor es personaje que adquiere más significación por sus signos verbales, lo que dice, que por lo que hace, sus signos kinésicos y proxémicos (no verbales). El *dottore* tendría su correspondencia en el entremés con los personajes que usan un modo de hablar supuestamente culto, en latín macarrónico, etc., como solía suceder con los sacristanes. Con otros registros idiomáticos, la práctica era habitual en personajes de "negros", "rufianes", "gallegos", "vizcaínos", "franceses", "moriscos", etc.

[75] Su origen es común en casi todos los tipos: campesino pobre que llega a la ciudad en busca de fortuna, para lo que desarrolla su ingenio, lo que le permite desde superar el hambre hasta vivir varias aventuras. Este es el perfil de los *zanni*, criados, etimología acaso descendiente del "Sannio" atelano, *zan, sanni*, o quizás simplemente del diminutivo o despectivo de Giovanni, un "don Juan", o un "Zampiero", "Zancarlo", en el habla seseante de Lombardía. Debido a la influencia erudita, los *zanni* se convierten en criados, sirvientes o graciosos. Los criados o *zanni* de la *commedia dell'arte* se relacionan análogamente con los criados de los entremeses, como por ejemplo con los protagonistas del paso titulado precisamente "Los criados".

[76] *Arlecchino*, procedente de Bérgamo, era en sus comienzos siervo y criado de amos avaros. Es astuto, necio, ingenuo, intrigante, indolente y muy poco trabajador. En el teatro francés perderá su antifaz de cuero negro y sus bigotes. Su vestuario se configura mediante parches y remiendos, que sólo posteriormente se codifican en el conocido traje de rombos.

[77] *Brighella* también procede de Bérgamo, y su nombre puede derivar de *briga*, del italiano *brigare*, engañar. Viste de blanco, con adornos verdes; su máscara, muy burlesca, remata en una especie de boina.

[78] *Pulcinella* (Polichinela) es de origen napolitano, se caracteriza por su joroba y su traje blanco; muestra una máscara negra, de la que sobresale la nariz en forma de gancho. Criado filosófico y resignado; pasa hambre y sufre burlas. Es protagonista de farsas locales, con implicaciones políticas. En el teatro inglés se convierte en *Punch*. Aparece también como marioneta, y entrará en relación con el guiñol, en Lyon, a lo largo del siglo XVIII, donde sufre su evolución más notoria, al recibir el nombre de *Monsieur Guignol*. Son afines a este personaje las figuras del *Hanswurst* alemán y el *Kasperl* vienés. Otros criados son *Mezzetin* (procede de Bérgamo), *Pedrolino* (en el teatro francés dará lugar a Pierrot, y en la cultura rusa adquire la denominación de *Petruschka*), *Trufaldino, Scapio, Sganarello, Ganassa, Tartaglia* ...

[79] *Colombina* es personaje que en el género femenino representa la figura de criada; compañera de Arlequín, es a la vez la joven pretendida por su amo viejo. Como contraposición femenina del *zanno*, la *zagna* encuentra su representante por antonomasia en la figura de *Francisquita*. Otras criadas significativas son *Coralina, Esmeraldina* y *Pasquetta*.

[80] Estos personajes, que hablan toscano con propiedad y buena dicción, suelen ir, al igual que Colombina, sin máscara, lo que constituye una diferencia importante respecto a otras figuras o fantoches; la crítica aquí resulta mucho más atenuada.

la pantomima de los signos no verbales, de claras afinidades con la *commedia dell'arte* italiana; paralelamente, pasos y entremeses otorgan gran prioridad a la representación frente al texto, a la vez que constituyen una forma de teatro en la que se valora específicamente el sujeto frente a la fábula, es decir, el personaje frente a la acción, al insistir de forma recurrente en todos aquellos elementos que encuentran en el sujeto humano una referencia constitutiva, y que pueden reducirse a tres fundamentales: lenguaje, situaciones y tipos, es decir, diálogos, funciones y personajes.

El personaje del entremés queda reducido con frecuencia a un arquetipo, adecuado a la expresión de la burla social, que va cediendo con el tiempo en favor de la intención crítica, especialmente desde los entremeses cervantinos, como reflejo de una época y una cultura en la que el engaño y la apariencia, la represión y la picaresca, se convirtieron en formas habituales de conducta. Si la *commedia dell'arte* ofrecía una expresión paródica de personajes procedentes de un determinado tipo de sociedad incipientemente aburguesada, los pasos y entremeses expresan una concepción fundamentalmente lúdica y crítica de prototipos sociales característicos de la España de los Siglos de Oro. Entre los personajes representativos del entremés se han señalado tipos humanos entre los que se identifican el Viejo[81], el Bobo o simple[82], el Sacristán[83], el Soldado[84], el

---

[81] El *viejo* suele remitir a un personaje simple, sometido a burlas amatorias y adulterios, al estar casado con una mujer mucho más joven que él. Suele ser celoso y avaro. Con claros antecedentes en la literatura antigua, medieval y renacentista, como *La Mandrágora*, de Maquiavelo, es precursor de actitudes que la comedia de Molière individualizará en prototipos aún más establemente definidos y codificados.

[82] El *bobo o simple* es uno de los personajes de más dilatada tradición en el teatro cómico. Entre sus características figuran la procedencia rústica, su baja condición social, la simplicidad o torpeza mental, y su ocasional expresión en sayagués, presente en algunas formas de teatro del siglo XVI. Como sabemos, para algunos autores (A. Hermenegildo, 1995) constituye uno de los precedentes más significativos de la figura del *gracioso*, cuestión esta última sobre la que volveremos inmediatamente, al referirnos al papel que desempeña este prototipo en la comedia española del siglo XVII, entre la poética clásica, la preceptiva lopesca, y la experiencia experimental del teatro cervantino.

[83] La presencia de clérigos fue constante en el teatro español de la primera mitad del siglo XVI. El personaje del fraile que aparece en el *Entremés* sin título de Sebastián de Horozco, datado en torno a 1550, suele citarse como prototipo del género (J. Huerta Calvo, 1997: 24 ss), al condensar todos los rasgos que Erasmo había denunciado en sus obras frente a las costumbres clericales del momento (personaje corrupto, falso vendedor de bulas, lujurioso y juerguista, muy alejado en su forma de vida de las exigencias del Evangelio, etc.) Desde el Concilio de Trento se prohibió la aparición en el teatro de clérigos que pudieran ser convertidos en objeto de burla o comicidad, lo que propicia la aparición de figuras como el sacristán, vinculado con la iglesia, pero desposeído de atribuciones sagradas explícitas.

[84] Como personaje de expresión entremesil, el *soldado* asume la tradición del *miles gloriosus* o soldado fanfarrón del teatro latino. Suele ser pobre y desharrapado, a la vez que orgulloso de su pasado y pretencioso con los memoriales de sus batallas, que trata de hacer llegar al rey para el reconocimiento de sus méritos (L. García Lorenzo, 1981).

Rufián[85], el Vizcaíno[86], la Celestina, la Meretriz, la Criada, y la Mujer joven mal casada[87]. Frente a los *dramatis personae* de la *commedia dell'arte* y de los pasos y entremeses, la comedia nueva de Lope de Vega presenta un conjunto de personajes, y un sistema de relaciones entre tales personajes, que ha sido delimitado a lo largo de las últimas décadas desde criterios eminentemente sociales y funcionales. La clasificación propuesta en 1963 por J. de José Prades ha sido seguida, con mayores o menores variantes, por algunos estudiosos que se han referido al personaje teatral en la comedia española del siglo XVII (F. Ruiz Ramón, 1967/1971: 149-158; I. Arellano, 1995: 126-129)[88]. Señala esta autora seis prototipos básicos, que identifica

---

[85] Rufianes, pícaros, figuras del hampa en su conjunto, o personajes como Escarramán, son propios de una tradición popular, a veces afín al carnaval, y a las actividades expresivas de una sociedad en cierto modo marginal frente a los poderes estamentales; están próximos al discurso polifónico y dialectológico de la tradición popular en la que se insertan, y a la experiencia vital heterodoxa que tales personajes, distantes de los presupuestos de moralidad y didactismo fundamentados en el *prodesse* horaciano, representaban para el canon del clasicismo literario. Toda la literatura picaresca, *La Celestina*, las coplas de Rodrigo de Reinosa, *La lozana andaluza*, etc., presentan un despliegue de ladrones, rufianes y prostitutas muy presentes en la literatura anterior a Cervantes.

[86] De las diferentes figuras que desfilan a lo largo de la literatura de los Siglos de Oro, A. Sánchez ha insistido en cómo "Cervantes vivifica dos de ellas –el *rufián* y el *vizcaíno*– y les confiere una dignidad artística de nuevo cuño. Ante todo, dejan de ser figuras tópicas y pasan a ser individuos o personas con sus angustias y conflictos propios. El *vizcaíno* en el *Quijote* (I, 8-9) y el entremés de *El vizcaíno fingido* son dos facetas estimables en la animación gozosa de unas figuras de cera" (A. Sánchez, 1992: 22).

[87] La figura de la mujer en el entremés adquiere diferentes realizaciones, entre las cuales se encuentran las de meretriz, mal casada, celestina y criada pícara, cómplice de adulterio, etc. La mujer se presenta como sujeto de formas de conducta que ponen en entredicho la supuesta autoridad del marido, sometido a la burla y a la astucia de su esposa. Frente a lo que sucede en la comedia lopesca, que hace de la honra el motivo fundamental de la fábula, como esencia de un orden moral y estamental inalterable, el entremés identifica en la conducta de la mujer una expresión lúdica, ante la valoración de conceptos que, como el honor, eran básicos en otras formas de teatro y de sociedad propias del siglo XVII. Puede consultarse, para un estudio más detallado sobre el tema de la mujer en el teatro europeo de los siglos XVI y XVII, el trabajo de C. Bravo-Villasante (1955), reeditado en 1976, así como las actas el II Coloquio del Grupo de Estudios sobre Teatro Español de la Universidad de Toulouse (AA.VV., 1979), sin olvidar los trabajos de F. Armas (1977), P. W. Bomli (1950), J. Canavaggio (1962), H. Felten (1988), S. L. Fischer (1982), A. de la Granja (1995), M. M. Gaylord Randel (1992), J. Huerta Calvo (1995: 67-91), K. Inamoto (1992), M. Mac Kendrick (1974), M. L. King (1991), J. Oleza (1994) y A. Redondo (1994).

[88] Vid., en relación con otros enfoques sobre el tema, los trabajos de Ch. Aubrun (1966), J. Canavaggio (1995), J. M. Díez Borque (1976), A. Valbuena Prat (1969) y B. W. Wardropper (1968). Cfr. paralelamente, entre otros, el volumen sobre *El personaje dramático* (AA.VV., 1985) de las Jornadas de Almagro de 1983, los estudios funcionales de F. Serralta (1988), y los estudios tipológicos de E. Rodríguez Cuadros y A. Tordera (1988), así como la tipología de personajes del entremés, estudiados por J. Huerta Calvo (1983).

funcionalmente en los papales de la Dama, el Galán, el Poderoso, el Viejo, el Gracioso y la Criada, quien hace con frecuencia pareja con el gracioso[89]. Quizá respecto a este contexto M. Vitse ha recordado recientemente que "el capítulo más pobre de los estudios sobre la poética dramática aurisecular [...] es el capítulo dedicado al personaje" (M. Vitse, 1995: 280).

Sean aceptadas o discutidas, clasificaciones de este tipo sobre los personajes de la comedia nueva responden básicamente a un doble criterio, de naturaleza funcional y estamental, que trata de definir al personaje desde el punto de vista de su papel o desarrollo actancial en el curso de la acción dramática, y que adopta, como marco de referencias que permiten su interpretación literaria, el contexto social y estamental en que se sitúa el personaje de la comedia. El criterio *funcional*, que vincula la interpretación y clasificación del personaje a una reflexión sobre su dimensión actancial, parte de la *Poética* de Aristóteles, frente al criterio social o *estamental*, característico de la circunstancia histórica y política de la Europa del siglo XVII.

Consideramos, desde este punto de vista, que la comedia lopesca convierte al personaje en una categoría social y moral determinada funcionalmente por el decoro de su condición estamental. De este modo, el teatro de Lope codifica, desde la creación literaria, una concepción lógica, moral y funcional de prototipos estamentales.

¿Cuál es, pues, la diferencia, entre la concepción del personaje que expresa Aristóteles en su *Poética* y la que formula Lope de Vega en el *Arte nuevo*? Como sucede respecto a otras categorías literarias, las diferencias entre una y otra *poética* –que no preceptivas– son más de naturaleza *formal* que *funcional* o de fondo; el personaje sigue siendo, como en el siglo V antes de Cristo –y lo será hasta la Ilustración europea–, la expresión de una acción exterior al sujeto, y aunque los principios relativos a la verosimilitud y causalidad de los hechos se dispongan formalmente en el drama de manera muy diferente, porque lo que se pretende en este caso no es la purificación de las pasiones, sino la conservación de un orden moral y estamental que se pretende inmutable, la construcción de la acción dramática sigue exigiendo formas lógicas en su desarrollo y percepción, así como personajes que representen, de forma arquetípica, esquemas actanciales cuya lógica explique y justifique un determinado orden moral y estamental.

Frente al teatro de Lope de Vega, y su concepción lógica, moral y funcional, de prototipos estamentales, la comedia cervantina, en lo que se

---

[89] F. Ruiz Ramón (1967/1971: 149-158) propone una clasificación sensiblemente diferente, en la que se intercambian y amalgaman, de forma distinta a la indicada por J. José de Prades, algunas de las cualidades de los personajes más representativos: el rey, el poderoso, el caballero, el gracioso, el galán y la dama.

refiere al personaje, se atiene a una concepción experimental tanto de arquetipos humanos como de formas de conducta renovadoras del personaje teatral. Los límites de la tentativa teatral cervantina están muy bien definidos, como tratamos de demostrar, por una preceptiva y una axiología que, solidariamente articuladas en el teatro lopista, exigen al personaje guardar un decoro poético y moral, subordinar el papel del sujeto a la estructura funcional de la fábula, construir un personaje en el que se refleje la voluntad del orden moral y estamental trascendente al individuo y, consiguientemente, delimitar la acción del personaje teatral según un arquetipo lógico de formas de conducta, desde las que se custodien los principios morales y políticos que regulan la vida de cada individuo.

Pese a tales exigencias, el teatro de Cervantes no se construye exclusivamente con personajes arquetípicos (no existen en la comedia cervantina sujetos que funcionen como prototipos definidos ni definitivos del gracioso, del rey, del villano, etc.); y sin embargo, difícilmente el personaje cervantino logra actuar con independencia absoluta de unas formas de conducta integradas, de forma lógica, y pretendidamente verosímil, en una fábula que sigue una evolución causal en su desarrollo, y que ha de responder a un orden moral preexistente, desde el que se rechaza toda tentativa de transformación axiológica.

El teatro cervantino ofrece personajes que por su diversidad experimental eluden toda posible clasificación que atienda exclusivamente a criterios estamentales o funcionales; si por un lado el personaje discute los planteamientos y desenlaces de la comedia nueva, por otro lado tampoco se atiene rigurosamente en su realización literaria a los principios de la poética clásica y, desde luego no faltan ejemplos, como hemos señalado, de ironía sobre el decoro social del personaje; de superación del sentido aristofánico del humor, en favor de la comicidad terenciana (A. Close, 1993); de disgregación, en lo que se refiere a muchas de las cualidades del "gracioso" lopesco; o de crítica, respecto a posibles interpretaciones sobre un concepto tan decisivo entonces como el del honor.

La disolución del personaje como prototipo lopesco es un rasgo recurrente e irregular en el teatro cervantino. Así, por ejemplo, se observa en *El gallardo español*, al igual que en todas las demás comedias turquescas, la ausencia de un personaje al que identificar estrictamente con el prototipo del gracioso o figura del donaire, tal como resulta codificado en la comedia nueva. En los entremeses de Cervantes se constata una inversión, devaluación y parodia, de algunos de los personajes de la comedia de Lope, especialmente los encarnados en las figuras del labrador rico, el administrador, el alcalde, el gobernador, etc., alienados por prejuicios estamentales y religiosos, con pretensiones sociales, y una calamitosa formación cultural; por su parte, las comedias cervantinas no ofrecen sistemáticamente la misma intencionalidad paródica de los prototipos lopescos –salvo el entremesil alcalde Martín Crespo, en *Pedro de Urdemalas*–, pero resulta innegable una tentativa de *disolución*, al menos en lo que se refiere al personaje del gracioso; de *desaparición*, en cuanto se relaciona con el concepto lopesco de "villano"; o de *devaluación*, respecto a las responsabilidades de autoridad patriarcal que competen al galán, al padre o al hermano de la dama, convertidos en *El gallardo español* en un hermano despistado y un ayo anciado y débil. La escena final de *La entretenida* constituye un vivo ejemplo de disolución funcional del personaje, en un momento en el que, fracasadas todas las acciones e intenciones que se habían propuesto a lo largo de la obra, cada personaje abandona el escenario reconociendo verbalmente su frustración. Esta devaluación crítica del personaje como prototipo puede entenderse en la comedia cervantina como una tentativa experimental que se enfrenta a la limitación, vigente en la poética de la comedia lopesca, y confirmada por la tradición antigua, de presentar al personaje dramático como arquetipo lógico de acciones específicas, de las que sería expresión objetiva, al actuar como delegado de la voluntad de un orden moral trascendente.

En consecuencia, creemos que es posible identificar, en las comedias de Cervantes, al menos doce tipos de personajes, cuya realización formal y funcional obedece a varias tentativas experimentales, lo que en cierta medida puede explicar su posible diversidad e irregularidad en el conjunto de sus comedias: 1) el personaje alegórico, 2) el personaje mítico (figuras épicas, bucólicas y fantásticas), 3) el rey (moro o cristiano), 4) el galán (en tres variantes, que amalgaman rasgos procedentes de la comedia nueva, el teatro experimental cervantino y la tradición folclórica), 5) la mujer (como personaje que se mueve entre la experimentación y aceptación de varias formas de conducta), 6) el criado, 7) el cautivo, 8) el supuesto "gracioso" cervantino, 9) el rufián, 10) el soldado, 11) el santo[90], y 12) el incipiente personaje "nihilista".

Tal como se presenta en las comedias cervantinas, el personaje *alegórico* es una figura que simboliza una idea abstracta (la Ocasión, la Necesidad, la Comedia, la Curiosidad, los Celos, la Sospecha, la Desesperación...) que, si tenemos en cuenta el juicio de Cervantes, representa "las imaginaciones y pensamientos escondidos del alma"[91]. Si consideramos

---

[90] Cfr. en este sentido los trabajos de E. Aragone (1971), F. J. Blasco (1992), E. von Kraemer (1944), G. H. Lovett (1951), A. A. Parker (1949), L. E. Roux (1964), J. L. Sirera (1991: 55-76) y P. Varas (1991).

[91] En relación con las figuras morales y personajes alegóricos, Cervantes, en el "Prólogo al lector" de las *Ocho comedias y ocho entremeses*, dice, refiriéndose a sí mismo, "mostré, o, por mejor decir, fui el primero que representase las imaginaciones y los pensamientos escondidos del alma, sacando figuras morales al teatro, con general y gustoso aplauso de oyentes". Si tales palabras se entienden en un sentido literal, semejante atribución resulta

el contexto literario del personaje alegórico en el teatro europeo occidental, desde las farsas y misterios medievales hasta el auto sacramental[92], así como las influencias de las formas teatrales del barroco español y alemán en las vanguardias europeas del siglo XX, especialmente en las tendencias surrealistas y expresionistas, se comprueba que la configuración alegórica del personaje está relacionada frecuentemente con la expresión de impulsos íntimos de la conciencia –e inconsciencia– del sujeto. La alegoría constituye uno de los más tempranos procedimientos de expresión retórica, en las artes verbales, pictóricas y escultóricas, de las pulsiones latentes reconocidas en la naturaleza; la Edad Moderna descubre en el personaje alegórico la posibilidad de dar forma objetiva, en la representación teatral, a muchos de estos impulsos humanos, que han tenido que esperar a nuestra época contemporánea, y en muchos casos a la renovación teatral del siglo XX, para encontrar en las formas de la subjetividad y en la percepción de la imagen onírica nuevos modos y posibilidades de expresión. La objetivación alegórica era, en cierto modo, el lugar que desde el mundo antiguo se reservaba en el arte a las formas de la subjetividad humana y sus posibilidades de comunicación.

En cuanto al personaje *mítico*, entendemos que englobaría en Cervantes un conjunto de figuras épicas, bucólicas y fantásticas, que de modo más o menos verosímil y frecuente están presentes en su teatro. La presencia de determinados personajes épicos, que poseen un transfondo histórico propio, pretende en ocasiones ofrecer visos de verosimilitud a la acción principal, así como provocar un efecto de admiración en el espectador, tal como se recomendaba desde las poéticas de Pinciano y Cascales; así sucede, por ejemplo, en *El gallardo español*, donde, por boca de Guzmán, se declara al final de la obra que el "principal intento" de la comedia "ha sido mezclar verdades / con fabulosos intentos" (III, 3133-3134)[93]. *La casa de los celos* es quizá una de las comedias que presenta

---

discutible, pues "figuras morales" habían sacado al teatro, con anterioridad a Cervantes, autores como López de Yanguas, Sánchez de Badajoz, Cueva, Artieda, Argensola y Virués, entre otros. E. Riley (1971) ha dedicado un artículo a esta cuestión, y sostiene que la idea de Cervantes es la de afirmar no que él haya sido el primero en servirse de figuras alegóricas para el teatro, sino en haberlas utilizado para expresar las imaginaciones y los pensamientos escondidos de los personajes. La misma opinión de E. Riley la encontramos años antes en A. Valuena Prat (1969: 14 ss).

[92] En la literatura española, las figuras morales, entedidas como personajes alegóricos, pueden identificarse desde la *Farsa sacramental* anónima de 1521, así como en algunas farsas de Diego Sánchez de Badajoz, en los autos del *Códice de autos viejos*, y en las tragedias de Artieda, Virués, Cueva y Argensola, antes de manifestarse en los autos sacramentales.

[93] A. Rey y F. Sevilla ponen en relación esta amalgama de *verdad y fabulación* con la necesidad de atender a las fuentes históricas e influencias ficticias de la comedia. De este modo, confluirían en la composición de esta comedia dos tendencias importantes: de un lado, una tendencia propia del primer teatro cervantino, la armonización de lo colectivo y

mayor abundancia de personajes míticos, en el ámbito de la épica (Bernardo del Carpio, Carlomagno, Roldán, Galalón...), de la literatura bucólica y pastoril (Lauso, Corinto, Rústico, Lori...), del mundo fantástico (Marfisa, Merlín, Malgesí...) o de la divinidad clásica (Cupido, Venus...); como hemos indicado con anterioridad, muchos de los elementos de esta comedia, entre los que la concepción del sujeto ocupa un lugar destacado, representan la disolución de las utopías renacentistas, así como de sus personajes prototípicos y de sus acciones representativas. El siglo XVII es una época en la que la exaltación de la personalidad mítica del sujeto ha dado paso a la contemplación de su decadencia o incluso de su disolución, desde la pintura del perezoso dios Marte que expresa Velázquez, hasta la desmitificación de la belleza femenina del Renacimiento en el poema quevedesco dedicado a una mujer hermosa y vizca. El personaje mítico expresa con frecuencia, en la comedia cervantina, la decadencia o disolución de sus valores referenciales.

La figura del *rey*, moro o cristiano, representa uno de los arquetipos lógicos aparentemente más simples en el desarrollo de sus formas de conducta: se atiene por lo general a las exigencias del decoro y de su funcionalidad estamental y, en el caso del rey moro, bien se distingue por su crueldad ante los españoles cautivos, bien por su condescendencia amorosa hacia la mujer cristiana, como sucede en *La gran sultana*, obra vanguardista en lo que se refiere a la presentación de caracteres turcos moralmente "buenos" en la tradición de la cultura occidental, como no se produce casi hasta el estreno de la ópera mozartiana *El rapto en el serrallo*. En otros casos, como en *Pedro de Urdemalas*, la figura del rey cristiano asume comportamientos que en cierto modo parecen discutir el estatuto de su decoro, y en todo caso se distancia del prototipo lopesco, al pretender, a expensas de la reina, su mujer, una relación con la gitana Belica[94].

---

lo individual, como sucede en *La Numancia* y *Los tratos de Argel*; y de otro lado, la presencia de los códigos teatrales de Lope de Vega, quien se servía en sus comedias de enredo de dos tipos de acción, una histórica y social, y otra ficticia y particular, con predominio de esta última. "Sobre el telón de fondo histórico apuntado, Cervantes proyecta una trama amorosa ficticia, cuyos modelos literarios no se pueden especificar, aunque en líneas generales podamos decir que bien pudo servirse de algunos romances contemporáneos, o de algunas comedias de Lope de Vega que trataban asuntos parecidos, o de los libros de caballerías, o, en nuestra opinión, del espíritu y la letra del *Abencerraje* y de su propia experiencia anterior como dramaturgo" (F. Sevilla y A. Rey, 1997: XIII, 12-13).

[94] Estudios de Teresa J. Kischner y Dolores Clavero –cfr. especialmente su comunicación presentada al II Congreso Internacional Lope de Vega (*El primer Lope*, Barcelona, 1998), sobre "Preguntas en torno a un título enigmático: *La corona merecida*" (en prensa, de aparición en el *Anuario Lope de Vega*, 4)– demuestran que no toda la dramaturgia de Lope se atiene al decoro, pues no todo el siglo XVII puede leerse, en términos absolutos, desde la perspectiva de las tesis de J. M. Maravall (1972, 1975). En la comedia titulada *La corona merecida*, de 1603, Lope presenta un rey adúltero y completamente alejado de lo que una conducta

Respecto a las posibles referencias políticas del rey cristiano, autores como J. Casalduero (1951/1974: 225), y F. Sevilla y A. Rey (1996: III, 31-38) han observado ciertas críticas en la comedia cervantina a la despreocupación mostrada por la política de Felipe II hacia los cristianos cautivos en Argel, dado que durante su reinado nunca se dispuso una campaña militar que intentara su liberación[95].

El personaje del *galán* constituye sin duda una figura compleja, que en Cervantes responde a varias realizaciones, las cuales lo apartan, en unos casos, y aproximan, en otros, a la poética clásica aristotélica, a la preceptiva lopesca de la comedia nueva y a la originalidad de la propia tentativa experimental cervantina. En primer lugar, la figura del galán que más se acerca al modelo de la poética clásica está representada en tipos como Fernando en *Los baños de Argel*, o Alimuzel en *El gallardo español*, por ejemplo, como personajes en los que se realiza un concepto funcional de la acción en el desarrollo de la comedia, se cumple con el decoro propio de su condición, y se integran sus respectivos discursos, moro y cristiano, en el orden moral trascendente exigido a cada uno de ellos.

En segundo lugar, el prototipo del galán que mejor se acerca a los hábitos de la comedia lopesca puede estar representado por Fernando de

decorosa exigiría de él, tal como el mismo autor la pone de manifiesto en la mayoría restante de sus comedias; ¿estamos ante un modo auténtico de declarar la verdad respecto a la vida cotidiana de los reyes del momento, pese a que la figura del monarca, entonces como en cualquier otro tiempo, resultara en principio "intocable"? No sólo el rey cervantino de Pedro de Urdemalas se aleja, pues, del decoro, si bien el caso de *La corona merecida* de Lope puede entenderse como una excepción en la dramaturgia del Fénix, mientras que el ejemplo de Cervantes debe entenderse propiamente en el marco de una expresión de ironía frente a la institución real, de verosimilitud frente al desarrollo de la fábula, y de distancia y superación frente a los postulados y códigos de la poética del clasicismo. Vid. la *La corona merecida* (1603), de Lope, en *Teatro antiguo español*, tomo 5, en ed. de J. F. Montesinos, Madrid, Centro de Estudios Históricos, 1923.

[95] "La acción militar se inhibía de dicho asunto. El significado político de la obra, en consecuencia, no por indirecto dejaba de estar menos claro: su reproche crítico se proyectaba sin paliativos sobre el inmenso poderío guerrero español que amenazaba Portugal, y cuya gloria se vería menoscabada por la absoluta indefensión en que, al mismo tiempo, dejaba a los cautivos de la ciudad norteafricana. De tan rotundo contraste surgía la censura. Juzgue, si no, el discreto lector. De hecho, no había actuado así Carlos V, cuya política, si no conseguido, había intentado al menos conquistar Argel [...]. Cervantes, a la altura de 1583, cuando posiblemente escribió esta comedia, lo sabía muy bien, pues juzgaba ya resultados [...]. Por ello desde esta óptica temporal, su crítica resultaba aún más evidente: nuestro autor no estaba de acuerdo con las prioridades políticas del rey Felipe, ni con el diseño exclusivamente imperialista que las guiaba. No es de extrañar, por tanto, que fuera sumamente tolerante con las debilidades de los cautivos, incluidas las suyas propias, dado que, en definitiva, buena parte de la responsabilidad recaía sobre la política anexionista de Felipe II, completamente olvidada de las penalidades de los cristianos presos en Argel (F. Sevilla y A. Rey, 1997: III, 36). Vid. también, sobre la figura del rey en la comedia burlesca, las reflexiones de J. Huerta Calvo (1998: 269 ss.).

Saavedra, en *El gallardo español*, o por el duque Federico de Novara, en *El laberinto de amor*, como personajes en quienes el desarrollo de la acción se atiene escrupulosamente al sentido del honor tal como lo codifica el teatro de Lope. Sobre la identidad de Fernando de Saavedra, y su construcción semántica, resulta de extraordinario interés el diálogo que mantiene con Arlaxa (I, 888-909). El propio Fernando de Saavedra se define a sí mismo desde la tercera persona, al fingir una nueva identidad bajo el nombre de "Juan Lozano" (II, 1101). En este juego de identidades –"¿Es tu amigo? Es otro yo" (II, 1114)–, que puede entenderse como una de las características de la comedia de enredo tal como la configura el teatro lopista, Fernando de Saavedra representa la visión esencial del personaje dramático, desposeído de sus circunstancias vitales inmediatas; se explica de este modo la manifestación, formalmente simple, de este tipo de personajes que, como Fernando, pueden resolver la expresión de su identidad en algo más de veinte versos, que emplea en comunicarse con Oropesa, para concluir diciendo que "De todo cuenta te he dado" y "no hay más que saber de mí" (I, 988-989). He ahí el sujeto sin existencia personal o subjetiva.

En tercer y último lugar, la construcción del galán desde la tentativa experimental cervantina nos remite a tipos como Anastasio, en *El laberinto de amor*, quien elabora verbal y funcionalmente un discurso que permita justificar sus actos, sin atenerse de modo estricto al ideal del honor que pretenden imponerle Dagoberto, el duque de Novara y su propio criado Cornelio. Otro tipo de galán específicamente cervantino, que representa en cierto modo una disolución o crítica del prototipo lopesco, está representado por la figura de Juan de Valderrama, en *El gallardo español* –lo mismo sucede con Lamberto en *La gran sultana*–, como desmitificación del poder patriarcal y autoritario, que limita los deseos amorosos de su hermana –o no llega a tiempo de satisfacer los de su amada–. Juan de Valderrama es personaje sometido a la desorientación general que supone el cambio de identidades de su propia hermana Margarita, su anciano ayo Vozmediano, y Fernando de Saavedra, con quien se había batido en duelo, todo lo cual favorece la burla y devaluación de Valderrama como autoridad responsable de la conducta de su hermana[96].

Existe en el teatro cervantino un personaje tomado de la tradición folclórica que, por momentos, hace las veces de galán en sus múltiples metamorfosis. Los amores de Pedro de Urdemalas por Belica, y sus deseos de hacerse gitano y comediante, como prototipo que niega todos los prototipos, merecen un comentario especial.

---

[96] "El seso tengo turbado; / no hay cosa que no me asombre. / Que si éste no es Vozmediano / y no es Margarita aquélla, / y el que causó mi querella / no es el otro mal cristiano, / tampoco soy yo don Juan, / sino algún hombre encantado" (III, 2910-2917).

Pedro de Urdemalas[97] es el personaje central de la comedia que lleva su nombre, desde el triple punto de vista formal, semántico y funcional. Conviene tener en cuenta, en el monólogo de su autopresentación ante el gitano Maldonado (I, 600-767), las palabras iniciales en las que explica "lo que me mueve el intento / a querer mudar de estado" (I, 591-592), precisamen-

---

[97] Personaje que presenta múltiples variantes en el patronímico, y se incorpora incluso en los diccionarios con el sentido de hombre cauto, tretero, mozo de muchos amos, itinerante, burlador, etc. Cfr. *Diccionario* de Nebrija; el *Diccionario de vocablos castellanos* (1587) de Sánchez de la Ballesta: "Pedro de Urdemalas: hombre muy cauteloso e invenciero para robar"; y el *Vocabulario de refranes y frases proverbiales* (1627) de G. Correas: "Es un Pedro de Urdemalas (el que es tretero, taimado y bellaco)". Como han señalado diferentes editores de la comedia (J. Talens y N. Spadaccini, 1983/1994: 253-256; F. Sevilla y A. Rey, 1987: 632; J. Canavaggio, 1992: 50-57), entre los antecedentes y referencias literarias de este personaje es posible señalar varios referentes en su intertexto literario. Antonio Ubieto halla en 1953 en el archivo del Pilar de Zaragoza una carta de venta, que fecha entre 1175 y 1185, en la que parece estar recogida la mención más antigua que se conoce sobre este personaje (cfr. A. Ubieto "Un pedro de Urdemalas del siglo XII", *Archivo de Filología Aragonesa*, 5 (170-171); el documento se refiere a una persona real, aunque es muy probable que aluda, al menos en lo sucesivo, a un prototipo de personaje folclórico. José Manuel Blecua (1951) cita una referencia a este personaje contenido en el *Libro del paso honroso, defendido por el excelente caballero Suero de Quiñones*, de Rodríguez de Lena, quien cita el nombre de Pedro de Urdemalas a propósito de un juego de palabras; este documento hace suponer que en el siglo XV este personaje ya era conocido como caracterización prototípica de un determinado concepto de persona. Juan del Encina lo menciona en *Almoneda*: "E un libro de las Consejas / del buen Pedro de Urdemalas, / con sus verdades muy ralas / e sus hazañas bermejas" (cfr. "Almonela trobada por Juan del Encina", *Cancionero*, Madrid, 1928, ff. LV-LIX; y también "Ensalada", en M. Chevalier y R. Jammes, "Supplément aux Coplas de disparates", *Mélanges Bataillon*, *Bulletin Hispanique*, 64 bis, 1962: 361). Lucas Fernández lo cita en la *Egloga o farsa del nascimiento de nuestro redemptor Jesucristo* (1514), al inquirir por boca del personaje Gil: "¿Vos sois Pedro de Ordimalas, / o Matihuelo?" (vid. *Farsas y églogas*, Madrid, Castalia, 197: 176). Francisco Delicado alude a él en *La lozana andaluza* (1528, III, 51; cfr. en Madrid, Castalia, 1969: 198). En la *Doleria del sueño del mundo*, de Pedro Hurtado de la Vera, se le llama "Pedro de malas artes". El personaje se menciona en Lope de Rueda ("Coloquio de Camila", *Obras*, Madrid, Hernando, 1908, t. I, 44), y en J. Timoneda ("Farça llamada Trapaçera", *Turiana*, Madrid, RAE, 1936). En la *Sátira contra las damas de Sevilla* (1578), de Vicente Espinel, se recuerdan las consejas "largas y enfadosas de Pedro de Urdemalas" (cfr. *Revista de Archivos, Bibliotecas y Museos*, 1904, X: 413). Existe una comedia titulada *Pedro de Urdemalas* que ha sido atribuída a Lope de Vega y a la Pérez de Montalbán, entre otros. Lope de Vega lo menciona explícitamente en la comedia titulada *Santiago del Verde* (II, 5). Pedro de Urdemalas adquiere por vez primera rango de protagonista en el anónimo *Viaje de Turquía*, atribuido a Crisóbal de Villalón y a Andrés Laguna, entre otros. En esta obra, como en la comedia de Cervantes, Pedro de Urdemalas, pese a la intertextualidad negativa de su apellido, representa la búsqueda de una conducta positiva, de tradición erasmista, por su rechazo de toda apariencia externa en favor de la vida interior del hombre. Aparecen frecuentes referencias a Pedro de Urdemalas en obras como *La villana de Vallecas* (III, 18), *Don Gil de las Calzas Verdes* (II, 1) y *La huerta de Juan Fernández* (II, 4) de Tirso de Molina; es protagonista en la novela *El subtil cordobés Pedro de Urdemalas* (1620), de J. de Salas Barbadillo (reed. en Chapel Hill, M. C. Andrade, 1974); Quevedo lo cita en "La visita de los chistes" (*Sueños*, Madrid, Espasa-Calpe, 1954, I, 284), y Calderón lo menciona en el auto sacramental *El gran mercado del mundo*.

te en una edad en que la rigidez y la inflexibilidad determinan la esencia de todo cuanto existe, desde un orden moral, de clara proyección metafísica, que dispone imperativamente la voluntad del sujeto en la sociedad, para negar con firmeza toda tentativa de cambio de estado, estamento o condición. El personaje Pedro de Urdemalas se configura así como paradigma del cambio y la mutación actancial o funcional, pero nunca *esencial*, que puede experiementar el sujeto en una de las épocas más inflexibles, y moralmente más resistentes a cualquier transformación, que haya conocido el mundo referencial y axiológico del arte y la literatura europeos[98].

Frente a la mutabilidad actancial del sujeto que representa en el teatro español del siglo XVII la figura de Pedro de Urdemalas, el teatro isabelino inglés construye, a través de la obra de W. Shakespeare, personajes dramáticos que se caracterizan por la mutación y transformación de sus impulsos y valores psicológicos en un mundo que lucha precisamente por superar el inmovilismo de un orden moral trascendente, de sus imperativos y voluntades metafísicas, así como de sus formas de percepción, completamente primitivas, destinadas a explicar y fundamentar los valores de un mundo antiguo, frente a una sociedad que dispone la personalización del individuo en la experiencia subjetiva de la modernidad, postulando personajes y prototipos que ya no serán las criaturas épicas, heroicas o míticas de la literatura antigua, sino la persona realista y existencial de la antesala del drama contemporáneo.

---

[98] Al monólogo de presentación de Pedro de Urdemalas ante Maldonado siguen otros diálogos en los que el tretero confirma como característica más destacada su tendencia o impulso por el cambio inmediato de personalidad y actividad social. En este sentido, C. B. Johnson ha escrito que "el proyecto de Pedro es factible precisamente porque él abandona la idea de un ser auténtico o una persona por debajo de los varios personajes que encarna" (C. B. Johnson, 1995: 16). En efecto, son varios los momentos de la comedia en que Pedro de Urdemalas pretende *formalmente* cambiar su modo de ser, con lo que se confirma su configuración como signo de transformaciones actanciales en época de órdenes y exigencias morales que se pretenden inmutables. Así sucede, por ejemplo, cuando Belica lo rechaza como esposo ("Mira, Belica: yo atino / que en poner en ti mi amor / haré un grande desatino / ...; / voime a vestir de ermitaño, / de cuyo vestido honesto / daré fuerzas a mi engaño" (II, 1685-1697); lo mismo podemos decir respecto a la situación con que concluye la segunda jornada, cuando la reina ordena celosamente la reclusión de Belica, que cae junto al rey en el baile: "Un bonete reverendo / y el eclesiástico brazo / sacarán deste embarazo / mi persona, a lo que entiendo. / ¡Adiós, Maldonado!..." (II, 2095-2099). Más adelante, en la jornada tercera, "sale Pedro de Urdemalas, con manteo y bonete, como estudiante", y pronuncia un soliloquio que constituye todo un elogio y justificación de la metamorfosis, como capacidad que permite al sujeto adoptar diferentes apariencias, signo de inconstancia, insatisfacción y lúdico azar: "Dicen que la variación / hace a la naturaleza / colma de gusto y belleza, / y está muy puesto en razón. / Un manjar a la contina / enfada, y un solo objeto / a los ojos del discreto / da disgusto y amohína. / Un sólo vestido cansa. / En fin, con la variedad / se muda la voluntad / y el espíritu descansa. / Bien logrado iré del mundo / cuando Dios me lleve dél, / pues podré decir que en él / un Proteo fui segundo" (III, 2660-2675).

Las relaciones de Pedro de Urdemalas con personajes como Clemente, Crespo, Tarugo, Sancho o Maldonado, así como el discurso semántico que estos personajes construyen en torno a Pedro[99], parecen situarnos ante una especie de superhombre del mundo que habita, cuando, sin embargo, el propio Pedro de Urdemalas se nos presenta como un personaje capaz de huir y mudar de hábito ante cualquier adversidad, por pequeña que sea, no sólo por lo que hemos indicado acerca de su fácil disposición para cambiar de forma y de estado[100], sino por los argumentos –próximos a la cobardía o la inconstancia– en que se apoya para abandonar a Belica, Maldonado y los demás gitanos, a la suerte que les depare la justicia del rey. Resulta inevitable observar la devaluación o destimitificación de este personaje, quien en sus intentos de *ser* alguien, deconstruye todos los prototipos:

> MALDONADO: En muy poca agua te ahogas.
> Nunca pensé tal de ti;
> antes, pensé que tenías
> ánimo para esperar
> un ejército.
> PEDRO: Es hablar;
> otras son las fuerzas mías.
> Aún no me has bien conocido;
> pues entiende, Maldonado,
> que ha de ser el hombre honrado
> recatado, y no atrevido;
> y es prudencia prevenir
> el peligro. Queda en paz (II, 2105-2116).

---

[99] Clemente le ofrece su amistad y todas sus solicitudes de auxilio: "De tu ingenio, Pedro amigo, / y nuestra amistad se puede / fiar más de lo que digo, / porque él al mayor excede, / y della el mundo es testigo" (I, 1-5); y algo más adelante, le confirma: "Que te tengo por prudente, / más que a un cura y a un doctor" (I, 218-219). Lo mismo sucede con el alcalde Crespo, padre de Clemencia, quien lo adopta como consejero principal: "Desde hoy más, Pedro, has de ser / no mi mozo, mas mi hermano. / Ven, y mostrarásme el modo / cómo yo ponga en efeto / lo que has dicho, en parte o en todo" (I, 238-242). El regidor Sancho dice de Pedro de Urdemalas: "Es tan astuto, / que puede darle tributo / Salmón, rey de los Judíos" (II, 1270-1272). Maldonado da ante Belica, con objeto de disponerla favorablemente a la pretensión amorosa de Pedro de Urdemalas, la siguiente descripción del tretero (II, 1535-1552). Uno de los aspectos más destacados es el que se refiere a la explicación que mueve a Urdemalas a hacerse gitano –el amor de Belica–, y renunciar así a otra pretensión: "Quiérese volver gitano / por tu amor, y dar de mano / a otra cualquier pretensión" (II, 1540-1542).

[100] Y así lo declara al final de la jornada segunda, tras el episodio del baile de Belica ante el rey, cuando la reina exige la reclusión de la gitana y el de Urdemalas afirma "que a compás retiro el paso / del gitanesco progreso" (II, 2093-2094), y decide transformarse en hombre de iglesia: "Un bonete reverendo / y el eclesiástico brazo / sacarán desde embarazo / mi persona, a lo que entiendo" (II, 2095-2098).

Finalmente, Pedro de Urdemalas se nos presenta como un decidido farsante[101], en el sentido más amplio de la palabra, como intérprete de farsas y comedias –"de gitano convertido / en un famoso farsante"–, con lo que culmina, en el teatro cervantino, la expresión proteica de una personalidad desde la que parece negarse la autencidad de cualquier prototipo dramático[102].

Como personaje teatral, la configuración que adquiere la *mujer* en el teatro cervantino se manifiesta especialmente en tipos como Belica en *Pedro de Urdemalas*, Rosamira en *El laberinto de amor*, y figuras más convencionales como Silvia y Zahara, o la misma Arlaxa, en *El trato de Argel* y *El gallardo español* respectivamente. Con frecuencia, el personaje femenino no presenta las variaciones del entremés, y delimita la expresión de la mujer como cristiana o mora, noble o criada. En muchos casos su característica principal es la pasividad, ante todo mal que amenace su vida y honor, como el caso de Rosamira; en otras circunstancias, la mujer llega a convertirse en el principal agente de la acción, al tomar las decisiones esenciales en el desarrollo de la intriga, como sucede con Belica, quien llega a convertir a Pedro de Urdemalas en una comparsa de los actos de la gitana; en ocasiones, el personaje femenino se enfrenta a la autoridad paterna o fraterna, y busca con sus propios medios la resolución de problemas particulares, como Margarita, en *El gallardo español*, que eludiendo los imperativos de su hermano va en busca de Fernando de Saavedra, bajo la irónica protección de un anciano.

En lo referente a los *criados y criadas*, *La entretenida* es una de las comedias que expresan mayor representatividad, en la relación que Ocaña, Quiñones y Torrente pretenden con Cristina. Tradicionalmente, el criado representa al personaje que ofrece las mejores cualidades y condiciones de diálogo con su amo, y así sucede a veces en la comedia cervantina, entre Cornelio y Anastasio, en *El laberinto de amor*, aunque sin embargo no es lo habitual en el conjunto de su creación dramática. Frente al teatro de Lope, en la comedia cervantina no existe la relación de confidencia

---

[101] Con anterioridad había dado a conocer su rostro burlador y fraudulento, en el episodio de la viuda a la que engaña en hábito de ermitaño, con objeto de cubrir los gastos del baile de los gitanos: "Belilla, gitana bella, / todo el fruto deste embuste / gozarás sin falta o mella, / aunque tu gusto no guste / de mi amorosa querella" (III, 2322-2327). La secuencia del embuste, así como su discurso de bendición y agradecimiento (III, 2335-2351), remite, en la trayectoria intertextual de este personaje, a episodios de vida rufianesca y literatura picaresca.

[102] "*Pedro de Urdemalas* centers on the theme of identity, and Cervantes reinforces the repeated role-playing of the title figure with examples of the adaptability of other characters […]. Cervantes' plays offers a multifaceted vision of the theme of identity, and primary and secondary actions and episodes reflect the mutable nature of man, seen in the context of a society undergoing change" (E. H. Friedman, 1981: 170).

entre amos y criados; en *La entretenida*, por ejemplo, amos como don Antonio tienen por confidentes a personajes como don Francisco, en lugar de criados o graciosos, como sucede con Lope. En este sentido, autores como F. Sevilla y A. Rey Hazas (1998: XVI, 26) advierten que la dramaturgia de Cervantes insiste en la presentación de "criados libres, que eligen con independencia, al margen de que acierten o yerren, y sobre todo anhelan una autonomía que su condición social y económica no les permite". Sirvan de ejemplo las palabras de Cristina, en *La entretenida*, en las que se ilustra con claridad un doble aspecto en la configuración del personaje, como mujer y como criada, desde el que se aprecia la presencia de la tradición celestinesca de Areusa, cuyo discurso amalgama el malestar de un sentido social crítico y vindicativo[103].

¡Tristes de las mozas
a quien trujo el cielo
por casas ajenas
a servir a dueños,
que, entre mil, no salen
cuatro apenas buenos,
que los más son torpes
y de antojos feos! [II, 996-1003]

Por su parte, el personaje del *cautivo* es una figura esencialmente cervantina. *El gallardo español* es en este sentido una comedia que debe asociarse a las cuatro obras de cautiverio o tema berberisco, junto con *Los tratos de Argel*, *Los baños de Argel* y *La gran sultana*. Estas son obras de proyección más colectiva que individual, y constituyen creaciones literarias estrechamente vinculadas a la vida del autor, y especialmente a una de sus experiencias personales más difíciles, como fue el cautiverio en Argel. Cotarelo recuerda en este sentido que Cervantes "fue el primero en traer a la dramática española los asuntos de cautivos" (A. Cotarelo, 1915: 30-31), y en hacer de la realidad y de la complejidad de lo real una fuente decisiva de expresión artística. Frente a las licencias poéticas de la comedia de Lope, el teatro de Cervantes trata de expresar, mediante la verosimilitud de figuras como el cautivo, la complejidad de lo real.

---

[103] Cfr., a propósito de estos versos, el comentario que F. Sevilla y A. Rey les dedican en su introducción a la edición de *La entretenida*: "Las mozas sufren, dice la fregona, todo tipo de vejaciones, insultos, vituperios y maltratos sin cuento. Quien así se expresa, no es la criada habitual de una comedia de capa y espada, sino un personaje mucho más consciente de su dependencia y, por ende, de sus afanes de libertad, en la estela de los criados realistas de la inmoral tragicomedia de Fernando de Rojas, bien que ya muy distantes, pero todavía más lejos de los estereotipos de Lope" (F. Sevilla y A. Rey, 1998: XVI, 26).

La construcción en las comedias cervantinas del personaje del *gracioso*, o figura del donaire, es, en el caso de existir, una auténtica heterodoxia[104]. En relación con el bobo o simple de las formas de teatro prelopista, la configuración de este personaje cuenta con antecedentes explícitos en la tradición cómica del teatro europeo occidental de todas las épocas: Italia lo representa en algunos de los tipos de la *commedia dell'arte*; Francia en las escenificaciones de las *fêtes de foules*; en Inglaterra puede identificarse con la tradición que da lugar al personaje del *clown* o *bufón*, genuinamente inglés, nacido en los tablados británicos que anteceden al teatro isabelino del siglo XVII; en las culturas eslavas se identifica en el personaje de Petruska; y en España, el teatro prelopista del siglo XVI, los pasos de Lope de Rueda y los entremeses de Cervantes, contribuyen de modos diversos a la configuración del prototipo del "gracioso", característico de la comedia de Lope de Vega y sus continuadores; en este contexto, A. Hermenegildo (1995) ha interpretado recientemente la figura del gracioso como un personaje que representa en la dramaturgia de Lope, Tirso y Calderón, la recuperación del loco carnavalesco.

En el teatro cervantino, especialmente en las comedias berberiscas, no es posible identificar en un solo sujeto dramático los rasgos de la figura del gracioso (J. Canavaggio, 1980), que más bien parecen estar presentados de forma dispersa y episódica, en personajes diversos, como en *El gallardo español* Buitrago, Martín, el cautivo Oropesa, Guzmán incluso, y también Vozmediano y hasta Juan de Valderrama, sumido en constantes confusiones respecto a la identidad de su propia hermana, cuyo honor pretende defender sin acierto alguno. En *Los baños de Argel*, el personaje que asume rasgos afines a la figura del gracioso, y en el que por su forma de actuar se identifican características semánticas procedentes del teatro del siglo XVI, es el sacristán. Desde el momento inicial de la comedia, en que se produce el asedio de los turcos, dirigidos por Yzuf y Cauralí, el sacristán declara su preferencia a dar la voz de alarma antes que luchar frontalmente contra el enemigo: "Como persona aplicada / a la iglesia y no al trabajo / mejor meneo el badajo / que desenvaino la espada" (I, 51-54). Y más adelante, en el diálogo (I, 721-761) que mantiene con el Cadí de Argel, este último declara abiertamente que "Bufón es este cristiano" (I, 754).

No hay que olvidar que los entremeses cervantinos presentan como simples o bobos a personajes que el teatro de Lope de Vega exalta en las

---

[104] Vid., en relación con este tema, los trabajos de J. Brotherton (1975), J. Canavaggio (1985-1986, 1992), F. W. Forbes (1975), A. Hermenegildo (1995), M. Herrero García (1941), B. Kinter (1978), F. Lázaro Carreter (1987), S. E. Leavitt (1972), Ch. D. Let (1954), R. R. Mac Curdy (1956), J. A. Maravall (1977), J. Montesinos (1925), J. Oleza (1994), Cl. Pailler (1980) y E. B. Place (1934); el coloquio del GESTE de Toulouse dedicó al personaje del gracioso un congreso en 1991 cuyas actas, en el momento de entregar este libro, aún están en prensa.

figuras de los labradores ricos, o villanos alienados por la idea del honor, tal como se planteaba en la comedia española de capa y espada del siglo XVII. Sin embargo, en *Pedro de Urdemalas*, Cervantes presenta a Martín Crespo, alcalde de la villa que adopta a Pedro por consejero principal, como uno de los principales "graciosos", de rasgos claramente entremesiles, de la comedia. Convertido en un *simple* que protagoniza secuencias semejantes a las del entremesés de *La elección de los alcaldes de Daganzo*, no sólo en la escena de la audiencia (I, 270 y ss), sino también ante el rey, en el momento de explicar cómo no puede disponer ante su majestad de los bailarines masculinos que le tenía preparados (II, 1853-1954), puede interpretarse como una parodia del personaje que en el teatro de Lope de Vega representa el villano enriquecido. Son indisociables de su presencia en la comedia los regidores Sancho y Tarugo, que le menosprecian ridículamente, como si ellos fueran mejores: "porque, en efeto, es mancilla / que se rija aquesta villa / por la persona más necia / que hay desde Flandes a Grecia / y desde Egipto a Castilla" (I, 250-254), ya "que un simple en él se ha de ver" (I, 264).

Cervantes altera la construcción de determinados personajes prototípicos, especialmente en lo que se refiere a los rasgos constitutivos del "gracioso", así como sus relaciones y transformaciones con los demás personajes; es, por ejemplo, el caso del burlador, o del bobo, en cuya configuración se desarrollan aspectos tradicionalmente incompatibles con ellos, pues el siglo XVI nunca asociaría la estulticia a personajes como el rufián o la celestina[105].

Una de las características principales del *rufián* cervantino, ampliamente destacada por A. Close (1993), es la finalidad lúdica, y aparentemente inofensiva, de sus acciones y patrañas[106]. *El rufián dichoso* constitu-

---

[105] "Los graciosos del teatro de Cervantes suelen desempeñar una función independiente y tangencial dentro de la comedia en que aparecen, demostrando por esta independencia, y también por su truculenta afición a las burlas, su parentesco con las figuras cómicas de la época de Lope de Rueda –sacristanes bellacos y mujeriegos, lacayos o rufianes fanfarrones–. Pero a diferencia de tales figuras suelen tener una función, generalmente inconsciente, de crítica o contraste ejemplar. Con sus chistes y burlas, ponen de relieve los disparates de los demás personajes; algunas veces, repiten en un plano inferior el heroísmo de sus amos; incluso llegan a ser algo así como la inteligencia crítica de la comedia, ocupando una perspectiva equivalente a la del espectador o del autor [...]. La transformación del burlador va acompañada de una expansión de la categoría del bobo, a la que se incorporan muchas figuras tradicionales que parecen incompatibles con ella. ¿A quién se le ocurriría convertir en tontos al jefe de la Mafia sevillana y a una descendiente de la astuta Celestina? Pues a Cervantes, quien logra ambos prodigios en *Rinconete y Cortadillo*" (A. Close, 1993: 101-102).

[106] "El fruto más importante de este proceso de ejemplarización fue el transformar la tradicional relación maliciosa y conflictiva entre el burlador y su víctima –pensemos en Lázaro y el ciego– en una relación deportiva, lúdica, paródica, y desinteresada, cuyo funda-

ye un claro ejemplo de ello, al llevar el personaje protagonista una trayectoria vital y picardiosa en la que ni la perversión ni la maldad constituyen en sí mismas el objetivo de sus acciones. Nada más alejado, pues, del personaje nihilista, tal como lo ha de configurar el teatro shakespeariano, que el prototipo de rufián cervantino. El paso de un concepto aristofánico de lo cómico a un sentido terenciano del humor, característico del siglo XVII español, está en la base de una evolución que afecta a personajes de este tipo. Lo mismo podría decirse de los gitanos presentes en *Pedro de Urdemalas*, Maldonado e Inés, en quienes se encarna un sentido lúdico, festivo y popular, de su existencia social.

El prototipo del *soldado*, que L. García Lorenzo (1981) ha estudiado con detalle en un trabajo en principio afín a la semiología literaria, presenta en las comedias cervantinas dos formas principales de conducta. Una de ellas, habitual en la lógica del arquetipo lopesco[107], remite al soldado que custodia y representa los ideales sociales y políticos del orden moral seiscentista, triunfador en mil batallas, frente a moros y en las Indias, y adalid del concepto más castizo de honor castellano[108]; la otra forma de conducta es la que remite a un prototipo más afín a la literatura cervantina[109], presente en entremeses como *La guarda cuidadosa*, y personajes de comedia como Buitrago, en *El gallardo español*, quien al lado de figuras tan lopescas como Fernando de Saavedra, se ve obligado a pedir para sí y para las ánimas del purgatorio: "Busquen alivio sus quejas, / almas, por otro camino. / Buscaréle yo también / para mi hambre insolente, / o me den, o no me den; / que nunca muere un valiente / de hambre..." (II, 1491-1497).

Personaje prototípico de la literatura y el teatro españoles del Siglo de Oro, el soldado aparece con frecuencia como pretendiente de una mejora

---

mento es el espíritu de juego o de fiesta en que ambos personajes comulgan" (A. Close, 1993: 102).

[107] Respecto a este tipo de soluciones literarias, L. García Lorenzo (1981: 244), comenta: "El galán de Lope posee un valor indiscutible como paradigma, aunque, naturalmente, nos resulta difícil admitir ese desenlace, válido artísticamente y habitual en nuestro escritor, pero prácticamente imposible en la vida diaria del siglo XVII."

[108] "Como justicia poética ha definido la crítica esos finales de las obras dramáticas de nuestra Edad de Oro y así lo admitimos; sin embargo, Lope de Vega, una vez más, huye de la realidad y concede a sus personajes una felicidad y una concordia que estaban muy lejos de conseguir en la existencia diaria. Triunfa la verdad poética y se olvida que el paraíso sigue perdido; triunfa la ilusión pero continúan en la ciudad y en el campo unos ideales sin lograr; en fin, que la evasión se impone por enésima vez sobre la vida ordinaria" (L. García Lorenzo, 1981: 244).

[109] Sobre los rasgos prototípicos del *soldado pretendiente*, tomados de la literatura y la sociedad de la época, como militar que vuelve a España, procedente de Europa o América, en busca de un puesto que cree merecer por sus hechos en servicio del rey, vid. los enumerados por L. García Lorenzo (1981: 233-234).

social, en calidad de militar que vuelve a España, procedente de Europa o América, en busca de un puesto que cree merecer por sus hechos en servicio del rey. En la literatura del Siglo de Oro, personajes prototípicos como el soldado pretendiente cumplen una función social y política de vindicación por méritos o trabajos militares. En los romances, por ejemplo, este personaje se presenta como un grito de protesta, de crítica social; en el teatro de Lope de Vega, sin embargo, no sucede lo mismo; así, por ejemplo, en *El galán de la Membrilla*, Lope convierte en comedia la tragedia del romance, es decir, convierte en comedia poética la tragedia real de la vida española del Siglo de Oro. Hay, pues, que distinguir, como señala L. García Lorenzo, entre una verdad estética y una verdad social. El teatro de Lope y sus seguidores despliega una gran capacidad de fabulación, y una poética que responde a esta capacidad de desarrollo en la acción, disponiendo una audiencia que no estaba dispuesta a aceptar, ni dionisíaca ni apolíneamente, la composición de tragedias[110].

Finalmente, al lado del personaje que tipifica la forma de conducta propia del *santo,* en que acabará convirtiéndose Cristóbal de Lugo, y que exige en la comedia cervantina una atención especial a los procedimientos de verosimilitud, decoro y causalidad, en el desarrollo de la acción, es posible situar al personaje que, como hemos apuntado, podríamos considerar "nihilista", personaje cuyo desarrollo cervantino se queda completamente en ciernes, no sin provocar por ello un especial interés por las causas y condiciones que hacen posible los motivos de su conducta. El personaje nihilista cervantino se situaría en los primeros eslabones de esa cadena de personajes, presentes desde la literatura medieval inglesa (H. Bloom, 1994), que avalados por una experiencia propia, una singularidad específica, niegan o discuten cierta validez, cierta exigencia, del orden moral que rige su conducta, y que por una razón exclusivamente personal, se muestran renuentes a acatar. Personajes como Ana de Treviño en *El rufián dichoso*, y más explícitamente el moro Nacor, descendiente de Mahoma y traidor, ante los españoles, de los de su propia raza, así como

---

[110] Respecto a este tipo de soluciones literarias, L. García Lorenzo (1981: 244) comenta que "el galán de Lope posee un valor indiscutible como paradigma, aunque, naturalmente, nos resulta difícil admitir ese desenlace, válido artísticamente y habitual en nuestro escritor, pero prácticamente imposible en la vida diaria del siglo XVII [...]. Como justicia poética ha definido la crítica esos finales de las obras dramáticas de nuestra Edad de Oro y así lo admitimos; sin embargo, Lope de Vega, una vez más, huye de la realidad y concede a sus personajes una felicidad y una concordia que estaban muy lejos de conseguir en la existencia diaria. Triunfa la verdad poética y se olvida que el paraíso sigue perdido; triunfa la ilusión pero continúan en la ciudad y en el campo unos ideales sin lograr; en fin, que la evasión se impone por enésima vez sobre la vida ordinaria". Sobre los rasgos prototípicos de este personaje, tomados de la literatura y la sociedad de la época, vid. L. García Lorenzo (1981: 233-234).

toda una serie de cristianos renegados, entre los que figuran las acciones de Salec en *La gran sultana*, el farsante Pedro en *El trato de Argel*, o Hazén e Yzuf en *Los baños...*, constituyen ejemplos representativos de personajes que niegan determinadas formas de conducta social, que se distancian del decoro en favor de la expresión polifónica, o simplemente se niegan a hablar, como Salec, apoyándose en una perspectiva diferente y distante –por sus motivaciones individuales– del orden moral al que debieran someterse.

Diremos, en conclusión, que la construcción del personaje teatral en las comedias cervantinas, como arquetipo lógico de formas de conducta, se sitúa entre las tentativas experimentales de renovación del personaje dramático, a partir de las normativas de la poética clásica, y la disolución de los prototipos funcionales codificados en la comedia nueva por Lope de Vega. El resultado es una obra dramática que, en su conjunto, trata de ofrecer una imagen verosímil de la complejidad de la vida real, mediante la incorporación de prototipos humanos cuyo desarrollo se queda en muchos casos en un proceso abierto, como algunas de las formas de conducta encarnadas en los personajes femeninos; en otros casos, figuras como las del cautivo, el soldado o el rufián, ofrecen una visión realista de la vida desgarrada y pendenciera del momento; a su vez, el galán y el gracioso representan en algunos episodios las expresiones más claras de disolución en el drama cervantino de los prototipos lopescos, así como las figuras bucólicas y fantásticas remiten a una desintegración de los ideales renacentistas; quizá en el conjunto de esta creación dramática sea el personaje nihilista el que remite a un desarrollo más experimental, que deja en ciernes uno de los prototipos más decisivos del teatro de Shakespeare.

4.3.5. *Negación de la experiencia subjetiva del personaje en las formas del lenguaje dramático*

"Fíjate en ti mismo. Desvía tu mirada de todo lo que te rodea y dirígela a tu interior", escribe J. G. Fichte al comienzo de su *Wissenschaftslehre* (1797/1984: 29), obra que supone la radicalización del concepto kantiano de subjetividad en los procesos especulativos de la ciencia y la filosofía modernas. El pensamiento de la Ilustración europea, que aquí nos interesa desde el punto de vista de sus implicaciones en la teoría de la literatura, como superación de la poética mimética y la preceptiva clásica, considera que el fin de la filosofía consiste en explicar el fundamento de toda experiencia, y entiende por experiencia el conjunto de las representaciones de la conciencia motivadas por el sentimiento de la necesidad humana. Se disponen así los principios del Idealismo trascendental, que considera que el objeto de conocimiento es construido y determinado por las facultades del conocimiento subjetivo.

Declaraciones de este tipo no son plenamente perceptibles en el siglo XVII europeo, y aún menos en los personajes de la literatura española de esa centuria, por más que desde la obra de A. Castro (1925) se hayan tratado de justificar frecuentes precedentes del pensamiento idealista en el pensamiento de Cervantes. A los escritores de la Antigüedad, desde Esquilo hasta Dante, sólo les preocupaban las realidades definitivas, pues apenas se reconocía otra condición en la esencia de lo real que no fuera, de un modo u otro, su inmutabilidad moral en el tiempo. Existe un tránsito, por el que discurre antes el discurso literario que el filosófico, en el paso del mundo antiguo a la modernidad, es decir, de la Objetividad a la Subjetividad como referentes ontológicos de la actividad humana, y ese paso puede examinarse formalmente en la construcción del soliloquio dramático como fuente de expresión del personaje teatral.

El personaje literario del drama post-ilustrado y romántico apenas posee nada, o muy poco, fuera de la experiencia, pues desde entonces se admite que en ella se contiene la materia más relevante del pensamiento humano. Todo aquello de lo que el yo del sujeto es consciente se convierte en objeto de experiencia. Afirmar la independencia del yo, que se (auto)constituye a sí mismo y a los objetos que determinan su vivencia, y deducir los móviles de la acción de la subjetividad y de las categorías de pensamiento del propio yo, es una labor a la que no renuncia ningún héroe que se precie de ilustrado o romántico.

Sin embargo, el personaje del drama europeo anterior a la Ilustración, con excepción del personaje shakespeariano en el teatro isabelino inglés, está muy lejos de disponer en el escenario de una experiencia subjetiva que pueda constituirse en algún momento en móvil de sus acciones. La comedia nueva de Lope de Vega representó en este sentido una auténtica negación de la experiencia subjetiva del personaje en las formas del lenguaje dramático, principalmente en el soliloquio y en el monólogo, y en menor medida en el diálogo y el aparte. En este contexto, las tentativas experimentales del teatro cervantino apenas han logrado superar las formas lopescas, negadoras de la subjetividad del individuo, y avaladas en este caso por la poética y la literatura antiguas, así como por los modos de interpretación literarios hasta entonces vigentes[111].

---

[111] Advierte H. Bloom, respecto a los procesos comunicativos característicos de los personajes de Shakespeare y Cervantes, una contraposición que creemos interesante destacar: "Don Quijote y Sancho son, el uno para el otro, un interlocutor ideal; cambian al escucharse mutuamente. En Shakespeare el cambio se origina cuando los personajes se oyen a sí mismos casualmente y meditan sobre lo que se desprende de lo que han oído. Ni don Quijote ni Sancho son capaces de oírse a sí mismos; el ideal quijotesco y la realidad pancesca son demasiado fuertes, y quienes los esgrimen no pueden dudar de ellos, de modo que se ven

Basta recordar a este respecto el comienzo de *The Merchant of Venice* (1600) para verificar las diferencias existentes entre el personaje shakespeariano y cualquier protagonista de una comedia española del siglo XVII. El valor de la subjetividad en la percepción de la realidad en que se sitúa Antonio, el personaje que habla, se convierte en el objetivo principal del discurso. El sujeto reflexiona sobre sí mismo, y nada menos que se inquiere, a la altura de 1600, sobre la causalidad de su estado de ánimo, sobre la experiencia de sus efectos, y sobre sus posibilidades de reconocimiento.

> En verdad, ignoro por qué estoy tan triste. Me inquieta. Decís que a vosotros os inquieta también; pero cómo he adquirido esta tristeza, tropezado o encontrado con ella, de qué substancia se compone, de dónde proviene, es lo que no acierto a explicarme. Y me ha vuelto tan pobre de espíritu, que me cuesta gran trabajo reconocerme[112].

Antes de continuar, conviene recordar claramente qué es lo que entendemos por cada una de las cuatro formas principales de lenguaje dramático: soliloquio, monólogo, diálogo y aparte.

Entendemos por *soliloquio* aquel proceso semiósico de expresión por el que un personaje dramático utiliza el lenguaje en ausencia absoluta, formal y locutivamente, de todo posible oyente o interlocutor, de modo que un sólo personaje habla, y nadie lo escucha, nadie lo ve, nadie lo acompaña, ni en el espacio ni en el tiempo. El *monólogo* dramático puede,

---

incapaces de asimilar cualquier desvío de su modelo de conducta. Pueden decir blasfemias, pero no las reconocen cuando las sueltan. La grandeza trágica de los protagonistas de Shakespeare se extiende a la comedia, la historia y el amor; sólo en las escenas culminantes de reconocimiento los supervivientes son capaces de escuchar atentamente lo que los otros están diciendo. La influencia de Shakespeare, y no sólo en los países de habla inglesa, ha superado la de Cervantes. El moderno solipsismo emerge de Shakespeare (y de Petrarca antes que él). Dante, Cervantes, Molière –que dependen de los diálogos entre sus personajes– parecen menos naturales que el magnífico solipsismo de Shakespeare, y quizá, de hecho, son menos naturales. Shakespeare no puede igualar los diálogos entre don Quijote y Sancho, pues los amigos y amantes de sus obras nunca acaban de escucharse mutuamente [...]. La individualidad shakespeariana no tiene parangón, pero conlleva enormes costes" (H. Bloom, 1994/1996: 146).

[112] Cfr. W. Shakespeare, *El mercader de Venecia*, Madrid, Espasa-Calpe, 1940. Trad. esp. de Luis Astrana Marín. Vid. el texto original inglés, *The Merchant of Venice* (1600), I, 1, vv. 1-6:

> In sooth I know not why I am so sad,
> It wearies me: you say it wearies you;
> But how I caught it, found it, or came by it,
> What stuff'tis made of, whereof it is born,
> I am to learn: and such a want-wit sadness makes of me,
> That I have much ado to know myself.

sin embargo, definirse como aquel proceso semiósico de comunicación en el que un personaje dramático enuncia un discurso sin la intencionalidad de obtener respuesta por parte de sus posibles interlocutores, que ocupan con frecuencia un espacio verbal de audición o silencio, a quienes puede referirse formalmente a través de signos deícticos de segunda persona, y cuya función se limitará a escuchar, sin asumir en ningún momento el uso de la palabra desde la primera persona[113].

Diálogo es todo proceso semiósico de interacción en el que dos o más sujetos hablantes, emisor y receptor, alternan su actividad comunicativa en la expresión e interpretación de enunciados. Por discurso en *aparte* entendemos todo proceso semiósico de comunicación que se manifiesta convencionalmente como ejercicio de pensamiento, que resulta siempre envuelto recursivamente en una estratificación discursiva superior, y en todo caso comprometido verbalmente con el acto de habla externo que lo motiva, bien de modo interactivo (diálogo: dos o más personajes dialogan entre sí e intercambian apartes), bien de modo meramente comunicativo (dialogismo: un personaje habla a otro que le responde exclusivamente con apartes).

Para apreciar la emersión del personaje sobre la acción, del sujeto sobre la fábula, hay que considerar los móviles y las pulsiones que inducen al personaje a hablar ante sí mismo, a enunciar un discurso basado en un único proceso semiósico de expresión. ¿Por qué y para qué habla ante sí mismo un personaje dramático?[114] Una de las principales pulsio-

---

[113] Pese al valor y la actualidad de muchas de las ideas de R. Langbaum, no creemos que hoy día pueda sostenerse, dada la enorme evolución que desde entonces han experimentado los estudios sobre la pragmática de la comunicación literaria, la diferencia establecida por este autor en 1957 entre monólogo y soliloquio, basada en criterios referenciales, y en cierto modo dependientes de impresiones personales, que hacen muy difícil una interpretación estable y general de esta forma de expresión dramática: "Es esa naturaleza incidental de la auto-revelación lo que distingue al monólogo dramático de la forma con que con más frecuencia se confunde, el soliloquio. La diferencia está en que el hablante del soliloquio es él mismo su propio tema, mientras que el hablante del monólogo dramático dirige su atención al exterior. Dado que el discurso sobre uno mismo necesariamente exige una actitud objetiva, el hablante del soliloquio habrá de verse a sí mismo desde una perspectiva general. No le bastará con pensar sus pensamientos y sentir sus sentimientos, sino que habrá de describirlos como lo haría un observador; pues está tratando de comprenderse a sí mismo del mismo modo en que el lector lo comprende –o sea, de manera racional, relacionando sus pensamientos y sentimientos con verdades generales" (R. Langbaum, 1957/1996: 252-253).

[114] Como explica a propósito de W. Shakespeare, R. Langbaum considera que el principal motivo que induce al personaje a convertirse en sujeto de enunciaciones presenta una doble naturaleza, orientada al cumplimiento de una función "autoexpresiva o lírica", y capaz de expresar al mismo tiempo una situación de desequilibrio entre la experiencia subjetiva del protagonista (sujeto) y la estructura de los hechos (fábula) de la situación dramática en que se sitúa como personaje (R. Langbaum, 1957/1996: 301).

nes que inducen al sujeto de la enunciación al uso de la palabra radica en los deseos de afirmación de su propio punto de vista, con la finalidad de involucrar al posible interlocutor en su ámbito moral, como conjunto de leyes que justifican el pensamiento del sujeto y sus formas de conducta.

Desde este punto de vista, el monólogo dramático se configura como la expresión verbal del modo en que una idea, en el curso de su evolución, llega a ser percibida por un personaje, por medio de una situación dialéctica particular, la cual se manifiesta a través de un desajuste de modalidades (querer, saber, poder..., hacer algo), que enfrentan a varios sujetos, y que adquiere forma objetiva en la fábula. El personaje del drama se caracteriza porque ha de tomar una decisión radical frente a unos hechos, motivado por unos presupuestos lógicos, causales y finales, desde los cuales percibe tanto la estructuración de los acontecimientos como las relaciones de los personajes que en ellos intervienen, a todo lo cual pretende dar un sentido coherente.

Entre las características del personaje que enuncia el soliloquio del drama moderno no siempre hallamos las cualidades del personaje teatral cervantino, quien, más próximo en este caso a la estética de la comedia nueva, utiliza las formas del lenguaje dramático para atenuar o negar la experiencia subjetiva del sujeto protagonista.

El objetivo moderno del soliloquio dramático es potenciar en el discurso la presencia semántica del sujeto hablante, así como en la construcción e interpretación del sentido general de la obra, formalizando de este modo la institucionalización de la *existencia* del personaje en el discurso literario y su expresión espectacular. Hemos insistido sobre cómo en el teatro moderno todas las cualidades que necesita el personaje para su éxito o fracaso son existenciales.

En la expresión teatral del soliloquio la caracterización dramática es fuente de un componente lírico esencial, que lleva a identificar en el discurso del personaje una expresión dramática, por la que el sujeto se manifiesta a través del enunciado y la acción (Aristóteles habla en este caso de *êthos* o inclinación moral), y una expresión lírica según la cual el personaje se manifiesta mediante un discurso (auto)expresivo y (auto)justificativo (según Aristóteles, no habría en este caso *caracterización* teleológica o moral). En consecuencia, el sujeto de enunciación del monólogo dramático es el único personaje cuya caracterización es, además de dramática, lírica, por lo que se convierte en el único personaje que se revela desde dentro. Su vida, su *existencia*, no deriva tanto de la *situación* (fábula) cuanto de la *experiencia* que el sujeto receptor le proporciona. El resto de los personajes del drama derivan su existencia de la del sujeto hablante; existen sólo en la percepción y en el discurso del personaje responsable del monólogo, "por lo que su existencia participa de la naturaleza problemática de una construcción visual e intelectual" (R. Langbaum, 1957/1996: 328).

Por otro lado, el personaje del soliloquio dramático se expresa con el fin de conocer algo sobre su persona, como medio para conocer algo sobre la realidad. Desde el punto de vista de la pragmática de la comunicación, el soliloquio se caracteriza por la proyección hacia el exterior de la subjetividad del personaje, por la conformación de un circuito cerrado de expresión comunicativa, y por la interpelación –cósmica, podríamos decir– que genera un discurso sin verdaderos interlocutores; en consecuencia, el hablante no utiliza las palabras para exponer un significado, sino para asediarlo; nos hallamos ante un sujeto que resulta absorbido por su propio discurso, desde el que se acusa una falta de contacto con cualquier posible interlocutor, y a través del cual se pretende un significado que deriva precisamente de la existencia misma del personaje hablante. Si las categorías morales se cancelan recíprocamente, las categorías empíricas, relativas a la experiencia individual, sólo pueden complementarse intersubjetivamente.

La principal característica del personaje cervantino en el soliloquio dramático consiste en proyectar la acción que refiere hacia el exterior de sí mismo. La *fábula* es expresión de exterioridad. El discurso del personaje cervantino, frente a lo que sucede en el teatro de Shakespeare, utiliza el soliloquio como instrumento de expresión desde el que parece negar toda interioridad. Incluso parece configurar un destinatario, de naturaleza alegórica o virtual, en el que trata de objetivar exteriormente ciertas posibilidades de recepción. Tal es lo que sucede en el primero de los soliloquios de Aurelio, en *El trato de Argel* (I, 1-80), cuando interroga "¿Qué buscas en la miseria, / Amor, de gente cautiva?", y parece situar en esta categoría universal el destinatario inmanente de todo su soliloquio[115].

Desde el punto de vista de la pragmática de la comunicación literaria, el discurso entre Aurelio y los personajes alegóricos resulta especialmente relevante (III, 1690-1752). Este soliloquio de Aurelio se caracteriza porque está penetrado por enunciados de dos personajes alegóricos, la Ocasión y la Necesidad, con los que en ningún momento dialoga, sino que más bien se presentan como voces que brotan de su conciencia. Aurelio, en su soliloquio, únicamente repite perifrásticamente el contenido de los enunciados de los personajes alegógicos; no hay diálogo, porque no hay interacción; no hay tampoco monólogo, porque nadie escucha sus palabras;

---

[115] En otro de sus soliloquios (II, 1313-1404), Aurelio refiere el dolor del cautiverio en Argel, presentándolo como una experiencia universal o común, nunca existencial o personal. Se presenta como testigo de hechos que él mismo vive, insistiendo en descripciones referenciales, focalizadas con frecuencia desde la tercera persona. La ausencia de formas e índices de primera persona remite indicialmente a la exteriorización de los hechos, y a la impermeabilidad de la fábula frente a las implicaciones de la vivencia personal del *yo*, como sujeto de la enunciación.

tampoco apartes, pues convencionalmente se admite que las figuras alegóricas hablan desde la conciencia del personaje, conciencia que se exterioriza y se objetiva en la expresión antropomórfica y alegórica de la Ocasión y la Necesidad. La polivalencia de sujetos enunciativos (Ocasión, Necesidad, Aurelio...) hace que el soliloquio resulte semánticamente redundante, formalmente fragmentado y funcionalmente monológico[116].

Mas adelante, Aurelio vuelve a reflexionar sobre las consecuencias de su acción, a lo largo de un soliloquio (III, 1775-1778) en el que no se convierte formalmente en sujeto de su propio lenguaje, sino en objeto del mismo. El sujeto reflexiona sobre la fábula, pero sin situarse formalmente, como sujeto de sí mismo, en el centro de tales reflexiones. Su discurso es el discurso de una entidad desdoblada antes que reflexiva; la autonominación y el uso de la segunda persona objetivan su propia personalidad como algo exterior a sí mismo, dependiente en última instancia de una realidad trascendente a la voluntad humana, de modo que el destinatario del discurso (tú) –en sincretismo con el emisor de su enunciación (yo)– pertenece a la *fábula* antes que al *sujeto* mismo que la predica. El discurso monológico no revela ningún tipo de empirismo, y antes que imitar una perspectiva particular sobre la vida, determinada por la experiencia del propio sujeto de la enunciación, o de otro personaje, imita la concepción moralmente reconocida del orden vital contrarreformista.

>   Aurelio, ¿dónde vas? ¿Para dó mueves
>   el vagoroso paso? ¿Quién te guía?
>   ¿Con tan poco temor de Dios te atreves
>   a contentar tu loca fantasía?
>   Las ocasiones fáciles y leves
>   que el lascivo regalo al alma envía
>   tienen de persuadirte y derribarte
>   y al vano y torpe amor blando entregarte.
>   ¿Es éste el levantado pensamiento
>   y el propósito firme que tenías
>   de no ofender a Dios, aunque en tormento
>   acabases tus cortos, tristes días?
>   ¿Tan presto has ofrecido y dado al viento
>   las justas, amorosas fantasías,
>   y ocupas la memoria de otras vanas,
>   inhonestas, infames y livianas? (III, 1775-1790)

---

[116] "En consecuencia, *Los tratos de Argel* ofrecen un ejemplo perfecto de lo que Cervantes asegura haber aportado al teatro, y de hecho aportó como novedad, que consistió en sacar a las tablas "exteriorizaciones dramáticas de la vida interior", mediante el procedimiento de encarnar en personajes abstractos los pensamientos íntimos, para hacer más funcional y evidente el soliloquio interno, al dramatizarlo como diálogo representable de figuras morales" (F. Sevilla y A. Rey, 1997: III, 10).

En *El gallardo español* (I, 357-386), el soliloquio de Nacor ante Alimuzel, que duerme, y no oye las palabras del moro jarife, constituye uno de los escasos ejemplos del teatro cervantino en los que el soliloquio del protagonista expresa una perspectiva particular sobre los hechos, una singularidad en la percepción del acontecimiento, y en el punto de vista de su ejecución, hasta el punto de distanciarse fríamente de la moral y el decoro imputables a un personaje de su condición. Y se produce precisamente en este personaje, Nacor, que hemos considerado en términos afines al concepto de sujeto nihilista, como moro traidor ante los propios moros, y criminal al que sólo su cobardía impide asesinar, incluso cuando está dormido, a su compatriota Alimuzel. Este soliloquio –que hemos referido más arriba– expresa la (auto)presentación de Nacor, y ofrece importantes datos sobre su etiqueta semántica, tal como hemos indicado en su lugar.

La primera intervención de Fernando en *Los baños de Argel*, a quien los turcos acaban de arrebatar a su enamorada Constanza, es un monólogo dramático (I, 147-226) cuyo comienzo está determinado por una especie de apelación universal, o invocación cósmica, a la naturaleza, que revela una vez más el uso individual del lenguaje como expresión de una *acción* externa al sujeto. La idea general del discurso se percibe como una inferencia, antes que como un hecho que se identifique vitalmente con la experiencia del hablante; la percepción de los hechos dispone que el pensamiento del sujeto resulte una consecuencia del orden moral ("que el Cielo por mi mal me niega"):

> Puntas de cristal claro y no de almenas,
> murallas de bruñido y rico argento
> que guardaste[i]s un tiempo mi esperanza,
> ¿dónde hallaré, decidme, a mi Costanza?
> Techos que vomitáis llamas teosas,
> calles de sangre y lágrimas cubiertas,
> ¿adónde de mis glorias ya dudosas
> está la causa, y de mis penas ciertas?
> Descubre, ¡oh sol!, tus hebras luminosas;
> abre ya, aurora, tus rosadas puertas;
> dejadme ver el mar, donde navega
> el bien que el Cielo por mi mal me niega (I, 147-226).

A esta misma forma de discurso, que convierte el pensamiento humano en una consecuencia del orden moral, pertenece el monólogo de Roberto ante Salec, en *La gran sultana*, sobre sus intenciones de encontrar a la pareja de enamorados que forman Lamberto y Clara. Se formula aquí una declaración que remite una vez más a la inmutabilidad de un orden moral que se impone a la voluntad humana de forma inalterable: "sino porque las desgracias / traen su corriente de lejos, / y no hay diligencia humana / que prevenga su remedio" (I, 102-105). En la misma línea puede situarse la interpretación de los varios soliloquios que aparecen en *El laberinto de amor*: el duque Federico de Novara (I, 158-165), ante Dagoberto y Anastasio entre otros, pronuncia un breve monólogo en que lamenta las desventuras de la Fortuna en relación con la honra perdida de su hija, sin hacer personalmente nada por evitar su condena y muerte, tal como exige el orden moral: "Mostrado me has, Fortuna, que quien honra / tus alteres, en humo levantados, / por premio le has de dar infamia y mengua"; lo mismo podría decirse del soliloquio final de Manfredo (III, 2571-2592), quien se hace sucesivas preguntas sobre el desenlace de los hechos, sin nada que revelar acerca de su experiencia subjetiva sobre ellos.

Sin embargo, el soliloquio más sorprendente, por su pasividad e impermeabilidad a la experiencia personal de quien lo pronuncia, es el de Rosamira (II, 1905-1920), en el que nada dice ni acerca de sí misma, ni de su experiencia subjetiva sobre la calumnia que padece, y que la llevará a ser ejecutada por orden de su propio padre –quien cumple con el orden moral establecido–, sino sobre la acción exterior en que se encuentra, como si se tratara simplemente de una mala "industria" de la fortuna. He aquí las palabras de Rosamira, en las que está completamente ausente la perspectiva particular de la persona que va a ser ejecutada a causa de una falsa acusación; su discurso está ubicado en la voluntad de un orden moral trascendente al sujeto, cuya acción exterior niega toda experiencia subjetiva en el personaje dramático:

> Quien me viere de esta suerte,
> juzgará, sin duda alguna,
> que me tiene la fortuna
> en los brazos de la muerte.
> Pues no es así; porque amor,
> cuando se quiere extremar,
> con el vuelo del pesar
> suele encubrir su favor.
> Honra, eclipse padecéis
> porque entre vos y mi gusto
> la industria ha puesto un disgusto,
> por el cual escura os veis;
> mas pasará esta fortuna
> que así vuestra luz atierra
> como sombra de la tierra,
> puesta entre el sol y la luna (II, 1905-1920).

En *La entretenida*, el monólogo de Antonio (III, 1817-1830), que parece ser oído por su amigo y confidente Francisco, a juzgar por sus palabras

("Siempre han de herir los vientos, / amigo, en cualquier sazón / los ayes de tu pasión, / los ecos de tus lamentos", III, 1831-1834), constituye igualmente un uso de las formas del lenguaje dramático característico de la comedia española del siglo XVII: la negación de la subjetividad. Como personaje teatral inmerso en la estructura de unos hechos, organizados desde imperativos lógicos que se atienen a un orden moral superior, el sujeto de la enunciación se refiere a sí mismo desde el punto de vista de los motivos y consecuencias de sus formas de conducta, es decir, desde el punto de vista del papel de sus actos en el conjunto de la fábula. Su discurso constituye una declaración sobre las repercusiones exteriores de la acción, y una expresión de objetividad sobre su propia percepción de los hechos. El personaje de la comedia española no se identifica ante sí mismo como sujeto de acciones propias, sino más bien como agente o delegado actancial de una realidad trascendente, metafísica, de cuya voluntad depende el sentido de toda acción humana, así como el fundamento moral y religioso de la sociedad en que se desarrollan sus consecuencias[117]. En este monólogo de Antonio, el personaje hablante se compara con una realidad exterior a sí mismo –se objetiva, diríamos–, con el fin de evitar cualquier tentativa de interiorizar el drama al que dedica sus palabras. Configura una especie de diálogo especular, dirigido a una alteridad que se objetiva en elementos de la naturaleza. Nótese que no existe en el enunciado del monólogo dramático ningún rasgo formal del sujeto de la enunciación.

> En la sazón del erizado invierno,
> desnudo el árbol de su flor y fruto,
> cambia en un parto desabrido luto
> las esmeraldas del vestido tierno.
> Mas, aunque vuela el tiempo casi eterno,
> vuelve a cobrar el general tributo,
> y al árbol seco, y de su humor enjuto,
> halla con muestras de verdor interno.
> Torna el pasado tiempo al mismo instante
> y punto que pasó: que no lo arrasa
> todo, pues tiemplan su rigor los cielos.
> Pero no le sucede así al amante,
> que habrá de perecer si una vez pasa
> por él la infernal rabia de los celos (III, 1817-1830).

---

[117] En su diálogo con Antonio, sólo algo más adelante, su amigo Francisco recuerda que "Naturaleza compuso / la suerte de los mortales / entre bienes y entre males, / como nos lo muestra el uso" (III, 1847-1850). Se confirma una vez más el imperativo de la realidad moral, religiosa, metafísica, a la que también se le confiere estatuto de orden natural, sobre la voluntad individual del sujeto humano.

V. Coda

5.1. Conclusión

> ... *che, non men che saver, dubiar m'aggrata...*
>
> Dante, *Inferno*, XI, 93.

Algunos lectores exigen una conclusión. Tratemos, pues, de satisfacer este requerimiento, con el fin de justificar, por última vez, algunos aspectos que nos han parecido decisivos a lo largo de este libro.

Mi objetivo quizá primordial ha sido el de *interpretar la modernidad de la creación teatral de Miguel de Cervantes* en un contexto metodológico determinado por las siguientes directrices.

1) *La poética cervantina y la preceptiva literaria de los siglos XVI y XVII*. He tratado en primer lugar de reconstruir la poética dramática de Cervantes a partir esencialmente de la interpretación metodológica de sus textos de creación literaria, y al margen, en principio, de cualquier aceptación apriorística de declaraciones, procedentes del propio Cervantes, y de otros comentaristas del momento, sobre preceptiva literaria de los siglos XVI y XVII. En segundo lugar, he intentado contrastar la teoría literaria del teatro de Cervantes, construida y verificada a partir de la lectura de sus textos dramáticos, con el discurso teórico cervantino que, sobre preceptiva literaria, es posible identificar en diferentes fragmentos del conjunto de su obra. El resultado se inscribe en la confirmación –una vez más– del divorcio entre la poética cervantina y la preceptiva literaria de su tiempo, asumida de modo circunstancial o aparente por el propio Cervantes, o algunos de sus personajes, en momentos breves, diversos e irregulares, de su producción literaria.

Aquí reside una de las mayores dificultades de la interpretación del teatro cervantino, que, a mi modo de ver, representa, hoy día como en el siglo XVII, un problema irresoluble. Me refiero a la necesidad –necesidad que ha impuesto la crítica literaria y la teoría del teatro desde la época misma en que escribe Cervantes–, de interpretar conjuntamente la teoría y la praxis de su teatro, en un proceso creador que, en vida del dramaturgo, nunca desembocó en una labor escénica concreta, si exceptuamos las dos piezas que hasta ahora se han salvado de su primera época. Semejante pretensión por parte de la teoría literaria me parece metodológicamente inasequible; digamos de una vez que, en realidad, no es posible explicar homogéneamente la teoría y la praxis del teatro cervantino porque una y otra son entre sí irreconciliables en muchos de sus postulados esenciales. Por otro lado, no es obligatorio que la crítica moderna haga de ellas una realidad ontológicamente coherente para hacer asequible al entendimiento humano la actualidad y la importancia del teatro de Miguel de Cervantes. Creo que la modernidad de su tragedia, de sus entremeses y comedias, crece en la medida en que la creación cervantina se emancipa de la preceptiva de su tiempo, y estoy convencido de que el crítico percibe con mejor nitidez la modernidad de este teatro en la medida en que, como intérprete, se emancipa a su vez de la necesidad de estar contrastando permanentemente la palabra de Cervantes con la silueta o falsilla de la preceptiva aristotélica o lopesca, preceptivas estas últimas que tienen entre sí mucho más en común que cualquier relación posible que pueda manifestar la poética cervantina con cualquiera de ellas, conjunta o separadamente.

2) *Cervantes y la teoría de la literatura*. Sin duda hoy día es un tópico afirmar que existe cierta "resistencia" a la teoría de la literatura desde algunas disciplinas afines o ámbitos metodológicos. No obstante, no es un tópico cuyos referentes sean irreales, si bien en ocasiones puedan estar justificados, ante la práctica y el desarrollo de trabajos que, bajo la etiqueta de determinadas teorías literarias, proponen lecturas y procedimientos de lectura auténticamente aberrantes, tanto por sus planteamientos como por sus conclusiones. En este contexto, he evitado, en la medida en que he sido consciente de ello, el uso meramente especulativo de las teorías literarias de que he podido servirme a lo largo de este trabajo, pues no se me escapa el hecho de que los grandes intérpretes de la obra de Cervantes, y en consecuencia las mejores interpretaciones de la literatura cervantina, sus más autorizados exégetas, ángeles custodios de su verbo, se han situado durante mucho tiempo en el ámbito de la historia de la literatura, a veces con mejor acierto que desde las tentativas de la teoría literaria.

Con todo, es inevitable reconocer que este libro se ha escrito fundamentalmente desde la teoría de la literatura, es decir, desde la *poética*, o conocimiento científico de la literatura; no he buscado, pues, la exclusividad de los datos, la acumulación de las citas, y aún menos el contraste permanente de declaraciones seculares no vistas ni oídas hasta el presente. No he desenterrado manuscritos, ni he revelado la palabra de nuevas escrituras. Para bien, o para mal, el objetivo ha sido la idea, no el dato. Simplemente he tratado de justificar la conveniencia de un enfoque teórico que haga posible una nueva interpretación del teatro cervantino.

En el texto literario sólo se hacen patentes los códigos interpretativos que permiten las palabras que lo conforman. Todo lenguaje, toda forma de lenguaje, necesita ser interpretado, y la ciencia sólo puede poner de manifiesto causalidades seguras. Las ideas tienen propiedades lógicas y semánticas, no físicas, es decir, sólo disponen de atributos específicos de una lógica y de una construcción interpretativa dotada de significado, y no de las cualidades de exactitud y causalidad propias de un mundo verificable histórica, física o económicamente, a través de la mera cronología de un autor, del régimen político de una sociedad, o de una simple tabla objetiva de valores bursátiles. Confieso, pese al disgusto que pueda causar en algunos lectores, que tampoco me ha interesado en este contexto el uso de la literatura con fines de vindicación social, política o económica. Una interpretación literaria es una reconstrucción normativa del sentido que un ser humano es capaz de identificar, reconocer o verificar en un texto literario. Desde este punto de vista, es necesario basar toda interpretación, toda explicación del hecho literario, en algo que pueda observarse directamente, y también libremente. Las explicaciones que sólo se apoyan en el funcionamiento de leyes u observaciones exclusivamente teóricas, al margen de cualquier verificación en la realidad, suelen desembocar con frecuencia en situaciones irreales. El precio de la autonomía, incluso la metodológica, es con frecuencia la esterilidad. El conocimiento de la literatura no puede limitarse, pues, a una interpretación meramente teórica de sus formas de lenguaje, y aún menos, en nuestros días, a unos obstinados referentes autoriales, contextuales o de recepción, estén o no de acuerdo, por poderosa que sea, con una determinada moda erudita, filológica, semiótica, moralista, sexual o económica.

3) *El teatro cervantino y el canon literario.* Una reflexión sobre el canon literario resulta inevitable, en el contexto actual de la teoría de la literatura, si nos referimos a la modernidad del teatro cervantino desde el punto de vista de la literatura occidental, y aún se hace más imprescindible si lo que tratamos de demostrar es precisamente la importancia y la trascendencia de este teatro en la poética de la experiencia trágica –y cómica– de las edades Moderna y Contemporánea.

El canon literario al que podía acceder Cervantes como dramaturgo estaba sólidamente ocupado desde su génesis en la literatura española por el teatro de Lope de Vega y los seguidores de la estética de la *comedia nueva*; diseñada a lo largo de los siglos XVI y XVII por la artificialidad del clasicismo moderno, en un contexto europeo de amplísimas proyecciones, y desde una interpretación tan dogmática como imperfecta de la poética aristotélica, que se mantiene prácticamente inalterable desde los tratadistas italianos hasta la revisión exegética de G. E. Lessing en 1766, la interpretación canónica que excluye a Cervantes de la dramaturgia moderna y contemporánea constituye un hecho innegable, y no exageraríamos si reconociéramos que las consecuencias de este canon aún siguen vigentes en muchos aspectos. Basta considerar que buena parte de sus obras dramáticas aún no han sido representadas ni una sola vez en ningún lugar del mundo. ¿Por qué?

Ningún creador literario, y aún menos los intérpretes contemporáneos y posteriores de la literatura dramática, se ha fijado en los textos teatrales de Cervantes como modelo de arte moderno, salvo hasta bien entrado el siglo XX. Sin embargo, un lector atento de la literatura europea de las edades Moderna y Contemporánea podrá descubrir sin duda concomitancias y paralelismos sorprendentes, con toda probabilidad no pretendidos voluntariamente, en relación con obras dramáticas cervantinas. ¿Cuántas veces nos hemos detenido a comparar el teatro de Cervantes con la obra de dramaturgos posteriores? ¿Cuál es la experiencia de lectura que provoca en la tragedia moderna la propuesta trágica que hace Cervantes en la *Numancia*? ¿Por qué ésta pieza ha sido una de las tragedias más representadas en el mundo moderno y una de las obras que menos han influido, habiendo sido una de las más admiradas, en la literatura de los siglos XIX y XX? Quizá convendría reflexionar más detenidamente sobre este tipo de interrogantes.

Respecto al debate actual sobre el canon literario, del que hemos oído decir en más de una ocasión que, en cierto modo, es una "invención" –una más– procedente de los Estados Unidos, podría afirmarse que no parece haber prestado, al menos hasta el momento, y en su formulación teórica más reaccionaria, demasiada atención al Cervantes dramaturgo. Los intentos revisionistas de la crítica post-estructuralista, y concretamente, como sabemos, de los movimientos culturalistas y neo-historicistas, se han mostrado más interesados, por poner un ejemplo real, en la vida sexual del escritor, y en justificar su posible homosexualidad, que en indagar sobre causas que permitan revisar su estatuto como dramaturgo o como poeta en el canon occidental, uno de los capítulos bibliográficos menos atendidos de la producción cervantina.

En el conjunto de este debate subyacen otras cuestiones que me parecen de interés más urgente, y quizá alguna de ellas ha podido quedar relegada entre los bastidores de nuestra argumentación. Es posible, en este sentido, que algún lector eche de menos el tratamiento de determinados temas, sin duda importantes desde puntos de vista diferentes a los aquí convocados, mas no por ajenos inexistentes. Pienso, por ejemplo, en la importancia de los condicionamientos socioculturales que pudieron influir en la elaboración de la poética cervantina, a través del diálogo virtual que mantuvo Cervantes, tanto con la generación de 1580 como con el *Arte nuevo* de Lope, asunto que abordamos sumariamente en la introducción, a propósito de las perspectivas de estudio del teatro cervantino. Este es un aspecto que puede requerir tratamiento más amplio, pero que con todo no me he propuesto abordar aquí, donde he tratado de limitarme fundamentalmente a la construcción de la poética teatral cervantina, a partir de la interpretación metodológica de sus textos de creación, y no en su relación de adecuación o inadecuación a preceptivas literarias preexistentes.

4) *La decisiva importancia de la poética de la transducción*. En el diálogo *Ion*, Platón se refiere al tema de la inspiración poética, mencionado anteriormente por Demócrito, y advierte que no es un arte o *techné* lo que relaciona al ser humano con la poesía, sino una especie de predisposición o don divino, que engarza como una cadena los diferentes componentes que intervienen en la comunicación del mensaje poético (*Ion*, 532c, 534a, 536d, 542b). En el *Ion* se busca una reflexión sobre el objeto de la poesía, el *lenguaje*, que no llega a plantearse nunca, como recurso que habría solucionado buena parte de los interrogantes desarrollados a lo largo del diálogo. La actividad del *rapsoda* se identifica con frecuencia en el diálogo platónico con lo que hoy podríamos considerar una teoría de la interpretación (*hermenéutica*), y una teoría de la transformación del sentido de las palabras en los procesos de transmisión y comunicación verbales (*transducción*), especialmente cuando estos procesos de transmisión están destinados a la comunicación de interpretaciones.

SÓCRATES: Los rapsodos [...] necesitáis frecuentar a todos los buenos poetas [...], y penetrar no sólo sus palabras, sino su pensamiento. Todo esto es envidiable. Porque no sería tan buen rapsoda aquel que no entienda lo que dice el poeta. Conviene, pues, que el rapsodo llegue a ser un intérprete del discurso del poeta, ante los que escuchan, ya que sería imposible, a quien no conoce lo que el poeta dice, expresarlo bellamente [...]. *¿No sois vosotros los rapsodos, a su vez, los que interpretáis las obras de los poetas?*
ION: También es verdad.
SÓCRATES: ¿Os habéis convertido, pues, en *intérpretes de intérpretes*? (Platón, *Ion*, 530b-c y 535a).

Sócrates, al insistir en la descripción de los procesos de la pragmática de la comunicación literaria (533d, 536a), considera que el rapsoda o recitador de los cantos poéticos se convierte en un auténtico intermediario o post-procesador (transductor) del discurso verbal: "¿No sabes que tal espectador es el último de esos anillos, a los que yo me refería, que por medio de la piedra de Heraclea toman la fuerza unos de otros, y que tú, rapsodo y aedo, eres el anillo intermedio y que el mismo poeta es el primero?" (Platón, *Ion*, 536a).

La teoría literaria de los últimos tiempos se ha convertido esencialmente en una auténtica *poética de la transducción literaria*, en la que un sujeto que interpreta un texto u objeto de conocimiento introduce en la percepción de la realidad que somete a estudio, de la tradición, del contexto, o del objeto mismo, etc., un punto de vista interpretativo cuya finalidad no es otra que desplazar interpretaciones preexistentes, deconstruirlas, y en todo caso actuar sobre ellas, proponiendo en su lugar nuevas alternativas, afines a las condiciones desde las cuales el sujeto (transductor) formula su propia teoría.

De la poética mimética, de corte aristotélico, vigente hasta la Ilustración europea, la teoría literaria evoluciona hacia las poéticas idealistas, que consideran al autor como la base interpretativa más segura, y al que convierten en instrumento fundamental de la crítica positivista decimonónica; el siglo XX supuso a su vez el desarrollo de teorías literarias de naturaleza eminentemente formalista, que en su evolución hacia la pragmática insistieron finalmente en el lector como agente primordial de la interpretación literaria. Hoy día quizá estamos pasando de la hora del *lector* al poder del *intermediario*, es decir, al poder del *transductor*, como sujeto que dispone de una capacidad imprescindible para transmitir y difundir mensajes que, debidamente construidos, pueden influir de forma decisiva en las posibilidades de comprensión y desarrollo de determinadas teorías, destinadas en última instancia a actuar y modificar la interpretación de obras y teorías literarias preexistentes.

Hoy menos que nunca accede el lector en un estado adánico a la lectura y percepción de los hechos sociales, culturales, literarios. Todo está mediatizado, y con frecuencia lo está desde los más diversos signos ideológicos y axiológicos. La visión (literaria) sin intermediarios no es posible. El profesor, el crítico, el editor, el periodista sobre todo, etc., disputan por dominar el acceso a los textos, en el sentido más amplio de la palabra, y ofrecer de este modo al lector una literatura previamente valorada e interpretada. ¿Debe entenderse desde este contexto la propuesta de reforma del canon occidental iniciada por los grupos culturalistas, neohistoricistas y feministas? ¿Podríamos decir lo mismo de la "contrarreforma" propuesta por Harold Bloom? Tanto en un caso como en otro se confirma la presencia de un sujeto, o un grupo de sujetos, diríamos "poderoso", desde el punto de vista de su capacidad para difundir e imponer una interpretación cultural a una colectividad efectivamente existente, lo que equivale a afirmar la presencia de un *transductor*, es decir, de un sujeto interpuesto entre la tradición y sus interpretaciones seculares, en este caso la literatura occidental, de un lado, y los posibles receptores de este canon, llamados comúnmente lectores, de otro. El resultado de la transducción es la literatura interpretada, el canon instituido, a veces desde presupuestos más afines a una moral particular o gremial que a una ciencia literaria que pretenda validez general. El margen de reflexión del lector común es mínimo, salvo que ese lector disponga de la posibilidad de hacer pública la propia interpretación de la literatura que lee; y sólo en la medida en que sus teorías interpretativas resulten aceptadas por una comunidad, a su vez amplia y poderosa, este lector, convertido ahora en un intérprete reconocido y canónico, podrá ejercer de transductor, es decir, de sujeto intermediario, entre la literatura y los lectores comunes, o lectores *sin voz pública*, que es lo que realmente son.

La poética de la transducción es, sin duda, una cuestión capital en el desarrollo de las actuales teorías de la literatura. Todo acceso al conocimiento está mediatizado, es decir, *transducido*; y semejante (inter)mediación no está ejecutada ni por el *autor* –que después del estructuralismo barthiano "ha muerto, voluntaria o involuntariamente–; ni por el *texto* (o escritura), cuya interpretación depende, sobre todo desde Gadamer, de un sujeto "sabio" que "dialoga" con la tradición; ni del *lector ideal* o *lector modelo*, al que tantas identidades y etiquetas se le han atribuido, y casi ninguna de ellas de fundamento auténticamente real. Hoy día el acceso al conocimiento está efectivamente mediatizado o transducido no por los agentes tradicionales jakobsonianos –autor, mensaje, lector–, sino por el *sujeto* que *interpreta* el mensaje *para* el lector, y que por ello mismo se *interpone* entre éste y aquél. Este sujeto no habla por boca del autor, ni se acerca a la escritura del texto renunciando a sus propios valores morales, ideológicos o axiológicos, ni tan siquiera piensa en la educación cultural del lector común a la hora de formular la interpretación de la obra literaria; este sujeto intermediario piensa en la interpretación del texto ante el lector en la medida en que tal interpretación justifica su personal posición (social, cultural, económica, sexual, etc.) en el contexto de la actual pragmática de la comunicación literaria, contexto que, desde finales del siglo XX, ha de tener necesariamente presentes cuatro elementos: autor -> mensaje -> *transductor* -> lector. El objetivo de toda transducción es, pues, el lector, pero no un lector cualquiera, sino un lector *sin voz*, un lector vulnerable, desposeído de toda posibilidad de expresión pública reconocida. Sólo así es posible imponer una interpretación falsa a una comunidad de individuos, porque sólo así es posible hacer de una mera opinión una teoría aparentemente científica, aun cuando en realidad nada haya de científico en ese discurso. La *doxa* se convierte en *episteme* a los ojos del ser humano sin dejar de ser *doxa*. He aquí lo que desde Platón reconocemos con el nombre de demagogia: dotar conscientemente a la mentira de atributos de verdad.

5) *La modernidad de la experiencia trágica en el teatro cervantino*. Esta idea ha sido quizá una de las más recurrentes a lo largo de este libro, y poco es lo que ahora debemos añadir aquí, salvo un interrogante final. Acaso basta una pregunta para verificar la modernidad del teatro cervantino. La pregunta es la siguiente: ¿Es suficiente la *Poética* de Aristóteles para explicar y comprender la experiencia trágica de la *Numancia*? Creo que no. Es posible que se me acuse de un exceso de atribución de modernidad al teatro cervantino. Admito que todo es justificable, aunque nada lo sea definitivamente de cualquier manera. De todos modos, creo que conviene insistir en que la *Poética* de Aristóteles, es decir, la teoría literaria del Aristóteles codificado por los preceptistas y clasicistas de los siglos XVI, XVII y XVIII, no es suficiente, no basta, para explicar la expe-

riencia trágica de la *Numancia* cervantina, del mismo modo que ni la poética aristotélica, ni la preceptiva lopesca, ni los escritos de teoría literaria firmados por el propio Cervantes, nos son suficientes ni coherentes en sí mismos para explicar y comprender la modernidad del teatro cervantino. Cualquier explicación solvente de la tragedia *Numancia* es superior e irreductible a la doctrina aristotélica de los preceptistas clásicos.

El Aristóteles del clasicismo seiscentista no agota las posibilidades de lectura y comprensión de la experiencia trágica específica de esta obra, así como tampoco resuelve todos y cada uno de los planteamientos que afectan a la construcción cervantina del personaje teatral, sus relaciones con el decoro y el lenguaje, sus implicaciones y formas de conducta frente a un orden moral trascendente distinto al de las edades Antigua y Media, la proyección sobre la realidad exterior de un mundo imaginario y subjetivo –con una finalidad de disolución frente a las utopías renacentistas– por parte del sujeto de la acción dramática, etc. No, Cervantes no cierra la literatura de la Edad Moderna, sino que la abre, en la novela, y en el teatro, aunque de forma diferente, también. Que su obra dramática no despertara entonces el suficiente interés no quiere decir que no existiera, sino simplemente que a su autor no se le prestó atención como dramaturgo, porque el modelo canónico erigido en el teatro fue el de Lope, y porque a Cervantes se le celebró en la novela, donde se limitó y se enclaustró su contribución a la literatura moderna. Error, por otra parte, muy propio de cualquier época, que no por pretérita mejora la presente.

5.2. BIBLIOGRAFÍA

AA.VV. (1979), *La mujer en el teatro y la novela del siglo XVII*, Actas del II Coloquio del Grupo de Estudios sobre Teatro Español (GESTE), Toulouse, France-Ibérie Recherche.
AA.VV. (1985), *El personaje dramático*, Madrid, Taurus. Ed. al cuidado de L. García Lorenzo. Ponencias y debates de las VII Jornadas de teatro clásico español (Almagro, 20-30 de setiembre, 1983).
AA.VV. (1992), *Cervantes y el teatro. Cuadernos de Teatro Clásico*, 7, Madrid, Ministerio de Cultura. Ed. al cuidado de L. García Lorenzo.
ABIRACHED, R. (1978), *La crise du personnage dans le théâtre moderne*, Paris, Grasset. Trad. esp. de Borja Ortiz de Gondra: *La crisis del personaje en el teatro moderno*, Madrid, Publicaciones de la Asociación de Directores de Escena de España, 1994.
ALLEN, J. J. (1983), *The Reconstruction of a Spanish Golden Age Playhouse*, Gainesville, University Press of Florida.
ALLEN, J. J. (1986), "Los corrales de comedias y los teatro coetáneos ingleses", *Edad de Oro*, 5 (5-20).
ANDRÉS SUÁREZ, I. et al. (1997), *El teatro dentro del teatro: Cervantes, Lope, Tirso y Calderón*, Madrid, Verbum.
ANTUONO, N. L. (1981), "Lope de Vega y la *Commedia dell'arte*: Temas y figuras", *La génesis de la teatralidad barroca. Cuadernos de Filología*, 3, 1-2 (261-278). Reproducido en *Lope de Vega y los orígenes de la comedia*, en M. Criado del Val (ed.), Madrid, Edi, 1981 (217-228).
ARAGONE TERNI, E. (1971), *Studio sulle "Comedias de santos" di Lope de Vega*, Firenze, Università di Firenze.
ARATA, S. (1995), "Edición de textos y problemas de autoría: el descubrimiento de una comedia olvidada", en J. Canavaggio (ed.), *La comedia*, Madrid, Casa de Velázquez (51-75).
ARELLANO, I. (1995), *Historia del teatro español del siglo XVII*, Madrid, Cátedra.
ARISTÓTELES (1974), *Poética*, Madrid, Gredos, 1992 (1ª ed., 2ª reimpr.). Edición trilingüe de V. García Yebra.
ARISTÓTELES (1990), *Retórica*, Madrid, Gredos. Introducción, traducción y notas por Q. Racionero.
ARMAS, F. (1977), *The Invisible Mistress: Aspects of Feminism and Fantasy in the Golden Age*, Charlottesville, Biblioteca del Siglo de Oro.
ARRÓNIZ, O. (1969), *La influencia italiana en el nacimiento de la comedia española*, Madrid, Gredos.
ARTAUD, A. (1936), *Le théâtre et son double*, Paris, Gallimard, 1994. Trad. esp.: *El teatro y su doble*, Barcelona, Edhasa, 1997.
ARTILES, J. (1969), "Bibliografía sobre el problema del honor y de la honra en el drama español", en A. Porqueras Mayo y C. Rojas (eds.), *Filología y Crítica Hispánica. Homenaje al profesor F. Sánchez Escribano*, Madrid, Ediciones Alcalá y Emory University (235-241).
ASENSIO, E. (1965), *Itinerario del entremés: desde Lope de Rueda a Quiñones de Benavente*, Madrid, Gredos, 1971 (2ª ed.)
ASENSIO, E. (1973), "Entremeses", en J. B. Avalle-Arce y E. C. Riley (eds.), *Suma cervantina*, London, Tamesis Books (171-197).
ASENSIO, E. (ed.)(1970), *Entremeses* de Miguel de Cervantes, Madrid, Castalia. Edición, introducción y notas.
AUBRUN, Ch. (1966), *La comédie espagnole, 1600-1680*, Paris, PUF. Trad. esp. *La comedia española, 1600-1680*, Madrid, Taurus, 1968 (2ª ed., 1981).
AUERBACH, E. (1942), *Mimesis. Dargestellte Wirklichkeit in der abendländischen Literatur*, Bern, A. Francke Verlag. Trad. esp. de I. Villanueva y E. Imaz, *Mimesis. La representación de la realidad en la literatura occidental*, México, FCE, 1950; reed. 1987.

AUTORIDADES (1726-1739), *Diccionario de la lengua castellana en que se explica el verdadero sentido de las voces, su naturaleza y calidad...*, Madrid, Imprenta de Francisco Hierro. Reimpr. facsímil en Madrid, Gredos, 1993 (3 vols.).
AVALLE ARCE, J. B. (1959), "On *La Entretenida* de Cervantes", *Modern Language Notes*, 74 (418-421).
BAFFI, A. (1978), "Un comico dell'arte italiano in Spagna. Alberto Naselli, detto Ganassa", en M. Sito Alba (ed.), *Teoría y realidad en el teatro español del siglo XVII. La influencia italiana*, Roma, Instituto Español de Cultura y Literatura de Roma (435-444).
BAHNER, W. (1958), "Die Bezeichnung 'vulgo' und der Ehrbegriff des Spanischen Theaters im Siglo de Oro", *Homagiu lui Iorgu Iordan*, Bucanishen (59-68).
BATJÍN, M. (1965), *L'œuvre de François Rabelais et la culture populaire au Moyen Âge et sous la Renaissance*, Paris, Gallimard, 1970. Trad. esp.: *La cultura popular en la Edad Media y en el Renacimiento. El contexto de François Rabelais*, Barcelona, Seix-Barral, 1974; también en Madrid, Alianza, 1987. [Obra escrita originalmente en ruso en 1940].
BATAILLON, M. (1964), "Cervantes y el matrimonio cristiano", en M. Bataillon, *Varia lección de clásicos españoles*, Madrid, Gredos (238-255).
BATY, G. y CHAVANCE, R. (1932), *Vie de l'art théâtral, des origines à nos jours*, Librairie Plon, Paris. Trad. esp. de J. J. Arreola: *El arte teatral*, México, FCE, 1993.
BAUER, R. (1969), *Zur Poetik des Dialogs. Leistung und Formen der Gesprächsführung in der neueren Literatur*, Darmstadt, Wissenschaftliche Buchgesellschaft.
BLASCO, F. J. et al. (eds.)(1992), *La comedia de magia y de santos*, Gijón, Júcar.
BLOOM, H. (1994), *The Western Canon. The Books and School of the Ages*, New York, Harcourt Brace and Co. Trad. esp. de D. Alou, *El canon occidental*, Barcelona, Anagrama, 1996.
BOMLI, P. W. (1950), *La femme dans l'Espagne du Siècle d'Or*, Den Haag, M. Nijhoff.
BOOTH, W. C. (1961), *The Rhetoric of Fiction*, Chicago / London, The University of Chicago Press (2ª ed. de 1983). Trad. esp. de S. Gubern Garriga-Nogués: *Retórica de la ficción*, Barcelona, Bosch, 1974.
BRAVO VILLASANTE, C. (1955), *La mujer vestida de hombre en el teatro español (Siglos XVI y XVII)*, Madrid, SGEL, 1976.
BREYER, G. A. (1968), *Teatro: el ámbito escénico*, Buenos Aires, Centro Editor de América Latina.
BRINK, C. O. (1971), *Horace on Poetry. The "Ars Poetica"*, Cambridge, Cambridge University Press.
BROTHERTON, J. (1975), *The "Pastor-Bobo" in the Spanish Theatre Before the Time of Lope de Vega*, London, Tamesis Book.
BUBER, M. (1942), *¿Qué es el hombre?*, México, FCE, 1995. (1ª ed. en hebreo; 1ª ed. en inglés y alemán, 1948; 1ª ed. en español, trad. de E. Imaz, 1949).
BUCHANAN, M. A. (1938), "The Works of Cervantes and Their Dates of Composition", *Transactions of the Royal Society of Canada*, 2, 38 (37-38).
BÜCHNER, G. (1992), *Obras completas*, Madrid, Editorial Trotta. Trad. esp. de C. Gauger. Introducción de K. Forssman y J. Jané.
BUEZO, C. (ed.)(1992), *Teatro breve de los Siglos de Oro: antología*, Madrid, Castalia.
BÜHLER, K. (1934), *Sprachtheorie*, Stuttgart, Gustav Fischer Verlag, 1965. Trad. esp. de Julián Marías: *Teoría del lenguaje*, Madrid, Revista de Occidente, 1973. También en Madrid, Alianza Editorial, 1985.
CAMPENHAUSEN, H. von (1997), *Ecclesiastical Authority and Spiritual Power in the Church of the First Three Centuries*, London, Hendrickson Publishers.
CANAVAGGIO, J. (1977), *Cervantes dramaturge: un théâtre à naître*, Paris, PUF.
CANAVAGGIO, J. (1979), "Los disfrazados de mujer en la comedia", *Actas del II Coloquio de Estudios sobre el Teatro Español*, Toulouse, France-Ibérie Recherche (135-145).
CANAVAGGIO, J. (1980), "Las figuras del donaire en las comedias de Cervantes", *Risa y sociedad en el teatro español del Siglo de Oro*, Actas du III Coloquio de Estudios sobre el Theatro Español, Toulouse, Paris, CNRS (51-67).
CANAVAGGIO, J. (1981), "Estudio preliminar", *Entremeses* de Miguel de Cervantes, Madrid, Taurus (7-41).

CANAVAGGIO, J. (1985-1986), "Sobre lo cómico en el teatro cervantino: Tristán y Madrigal, bufones *in partibus*", *Nueva Revista de Filología Hispánica*, 34 (538-547).
CANAVAGGIO, J. (1988), "Las Arcadias precarias del teatro cervantino: tres avatares del mito pastoril", en F. Ruiz Ramón y C. Oliva (eds.), *El mito en el teatro clásico español*, Madrid, Taurus (141-157).
CANAVAGGIO, J. (1995), "Juan Rufo, Agustín de Rojas, Miguel de Cervantes: el nacimiento de la comedia entre historia y mito", en J. Canavaggio (ed.), *La comedia*, Madrid, Casa de Velázquez (245-256).
CANAVAGGIO, J. (1998), "La tragedia renacentista española: formación y superación de un género frustrado", en V. García de la Concha (ed.), *V Academia Literaria Renacentista. La literatura en la época del Emperador*, Salamanca, Universidad de Salamanca (181-195).
CANAVAGGIO, J. (ed.)(1992), *Los baños de Argel. Pedro de Urdemalas* de Miguel de Cervantes, Madrid, Taurus. Edición, introducción y notas.
CANAVAGGIO, J. (ed.)(1995), *La comedia*, Madrid, Casa de Velázquez.
CAÑAS MURILLO, J. (1995), *Honor y honra en el primer Lope de Vega*, Cáceres, Universidad de Extremadura.
CARREÑO, A. (ed.)(1998), *Arte nuevo de hacer comedias*, en *Rimas humanas y otros versos* de F. Lope de Vega, Barcelona, Crítica (545-668). Edición y estudio preliminar.
CASALDUERO, J. (1951), *Sentido y forma del teatro de Cervantes*, Madrid, Gredos, 1966 (reed. en 1974).
CASCALES, F. (1617), *Tablas poéticas*, Madrid, Espasa-Calpe, 1975. Ed. de B. Brancaforte. También en ed. de A. García Berrio, Barcelona, Planeta, 1975.
CASSIRER, E. (1923-1929), *Philosophie der symbolischen Formen*, Berlin. Trad. esp.: *Filosofía de las formas simbólicas* (3 vols.), *El lenguaje* (1971), *El pensamiento mítico* (1972), *Fenomenología del conocimiento* (1976), México, FCE.
CASTELVETRO, L. (1570), *Poetica d'Aristotele vulgarizzata e sposta*, Wien; reimpr. en Basel, 1576. Reed. en Bari, W. Romani, 1979.
CASTILLA, A. (ed.)(1997), *Entremeses* de Miguel de Cervantes, Madrid, Akal.
CASTRO, A. (1916), "Algunas observaciones sobre el concepto del honor en los siglos XVI y XVII", *Revista de Filología Española*, 3 (1-50 y 357-386); reimpr. en A. Castro, *Semblanzas y estudios españoles*, Princeton, Princeton University Press, 1956.
CASTRO, A. (1925), *El pensamiento de Cervantes*, Madrid, C.H.E. Nueva edición de J. Rodríguez Puértolas, Barcelona-Madrid, Noguer, 1972 y 1980. Ed. facsimilar de la primera edición en Barcelona, Crítica, 1987.
CASTRO, A. (1961), "El drama de la honra en la literatura dramática", *De la edad conflictiva*, Madrid, Taurus (59-107). Reed. en A. Sánchez Romeralo (ed.), *Lope de Vega. El teatro, 1*, Madrid, Taurus, 1989 (193-225).
CERVANTES, M. de (1605-1615), *El Ingenioso Hidalgo Don Quijote de la Mancha*, Barcelona, Crítica, 1998. Ed. dirigida por F. Rico.
CLOSE, A. (1993), "Cervantes frente a los géneros cómicos del siglo XVI", en J. M. Casasayas (ed.), *Actas del III Coloquio Internacional de la Asociación de Cervantistas*, Barcelona, Anthropos (89-104).
CORREA, G. (1958), "El doble aspecto de la honra en el teatro del siglo XVII", *Hispanic Review*, 26 (99-107).
CORREAS, G. (1627), *Vocabulario de refranes y frases proverbiales*, en L. Combet (ed.), Bordeaux, Institut d'Études Ibériques et Ibéroaméricaines, 1967.
CORVIN, M. et al. (1991), *Dictionnaire Encyclopédique du Théâtre*, Paris, Bordas, 1995 (2 vols.)
COTARELO Y MORI, E. (ed.) (1911), *Entremeses* de Miguel de Cervantes, en *Colección de entremeses, loas, bailes, jácaras y mojigangas del siglo XVI a mediados del XVIII*, Madrid, Nueva Biblioteca de Autores Españoles, vol. 17 (1-51).
COTARELO Y VALLEDOR, A. (1915), *El teatro de Cervantes: estudio crítico*, Madrid, Tipografía de la Revista de Archivos, Bibliotecas y Museos.
COVARRUBIAS, S. de (1611), *Tesoro de la lengua castellana o española*, Barcelona, Alta Fulla, 1987, ed. de Martín de Riquer. También en ed. de F. C. R. Maldonado, Madrid, Turner, 1977; rev. de M. Camarero, Madrid, Castalia, 1994.

CRAWFORD, J. P. W. (1915), *Spanish Drama before Lope de Vega*, Philadelphia, University of Pennsylvania Press (2ª ed. 1922; 3ª ed. 1937, reimpresa en 1967, con suplemento bibliográfico de W. T. Mac Cready; última ed. revisada por el autor en Connecticut, Greenwood Press, 1975).

CURTIUS, E. R. (1948), *Europäische Literatur und lateinisches Mittelalter*, Bern, A. Francke Verlag. Reed. en München, 1961. Trad. esp. M. Frenk y A. Alatorre: *Literatura europea y Edad Media latina*, México, FCE, 1955 (5ª reimpr. en España, 1989).

DARST, D. H. (1988), "Tirso de Molina's Idea of Tragedia", *Bulletin of the Comediantes*, 40 (42-51).

DERRIDA, J. (1967), *L'écriture et la différence*, Paris, Du Seuil. Trad. esp. de P. Peñalver: *La escritura y la diferencia*, Barcelona, Anthropos, 1989.

DÍAZ LARIOS, F. L. (ed.)(1988), *La Entretenida. Pedro de Urdemalas de Miguel de Cervantes*, Barcelona, PPU.

DÍEZ BORQUE, J. M. (1976), *Sociología de la comedia española del siglo XVII*, Madrid, Cátedra.

DÍEZ BORQUE, J. M. (1980), "Públicos del teatro español del siglo XVII", en F. Ruiz Ramón (ed.), *II Jornadas de teatro clásico español. Almagro, 1979*, Madrid, Ministerio de Cultura (61-87).

DÍEZ BORQUE, J. M. (1992), "Lope de Vega y los gustos del 'vulgo'", *Teatro*, 1 (7-32). Reed. en *Teoría, forma y función del teatro español de los Siglos de Oro*, Palma de Mallorca, J. J. de Olañeta, 1996 (37-64).

DOLEZEL, L. (1990), *Poetics. Tradition and Progress*, Lincoln, Nebraska University Press. Trad. esp. de Luis Albuquerque: *Historia breve de la poética*, Madrid, Síntesis, 1997.

DUFRENNE, M. (1953), *Phénoménologie de l'expérience esthétique. I, L'objet esthétique. II, La perception esthétique*, Paris, PUF.

ECO, U. (1991), "Los límites de la interpretación", *Revista de Occidente*, 118 (5-25).

FALCONIERI, J. V. (1957), "Historia de la commedia dell'arte en España", *Revista de Literatura*, 9 (3-37) y 12 (69-90).

FELTEN, H. (1988), "La mujer disfrazada: un tópico literario y su función: tres ejemplos de Calderón, María de Zayas y Lope de Vega", en H. Flasche (ed.), *Hacia Calderón*, Stuttgart, Steiner (77-82).

FERNÁNDEZ DE MORATÍN, L. (1944), *Discurso histórico sobre los orígenes del teatro español*, en *Obras*, Madrid, Ediciones Atlas, 2 (150-305).

FEYERABEND, P. K. (1974), *Against Method: Outline of an Anarchistic Theory of Knowledge*, Minneapolis, Minnesota University Press. Trad. esp.: *Contra el método. Esquema de una teoría anarquista del conocimiento*, Barcelona, Ariel, 1981.

FICHTE, J. G. (1797), *Introducción a la teoría de la ciencia*, Madrid, Sarpe, 1984. Reed. en *Primera y segunda Introducción a la Doctrina de la Ciencia. Ensayo de una nueva exposición de la Doctrina de la Ciencia*, Madrid, Tecnos, 1987.

FISCHER, S. L. (1982), "The Psychological Stages of Feminine Development in *La Hija del Aire*: A Jungian point of view", *Bulletin of the Comediantes*, 34 (137-158).

FLECNIAKOSKA, J. L. (1972), "Quelque propos sur la *Comedia famosa de La entretenida*", *Anales Cervantinos*, 11 (17-32).

FLORIT, F. (1995), "Los *Diálogos de las comedias* y el arte reformado de hacer comedias en aquellos tiempos", en J. Canavaggio (ed.), *La comedia*, Madrid, Casa de Velázquez (291-301).

FOKKEMA, D. W. (1989), "Questions épitémologiques", en M. Angenot et al. (eds.), *Théorie littéraire. Problémes et perspectives*, Paris, PUF (325-351). Trad. esp. de I. Vericat Núñez: "Cuestiones epistemológicas", en M. Angenot et al. (eds.), *Teoría literaria*, Madrid, Siglo XXI, 1993 (376-407).

FORASTIERI, E. (1977), *Aproximación estructural al teatro de Lope de Vega*, Madrid, Hispanova.

FORBES, F. W. (1975), "The *Gracioso*: Toward a Functional Reevaluation", *Hispania*, 61 (78-83).

FRIEDMAN, E. H. (1981), *The Unifying Concept: Approaches to the Structure of Cervantes' Comedias*, York, South Carolina, Spanish Literature Publications Company.

FROLDI, R. (1962), *Il teatro valenzano e l'origine della commedia barocca*, Pisa, Tecnico-Scientifica. Trad. esp.: *Lope de Vega y la formación de la comedia. En torno a la tradición dramática valenciana y al primer teatro de Lope*, Salamanca, Anaya (1ª ed. en español, 1968; 2ª ed.,1973).

GARCÍA BERRIO, A. (1975), *Introducción a la poética clasicista: Cascales*, Barcelona, Planeta; 2ª ed. renovada: *Introducción a la poética clasicista. Comentario a las 'Tablas poéticas' de Cascales*, Madrid, Taurus, 1988.

GARCÍA BERRIO, A. (1977 y 1980), *Formación de la Teoría Literaria Moderna I. La tópica horaciana en Europa*, Madrid, CUPSA. *Formación de la Teoría Literaria Moderna II. Teoría poética del Siglo de Oro*, Murcia, Universidad de Murcia.

GARCÍA BLANCO, M. (1951), "El tema de la Cueva de Salamanca y el entremés cervantino de ese título", *Anales Cervantinos*, 1 (73-109).

GARCÍA GUAL, C. (1996), "Sobre el canon de los clásicos antiguos", *Ínsula*, 600 (6-7).

GARCÍA GUAL, C. (1996a), "Apuntes y reflexiones sobre el canon", *Lateral*, 13 (13-14).

GARCÍA LORENZO, L. (1981), "La literatura, signo actancial: Estatuto y función del personaje dramático", en J. Romera Castillo (ed.), *La literatura como signo*, Madrid, Playor (227-245).

GARCÍA MARTÍN, M. (1980), *Cervantes y la comedia española en el siglo XVII*, Salamanca, Universidad de Salamanca.

GARCÍA SALINERO, F. (1981), "Dos perfiles paralelos de *Pedro de Urdemalas*", en M. Criado del Val (ed.), *Cervantes, su obra y su mundo. Actas del I Congreso Internacional sobre Cervantes*, Madrid, Edi-6 (229-238).

GARRONI, E. (1968), *Semiotica ed estetica*, Bari, Laterza.

GAYLORD RANDEL, M. M. (1992), "'Las damas no desdigan de su nombre': decoro femenino y lenguaje en el *Arte nuevo* y *La dama boba*", en E. Gascón Vera y J. Renjilian-Burgy (eds.), *Homenaje a Justina Ruiz Conde*, Erie, Pennsylvania University Press. (71-81).

GENETTE, G. (1982), *Palimpsestes. La littérature au second degré*, Paris, Du Seuil. Trad. esp.: *Palimpsestos. Literatura en segundo grado*, Madrid, Taurus, 1989.

GILMAN, St. (1970), "Los inquisidores literarios de Cervantes", en C. H. Magis (ed.), *Actas del III Congreso Internacional de Hispanistas*, El Colegio de México (3-25); reimpr. en G. Haley (ed.), *El 'Quijote' de Cervantes*, Madrid, Taurus, 1980 (122-141).

GILMAN, St. (1989), *The Novel According to Cervantes*, Berkeley, California University Press; trad. esp.: *La novela según Cervantes*, México, FCE, 1993.

GODZICH, W. (1998), *Teoría literaria y crítica de la cultura*, Madrid, Cátedra.

GONZÁLEZ MIGUEL, G. (1979), *Presencia napolitana en el Siglo de Oro español: Luigi Tansilio*, Salamanca, Universidad de Salamanca.

GONZÁLEZ OLLÉ, F. (1992), "Introducción" a los *Pasos* de Lope de Rueda, Madrid, Cátedra, 1992. Ed. de F. González Ollé y Vicente Tusón.

GORDON, M. (1986), "Calderón as Tragedian: the Case of *Las tres justicias en una*", *Modern Language Review*, 81 (337-348).

GRANJA, A. de la (1995), "Apogeo, decadencia y estimación de las comedias de Cervantes", en A. Close et al. (eds.), *Cervantes*, Alcalá de Henares, Centro de Estudios Cervantinos (225-254).

GREEN, O. H. (1957), "On the Attitude toward the Vulgo in the Spanish Siglo de Oro", *Studies in the Renaissance*, 4 (190-200).

GRICE, H. P. (1975), "Logic and Conversation", en P. Cole y J. L. Morgan (eds.), *Syntax and Semantics, III: Speech Acts*, New York, Academic Press (41-58).

GUMBRECHT, H. U. (1988), "'Phoenix from Ashes' or: From Canon to Classic", *New Literary History*, 20, 1 (141-163). Trad. esp. de A. Esteve Miranda: "'Cual Fénix de las cenizas' o del canon a lo clásico", en E. Sullà (ed.), *El canon literario*, Madrid, Arco-Libros, 1998 (61-90).

HARRIS, W. V. (1991), "Canonicity", *Publications of the Modern Language Association*, 106, 1 (110-121); trad. esp. de A. Esteve Miranda: "La canonicidad", en E. Sullà (ed.), *El canon literario*, Madrid, Arco-Libros (37-60).

HERMENEGILDO, A. (1973), "El teatro trágico de Cervantes", en A. Hermenegildo, *La tragedia en el Renacimiento español*, Barcelona, Planeta (367-386).

HERMENEGILDO, A. (1995), *Juegos dramáticos de la locura festiva. Pastores, simples, bobos y graciosos del teatro clásico español*, Palma de Mallorca, J. J. de Olañeta.
HERMENEGILDO, A. (ed.)(1998), *El teatro español del siglo XVI. Del palacio al corral*, Madrid, Biblioteca Nueva.
HERRERO GARCÍA, M. (1941), "Génesis de la figura del donaire", *Revista de Filología Española*, 25 (46-78).
HINTIKKA, J. (1977), "The Semantics of Questions and the Questions of Semantics", *Acta Philosophica Fennica*, 28, 1, Amsterdam, North Holland.
HUERTA CALVO, J. (1983), "Arlequín español: entremés y *commedia dell'arte*", *El Crótalon. Anuario de filología española*, 1 (785-797).
HUERTA CALVO, J. (1983a), "Para una poética de la representación en el Siglo de Oro: función de las piezas menores", *1616, Anuario de la SELGYC*, 3 (69-81).
HUERTA CALVO, J. (1995), *El nuevo mundo de la risa. Estudios sobre el teatro breve y la comicidad en los Siglos de Oro*, Palma de Mallorca, J. J. de Olañeta.
HUERTA CALVO, J. (1998), "Reyes de Carnaval (sobre el personaje del rey en la comedia burlesca)", en J. M. Díez Borque (ed.), *Teatro cortesano en la España de los Austrias. Cuadernos de Teatro Clásico*, 10, Madrid, Compañía Nacional de Teatro Clásico (269-295).
HUERTA CALVO, J. (ed.)(1997), *Entremeses* de Miguel de Cervantes, Madrid, Edaf. Edición, introducción y notas.
IFE, B. W. (1985), *Reading and Fiction in Golden-Age Spain. A Platonist Critique and Some Picaresque Replies*, Cambridge, Cambridge University Press; trad. esp.: *Lectura y ficción en el Siglo de Oro. Las razones de la picaresca*, Barcelona, Crítica, 1992.
INAMOTO, K. (1992), "La mujer vestida de hombre en el teatro de Cervantes", *Cervantes*, 12, 2 (137-143).
ISER, W. (1976), *Der Akt des Lesens. Theorie ästhetischer Wirkung*, München, Fink. Trad. esp. de J. A. Gibernat y M. Barbeito: *El acto de leer*, Madrid, Taurus, 1987.
JASPERS, K. (1948), *Über das Tragische. Die Sprache*, en K. Jaspers, *Von der Wahrheit. Philosophische Logik*, München-Zürich, erster Band, 1991. Trad. esp. de J. L. del Barco: *Lo trágico. El lenguaje*, Málaga, Agora, 1995.
JOHNSON, C. B. (1995), "La construcción del personaje en Cervantes", *Cervantes*, 15 (8-32).
JONES, C. A. (1958), "Honor in Spanish Golden-Age Drama: Its Relation to Real Life and to Morals", *Bulletin of Hispanic Studies*, 35 (109-210).
JOSÉ PRADES, J. de (ed.) (1971), *El Arte nuevo de hacer comedias en este tiempo* [1609], de Lope de Vega, Madrid, CSIC.
JULIÀ MARTÍNEZ, E. (1929), *Poetas dramáticos valencianos*, Madrid, Real Academia Española, Biblioteca Selecta de Clásicos Españoles (2 vols.)
KARAGEORGOU BASTE, Chr. (1997), "El texto espectacular y sus implicaciones ideológicas en la *Numancia*", en A. González (ed.), *Texto y representación en el teatro cervantino*, México, El Colegio de México (23-44).
KAUFMAN, W. (1978), *Tragedia y filosofía*, Barcelona, Seix Barral.
KENNEDY, G. A. (1994), *A New History of Classical Rhetoric*, Princeton, Princeton University Press.
KERMODE, F. (1979), "Institutional Control of Interpretation", *Salmagundi*, 43 (72-86); reed. en F. Kermode, *The Art of Telling. Essays on Fiction*, Cambridge, Massachusetts, Harvard University Press, 1983; trad. esp.: "El control institucional de la interpretación", *Saber*, 6 (5-13); reimpr. en E. Sullà (ed.), *El canon literario*, Madrid, Arco-Libros, 1998 (91-112).
KING, M. L. (1991), *Woman in the Renaissance*, Chicago, The University of Chicago Press.
KINTER, B. (1978), *Die Figur des Gracioso im Spanischen Theater des 17. Jahrhunderts*, München, Fink.
KOWZAN, T. (1970), *Littérature et spectacle dans leurs rapports esthétiques, thématiques et sémiologiques*, Warszawa, Éditions Scientifiques de Pologne. Segunda ed. revisada y aumentada: *Littérature et spectacle*, Paris/La Hague, Mouton, 1975. Trad. esp. de Manuel García Martínez: *Literatura y espectáculo*, Madrid, Taurus, 1992.

KOWZAN, T. (1990), "La sémiologie du théâtre: vingt-trois siècles ou vingt-deux ans?", *Diogène*, 149 (82-101). Trad. esp.: "La semiología del teatro: ¿veintitrés siglos o veintidós años?", en *Teoría del teatro*, Madrid, Arco-Libros, 1997 (231-252).
KOWZAN, T. (1991), *"Hamlet" ou le miroir du monde*, Paris, Éditions Universitaires.
KRAEMER, von E. (1944), *Le type du faux mendiant dans les littératures romanes, depuis le Moyen Âge jusqu'au XVIIe siècle*, Helsingfors.
LANGBAUM, R. (1957), *The Poetry of Experience. The Dramatic Monologue in Modern Literary Tradition*, Harmondsworth, Penguin University Books, 1974. Trad. esp. de J. Jiménez Heffernan: *La poesía de la experiencia. El monólogo dramático en la tradición literaria moderna*, Granada, Comares, 1996.
LARSON, D. R. (1977), *The Honor Plays of Lope de Vega*, Cambridge, Massachusetts, Harvard University Press.
LAUSBERG, H. (1960), *Handbuch der literarischen Rhetorik. Eine Grundlegung der Literaturwissenschaft*, München, Max Hueber (2 vols.) Trad. esp. de J. Pérez Riesco: *Manual de retórica literaria. Fundamentos de una ciencia de la literatura*, Madrid, Gredos, 1966-1969 (3 vols.).
LÁZARO CARRETER, F. (1953), *Diccionario de términos filológicos*, Madrid, Gredos (1992, 6ª ed.).
LÁZARO CARRETER, F. (1965), "El *Arte nuevo* (vs. 64-73) y el término *entremés*", *Anuario de Letras*, 5 (77-92). Reed. en *Estilo barroco y personalidad creadora. Góngora, Quevedo, Lope de Vega*, Madrid, Cátedra, 1974 (187-201).
LÁZARO CARRETER, F. (1969), "El realismo como concepto crítico literario", *Estudios de Poética*, Madrid, Taurus, 1986 (121-142).
LÁZARO CARRETER, F. (1987), "Los géneros teatrales y el gracioso en Lope de Vega", *Dicenda*, 7 (223-229).
LEAVITT, S. E. (1972), *Golden Age Drama in Spain: General Considerations and Unusual Features*, Chapel Hill, University of North Carolina.
LET, Ch. D. (1954), *El gracioso en el teatro de la Península (siglos XVI-XVII)*, Madrid, Revista de Occidente.
LIDA DEL MALKIEL, M. R. (1951), "La tradición clásica en España", *Nueva Revista de Filología Hispánica*, 5 (183-223); reimpr. en *La tradición clásica en España*, Barcelona, Ariel, 1975.
LISTA, A. (1836), *Lecciones de literatura española*, Madrid, Imprenta de Nicolás Arias.
LISTERMAN, R. W. (1980), "La *commedia dell'arte*, fuente técnica y artística en la dramaturgia de Lope de Rueda", en A. M. Gordon y E. Rugg (eds.), *Actas del VI Congreso de la Asociación Internacional de Hispanistas*, Toronto, University of Toronto (464-466).
LÓPEZ ALFONSO, F. J. (1986), "*La Entretenida*, parodia y teatralidad", *Anales Cervantinos*, 24 (193-206).
LÓPEZ DE MENDOZA, I. (1988), "Carta a doña Violante de Prades", en A. Gómez Moreno y P. A. M. Kerkhof (eds.), *Obras completas*, Barcelona, Planeta (435-437).
LÓPEZ ESTRADA, F. (1987-1988), "Las canciones populares en *La casa de los celos*", *Anales Cervantinos*, 25-26 (211-219).
LÓPEZ GRIGERA, L. (1998), "Teoría poética de Lope I", comunicación leída en el II Congreso Internacional Lope de Vega, *El primer Lope*, 5-7 de noviembre de 1998, Universidad Autónoma de Barcelona; en prensa, de aparición en *Anuario Lope de Vega*, 4, 1999.
LÓPEZ PINCIANO, L. (1596), *Philosophia antigua poética*, Madrid, Thomas Iunati. Ed. de A. Carballo Picazo en Madrid, CSIC, 1973 (2 vols.).
LOVETT, G. H. (1951), "The Hermit in the Spanish Drama Before Lope de Vega", *Modern Language Journal*, 35 (340-355).
LUHMANN, N. (1991), "Límites de la comunicación como condición de evolución", *Revista de Occidente*, 118 (25-40). Trad. esp. de A. Leyte y H. Cortés.
LUQUE MORENO, J. (ed.) (1987-1988), *Tragedias* de Séneca, Madrid, Gredos. Traducción, introducción y notas.
MAC CURDY, R.R. (1956), "More on 'The *Gracioso* Takes the Audience into his Confidence': The Case of Rojas Zorrilla", *Bulletin of the Comediantes*, 8 (14-16).

MAC KENDRIC, M. (1974), *Woman and Society in the Spanish Drama of the Golden Age*, Cambridge University Press.
MADRIGAL, J. A. (1977), *La bibliografía sobre el pundonor: teatro del Siglo de Oro*, Miami, Universal.
MAESTRO, J. G. (1994), *La expresión dialógica en el discurso lírico. Pragmática y transducción*, Kassel, Reichenberger.
MAESTRO, J. G. (1994a), "El espacio dramático interlocutivo como modelo comparatista", *Castilla*, 19 (51-72).
MAESTRO, J. G. (1998), "La *commedia dell'arte* y el entremés cervantino. Sobre el diálogo dramático", *El Extramundi y los papeles de Iria Flavia*, 14 (15-44). Revista trimestral fundada y dirigida por Camilo José Cela.
MAESTRO, J. G. (1998a), "El personaje teatral en la teoría literaria moderna", *El personaje teatral*, en J. G. Maestro (ed.), *Theatralia. Revista de teoría del teatro*, 2, Actas del II Congreso Internacional de Teoría del Teatro, Vigo, Universidad de Vigo (17-56).
MAMCZARZ, I. (1972), *Les intermèdes comiques italiens au XVIIè siècle en France et en Italie*, Paris.
MARAVALL, J. M. (1972), *Teatro y literatura en la sociedad barroca*, Madrid, Seminarios y Ediciones. Reed. corregida y aumentada al cuidado de F. Abad en Barcelona, Crítica, 1990.
MARAVALL, J. M. (1975), *La cultura del Barroco*, Barcelona, Ariel, 1986.
MARAVALL, J. M. (1977), "Relación de dependencia e integración social: criados, graciosos y pícaros", *Ideologies and Literature*, 1 (3-32).
MARAVALL, J. M. (1978), "La función del honor en la sociedad tradicional", *Ideologies and Literature*, 2 (9-27).
MÁRQUEZ, A. (1980), *Literatura e Inquisición en España*, Madrid, Taurus.
MARRAST, R. (1957), *Miguel de Cervantès dramaturge*, Paris, L'Arche.
MENÉNDEZ PELAYO, M. (1883), *Historia de las ideas estéticas en España*, Madrid, CSIC, 1974 (4ª ed., 2 vols.). Vid. especialmente los caps. IX ("De las teorías acerca del arte literario en España durante los siglos XVI y XVII) y X ("Continúan las teorías acerca del arte literario en España durante los siglos XVI y XVII"), 623-837.
MENÉNDEZ PIDAL, R. (1935), "Lope de Vega. El *Arte nuevo* y la nueva biografía", *Revista de Filología Española*, 22 (337-398). Reed. en A. Sánchez Romeralo (ed.), *Lope de Vega. El teatro*, 1, Madrid, Taurus, 1989 (89-144).
MENÉNDEZ PIDAL, R. (1943), "Del honor en el teatro español", en R. Menéndez Pidal, *De Cervantes y Lope de Vega*, Madrid, Espasa-Calpe (145-173).
MEREGALLI, F. (1981), "Para una perspectiva del teatro de Cervantes", en M. Sito Alba (ed.), *Teoría y realidad en el teatro español del siglo XVII. La influencia italiana*, Roma, Instituto Español de Cultura y Literatura de Roma (23-35).
MEYERHOLD, V. (1971), *Teoría teatral*, Madrid, Fundamentos (2ª ed. 1999).
MONLEÓN, J. (1981), "Cervantes en la escena española contemporánea", en F. Nieva (ed.), *Miguel de Cervantes Saavedra*. "*Los baños de Argel*". *Un trabajo teatral*, Madrid, Centro Dramático Nacional (38-48).
MONTESINOS, J. (1925), "Algunas observaciones sobre la figura del donaire", *HMP*, 1 (469-504). Reed. en *Estudios sobre Lope de Vega*, México, El Colegio de México, 1959 (2ª ed. en Madrid, Anaya, 1967 (13-70).
MONTESINOS, J. (1951), "La paradoja del *Arte nuevo*", en J. Montesinos, *Estudios sobre Lope de Vega*, México, El Colegio de México. Reed. en Montesinos, *Revista de Occidente*, 2, 1964 (302-330); en *Estudios sobre Lope de Vega*, Salamanca, Anaya, 1969 (1-20); y en A. Sánchez Romeralo (ed.), *Lope de Vega. El teatro*, 1, Madrid, Taurus, 1989 (145-167).
MOREL FATIO, A. (1901), "Le *Arte nuevo de hazer comedias en este tiempo* de Lope de Vega", *Bulletin Hispanique*, 3 (365-405).
MUÑOZ CARABANTE, M. (1992), "El teatro de Cervantes en la escena española entre 1939 y 1991", *Cuadernos de Teatro Clásico*, 7 (141-195).
NEUSCHÄFER, H. J. (1973), "El triste drama del honor: formas de crítica ideológica en el teatro de honor de Calderón", en H. Flasche (ed.), *Hacia Calderón: II Coloquio Anglogermano*, Berlin (89-108).

NICOL, E. (1957), *Metafísica de la expresión*, México, FCE.
NIETZSCHE, F. (1871), *Die Geburt der Tragödie*, Leipzig. Trad. esp. de A. Izquierdo: *El nacimiento de la tragedia*, Madrid, Edaf, 1998.
NIETZSCHE, F. (1873), *Über Wahrheit und Lüge im aussermoralischen Sinn*, en *Werke in drei Bänden*, K. Schlechta (ed.), München, Hanser, 1960.
NIEVA, F. (ed.)(1981), *Miguel de Cervantes Saavedra. "Los baños de Argel". Un trabajo teatral*, Madrid, Centro Dramático Nacional, Colección Libro Documento.
OLEZA, J. (1981), "Hipótesis sobre la formación de la comedia barroca", *Cuadernos de Filología*, 3 (9-44). Revisado en "Hipótesis sobre la génesis de la comedia barroca y la historia teatral del XVI", *Teatros y prácticas escénicas. I. El quinientos valenciano*, Valencia, Institució Alfons el Magnànim (9-42).
OLEZA, J. (1994), "Alternativas al gracioso: la dama donaire", *Criticón*, 60 (35-48).
OLEZA, J. (1995), "El nacimiento de la comedia: estado de la cuestión", en J. Canavaggio (ed.), *La comedia*, Madrid, Casa de Velázquez (181-226).
OLIVA, C. (1974), "De *El retablo de las maravillas* de Cervantes al de Lauro Olmo", *Estudios dedicados al profesor Mariano Baquero Goyanes*, Murcia, Universidad de Murcia (367-373).
OLIVA, C., y TORRES MONREAL, F. (1990), *Historia básica del arte escénico*, Madrid, Cátedra.
OOSTENDORP, E. (1969), "El sentido del tema de la honra matrimonial en las tragedias de honor", *Neophilologus*, 53 (14-29).
OOSTENDORP, E. (1981), "Evolución de algunas teorías en torno a las tragedias de Calderón", *Diálogos Hispánicos de Amsterdam*, 2 (65-76).
OROZCO, E. (1978), *¿Qué es el "Arte nuevo" de Lope de Vega? Anotación previa a una reconsideración crítica*, Salamanca, Universidad de Salamanca.
PAILLER, Cl. (1980), "El gracioso y los 'guiños' de Calderón: apuntes sobre 'autoburla' e ironía crítica", *Risa y sociedad en el teatro español del Siglo de Oro*, Paris, CNRS (33-50).
PARKER, A. A. (1949), "Santos y bandoleros en el teatro español del Siglo de Oro", *Arbor*, 13 (395-416).
PARKER, A. A. (1962), "Towards a Definition of Calderonian Tragedy", *Bulletin of Hispanic Studies*, 39 (222-237). Trad. esp.: "Hacia una definición de la tragedia calderoniana", en M. Durán y R. González Echeverría (eds.), *Calderón y la crítica: historia y antología*, Madrid, Gredos, 1975 (359-387).
PARR, J. A. (1982), "Some Remarks on Tragedy and on Vélez as a Tragedian", *Antigüedad y actualidad de Vélez de Guevara. Estudios críticos*, Amsterdam, Benjamins (137-143).
PARR, J. A. (1986), "*El príncipe constante* and the Issue of Christian Tragedy", *Studies in Honor of William C. McCrary*, Lincoln, Nebraska University Press. (165-175).
PAZ, O. (1956), *El arco y la lira*, México, FCE, 1992 (3ª ed., 8ª reimpr.)
PEDRAZA JIMÉNEZ, F. B. (ed.)(1994), *El Arte nuevo de hazer comedias en este tiempo* [1609], en *Edición crítica de las "Rimas" de Lope de Vega*, Ciudad Real, Universidad de Castilla-La Mancha, 2 (37-64).
PÉREZ, L. C., y SÁNCHEZ ESCRIBANO, F. (1961), *Afirmaciones de Lope de Vega sobre preceptiva dramática*, Madrid, CSIC.
PIÑERO A., y PELÁEZ, J. (1995), *El Nuevo Testamento. Introducción al estudio de los primeros escritos cristianos*, Córdoba, Ediciones El Almendro.
PLATÓN (1987-1992), *Diálogos*, Madrid, Gredos, Biblioteca Clásica (7 vols.).
PLAVSKIN, Z. I. (1993), "La suerte póstuma de *La Numancia* cervantina. (Dos episodios de 1937-1938 en Madrid y en Leningrado)", en J. M. Casasayas (ed.), *Actas del III Coloquio Internacional de la Asociación de Cervantistas*, Barcelona, Anthropos (553-560).
PORQUERAS MAYO, A. (1967), "Función del 'vulgo' en la preceptiva dramática de la Edad de Oro", *Revista de Filología Española*, 50 (123-143).
PORQUERAS MAYO, A. (1985), "El *Arte nuevo* de Lope de Vega o la loa dramática a su teatro", *Hispanic Review*, 53, 4 (399-414).

PORQUERAS MAYO, A. (1986), *La teoría poética en el Renacimiento y Manierismo españoles*, Barcelona, Puvill.
PORQUERAS MAYO, A. (1989), *La teoría poética en el Manierismo y Barroco españoles*, Barcelona, Puvill.
PORQUERAS MAYO, A. (1990), "Edición crítica del diálogo tercero, parágrafos 1-6 [doctrina teatral] del *Cisne de Apolo* (1602) de L. A. de Carvallo", en M. L. Lobato (ed.), *Homenaje a Alberto Navarro González. Teatro del Siglo de Oro*, Kassel, Reichenberger (505-531).
POZUELO YVANCOS, J. M. (1995), *El canon en la teoría literaria contemporánea*, Valencia, Episteme (2ª ed. 1996).
POZUELO YVANCOS, J. M. (1996), "Canon: ¿estética o pedagogía?", *Ínsula*, 600 (3-4).
RAMOS DE CASTRO, E. (1972), "El Retablo de Cervantes y Prévert", *Anales Cervantinos*, 11 (169-190).
RASTIER, F. (1974), *Essais de sémiotique discursive*, Paris, Mame.
REDONDO, A. (ed.)(1994), *Images de la femme en Espagne aux XVI et XVII siècles*, Paris.
REVEL, J. F. (1988), *Le connaissance inutile*, Paris, Éditions Grasset et Fasquelle. Trad. esp. de J. Bochaca: *El conocimiento inútil*, Barcelona, Planeta, 1989.
REY HAZAS, A. (1991), "Algunas reflexiones sobre el honor como sustituto funcional del destino en la tragicomedia barroca española", en M. Diago y T. Ferrer (eds.), *Comedias y comediantes. Estudios sobre el teatro clásico español*, Valencia, Universidad de Valencia (251-262).
REY-FLAUD, B. (1984), *La farce, ou la machine à rire. Théorie d'un genre dramatique (1450-1550)*, Genève.
REYES, G. (1989), "El nuevo análisis literario: expansión, crisis, actitudes ante el lenguaje", en G. Reyes (ed.), *Teorías literarias en la actualidad*, Madrid, El Arquero (9-38).
RILEY, E. C. (1962), *Cervantes' Theory of the Novel*, Oxford, Oxford University Press. Trad. esp. de C. Sahagún: *Teoría de la novela en Cervantes*, Madrid, Taurus, 1971.
RILEY, E. C. (1971), "The 'Pensamientos escondidos' and 'Figuras morales' of Cervantes", en A. D. Kossoff y Amor Vázquez (eds.), *Homenaje a W. L. Fichter*, Madrid, Castalia (623-631).
RILEY, E. C. (1973), "Teoría literaria [de Cervantes]", en E. C. Riley y J. B. Avalle-Arce (eds.), *Suma cervantina*, London, Tamesis Books (293-322).
RODRÍGUEZ ADRADOS, F. (1983), *Fiesta, comedia y tragedia*, Madrid, Alianza.
RODRÍGUEZ CUADROS, E., y TORDERA, A. (1988), "Oficio y mito del personaje en el Siglo de Oro", *El mito en el teatro clásico español*, Madrid, Taurus (26-54).
ROMERO TOBAR, L. (1996), "Algunas consideraciones del canon literario durante el siglo XIX", *Ínsula*, 600 (14-16).
ROSSI-LANDI, F. (1972), *Semiologia e ideologia*, Milano, Bompiani.
ROTHBERG, I. P. (1963), "Lope de Vega and the Aristotelian Elements of Comedy", *Bulletin of the Comediantes*, 14 (1-4).
ROUX, L. E. (1964), "Quelques aperçues sur la mise en scène de la 'comedia de santos' au XVII siècle", en J. Jacquot (ed.), *Le lieu théâtral à la Renaissance*, 1, (200-215).
ROZAS, J. M. (1976), *Significado y doctrina del "Arte nuevo" de Lope de Vega*, Madrid, SGEL.
RUANO DE LA HAZA, J. M. (1983), "Hacia una nueva definición de la tragedia calderoniana", *Bulletin of the Comediantes*, 35 (165-180).
RUHNKEN, D. (1768), *Historia de la Filología Clásica desde los comienzos hasta el final de la época helenística*, Madrid, Gredos, 1981. Trad. esp. de J. Vicuña y M. R. Lafuente.
RUIZ PÉREZ, P. (1991), "Dramaturgia, teatralidad y sentido en *La casa de los celos*", en J. M. Casasayas (ed.), *Actas del II Coloquio Internacional de la Asociación de Cervantistas*, Barcelona, Anthropos (657-672).
RUIZ RAMÓN, F. (1967), *Historia del teatro español. (Desde sus orígenes hasta 1900)*, Madrid, Alianza, 1971 (125-138).
RUIZ RAMÓN, F. (1984), *Calderón y la tragedia*, Madrid, Alhambra.
SAMONÀ, C. (1965), "Su un passo dell'*Arte nuevo* di Lope", *Studi di Lingua e Letteratura Spagnola*, 31 (135-146).

SÁNCHEZ CASTAÑER, F. (1976), "Representaciones teatrales de *La Numancia* de Cervantes en el siglo XX", *Anales Cervantinos*, 15 (3-18).
SÁNCHEZ ESCRIBANO, F., y PORQUERAS MAYO, A. (1965), *Preceptiva dramática española del Renacimiento y del Barroco*, Madrid, Gredos (2ª ed. muy ampliada, 1972).
SÁNCHEZ, A. (1990), "Los rufianes en el teatro de Cervantes", en M. L. Lobato (ed.), *Teatro del Siglo de Oro. Homenaje a Alberto Navarro González*, Kassel, Reichenberger (597-616).
SÁNCHEZ, A. (1992), "Aproximación al teatro de Cervantes", *Cuadernos de Teatro Clásico*, 7 (11-30).
SCHEVILL, R., y BONILLA, A. (eds.)(1915-1922), *Obras completas de Miguel de Cervantes Saavedra. Comedias y entremeses*, Madrid, Asociación de la Librería de España (6 vols.) Edición y notas.
SCIZZANO MANDEL, A. (1981), "*La Numancia*: cuando el último hombre ha dicho su última palabra", en M. Criado del Val (ed.), *Cervantes, su obra y su mundo. Actas del I Congreso Internacional sobre Cervantes*, Madrid, Edi-6 (317-323).
SCHLEGEL, A. W. (1809-1811), *Vorlesungen über dramatische Kunst und Literatur*, Heidelberg (3 vols.); reed. en Stuttgart, E. Lohner Ed., 1967. Trad. fr. de Necker de Saussure, en ed. revisada y anotada por Eugène van Bemmel: *Cours de littérature dramatique*, Genève, Slatkine, 1971 (2 vols.).
SCHMIDT, S. J. (1980), *Grundriß der empirischen Literaturwissenschaft. Band I. Der gesellschaftliche Handlungsbereich Literatur*, Braunschweig, Vieweg und Sohn Verlagsgesellschaft. Trad. esp. de F. Chico Rico: *Fundamentos de la ciencia empírica de la literatura*, Madrid, Taurus, 1990.
SCHWARTZ, L. (1996), "Siglos de Oro: cánones, repertorios, catálogos de autores", *Ínsula*, 600 (9-12).
SEGRE, C. (1985), "A modo de conclusión: hacia una semiótica integradora", en J. M. Díez Borque (ed.), *Métodos de estudio de la obra literaria*, Madrid, Taurus (655-681).
SERÉS, G. (1995), "Temas y composición de los *Soliloquios* de Lope", *Anuario Lope de Vega*, 1 (209-227).
SEVILLA ARROYO, F. (1986), "Del *Quijote* al *Rufián dichoso*: capítulos de teoría dramática cervantina", *Edad de Oro*, 5 (217-245).
SEVILLA ARROYO, F. (ed.)(1997), *El rufián dichoso* de Miguel de Cervantes, Madrid, Castalia. Edición, introducción y notas.
SEVILLA ARROYO, F., y REY HAZAS, A. (eds.)(1987), *Teatro completo* de Miguel de Cervantes, Barcelona, Planeta. Edición, introducción y notas.
SEVILLA ARROYO, F., y REY HAZAS, A. (eds.)(1996-1999), *Obra completa* de Miguel de Cervantes, Madrid, Alianza Editorial. Edición, introducción y notas (21 vols.).
SIRERA, J. L. (1991), "Los santos en sus comedias: hacia una tipología de los protagonistas del teatro hagiográfico", en M. Diago y T. Ferrer (eds.), *Comedias y comediantes. Estudios sobre el teatro clásico español*, Valencia, Universidad de Valencia (55-76).
SKINNER, Q. (ed.) (1985), *The Return of Grand Theory in the Human Sciences*, Cambridge, Cambridge University Press. Trad. esp.: *El retorno de la Gran Teoría en las ciencias humanas*, Madrid, Alianza, 1988.
SOUFAS, C. Chr., Jr. (1987), "The Thinking Subject and the Problem of 'Spanish Tragedy'", *Selected Proceedings*, Greenville, Furman University Press (333-340).
SPADACCINI, N. (ed.)(1994), *Entremeses* de Miguel de Cervantes, Madrid, Cátedra.
STEINER, G. (1961), *The Death of Tragedy*, New York, Knopf. Reeditado en Oxford University Press, 1981. Trad. esp. de E. L. Revol: *La muerte de la tragedia*, Caracas, Monte Avila, 1991.
STEINER, G. (1996), *No Passion Spent*. Trad. esp. de M. Gutiérrez y E. Castejón: *Pasión intacta. Ensayos 1978-1995*, Madrid, Siruela, 1997.
SULLÀ, E. (ed.)(1998), *El canon literario*, Madrid, Arco-Libros.
SULLIVAN, H. W. (1982), "Vélez de Guevara's *Reinar después de morir* as a Model of Classical Spanish Tragedy", *Antigüedad y actualidad de Vélez de Guevara. Estudios críticos*, Amsterdam/Philadelphia, Benjamins (144-164).
SULLIVAN, H. W. (1989), "Toward a Definition of Tirsian Tragedy", en B. Mújica (ed.), *Texto y espectáculo*, Lanham, U. P. of America (65-76).

SZONDI, P. (1956), *Theorie des modernen Dramas*, Frankfurt a. M., Suhrkamp. Trad. esp.: *Teoría del drama moderno. Tentativa sobre lo trágico*, Barcelona, Destino, 1994.
TALENS, J., y SPADACCINI, N. (eds.)(1983), *El rufián dichoso. Pedro de Urdemalas* de Miguel de Cervantes, Madrid, Cátedra (10ª reimpr. en 1994).
TARSKI, A. (1944), "The Semantic Conception of Truth and the Foundations of Semantics", *Philosophy and Phenomenological Research*, 4 (341-375). Trad. esp.: "La concepción semántica de la verdad y los fundamentos de la semántica", en M. Bunge (ed.), *Antología semántica*, Buenos Aires, Nueva Visión (111-157).
TESSARI, R. (1969), *La commedia dell'arte nel Seicento. "Industria" e "arte giocosa" della civiltà barocca*, Firenze, L. S. Olschki. Reimpr. 1980.
THEOBALD, C. (ed.) (1990), *Le Canon des Écritures. Études historiques, exégétiques et systématiques*, Paris.
TORO, A. de (1985), "Sistema semiótico-estructural del drama de honor en Lope de Vega y Calderón", *Revista canadiense de estudios hispánicos*, 9 (181-202).
TORO, A. de (1998), *De las similitudes y diferencias. Honor y drama de los siglos XVI y XVII en Italia y España*, Frankfurt/Madrid, Iberoamericana-Vervuert.
TORRES MONREAL, F. (1978), *J. Prévert. teatro de denuncia y protesta*, Cuadernos de la Cátedra de Teatro de la Universidad de Murcia.
UBERSFELD, A. (1978), *Lire le théâtre*, Paris, Éditions Sociales-Messidor. Trad. esp.: *Semiótica teatral*, Murcia, Editorial Cátedra y Universidad de Murcia, 1989.
VALBUENA PRAT, A. (1969), *El teatro español en su Siglo de Oro*, Barcelona, Planeta.
VARAS, P. (1991), "*El rufián dichoso*: una comedia de santos diferente", *Anales Cervantinos*, 29 (11-19).
VAREY, J. E. (1957), *Historia de los títeres en España desde sus orígenes hasta mediados del siglo XVIII*, Madrid, Revista de Occidente.
VEGA RAMOS, M. J. (1997), *La formación de la teoría de la comedia. Francesco Robortello*, Universidad de Extremadura (incluye la edición de la *Explicatio eorum omnium queae ad comoediae artificium pertinent* de F. Robortello).
VERCELLONE, F. (1990), "Apariencia y desencanto. Nihilismo y hermenéutica en la *Frühromantik* y en Nietzsche", *Revista de Occidente*, 106 (15-41).
VITSE, M. (1988), *Éléments pour une théorie du théâtre espagnol du XVII siècle*, Toulouse, PUM (2ª ed. de 1990).
VITSE, M. (1995), "La poética de la Comedia: estado de la cuestión o de la poética a las poéticas de la Comedia", en J. Canavaggio (ed.), *La comedia*, Madrid, Casa de Velázquez (273-289).
WARDROPPER, B. W. (1968), *Spanish Comedy of the Golden Age*, Blomington, Indiana University Press. Trad. esp.: *La comedia española del Siglo de Oro*, Barcelona, Ariel, 1978.
WEHRLI, M. (1951), *Allgemeine Literaturwissenschaft*, Bern, A. Francke. Trad. esp.: *Introducción a la ciencia literaria*, Buenos Aires, Ed. Nova, 1966.
WELLEK, R. (1963), "The Concept of Baroque in Literary Scholarship", en St. G. Nichols (ed.), *Concepts of Criticism*, New Haven, Yale University Press; 5ª reimpr. 1973 (69-127).
WILLIAMSEN, V. G. (1978), "The Structural Function of Polymetry in the Spanish *Comedia*", en A. V. Ebersole (ed.), *Perspectivas de la comedia*, Valencia, Albatros (33-47).
YNDURÁIN, F. (1962), "Cervantes y el teatro", estudio preliminar a *Obras de Miguel de Cervantes Saavedra, II Obras dramáticas*, Madrid, Atlas (7-77). Reed. en *Relección de clásicos*, Madrid, Prensa Española, 1969 (87-112).
ZIMIC, S. (1967), "Bandello y *El viejo celoso* de Cervantes", *Hispanófila*, 31 (29-41).
ZIMIC, S. (1992), *El teatro de Cervantes*, Madrid, Castalia.